지은이
비제이 셀밤

하버드로스쿨, 옥스퍼드대학교, 카디프대학교를 졸업한 후 미국, 영국, 아시아 전역에서 20여 년간 경력을 쌓아온 기업 변호사이자 금융 서비스 전문가이다. 골드만삭스에서 10년 이상 근무했으며, 디지털 자산 산업에서도 리더십을 발휘하며 변화하는 규제 환경에 관한 자문을 제공해왔다.

서문 **알렉스 글래드스타인**

시민의 자유를 증진하기 위한 비영리재단인 휴먼라이츠재단(Human Rights Foundation)의 최고전략책임자(CSO)이자 국제적인 인권 행사 오슬로자유포럼(Oslo Freedom Forum)의 전략부의 장을 맡고 있다. 자유로운 사회와 인권 향상을 위해 수많은 정책 입안자와 비즈니스 리더, 예술가, 시민단체와 소통하고 있다. 그는 세계적인 비트코인 권위자 중 한 명으로 비트코인과 분산 기술이 자유와 인권 증진에 미치는 영향에 대해 폭넓게 저술과 강연을 이어왔다. 인권과 자유, 그리고 금융·기술의 교차점을 심도 있게 탐구하는 대표적 사상가 가운데 한 명이다. 저서로 《비트코인, 초제국의 종말(Check Your Financial Privilege)》(2022), 《The Little Bitcoin Book》(2019, 공저) 등이 있다.

우리는 탐구를 멈추지 않을 것이다.
그리고 모든 탐구의 끝에 이르면,
우리가 출발했던 그곳에 다시 도착하여
처음으로 그곳을 알게 될 것이다.
- T. S. 엘리엇, 〈리틀 기딩〉

PRINCIPLES OF BITCOIN

Copyright © 2025 Vijay Selvam

All rights reserved.

This Korean edition is a complete translation of the U.S. edition, specially authorized by the original publisher, Columbia University Press.

Korea translation copyright © 2025 by HANSMEDIA

이 책의 한국어판 저작권은 대니홍 에이전시를 통한 저작권사와의 독점 계약으로 한즈미디어(주)에 있습니다.

저작권법에 의해 한국 내에서 보호를 받는 저작물이므로 무단전재와 복제를 금합니다.

비트코인
퍼펙트 바이블

일러두기

본 도서는 정보 제공 및 교육을 목적으로 하는 것으로, 재정적 조언을 제공하기 위한 것이 아닙니다. 저자와 출판사는 재정 전문가가 아니므로, 투자와 관련하여 어떠한 권고나 조언도 제공하지 않습니다. 독자는 투자 결정을 내리기 전에 반드시 스스로 조사하고 충분히 숙고하기 바랍니다.

원리와 철학으로 정복하는
비트코인의 모든 것

비트코인
퍼펙트 바이블

PRINCIPLES OF BITCOIN

비제이 셀밤 지음 | 알렉스 글래드스타인 서문 | 장영재 옮김

한스미디어

추천사

비트코인이 이끄는
미래 질서에 대한 가장 완벽한 해답

비트코인은 태어난 지 15년이 넘었지만 여전히 사람들에게는 낯설고 논쟁적인 존재입니다. 누군가는 '투기 수단'이라 부르고, 또 다른 누군가는 '디지털 금(digital gold)'이라 칭송합니다. 그러나 이 양극단의 평가 속에서도 분명한 사실이 있습니다. 바로 비트코인은 단순한 투자 자산을 넘어 우리 사회가 화폐와 주권, 나아가 인간의 자유를 어떻게 바라보는지를 근본적으로 되묻고 있다는 점입니다.

저는 오랜 기간 사이버보안과 암호학, 그리고 분산 거버넌스를 연구하면서, 수많은 새로운 기술들이 사회에 받아들여지는 과정을 지켜보았습니다. 이들에게는 공통된 패턴이 있습니다. 사람들은 잘 알지 못하는 것을 두려워하거나, 처음 보는 것을 쓸모없는 것이라 치부한다는 점입니다. 그러나 시간이 지나 이해가 깊어지고 실제 효용이 드러나면, 그때서야 비로소 사회는 기술을 새로운 질서 속에 편입시킵니다. 비트코인 역시 이 길을 걷고 있다고 저는 생각합니다.

이 책 《비트코인 퍼펙트 바이블》은 바로 그 이해의 장벽을 낮추는 안내서입니다. 저자는 비트코인의 철학적 기초에서 출발해, 복잡해 보이는 기술적 원리를 쉽고 명료하게 풀어냅니다. 블록체인, 작업증명, 채굴 같은 난해한 개념들이 더 이상 전문가들만의 언어가 아니라, 일반 독자 누구나 이해할 수 있는 지식으로 다가오게 만듭니다.

그러나 이 책의 진가는 기술적 설명을 넘어선 그다음 장에서 드러납니다. 비트코인이 기존 금융 시스템에 어떤 균열을 내고 있으며, 세계 경제 질서에 어떤 파장을 불러오고 있는지, 나아가 그것이 갖는 정치적 의미까지 차근차근 풀어냅니다. 화폐 발행 권력을 독점해 온 국가의 구조, 중앙은행의 정책 한계, 그리고 개인이 자기 자산을 스스로 지킬 수 있는 권리. 이 거대한 주제들이 얇지 않은 무게로 독자들에게 다가옵니다.

이 책은 비트코인을 둘러싼 편견과 오해를 걷어내고 그 본질을 있는 그대로 보여주고 있습니다. 독자는 이 책을 통해 비트코인을 무조건 찬양하거나 무조건 배척하기보다, 왜 지금 이 시대에 이런 현상이 등장했는지, 앞으로 어떤 사회적·정치적 의미를 갖게 될지를 깊이 성찰하게 될 것입니다.

저는 이 책 《비트코인 퍼펙트 바이블》을 모든 이들에게 권하고 싶습니다. 기술적 이해가 부족한 사람에게는 알기 쉽게 다가가고, 전문가에게는 사고의 지평을 넓히며, 정책 결정자들에게는 미래를 내다볼 통찰을 제공할 것입니다. 새로운 기술과 개념을 두려움과 무지로 치부하지 않고, 제대로 이해하려는 첫걸음을 내딛는 데 이 책만큼 든든한 동반자는 드물 것입니다.

우리는 지금 디지털 전환의 소용돌이 속에 있습니다. 인공지능, 양자컴퓨터, 블록체인, 가상자산이 동시에 몰려오며 산업, 경제, 안보의 경계를 재편하고 있습니다. 이러한 변화의 물결 앞에서, 《비트코인 퍼펙트 바이블》은 미래의 질서를 묻는 모든 이들에게 확실한 길잡이가 되어줄 것입니다.

2025년 9월

김승주

고려대학교 정보보호대학원 교수

서문

우리는 화폐, 시장, 금융, 그리고 세계 무역의 역사적 전환점에 서 있다. 15년 전에 무명의 시민 자유 운동가가 만든 새로운 디지털 화폐는 무려 1조 달러 이상의 가치를 지니게 되었다. 또한 국가적 차원에서 채굴되고 있으며, 일부 나라에서는 국가 통화가 되었고, 월가의 세계 최대 기업들이 상장지수펀드를 통해서 거래하고 있다. 또한 붕괴하는 경제에 발이 묶인 개인부터 선견지명이 있는 투자자까지 전 세계 수천만 명의 사람들이 저축과 상거래의 도구로 활용하고 있다.

하지만 이는 비트코인 이야기의 시작에 불과하다.

전 세계적으로 플랫폼의 해체와 통화 가치의 하락이 진행되고 있다. 정부는 누가 무엇에 지출할 수 있는지를 제한하고, 인플레이션을 통해서 통화의 구매력을 낮춘다. 통화 권력을 민간 은행과 기술 기업에서 국가로 이전하는 중앙은행 디지털 통화(CBDC)가 등장하고 있다. 130개 이상의 중앙은행이 CBDC를 연구하고, 60개국 이상이 시범 운영을 추진하고 있으며, 20개국 이상에서 어떤 형태로든 새로운 디지털 화폐가 출시되었다. CBDC의 목표는 당신의 지갑, 결제, 저축에 대한 미세한 통제권을 확보하는 것이다.

한편으로는 수십억 명의 사람들이 초인플레이션, 금융 소외 혹은 은행 접근 자체가 어렵거나 심지어 개인적 신원확인조차 할 수 없는 상황에 직면해 있다. 워싱턴 DC의 선출되지 않은 금융 엘리트 집단이 내린 금리의 결정은 개발도상국에 엄청난 영향을 미친다. 그리고 우리 주변에는 활용되지 않는 에너지가 도처에 존재하지만(예를 들어 막대한 양의 태양열, 풍력, 지열, 바이오매스, 수력 에너지가 전 세계 시골 지역에 방치되어 있다), 이렇게 풍부한 자원을 현금화할 방법이 없는 사람들은 굶주림에 지치고 에너지 빈곤에 시달린다.

이러한 세상에서 비트코인은 우리 삶 속에서 점점 더 중요한 자리를 차지할 수밖에 없다. 그렇지 않게 될 유일한 길은, 정부가 국민의 권리를 침해하지 않고 저축의 가치를 훼손하는 일을 멈추며, 아르헨티나에서 튀르키예와 짐바브웨에 이르기까지 어떤 방식으로든 믿을 만한 화폐가 기적처럼 주어지고, 전체주의 정권이 민간 디지털 화폐를 개발하며, 사람들이 외딴 지역의 재생 가능 에너지 자원을 스스로 활용하는 방법을 찾는 경우뿐이다. 하지만 현재로서는 이중 아무것도 기대할 수 없다. 이것이 바로 비트코인이 성장하게 될 이유다.

이미 알고 있든 아니든 전 세계의 사람들과 기업, 정부는 개방적이고 중립적이며 희소성이 있는 디지털 화폐를 갈망한다. 시간이 지나도 구매력이 유지되고, 전 세계 어디로든 몇 초 안에 P2P로 이동시킬 수 있으며, 그 어떤 독재자도 막거나 검열할 수 없고, 어디에서든 에너지를 자본으로 전환할 수 있는 화폐 말이다.

비트코인은 바로 이런 화폐로서 세상을 영원히 바꿔 놓을 잠재력이 있다.

2025년의 당신은 기회를 놓친 것처럼 보일 수도 있다. 그러나 현실은 이제 막 시작이라는 것이다. 바로 오늘 비트코인을 배우는 데 시간과 에너지를 투자하는 것은 당신이 내릴 수 있는 가장 현명한 결정 중 하나다. 자신의 가족이나 직업을 위해서든, 아니면 전문적 투자를 위해서든, 국제적 기업을 운영하거나 여행을 자주 하든, 송금이 어려운 해외에 가족이 있든, 또는 기업과 국가의 자산이나 자신의 은퇴 자산이 사라지지 않도록 지키는 방법을 고민 중이든 비트코인에 대해 배우는 것은 당신의 미래와 당신이 아끼는 사람들 및 지역사회를 위하여 할 수 있는 가장 중요한 일 가운데 하나다.

그리고 당신의 손에는 그 중요한 임무를 위한 완벽한 지침서가 있다. 비제이 셀밤은 비트코인의 모든 측면을 아주 쉽고도 철저하게 다루는 탁월하고 아름다운 책을 썼다. 셀밤은 이 책을 통해서 당신을 비트코인에 대한 지식이 전무한 사람에서 신예 전문가로 만들어 준다.

비트코인을 다룬 다른 책들과 달리 이 책은 이념적인 책이 아니다. 합리적이고 공평하며, 쉽고 재미있게 읽을 수 있는 책이다. 다양한 세계적 관점을 포함하고, 기본적인 내용을 다루며, 비트코인의 원동력과 우리 주변 세계에 미치는 영향을 심도 깊게 파헤친다.

간단히 말해서 이 책은 당신을 끝없는 여정의 시작으로 이끌 것이다. 바로 비트코인이라는 토끼굴 속으로 떠나는 여정이다. 그 길의 반대편에서 다시 볼 수 있기를 바란다.

알렉스 글래드스타인

휴먼라이츠재단(Human Rights Foundation) 최고전략책임자(CSO),
《비트코인, 초제국의 종말(Check Your Financial Privilege)》 저자

머리말

'비트코인'이라는 단어를 처음 들었던 게 언제였는지는 기억나지 않지만, 처음으로 조금이나마 자세히 읽은 건 2013년이었다. "비트코인 신봉자들(The Bitcoin Believers)"이라는 〈파이낸셜 타임스(FT)〉의 기사는 비트코인이 경제의 미래라고 믿는 젊은 전도사들을 풍자적으로 묘사했다. 이 기사는 "비트코인 사용자가 되는 것은 비트코인 전도사가 되는 것이다"라고 선언하고 해당 전도사 중 한 명의 비트코인에 대한 설명을 인용했다.

> 비트코인은 신흥 시장, 금, 외환과 뒤섞인 핫테크 스타트업이며 골드러시이자 토지 쟁탈전이다. 마치 서부 개척 시대와 다를 바 없으며, 머지않아 비트코인 경제의 골드만삭스(Goldman Sachs)가 등장할 것이다. 더 나은 쥐덫을 만든다면 당신도 백만장자가 될 수 있다.[1]

당시 골드만삭스 직원이었던 내게 그런 말은 이해할 수 없는 횡설수설에 불과했다. 나는 골드만삭스에 합류하기 전, 뉴욕과 런던의 로펌에서 변호사로 일했다. 내가 처음 맡았던 법률 업무 중에는 복잡한 주택담보 부동산증권과, 이를 담보부채증권(CDO)과 신용부도스와프(CDS)를 포함한 관련 금융 파생상품으로 재포장하는 업무가 있었다. 바로 2007~2008년의 세계적 금융위기를 초래한 상품들이었다. 2008년, 나는 월가의 유명 법률회사에서 뉴욕 변호사로 일하며 리먼브라더스(Lehman Brothers) 파산 직후 월가 최대 은행 중 한 곳을 위한 구제금융 패키지 마련에 참여했다. 당시의 금융 시스템은 심각한 위기에 처해 있었고, 모건스탠리(Morgan Stanley)와 골드만삭스를 포함한 다른 주요 은행들도 무너질 것이 거의 불가피해 보였다. 이 폭풍의 중심에는 극심한 불확실성과 두려움이 가득했다. 이러한 역사적 사건의 와중에서 나는 차갑고 냉혹한 진실에 직면했다. 내 동료들은 훌륭한 학력, 화려한 경력, 인상적인 자격, 그리고 탁월한 전문성에도 불구하고 앞으로 무슨 일이 일어날지 전혀 알지 못했다. 이 경험은 나에게 깊은 냉소감을 안겨주었다.

하지만 변호사들은 어차피 사회에서 가장 냉소적인 집단일지도 모른다. 그것은 우리의 훈련 과정에서 비롯된 것이기도 하고, 솔직히 말해 이 직업에 끌리는 사람들의 성향 때문이기도 하다. 법률 실무의 대립적 성격, 보수적인 위험 관리에 대한 집착, 불확실한 결과를 다루는 일은 우리를 본질적으로 냉소적이고 회의적인 존재로 만든다. 누군가 우리를 설득하려 하면, 우리는 일반적으로 그가 거짓말을 하거나 오도하고 있다고 가정하고, 그렇지 않음이 증명될 때까지 그렇게 생각한다. 비트코인의 핵심 철학 중 하나인 "믿지 말고 검증하라(Don't trust, verify)"가 실제로 법률 업무의 기본 원칙이라는 사실을 깨닫기까지는 여러 해가 걸렸다.

  나의 타고난 냉소주의는 2013년의 비트코인처럼 전위적인 개념을 이해하는 데 사실상 극복할 수 없는 장애물이었다. 교육적 배경 또한 도움이 되지 않았다. 하버드 로스쿨 재학 시절에 나는 모하메드 엘에리언(Mohamed El'Erian) 같은 금융 전문가와 제러미 그랜섬(Jeremy Grantham) 같은 초빙 강사가 강의하는 하버드 경영대학원의 명성 높은 투자 관리 과정에 교차 등록했다. 결과적으로 내재 가치(intrinsic value)의 개념과 현금 흐름(cash flow), 수익 배수(revenue multiples) 등에 기초한 다양한 가치평가 모델이 자산을 평가하는 유일한 방법으로 나의 뇌에 각인되었다. 내가 비트코인에 본능적으로 이러한 사고방식을 적용하고 해당 방법론에 기초하여 비트코인이 명백히 무가치하다고 판단한 것은 자연스러운 일이었다.

  2013년 〈파이낸셜 타임스〉 기사를 읽고 얼마 지나지 않아서 홍콩의 한 대학교에 초청 강연자로 초대받아 CDO, CDS, MBS, 그리고 글로벌 금융위기 당시의 경험을 이야기하게 되었다. 질의응답

시간에 강의 내내 별로 관심 없어 보이던 교실 뒤편의 한 학생이 갑자기 손을 들더니 엉뚱한 질문을 던졌다. "비트코인을 어떻게 생각하세요?" 신호라도 받은 것처럼, 나는 곧바로 10분짜리 독백을 시작했다. 내재 가치, 예상되는 미래 현금 흐름, EBITDA 배수를 설명하고 비트코인이 본질적으로 온라인 도박에 지나지 않는다고 무시했던 속물적인 지적 담론이었다. 제러미 그랜섬이라면 자랑스러워했을 것이다. 당시에 비트코인은 100달러를 조금 넘는 가격에 거래되고 있었다. 질문을 한 학생은 아무 말도 하지 않았다. 지금 그가 어디에 있는지는 모르지만, 내 이야기를 듣고 나서 바로 비트코인 투자를 늘렸을 것이라고 종종 상상한다. 아마도 그만큼 사람들이 비트코인에 대해 제대로 이해하지 못하고 있다는 사실 자체가 자신이 얼마나 일찍 투자 기회를 잡았는지를 보여주는 신호로 받아들였을 것이다.

사실 2013년에는 비트코인에 별로 관심이 없었다. 비트코인을 진지하게 받아들이기 위해서 극복해야 했던 인지적 장애물이 너무나 높았기 때문이다. 한편으로는 교육과 훈련의 산물인 사고방식이 방해가 되었고, 다른 한편으로는 이 주제를 공부하기 위한 접근 가능하고 신뢰성 있는 자료가 전혀 없었다. 유일하게 접한 〈파이낸셜 타임스〉의 오만한 평가는 나의 본능적으로 부정적인 지적 반응(또는 비지적 반응)을 더욱 강화할 뿐이었다.

비트코인이 '디지털 금'이라 불려지는 것을 처음 들은 건 2016년이었다.[2] 점심 식사 자리에서 한 친구가 비트코인이 곧 금을 쓸모없게 만들 거라고 말했다. 금 애호가이자 당시 몇 년째 물린 금 투자 때문에 고생하던 나는 이 '마법 같은 인터넷 머니 폰지 사기'가 금이라는, 오랫동안 존중받아온 역사적 가치 저장 수단과 같은 맥락에서 언급되는 것을 듣는 게 얼마나 터무니없고 황당하게 느껴졌는지 지금도 또렷이 기억한다.

하지만 그 말의 황당무계함 때문에 나는 비트코인에 대해 관심을 갖고 좀 더 깊이 파고들게 되었다. 2013년 비트코인이 사기라고 말한 후 몇 년이 지난 때였다. 그렇지만 비트코인은 여전히 버티고 있었고 사람들은 계속해서 점점 더 터무니없는 주장을 펼쳤다. 그들 중에는 내 친구처럼 상당히 똑똑한 사람도 있었다. 그래서 나는 '토끼굴'을 따라 조금씩 내려가기 시작했다. 하지만 당시에도 이 주제에 대한 자료는 거의 없었다.[3] 인터넷에서는 주로 무정부주의자와 반국가 자유지상주의자들이 모호한 블로그에 올린 이념적 폭언을 접했다. 내가 정말로 '공감할 수 있는' 자료는 찾기 어려웠다.

그럼에도 불구하고 나는 비트코인을 연구하는 수년간의 여행을 시작했고 지금도 그 여행을 계속하고 있다. 기술 기업가이자 투자자인 나발 라비칸트(Naval Ravikant)는 비트코인이 '마인드 바이러스(mind virus)'라고 말한다.[4] 처음으로 비트코인을 접한 사람은 종종 비트코인의 복잡성과 가능성에 완전히 사로잡혀 그 영향력을 떨쳐낼 수 없는 자신을 발견하게 된다. 마치 바이러스처럼 비트코인은 마음속으로 퍼져 나가서 기술 혁신, 경제적·정치적·사회적 함의, 그리고 철학적 의미에 대한 끊임없는 성찰을 불러일으킨다. 비트코인의 탈중앙화 특성과 금융 주권의 약속이 우리의 세계관에서 반복되는 주제가 되어, 마치 바닥이 없는 듯한 탐험과 발견의 토끼굴로 점점 더 깊이 빠져들게 한다. 나 자신의 예를 들자면, 나는 라비칸트의 '마인드 바이러스' 비유에 대해 그 정확성을 증언할 수 있다. 상당히 치명적인 바이러스에 감염된 지 몇 년이 지났지만 아직도 그 감염을 떨쳐내지 못하고 있기 때문이다.

비트코인에 대한 이해가 깊어질수록, 지난 몇 년 동안 비트코인을 무시했던 것에 대한 후회도 커졌다. 비트코인 가격이 5만 달러를 훌쩍 넘게 치솟은 2021년, 우연히 2016년의 점심 식사 자리에서 디지털 금을 논의했던 친구를 만났다. 나는 비트코인이 수백 달러에 거래되던 시절에 비트코인의 잠재력을 일찍이 간파한 그가 2021년에는 이미 은퇴하기에 충분한 돈을 벌었을 것으로 생각했다. 그런데 놀랍게도 그는 비트코인을 한 개도 가지고 있지 않다고 말했다. "비트코인은 변동성이 너무 심해." 친구는 월가의 전통적인 금융 업무 경력을 쌓은 사람답게 말했다. 그 역시 비트코인에 대해 제대로 이해한 적이 없는 것 같았다. 비록 일찍이 바이러스에 노출되었지만 심각한 수준으로 감염되지는 않았던 것이다.

이 책을 쓴 이유는 내가 비트코인을 처음 이해하려 애쓸 때 접하고 싶었던 유형의 자료를 만들기 위함이었다. 최근 몇 년, 특히 2020년 이후로 비트코인 관련 학습 자료가 폭발적으로 증가했고, 훌륭한 자료를 찾는 것도 어렵지 않다(이들 자료 중에는 심지어 피델리티와 블랙록 같은 자산운용사의 이름이 붙은 것도 있다). 믿을 수 없을 정도로 생각이 깊은 투자자, 정치 이론가, 그리고 철학자(밈 아티스트는 말할 것도 없고)들이 이 분야에서 비트코인에 관한 뛰어난 저술을 남겼다. 이 책을 쓰는 나는 거인들의 어깨 위에 서 있다는 것을 부인할 수 없다.

인기 있는 밈(meme)처럼, 비트코인은 누구에게나 유용하지만 반드시 모든 사람을 위한 것은 아니다. 수많은 사람이 비트코인을 가볍게 살펴보고 나서 여러 가지 이유로 외면했고, 앞으로도 더 많은 사람이 그렇게 할 것이다. 나는 일반 대중이 비트코인을 이해하기 어려운 이유가 여러 분야와 학문의 교차성에 있다고 생각한다. 결제 서비스 기능 같은 기술적 측면으로만 비트코인을 바라보면 거시 및 화폐 경제학 영역에서 비트코인이 지닌 심오한 의미를 제대로 인식하지 못한 채 무가치하고 시대에 뒤떨어졌다고 생각할 수 있다. 기술적 견고성과 게임 이론적 인센티브 구조를 이해하지 못하고 비트코인의 지정학적 잠재력을 고찰하면, 정부에 의하여 짓밟힐 어리석은 짓으로 보일 수도 있다. 그리고 철학적 토대를 깊이 파고들지 않고 가격 변동이나 가치 저장 수단의 역할에만 집중하면 비트코인의 사회적 중요성과 지속적인 문화적 내러티브(narrative)를 간과하게 될 수 있다.

이 책은 이러한 다면적인 주제를 제1원리적 사고(first principles thinking)에 기초하여 하나의 응집력 있는 구조로 엮어내려는 노력의 산물이다. 비트코인을 이해하는 것은 배우는 과정인 동시에 잊어버리는 과정이기도 하다. 제1원리에 기초하여 생각하는 것은 후자의 과정을 가속하는 효과적인 방법이다. 비트코인의 핵심에는 제제1원리적 사고가 있고, 근본적인 측면을 더 깊이 파고들수록 이해가 더 깊어진다. 탈중앙화 합의, 무국적 화폐, 자기 주권 같은 개념은 대부분의 사람들에게 멀고 추상적으로 보일 수 있지만, 제1원리적 사고의 개념은 삶의 모든 영역에 스며들어 거의 모든 직업과 소명의 초석 역할을 하며 사회와 삶 전반을 헤쳐나가는 데 필수적이다.

이 책은 비트코인 입문서를 찾는 사람들을 위하여 간략하고, 접근하기 쉽고, 포괄적인 자료를 제공하려 한다. 제1원리에 따라 생각하는 것이 자연스러운 사람들에게 어필할 수 있는 책이다. 이들은 나처럼 투자금융 및 법률 분야에 국한되지 않은 다양한 분야의 사람들을 포함한다. NFT와 밈 토큰에 대한 소셜 미디어 소음의 불협화음 속에서 이 주제를 이해하기 위한 사고 모델을 찾는 학생들도 포함될 수 있다. 그리고 금융이나 기술 분야와는 거리가 먼 의사인 내 부모님처럼, 제1원리적 사고에 확고하게 기초한 세계관을 가진 나이 든 세대에게도 어필할 수 있다.

사람이 책을 쓰려는 충동의 이면에는 복잡한 동기가 있을 수 있다. 글쓰기라는 행위는 본질적으로 아리스토텔레스의 행복한 자아실현(eudaimonic self-actualization)의 개념과 공명할 수 있는데, 여기서 글쓰기는 자신의 최대 잠재력과 덕성을 실현하는 통로의 역할을 한다.[5] 한편으로 글쓰기의 욕구는 사회에 만연한 왜곡된 진실을 바로잡으려는 깊은 갈망에서 비롯될 수도 있다. 이는 특히 비트코인의 경우에 강렬하게 나타나는데, 뉴스 매체와 정계 및 금융계 구성원들이 내러티브를 왜곡하여 잘못된 정보가 만연해 있기 때문이다. 이러한 의미에서 글쓰기는 철학적 저항의 행위, 즉 오해와 잘못된 인식에 도전하고 바로잡는 방법이 된다. 사실적 정확성을 추구하고 제시하는 것은 단순한 지적 활동이 아니고 도덕적 의무라 할 수 있다.

이처럼 방대한 정보와 문헌을 하나의 응집력 있는 개체로 압축하는 일은 언제나 야심차고도 대단히 어려운 작업이 될 것이다. 어니스트 헤밍웨이는 다음과 같이 영감을 주는 말을 남겼다. "진실한 문장 하나만 쓰면 된다. 당신이 아는 가장 진실한 문장을 쓰라."[6] 글쓰기의 본질은 자신의 진실을 정직하고 간결하게 전달하는 명확성에 있다.

이 책은 불필요한 소음을 걸러내어 다면적·다분야적 그리고 혁명적인 혁신의 진정한 핵심을 드러내려는 노력의 산물이다. 홍콩의 한 학생이 처음으로 나에게 질문을 던진 지 11년 만에, 이 책은 그 오래된 질문 "비트코인을 어떻게 생각하세요?"에 대한 수정된 답변이다.

차례

추천사	006
서문	010
머리말	014

1부 | 개요 | 왜 비트코인인가

CHAPTER ❶ 우리는 왜 비트코인을 이야기할까? — 031
- 디지털 상품 — 032
- 센타우루스의 돌(사고실험) — 035
- 제1원리적 사고 — 039
- 기본적 발명 — 042
- 전체론적 방법 — 045
- 이 책 — 051

CHAPTER ❷ 비트코인과 화폐 — 055
- 실물과 디지털 — 055
- 돈이란 무엇일까? — 062
- 비교 분석 — 066
- 종반전 — 083

2부 | 기술 | 비트코인의 신뢰는 어떻게 만들어지는가

CHAPTER ❸ 비트코인의 조직 구조 — 091
- 비잔틴 장군 문제 — 091
- 비트코인 백서 — 094
- 절대적 희소성 — 108
- 검열 저항성 — 114
- 인센티브의 힘 — 116
- 블록체인이 아니고 타임체인이다 — 118
- 교환의 매체 — 123

CHAPTER ❹ 작업증명 대 지분증명   131
    비교 분석   134
    가상 시나리오 1: 비트코인에 대한 채굴자의 공격   141
    가상 시나리오 2: 이더리움에 대한 검증자의 공격   143

CHAPTER ❺ 장기적 보안 예산   148
    거래 수수료   151
    보조적 도구로서의 채굴   157
    이타적 채굴   159

CHAPTER ❻ 비트코인을 없앨 수 있을까?   162
    51% 공격   165
    개발자의 공격   171
    양자 컴퓨팅   175
    국가의 공격   179
    다른 암호화폐의 공격   180

CHAPTER ❼ 역사상 한 번뿐인 발명   182
    순수한 구상   183
    유기적이고 공정한 분배   186
    네트워크 효과   192
    린디 효과   194
    10배 개선 법칙   196
    셸링 포인트   198

3부 | 경제학 | 비트코인은 어떻게 경제를 바꾸는가

CHAPTER ❽ 화폐와 국가   203
    화폐의 역사   205
    통화의 조작   218

CHAPTER ❾ 인플레이션: 숨겨진 세금   226
    전쟁 재정   236

　　　　부채 사망 나선 241
　　　　대조적 경제 이념 251

CHAPTER ⑩ **가치 저장** 260
　　　　시간적 판매성 262
　　　　"비트코인은 변동성이 너무 크다" 270
　　　　금융 서비스에서 소외된 사람들의 희망 277

CHAPTER ⑪ **세계적 채택** 282
　　　　메트칼프의 법칙과 S-커브 채택 285
　　　　그레샴의 법칙 대 티에리의 법칙 292

4부 | 정치 | 비트코인과 지정학

CHAPTER ⑫ **감시 국가** 301
　　　　역사적 관점 302
　　　　만약에? 311
　　　　현대적 관점 314

CHAPTER ⑬ **"정부가 비트코인을 금지할 것이다"** 325
　　　　가상적 금지 327
　　　　금지의 심리학 331
　　　　정치적 게임 이론 334
　　　　트로이 목마 336
　　　　금지의 적법성 338

CHAPTER ⑭ **법과 규제** 343
　　　　"비트코인은 범죄자를 위한 화폐다" 343
　　　　규제의 프레임워크 347

CHAPTER ⑮ **비트코인과 지정학** 354
　　　　비트코인의 중립성 360

	비트코인과 미국	362
CHAPTER ⑯	**비트코인과 환경**	369
	재생 가능 에너지	371
	주관적 가치와 도덕적 감시	380

5부 | 철학 | 비트코인과 자기 주권의 시대

CHAPTER ⑰	**주권적 특권**	387
	교회와 국가의 분리	391
	자기 주권	393
	탈중앙화된 권력	400
	비트코인과 폭력	407
CHAPTER ⑱	**사이퍼펑크**	412
	왜 프라이버시인가?	414
	개인의 책임	419
	오픈 소스 협업	420
CHAPTER ⑲	**시간 선호**	423
	높은 시간 선호	424
	낮은 시간 선호	433
CHAPTER ⑳	**내러티브와 밈**	438
CHAPTER ㉑	**비트코인은 거울이다**	449
	감사의 글	461
	미주	462

1부
개요
왜 비트코인인가

PRINCIPLES OF BITCOIN

CHAPTER ❶

우리는 왜
비트코인을 이야기할까?

평범한 사람이 비트코인을 접하는 모습은 고대 인도의 우화, 장님과 코끼리 이야기를 떠올리게 한다. 이 우화에서는 코끼리를 처음으로 만난 맹인 몇 명이 각자 다른 부분을 만져보면서 코끼리가 어떤 모습인지 알아보려 한다. 한 사람은 코끼리의 옆구리를 만져보고 코끼리는 벽과 같다고 선언한다. 다른 사람은 상아를 만져보고 코끼리가 창 같다고 말한다. 세 번째 사람은 코끼리의 코를 만져보고 코끼리가 뱀 같다고 주장한다. 코끼리의 다리를 만져본 사람은 코끼리가 나무 같다고 하고, 귀를 만져본 사람은 부채 같다고 말한다. 마지막으로 코끼리 꼬리를 붙잡은 사람은 코끼리가 밧줄 같다고 단언한다.[1]

비트코인의 창시자 사토시 나카모토(Satoshi Nakamoto) 자신도 비트코인을 설명하려는 시도에 대한 좌절감을 이렇게 설명했다. "일반 대중을 상대로 비트코인에 대한 설명서를 쓰는 것은 정말로 어려운 일이다. 연관해서 설명할만한 대상이 아무것도 없다."[2] 제1원리적으로 생각해보면, 비트코인에 대한 근본적 질문은 다음과 같다. 우리는 왜 비트코인을 이야기할까? 더 구체적으로는, 비트코인을 논의할 가치가 있게 하는 핵심적 혁신은 무엇일까?

이 질문에 대한 답은 2008년에 기념비적인 획기적 발명이 이루어졌다는 것이다. 백서(whitepaper)가 발표되고 사상 최초로 인터넷 상품, 즉 '디지털 상품(digital commodity)'이 탄생했다.

디지털 상품

오늘날 '디지털 상품'이라는 용어는 너무나 진부하고 흔하게 오용된 나머지 사실상 무의미해졌다. 안타깝게도 자칭 암호화폐 전문가를 포함하여 이 용어를 사용하는 사람들 대부분이 그 의미와 중요성을 제대로 이해하지 못한다. 디지털 상품이란 용어는 이제 현실과 동떨어진 의미를 고백할 정도로 심하게 고문받아왔다. 잠시 '비트코인', '암호화폐', '블록체인', 'NFT(대체 불가능 토큰)', '웹3' 같은 말을 들어본 적이 없다고 가정해보자. 언론 매체와 실리콘밸리의 벤처 캐피털 업계에서 보고 들었던 모든 것을 마음속에서 지우고 이들 용어를 분석해보자.

'디지털'은 '1'과 '0'이라는 숫자로 표현되는 이진 형식으로 정보를 부호화하고 전송하는 것을 의미한다. 모든 디지털 객체는 순전한 정보적 속성을 갖는다.

'상품'은 예컨대 쌀과 같은 농산물, 원유와 같은 원자재, 골드바 같은 귀금속 등 일반적으로 유형의 물리적 재화를 가리킨다. 상품은 물리 법칙의 지배를 받는 물리적 물질로 구성된다.

따라서 디지털 상품은 디지털 속성과 물리적 속성의 마법 같은 결합을 의미한다.[3] 그러나 여기서 중요한 문제는 정보적 속성을 갖는 디지털 객체는 아무런 비용을 들이지 않고 무한히 복제할 수 있다는 것이다.

> 당신과 내가 사과를 한 개씩 갖고 있는데 사과를 서로 바꾼다면 결국 각자 사과 한 개씩만 갖게 된다. 그러나 당신과 내가 각자의 아이디어를 교환한다면 두 사람 모두 두 개의 아이디어를 갖게 된다.[4]
>
> - 조지 버나드 쇼

내가 당신에게 이메일로 디지털 사진을 보내고 나서 똑같은 사진을 100만 명의 다른 사람들에게도 보낼 수 있으며, 그들 모두가 사진의 정확한 복사본을 갖게 된다. 디지털 사진은 1과 0으로 구성된 순전한 정보적 객체이며 무료로 복사할 수 있기 때문이다. 내가 보낸 사진을 받는 당신은 그 사진의 유일한 수신자라고 절대적으로 확신할 수 없다.⁵ 그저 내 말을 믿어야 하거나 아니면 사진을 다른 곳으로 보내지 않도록 내 이메일을 감시하거나 문지기(gatekeeper) 역할을 할 제3자(신뢰할 수 있는 중개자)가 필요할 수도 있다. 간단히 말해서, 디지털 방식으로 가치를 전달하는 일은 역사적으로 신뢰할 수 있는 중개자나 기록관리자의 개입이 있어야만 가능했다.

반면에 내가 당신에게 골드바를 건넨다면, 이제 내가 아닌 당신이 골드바를 소유하게 된다. 물리 법칙은 내가 당신에게 골드바를 건네주고 나서 몇 분 뒤에 같은 골드바를 다른 사람에게 건네주는 것을 허용하지 않는다. 골드바를 손에 쥐고 내 곁을 떠나는 순간에 당신은 그 시점에서 다른 모든 사람을 배제하고 오직 자신만이 골드바를 소유하고 있다는 것을 절대적으로 확신할 수 있다. 내가 다른 사람에게 골드바를 주지 않겠다고 약속할 필요도 없다. 또한 골드바(즉 당신 손에 있는 골드바)를 다른 사람에게 주지 않도록 누군가가 나를 감시할 필요도 없다. 상품의 물리적 보유는 최종적이며 어떤 형태이든 신뢰가 아니라 물리학에 의존한다.

비트코인의 핵심에 있는 혁신은 디지털과 물리적 세계를 연결하고, 물리적 물질의 특성을 가지면서 디지털 공간에서만 상상할 수 있는 속도로 전 세계로 전송할 수 있는 도구를 창조한 것이었다. 다시 말해서, 비트코인은 디지털 세계의 1과 0에 물리 법칙을 적용하는 일을 해냈다. 비트코인은 디지털 정보에 특정한 유형의 물리적 속성을 효과적으로 부여한 물리적 디지털 정보다. 이는 너무나 놀랍고 획기적인 개념이어서 기존의 인식을 되돌아보고 깊이 성찰해야만 이해할 수 있다.

비트코인의 물리적 속성을 이해하면, 이 발명품이 단지 새로운 결제 기술을 훨씬 넘어선다는 사실이 분명해진다. 경제, 정치, 철학 등 다양한 분야에서 비트코인의 다차원적 측면과 함의가 드러나기 시작한다. 그리고 마침내 이 모든 관점에서 비트코인을 전체적으로 보게 되면, 그 실체를 보지 않을 수 없다. 마치 인도의 우화 속 맹인들이 갑자기 시력을 되찾아 코끼리를 그 진정한 전체의 모습으로 볼 수 있게 된 것과 같다.

센타우루스의 돌(사고실험)

기원전 7000년경 고대 신화의 땅 아틀란티스에서 5광년 이상 떨어진 센타우루스 별자리의 은하 물질로 구성된 돌이 발견되었다. 수백만 년 전의 천체 현상을 통해서 지구에 도착한 돌이었다. 이후에 센타우루스 별자리는 블랙홀에 삼켜졌고, 결과적으로 이 외로운 돌이 우주에서 유일하게 센타우루스 별자리의 독특한 물질로 남게 되었다. 다시 말해서, 이 돌은 절대적으로 희귀했다. 다른 센타우루스의 돌이 존재할 수 없었기 때문이다.

멀리 있는 은하계에서 온 이 돌은 신비롭고 초자연적인 특성을 보이는 것으로 관찰되었다. 첫째로 이 돌은 1,000조 개의 입자로 완벽하게 나눌 수 있었다. 더욱 놀라운 것은, 당신이 입자를 손에 들고 비밀 단어를 속삭이면 입자가 보이지 않게 된다는 것이었다. 당신은 비밀 단어를 말하는 방법으로 지구상 어느 곳에서든 원하는 대로 입자가 다시 나타나도록 할 수 있었다. 입자를 집어 다른 사람에게 던지면 상대방이 세계 어느 곳에 있든, 심지어 수천 마일 떨어져 있더라도, 손을 뻗어 잡을 수 있었다.

입자를 던지는 일은 테니스공으로 캐치볼을 하는 것만큼이나 간단했다. 어떤 특별한 기술이나 승인도 필요하지 않았다. 그저 집어 들어 던지기만 하면 입자가 빛의 속도로 원하는 수신자에게 물리적

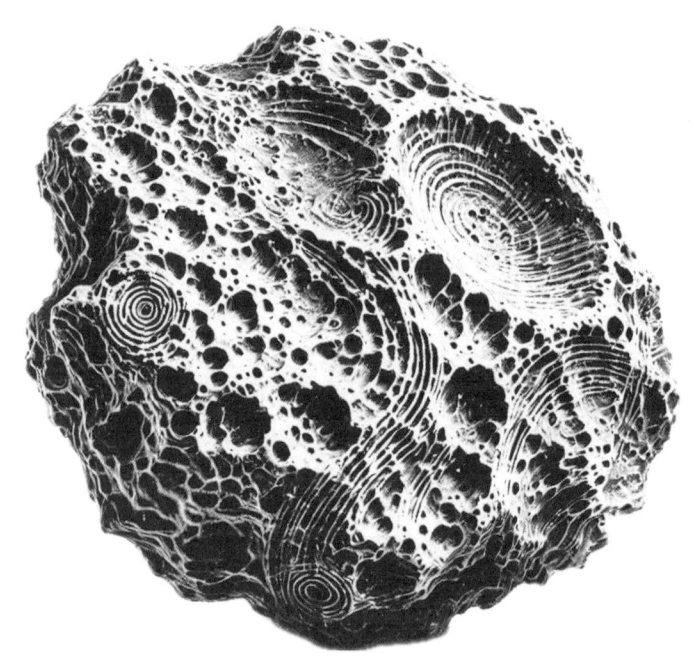

[그림 1.1] 센타우루스의 돌: 이 금속성 회색의 돌은 우주에서 유일무이하게 독특한 물질로서 인류에게 알려진 가장 희귀한 물질이 되었다.

출처: 저자

으로 이동했다. 이 과정에 제3자가 개입할 필요는 없었다. 어쨌든 누구와도 물리적으로 주고받을 수 있는 물리적 돌이었기 때문이다. 입자가 보이지 않도록 할 수 있기 때문에 다른 사람은 아무도 모르고 막거나 간섭할 수 없는 상태로 어떤 수신자에게든 입자를 던질 수 있었다(마치 자신들의 뒷마당 안에서 두 사람이 테니스공을 주고받는 것처럼).

여러 해에 걸쳐 돌은 1,000조 개의 입자로 쪼개져 아틀란티스인들에게 자연스럽게 분배되었다. 사람들은 이 입자를 사고파는 여러 시장을 만들어냈고, 많은 아틀란티스인들은 부의 저장 수단으로 입자를 매수해 보유했다. 그들은 원래 금을 가치 저장 수단으로 사용하는 데 익숙했으므로, 희소한 자산에 부를 보관하는 일이 얼마나 중요한지 잘 이해하고 있었다. 게다가 센타우루스의 돌은 금보다 훨씬 더 희소했다. 그것은 원래 블랙홀에 삼켜져 사라진 물질로 이루어져 있었고, 오직 이 조각만이 남아 있었기 때문이다. 아틀란티스인들은 이 특별하고도 신비로운 속성이 시간이 흐를수록 수요를 끌어올릴 것임을 알고 있었다. 금과 달리 돌은 수요가 늘어난다고 해서 공급이 늘어날 수 없었고, 이는 시간이 갈수록 수요의 증가에 따라 가격이 크게 상승할 것임을 의미했다.

아틀란티스인들은 금이 너무 무겁고 운반하기 힘들며, 아틀란티스 당국에 의해 쉽게 몰수되거나 강도에게 도난당할 수 있다는 점에 지쳐 있었다. 그러나 보이지 않게 변할 수 있고 무게조차 거의 없는 돌 입자는 압수하기가 불가능하고 훨씬 더 안전한 운반이 가능했다. 입자의 소유자는 (금 같은 다른 물리적 상품처럼) 신뢰할 수 있는 제3자에게 보관을 의뢰할 필요가 없었다. 또한 돌의 독특하고 자명한 특성 덕분에 금과 가짜 금처럼 심각한 문제가 될 수 있는 위조 돌 입자가 존재할 가능성도 전혀 없었다.

만약 당신이 아틀란티스인이었다면, 센타우루스의 돌에 어떤 가치나 유용성이 있다고 생각했을까?

이 이야기는 유감스럽게도 순수한 허구이며 사고실험에 불과하지만, 만약 21세기에 신화 속 센타우루스의 돌과 거의 동일한 특성을 갖춘 상품이 존재한다는 사실을 알게 된다면 어떨까? 다른 것은 단지 이름뿐이라면 말이다.

> 또 다른 사고실험으로, 금처럼 희귀하면서 다음과 같은 특성이 있는 기초 금속이 있다고 상상해보라. 칙칙한 회색을 띠고, 전기 전도성이 좋지도 않으며, 특별히 강하지도 않다. 연성이나 쉽게 두들겨 펴지는 성질도 없어서 실용적이거나 장식적인 용도로는 아무 쓸모가 없다. 통신 채널을 통해 운반될 수 있다는 단 하나의 특별하고 마법 같은 성질이 있을 뿐이다.
>
> 만약 어떤 이유에서건 이 금속이 가치를 갖게 된다면, 장거리로 부를 옮기고자 하는 사람은 누구나 그것을 사서 전송한 뒤 수신자가 그것을 팔도록 할 수 있을 것이다.[6]
>
> — 사토시 나카모토, 2010년 8월 27일

제1원리적 사고

비트코인의 복잡성을 이해하기는 쉽지 않다. 코미디언 존 올리버(John Oliver)는 이렇게 말했다. "비트코인은 당신이 돈에 대해 이해하지 못하는 모든 것과 컴퓨터에 대해 이해하지 못하는 모든 것의 결합이다."[7]

이러한 어려움은 주로 비트코인을 이해하기 위하여 연관시킬 수 있는 사고 모델이 부족하다는 데서 비롯된다. 암호화폐 업계에 이 주제를 둘러싼 잡음이 너무 많다는 사실도 도움이 되지 않는다. 그러한 잡음 속에서 원래의 신호는 대부분 손실되거나 기껏해야 왜곡된다. 이 책은 NFT나 웹3, 또는 전성기였던 2022년에 비트코인을 제외한 시가총액이 2조 달러에 달했고 역사상 최대 규모의 금융 사기 사건들을 목격했던 암호화폐 산업에 관한 책이 아니다. 오히려 이 책의 목표는 독자들이 제1원리에 기초하여 사고하도록 장려하는 것이다.

종종 제1원리적 사고의 아버지로 여겨지는 아리스토텔레스는 모든 것의 첫 번째 원인 또는 '원리(principle)' 파악의 중요성을 강조했다. 《형이상학(Metaphysics)》에서 그는 이 과정을 '사물에 대한 지식의 첫 번째 기초'로 설명한다.[8]

> 제1원리 또는 원인이나 요소가 있는 모든 체계적 탐구(방법론)에서 지식과 과학은 이들에 대한 지식을 얻는 데서 비롯된다. 우리가 모든 요소에

까지 이르는 근본 원인, 근본적 제1원리의 지식을 얻을 때만 무언가를 안다고 생각하기 때문이다.⁹

- 아리스토텔레스, 기원전 335~323년

그는 사물의 본질적 요소를 이해함으로써 사물의 진정한 내재적 속성을 추론할 수 있다고 주장했다. 본질적 요소의 이해는 사물의 근본적인 법칙과 원리를 이해하는 데 도움이 될 것이다.¹⁰ 이러한 분석적 사고방식은 복잡한 문제를 가장 기초적이고 근본적인 요소로 분해한 다음 거기에서 더 깊은 이해로 나아가도록 요구한다.

제1원리적 사고를 수용하면 사회가 수많은 정상화된 왜곡에 맞서고 바로잡는 데 도움이 될 수 있다. 예를 들어, 오늘날 사람들은 정부와 중앙은행의 수많은 경제적·정치적 실수를 아무런 의심 없이 받아들이는 것으로 보인다. 사람들은 전 세계적으로 끝없는 통화 가치의 하락과 부채의 축적을 묵인해 왔다. 그들은 이렇게 우리 사회와 미래 세대에게 매우 중요한 문제들에 대하여 제1원리적 질문을 던지는 데 종종 실패한다. 그런 질문을 던짐으로써 이 책에서 논의하는 화폐와 국가 간의 관계를 포함하여 여러 문제에 대한 기존 규범의 재평가를 촉발할 수 있다. 존 케네스 갤브레이스(John Kenneth Galbraith)는 이렇게 말했다.

경제학의 다른 모든 분야를 통틀어 돈에 대한 연구는 진실을 드러내는 것이 아니라 감추기 위하여 복잡성이 사용되는 분야다. 삶에서 자동차, 내

연녀, 암 등 대부분 측면은 주로 소유한 사람들에게 중요하다. 반면에 돈은 가진 사람과 그렇지 않은 사람 모두에게 똑같이 중요하다. 따라서 모두에게 돈을 이해하려는 관심이 있다. 모두가 이해할 수 있다고 확신하면서 나아가야 한다.[11]

헨리 포드의 견해는 더 냉소적이었다. "국민들이 우리의 금융 및 통화 시스템을 이해하지 못하는 것이 그나마 다행이다. 그렇지 않다면 내일 아침이 밝기 전에 혁명이 일어날 것이기 때문이다."[12]

암호화폐의 영역에서 NFT와 웹3의 눈부신 전망이 비트코인의 핵심적 혁신과 가능성을 간과하게 만드는 경우가 많다. 최신 트렌드를 활용하려는 열광 속에서 핵심적 질문이 종종 사라진다. 비트코인의 원래 혁신과 목적은 무엇이었을까? 여기서 제1원리적 사고로 돌아가면 단지 또 하나의 암호화폐가 아니라 우리가 통화 정책, 중앙은행, 그리고 국가를 바라보는 방식의 근본적 변화라는 비트코인의 진정한 잠재력을 확인할 수 있다. 제1원리적 사고는 우리의 판단을 흐리게 하는 복잡성의 껍질층을 벗겨내고 기초부터 지식을 구축하도록 촉구한다.

비트코인을 제1원리적 관점에서 이해하려면, 그것이 왜 존재하는지, 그리고 그 가치를 어디에서 얻는지를 분석하는 것이 분명 핵심일 것이다. 가장 어려운 부분은 비트코인을 생각할 수 있는 올바른 사고 모델의 개발이다. 비트코인은 기술주나 밈(meme) 주식 같은 것일까? 화폐일까, 아니면 비자나 페이팔처럼 또 다른 결제 서비스에 불과한 것일까? 금과 같은 원자재일까? 아니면 1600년대 네덜란드의 튤립 투기 열풍처럼 거품에 지나지 않는 것일까?[13]

이 주제를 연구하기 위하여 어떤 사고 모델을 사용해야 할까? 이 책은 비트코인을 이해하는 최선의 사고 모델, 또는 사토시의 말대로 비트코인과 '관련짓기'에 가장 적합한 대상이 특정한 마법적 속성을 갖춘 물리적 상품이라는 접근 방식을 취한다. 즉 가상적 센타우루스의 돌, 또는 사토시의 표현을 빌리자면, 통신 채널을 통해서 전송될 수 있다는 것 외에는 특별한 점이 없는 칙칙한 회색 금속이다. 바로 이런 이유 때문에 '디지털 골드(digital gold)'라는 비유가 잘 들어맞는다.[14] 비트코인은 곧 골드 2.0이다. 이 책에서 논의하겠지만, 비트코인은 금이 가진 가장 가치 있는 속성 대부분을 유지하거나 개선하는 동시에, 금의 가장 큰 약점들을 상당 부분 제거한다.

기본적 발명

5500년 전 바퀴의 발명과 140년 전 자동차의 발명을 생각해보라. 모두가 인류 역사상 가장 위대한 발명에 속하지만, 바퀴와 자동차가 같은 '범주'의 발명품일까?

혁신이 너무나 근본적이고 혁명적이어서 본질적으로 시대를 초월하는 발명들이 있다. 거의 또는 전혀 수정이 필요하지 않은 발명이다. 그런 발명은 '기본적 발명(foundational inventions)'이라 부를 수 있다. 바퀴가 이 범주에 속한다. 최초의 발명은 메소포타미아에서 수메르인들이 단단한 나무 원반에 회전축을 삽입한 것으로 알려져 있다. 이후 5500년 동안 바퀴에는 사소한 조정만이 이루어졌다. 예를 들어, 후대의 문명은 원반의 속을 파내서 무게를 줄였고, 그 후 수천 년 동안에 나무가 다른 재료로 대체되었다. 그러나 축을 통한 회전 운동이 표면 사이의 마찰을 줄여서 끌리는 대신 굴러가는 부드러운 움직임을 가능하게 한다는 핵심 원리는 변함없이 유지되었다. 바퀴의 발명은 시대를 초월했고 작동 원리를 개선할 필요가 없었다.

바퀴와 비슷한 범주에 지레가 있다. 지레는 7000년 전에 고대 이집트에서 발명된 것으로 추정되는 간단한 기계다. 무거운 물체를 들어 올리는 지레의 원리는 시대를 초월하며 완결된 개념이었다. 지레의 혁신적인 개념 자체는 더 이상의 발전이 필요하지 않았다. 목공에서 두 물체를 연결하는 데 사용되는 못의 기본적 형태 역시 적어도 기원전 3500년의 이집트로부터 거의 변하지 않았다. 고대 중국에서 발명된 자기 나침반은 2000년이 넘도록 기본 원리가 변하지 않았다. 이 모두가 기본적 발명의 예다. 기본적 발명의 혁신은 기본적인 속성을 지녔고 처음부터 완벽했다.

이와는 대조적인 자동차의 발명을 생각해보자. 독일인 엔지니어 칼 벤츠(Karl Benz)는 1886년에 최초로 휘발유를 연료로 사용하는 자동차를 발명하여 자동차 산업의 토대를 마련했다. 비슷한 시기에 고틀리프 다임러(Gottlieb Daimler)와 빌헬름 마이바흐(Wilhelm

Maybach) 같은 혁신가들도 초창기 자동차 개발에 기여했다. 그리고 20세기 초에 헨리 포드가 조립 라인의 도입으로 자동차 생산에 혁명을 일으켰다. 20세기 내내 자동차는 자동 변속기와 연료 효율이 좋은 엔진 같은 혁신을 통해서 발전했다. 지난 20년 동안에는 전기 자동차와 하이브리드 자동차가 부상했다. 오늘날 우리는 자율주행 기술의 발전에 따른 자동차 산업의 더 큰 변화를 목격하고 있다.

칼 벤츠의 발명은 획기적인 발명이었지만 최종 제품이 아니고, 단지 이후의 발전과 혁신을 위한 출발점일 뿐이었다. 자동차와 마찬가지로 전화기도 회전식 전화기에서 터치톤 전화기, 휴대전화, 그리고 스마트폰으로 급격하게 변화했다. 컴퓨터는 1945년의 에니악(ENIAC)을 시작으로 데스크톱, 노트북, 태블릿으로 근본적인 변화를 겪으며 처리 능력, 크기, 기능 면에서 엄청난 개선이 이루어졌다. 전구는 1879년에 토머스 에디슨이 백열전구를 발명한 이후로 형광등, 할로겐 전구, LED 전구 등 더 밝고 에너지 효율적인 버전으로 변화했다. 그리고 오늘날의 카메라는 1826년에 니세포르 니에프스(Nicéphore Niépce)가 최초로 발명한 카메라와는 공통점이 거의 없다. 이들 발명의 원래 형태는 기본적 발명이 아니었다.

비트코인은 어떤 범주의 발명에 속할까? 비트코인은 기본적 발명으로 여겨져야 한다. 자동차가 아니고 바퀴다. 사소하고 점진적인 (예를 들어 프로토콜의 프로그래밍 가능성과 관련된) 개선이 이루어지고, '그 위'에 (프로토콜 자체에는 영향을 미치지 않는) 계층화된 기술이 구축될 수는 있지만, 발명의 핵심은 변하지 않는다. 바퀴와 마찬가지로 비트코인은 완성된 제품이다. 수많은 다른 암호화폐가 개발되었고 모두가 비트코인의 기반인 블록체인 기술을 사용하고 개선한다고 주장한다. 이들 암호화폐가 다른 중요한 목적(이에 대한 논의는 이 책의 범위를 벗어난다)을 위한 역할을 할 수는 있겠지만, 비트코인을 디지털 금으로 만드는 디지털 희소성 개념은 최종적이고 완전하며 복제할 수 없는 기본적 발명이었다.

비트코인은 단 한 번만 생성되어 공급량이 절대적으로 제한되는 새로운 '물질', 즉 센타우루스의 돌과 비슷하다. 그리고 다른 은하계에서 온 안드로메다의 돌이 상호 교환 가능한 마법적 속성을 지니고 존재한다면, 센타우루스의 돌이 절대적으로 희소하지 않을 것임은 말할 필요도 없다. 이 점을 설명하기 위해서 사용되는 또 다른 비유는 분자 구조가 재창조될 수 없는 주기율표의 새로운 원소다. 이는 비트코인을 연구하는 사람에게 가장 이해하기 어려운 (그리고 아마 논란의 여지도 가장 큰) 개념일 수 있다. 비트코인의 코드와는 거의 관련이 없고 게임 이론, 인간 심리, 네트워크 효과, 그리고 경로 의존성에서 비롯되기 때문이다. 2부, 특히 3장, 4장, 7장에서 이러한 논지에 대한 합리적 근거를 제시한다.

전체론적 방법

플라톤의 《카르미데스(Charmides)》에서 소크라테스는 환자의 '전신(whole body)'을 치료하는 의사들에게 감사의 말을 전한다.

> 다음과 같은 훌륭한 의사들의 이야기를 들어보았을 것이다. 눈에 통증이 있어서 찾아가면 그들은 눈만을 치료할 수는 없고 머리도 함께 치료해야 한다고 말할 것이다. 그리고 온몸을 치료하지 않고 머리만 치료할 수 있다고 생각하는 것도 매우 어리석은 일일 것이다. 이러한 원리에 따라 그들은 전체와 함께 부분을 치료한다는 생각으로 전신을 치료하는 계획을 세운다.[15]

의학적 진단에 대한 '전체론적 접근법'은 플라톤과 동시대인인 히포크라테스에서 유래한다. 2500년 전에 그는 당대의 의학 지식을 집대성한 최초의 서양 의학 교과서 《히포크라테스 전집(Corpus Hippocraticum)》을 집필했다. 히포크라테스는 서양 의학의 아버지로 여겨지며, 오늘날 전 세계 의대생들은 졸업하면서 히포크라테스 선서를 한다.

'전체론적(holistic)'이라는 단어는 '전체' 또는 '완전함'을 의미하는 그리스어 '홀로스(holos)'에서 유래했다. 전체론적 접근법은 부분을 분리하여 별도로 분석하지 않고 개체 전체를 다루는 방법을 포함한다. 의학에서 전체론적 접근법은 신체의 다양한 구성 요소의 상호연결성을 인정하고, 대상을 온전히 이해하기 위한 포괄적 관점의 중요성을 강조한다. '전체론(Holism)'은 삶의 모든 차원이 서로 연결되어 있다는 생각에 기초한 철학이다. 단순히 '상자에서 벗어난' 사

고가 아니라 '상자'를 완전히 제거하는 접근법이 될 것이다.[16]

게슈탈트(gestalt) 심리학은 사람들이 감각 정보를 단순히 개별적 구성 요소의 집합이 아닌 전체적 패턴이나 구성으로 인식하고 정리하는 방식에 초점을 맞추는 심리학 분야다. 이는 복잡성을 줄이기 위하여 대상을 여러 요소로 나누어 개별적으로 분석하는 전통적인 과학적 방법과 대조된다. 게슈탈트 심리학은 개별 요소들을 결합하면 각 부분을 별도로 고려할 때는 명확하지 않았던 인식을 생성할 수 있다는 생각에 기초한다. 인간의 본성은 사물을 전체 구조로 이해하는 경향이 있다. 더 나아가 부분에 대한 이해는 그것을 포함하는 전체의 구조에 달려 있다. 전체는 부분의 합보다 크다.

전체론적 접근 방식은 비트코인의 의미와 중요성을 이해하는 데 엄청난 차이를 만들어낸다. 개별적 분석을 수행하는 사람들은 단일한 렌즈를 통해서 대상을 바라보고, 다른 차원에 대한 이해가 부족함에 따른 부정적 인상을 형성하여 너무 성급한 판단을 내리게 된다. 비트코인은 사일로(silo, 미사일을 격납하고 있다가 발사하는 저장고—옮긴이) 안에서 볼 수 없고 전체론적으로만 이해할 수 있다. 전체론 철학은 이 책에서 비트코인을 연구하는 데 사용하는 종합적 접근법의 기반이다. 이와 관련하여 기술, 경제학, 정치, 철학이 핵심 분야라 할 수 있다. 이들 각 분야가 왜 관련이 있을까?

경제학부터 시작해보자. 비트코인은 여러 세기 동안 지배적이었던 중앙집중식 통화 시스템에 대한 직접적 도전이다. 사토시의 아이디어는 중앙은행과 정부의 재량적 통화 정책에 영향을 받지 않고 인플레이션이 없는 준비자산을 만드는 것이었다. 하지만 이러한 측면에서 비트코인의 역할을 제대로 이해하려면 통화 가치 하락, 인플레이션, 그리고 도덕적 해이라는 문제를 명확하게 이해해야 한다. 비트코인이 왜 중요한지를 이해하려면 중앙은행이 통제하는 법정화폐가 통화의 역사에서 비교적 새로운 개념이며 과거에도 대안적 시스템이 존재했다는 사실을 알아야 한다. 경제학을 공부해야만 현행 시스템의 잘못된 점과 비트코인의 파괴적 잠재력을 더 잘 이해할 수 있다.

몰수할 수 없고 검열에 저항하는 자산으로서 비트코인의 역할을 이해하려면 정치와 정치사에 대한 인식이 필요하다. 역사적으로 정부는 금융 통제를 억압의 수단으로 삼아 권한을 과도하게 행사했다. 자산의 압류부터 금융 검열에 이르기까지 정부의 권한 남용 사례를 살펴보면 비트코인의 속성이 얼마나 중요한지를 알 수 있다. 현대 정치는 권위주의 정권이 계속해서 반대 의견을 억압하면서, 사람들에게 재정적 제약을 가하고 있음을 보여준다. 지정학적 맥락에서 미국 달러는 세계의 기축 통화로서 점점 더 심한 감시에 직면하고 있고, 세계의 정치 지형 역시 점점 더 불안정해지고 있다. 이러한 긴장을 이해하면 정치적으로 중립적인 통화의 가치와 그것이 제공하는 독특한 해결책이 무엇인지를 밝힐 수 있다.

비트코인의 철학에 대한 공부는 비트코인의 기반을 이루는 더 깊은 담론을 이해하는 데 매우 중요하다. 비트코인은 가치, 도덕성, 그리고 우리가 살고 싶은 유형의 세계에 대한 질문을 던진다. 비트코인은 개인의 주권과 재정적 프라이버시를 옹호하는 자유주의 철학을 구현한다. 개인의 자유를 중시하는 자유주의적 이상이든 국가의 통제를 우선시하는 권위주의적 견해이든, 정치적 스펙트럼에서 자신의 위치를 파악하려면 철학적 성찰이 필요하다. 예를 들어, 비트코인은 개인의 삶에서 프라이버시와 자율성이 얼마나 중요한지, 그리고 우리가 얼마나 많은 통제권을 포기할 의향이 있는지에 대한 질문을 제기한다. 희소하고 인플레이션이 없는 자산인 비트코인은 부채와 인플레이션으로 주도되는 현대 소비주의에 도전하고, 지출을 통한 즉각적인 만족과 미래를 위한 저축 중 어느 것이 더 의미 있는 삶으로 이어지는지에 대한 질문을 던진다.

경제학, 정치, 그리고 철학은 비트코인의 '왜'에 대한 해답을 제시한다. '어떻게'를 이해하려면 다른 측면에서 제기되는 야심 찬 주장에 신빙성을 부여하는 '기술'을 공부해야 한다. 기반이 되는 기술을 공부해야만 탈중앙화된 P2P 디지털 거래를 가능하게 하는 획기적인 진전을 이해할 수 있다. 2,100만 코인이라는 비트코인의 절대적 희소성을 진정으로 믿으려면, 이러한 희소성이 컴퓨터 코드를 통해서 능숙하고 독창적으로 설계된 경제적 인센티브 구조에 힘입어 실제로 어떻게 달성되는지를 분석할 필요가 있다. '검열 저항성'과 '몰수 불가'라는 말은, 국가 차원의 비트코인 공격에 직면할 때 어떻게 적용될 수 있는지를 이해하지 못한다면, 그저 단어의 나열에 지나지 않게 된다. 기술적 통찰력은 하드 및 소프트 포크(fork)가 어떻게 작동하는지, 탈중앙화된 시스템 전반에 걸쳐서 권력이 어떻게 분산되는지 같은 네트워크의 잠재적 위험과 취약성을 인식하는 데도 매우 중요하다.

많은 사람, 특히 금융 뉴스 매체에서는 순전히 경제적 관점에서만 비트코인을 분석한다. 그들은 가격에만 집착하며, 비트코인을 소형주에 불과한 투기적 투자 대상으로 치부한다. 비트코인 가격의 변동성에만 몰두하는 동안, 검열 저항성과 몰수 불가능성이라는 정치적 함의를 외면하는 경우가 많다. 그러나 이러한 속성은 권위주의 체제 아래에서 살아가는 수십억 인구에게는 생명줄과 같은 의미를 지닌다. 일부는 비트코인의 정치적 가능성을 탐구하기도 하지만, 그것의 멈출 수 없는 잠재력이 어디에서 비롯되는지에 대한 기술적 기반을 이해하지 못한다. 이는 곧 비트코인의 정치적 이점을 통째로 부정하는 태도로 이어지기도 한다. "정부가 결국 그것을 폐쇄할 것"이라며 비웃는 식이다.

비트코인 기술에 깊이 빠져 있는 사람들은 소프트웨어가 비트코인의 전부라고 생각할지도 모른다. 그러나 코드는 비트코인을 비트코인답게 만드는 아주 작은 구성 요소일 뿐이다. 게임 이론에 기초한 경제적 인센티브 구조와 이를 뒷받침하는 철학적·문화적 담론은 비트코인의 궁극적인 성공에 훨씬 더 중요한 요소라고 할 수 있다. 비트코인의 유산은 C++ 코드보다는 성문화되지 않은 사회적 계약에 있다. 이러한 사실을 제대로 이해하지 못하는 기술자들은 비트코인 소프트웨어가 시대에 뒤떨어지고 무의미하다고 생각하여 암호화폐의 최신 트렌드로 넘어가는 경우가 많다.

비트코인 연구에서 이러한 맹점을 극복하는 유일한 방법은 전체론적으로 비트코인에 접근하는 것이다. 이 책은 기술, 경제학, 정치, 철학 분야를 집중적으로 다루지만, 비트코인이 관련된 분야가 이들뿐만은 아니다. 수학, 물리학, 통계학, 심리학, 역사학, 인류학, 그리고 정량적 금융 분석 등 여러 분야가 마찬가지로 중요하다고 생각할 수 있다. 그러나 현재로서는 앞서 언급된 네 가지 핵심 분야에 초점을 맞춰서 향후에 더욱 광범위한 연구로 발전할 수 있는 토대를 마련하고자 한다.

이 책

1부에서는 이후에 이어지는 논의의 개요를 설정한다. 다음 장에서는 디지털 상품으로서 비트코인의 실질적인 의미와 이것이 화폐에 대한 우리의 이해를 어떻게 변화시키는지를 살펴볼 것이다. 화폐의 역사에서 비트코인이 차지하는 위치를 이해하기 위하여, 법정화폐나 금 같은 역사적 경쟁자들과 비트코인을 비교 분석함으로써 시간의 테스트를 거친 화폐의 속성을 평가한다.

2부에서는 비트코인이 인터넷상의 물리적 상품과 유사하다는 주장을 면밀하게 검토할 것이다. 이것이 애당초 얼마나 당당한 주장인지를 이해하는 것이 중요하다. 물리적 속성을 지닌 디지털 자산이라는 생각은 터무니없고 환상적으로 보인다. 우리는 게임 이론에 기초한 정교한 인센티브 구조 설계를 통해 수십 년에 걸쳐 해결된 컴퓨터 과학 문제를 논의함으로써 이 놀라운 업적을 이룬 기술적 혁신의 핵심을 분석할 것이다. 비트코인의 기술적 토대와 관련하여, 탈중앙화 합의 메커니즘을 둘러싼 암호화폐 업계의 핵심 논쟁인 작업증명(Proof-of-Work) 대 지분증명(Proof-of-Stake)의 문제를 다루고, 비트코인의 블록 보상 감소와 관련된 장기적 '보안 예산(security budget)'에 대한 우려와 그것이 비트코인의 채굴 및 네트워크 보안의 인센티브에 미치는 영향에 대해서도 논의한다. 잠재적 공격 벡터(attack vector)를 검토하여 비트코인의 회복력을 분석하고, 매일같이 2만 개가 넘는 암호화폐가 출시되고 있는 상황에서 자주 제기되는 질문을 다룰 것이다. 더 빠르고 저렴하고 프로그램 가능하다고 주장되는 암호화폐들 속에서 비트코인을 독특한 화폐 자산으로 만드는 것은 무엇일까? 2부에서는 비트코인이 경로 의존적이고, 복제 불가능하며, 역사상 단 한 번 등장한 발명품인 이유를 객관적으로 설명함으로써 이 질문에 답하고자 한다.

3부에서는 거시경제학과 통화경제학의 렌즈를 통해서 비트코인을 살펴본다. 통화의 국가 통제가 어떻게 이루어졌는지도 역사적 관점에서 살펴볼 것이다. 이는 특히 통화 정책을 통제하는 중앙은행의 역할이라는 맥락에서 중요하다. 비트코인 같은 디플레이션형 실물 자산에 대한 인플레이션과 화폐 가치 하락의 위험성도 고찰할 것이다. 이러한 배경에서 우리는 비트코인의 채택률, 가격 상승, 그리고 중앙은행의 과도한 통화 발행을 흡수함으로써 인플레이션과의 경주에서 가장 빠른 경주마로 등장할 수 있는 비트코인의 잠재력을 평가할 것이다. 이와 관련하여 근시안적 관점을 타파하고 비트코인을 보다 합리적인 관점에서 바라보면서 투자 지평에 대한 이해를 높이는 데 도움이 되도록 비트코인의 악명 높은 변동성을 살펴볼 것이다.

4부에서는 비트코인의 정치적 현실을 평가한다. 감시 국가의 어두운 그림자를 역사적·현대적 관점에서 살펴볼 것이다. 우리는 역사를 통해 주권적·정치적 위기와 전쟁의 중요한 국면에서 비트코인 같은 가상 자산이 어떤 영향을 미칠 수 있었을지를 상상해보는 흥미로운 여행을 시작한다. 정부의 비트코인 금지 조치가 어떤 결과를 초래할지와 그 실현 가능성을 실질적, 법적, 게임 이론적 관점에서 평가할 것이다. 또한 미국 달러 및 SWIFT 결제 시스템과 비교한 비트코인의 지정학적 함의를 심도 있게 살펴본다. 그리고 현재의 지정학적 환경이 비트코인 같은 비정치적 자산에 어떤 역할을 제시할 수 있을지를 가정해볼 것이다. 이 주제를 둘러싼 정치적 맥락에서, 비트코인에 대한 미디어 히스테리의 주요 주제 중 하나인 비트코인의 에너지 사용량도 다룰 것이다. 정량적·정성적 분석을 통해서 우리는 현실과 언론의 인식이 상당히 동떨어져 있음을 알 수 있다.

5부에서는 자기 주권적 개인이라는 개념과 대비되는 주권적 특권의 개념에 초점을 맞춰서 비트코인의 철학적 토대를 살펴본다. 자기 주권을 추구하는 전례 없는 도구로 부상한 비트코인은 새로운 차원의 자율성과 권한을 부여한다. 비트코인의 탄생에 대한 '사이퍼펑크 선언(A Cypherpunk's Manifesto)'의 영향을 논의하고, 비트코인의 이상을 형성한 문화적·이념적 틀에 대한 통찰을 제시한다. 인플레이션 통화 정책으로 촉발된 소비주의의 해악을 철학적 관점에서 고찰함과 아울러 비트코인 같은 디플레이션적 경화(hard money)가 이런 맥락에서 수행할 수 있는 역할을 살펴본다. 특히 서사가 여론을 형성하고 바꿀 수 있는 소셜 미디어 시대에, 아이디어의 지속성에 대한 철학적 서사의 중요한 역할을 살펴볼 것이다. 이러한 논의에서 우리는 밈(meme)을 살펴보고, 복잡한 아이디어를 전파하고 비트코인 중심의 공동체를 형성하는 데 있어서 밈의 잠재력을 강조할 것이다. 이 책이 다루고자 하는 비트코인의 실체가 무엇인지를 이해하는 데 따르는 어려움은 수많은 오해를 낳았다. 5부에서 우리는 역사상 위대한 발명품들을 둘러싼 악명 높은 몇 가지 오해들을 살펴볼 것이다. 이 오해들은 비트코인 회의론자들이 퍼뜨리는 이야기들과 놀라울 만큼 닮아 있다.

CHAPTER ❷

비트코인과 화폐

> 인위적인 규칙은 구부러지고 깨질 수 있지만 물리 법칙은 그렇지 않다. 예를 들어, 실물 금화를 단순히 '만들어 낼' 수는 없다. 땅속에서 캐내야 한다. 하지만 종이 위에 금화를 만들어내는 것은 전적으로 가능하다.
>
> 지지(Gigi)*

실물과 디지털

P2P 거래는 두 당사자가 제3의 기록관리자 개입 없이 직접 수행하는 거래다. 역사적으로 이러한 거래는 실물 자산에만 국한되었고, 물품을 인도하는 행위가 소유권의 변경(최종합의라고 함)을 통해서 최종적이고 확실하게 가치의 이전을 추적했다. 조개껍데기, 구슬, 이빨, 동전, 그리고 현금은 인류 역사 전반에 걸쳐서 이런 방식으로 가치를 이전하는 데 사용된 물리적 객체의 예다. 이러한 P2P 거래는 해당 물품이 동시에 여러 곳에 나타날 수 없도록 물리 법칙

---

* 비트코인을 주제로 활동하는 소프트웨어 엔지니어이자 작가로, 저서 《21 Lessons》에서 비트코인을 철학과 기술의 관점에서 풀어냈다. 그는 프라이버시, 보안, 오픈 소스, 교육에 중점을 두며 블로그와 커뮤니티에서 활발히 활동하고 있다.—옮긴이

이 보장하기 때문에, 제3의 기록관리자가 필요 없다.

물리적 객체 사용의 대안은 장부를 이용하여 가치의 이전을 추적하는 방법이다. 장부는 순전히 정보를 제공하는 목적으로 사용되며 신뢰할 수 있는 중개자가 유지 관리해야 한다.

두 추적 시스템의 차이점은 다음 예를 통해서 설명할 수 있다.[1] 만약 당신이 양 100마리를 키우는 목동이라고 상상해보라. 당신은 매일 일과가 끝나면 100마리의 양이 모두 무사히 안전하게 집으로 돌아왔는지 확인하고 싶다. 이를 위해서는 두 가지 방법이 있다. 한 가지는 목걸이 100개를 사서 양 한 마리에 하나씩 채워주는 것이다. 그리고 양이 집으로 돌아오자마자 목걸이를 풀어 헛간 벽의 옷걸이에 걸어둔다. 하루의 일과가 끝나고 벽을 보니 100개의 옷걸이에 각각 목걸이가 하나씩 걸려 있다면 의심의 여지 없이 모든 양이 집으로 돌아온 것이다. 물리 법칙은 같은 날 저녁, 목걸이 하나가 옷걸이와 늑대 굴에 동시에 나타날 수 없음을 보장한다.

두 번째 방법은 목록을 유지하고 양들이 문을 통과할 때 수를 세는 것이다. 수를 세는 동안 실수하지 않도록 주의해야 한다. 양 100마리를 세면 모든 양이 실제로 집에 있다는 것을 절대적으로 확신할 수 있을까? 만약에 양 한 마리를 두 번 세었다면 어떻게 될까?

옷걸이에 걸린 목걸이는 다른 어떤 곳이 아닌 당신의 창고에 있는 양의 위치를 직접적으로 나타낸다는 것이 자명하다. 그러나 양의 수를 세어서 만든 목록은 양의 위치를 간접적으로 나타내며 순전히 정보를 제공하는 목적이다. 당신은 양의 수를 잘 세었다고 믿

어야 할 것이다.[2]

　디지털 세계는 전통적으로 가치를 추적하고 전달하는 두 번째 방법에만 의존해 왔다. 디지털 공간에서 물리적 객체를 사용할 수 없었기 때문에 첫 번째 옵션이 가용하지 않았다. 모든 디지털 요소는 1과 0으로 구성된 정보에 지나지 않는다. 물리적인 물질과 달리 정보는 사실상 비용을 들이지 않고 완벽하게 복제할 수 있다. 1장에서 설명한 것처럼 비용을 들이지 않고 동일한 사진을 얼마든지 많은 수신자에게 온라인으로 전송할 수 있다는 문제를 이중 지불(double-spending) 문제라고 한다. 이 문제를 해결하기 위해서 우리는 현실 세계에서 누가 무엇을 소유하는지 기록하는 디지털 장부를 사용한다. 이런 방법으로 디지털 항목을 직접 손에 쥘 수는 없더라도, 믿을 수 있는 제3자가 관리하는 장부가 모든 것을 추적하기 때문에 그 항목이 누구의 소유인지를 신뢰할 수 있다.

　오늘날의 글로벌 은행 및 금융 시스템은 거의 전적으로 장부에 기초하여 운영되며, 장부에 기록되는 항목이 인류의 화폐가 되었다. '부(wealth)'는 전자 데이터베이스에 기록된 원장 항목의 형태로 존재한다. 이들 전자 데이터베이스는 개인이 거래하는 은행(보조장부 수준)과 궁극적으로는 관련된 중앙은행(일반 장부 수준)에 있다. 미국에서는 약 90%, 영국에서는 97%의 화폐가 물리적으로 존재하지 않는다.[3] 우리가 가치를 저장하는 수단으로 당연하게 여기는 것은 본질적으로 중앙화된 신뢰할 수 있는 기관의 서버나 클라우드에 저장된 디지털 항목이다.

지도가 영토다

앞에서 논의한 바와 같이, 장부는 실제 세계의 자산에 대한 정보적 표현으로 사용될 수 있다. 금 담보 증서를 생각해보라. 골드바를 나타내는 증서를 도쿄에서 뉴욕까지 1초 만에 디지털 방식으로 전송할 수 있다. 그러나 런던의 금고에 보관된 실제 골드바는 한 치도 움직이지 않는다. 증서 수준의 전송은 순전히 정보적인 행위다. 거래와 소유권이 여러 계층의 신뢰를 통해 장부상에서 추적된다. 당신은 런던의 보관 담당자가 금을 안전하게 보관하리란 사실을 의심하지 않고, 케이맨(Cayman) 제도에 있을지도 모르는 중개인 같은 기록관리자가 정확한 장부와 기록을 유지할 것을 확신한다. 그리고 앞서 언급된 당사자들에 대하여 당신의 권리를 행사하기 위한 법률 시스템과 법치를 신뢰한다.

현실 세계의 자산을 영토라고 생각하면 영토와 관련된 정보는 지도가 될 것이다.[4] 골드바의 경우에는 지도와 영토가 동일하다. 금 조각을 손에 쥐면 그것의 본질과 위치에 관한 모든 정보를 손에 쥐는 것이다. 반면 금 증서의 경우에는 지도와 영토가 동일하지 않다. 양자 사이의 간극에 신뢰가 존재한다. 그리고 역사가 증언하듯이 신뢰가 있는 곳에는 신뢰의 남용이 있다. 현실 세계의 기록관리자가 현실 세계의 자산을 디지털 공간에서 추적해야 하는 불가피한 필요성을 오라클(oracle) 문제라고 한다. 자산을 안전하게 보호하고 소유권 이전 등에 대한 정보에 따라 장부를 지속적으로 업데이트하는 일이 이루어지려면 보관 담당자나 기록관리자(오라클)를 신뢰해야 한다. 실물 금이 없으면 정보에 불과한 장부의 가치는 0이다.

이제 디지털 세계에서 지도와 영토를 통합하는 방법이 있다고 상상해보자. 예를 들어, 구글 지도에서 어떤 마을의 지도를 볼 때 우리는 구글이 그 지도가 실제 마을을 정확하게 반영하고 있다고 신뢰한다. 그런데 만약 손에 든 지도와 실제 도시의 도로와 건물이 마법처럼 동일하다면 어떨까? 이는 꽤나 사고를 뒤흔드는 개념이며 (물론 현실의 도시 지도에서는 불가능한), 만약 '지도가 곧 실제 영역'이라면 신뢰할 필요 자체가 없을 것이다.

이것이 바로 비트코인이 달성한 기술적 성취의 핵심이다. 비트코인에는 어디엔가 금고 속에 보관된 실물 자산이 존재하여 가치를 부여하는 구조가 없다. 원장과 자산이 하나이기 때문이다. 이는 비트코인에 가치를 부여하는 자산이 정확히 무엇인가라는 의문을 제기한다. 비트코인의 가치는 어디에 존재할까? 이 질문에 대한 가장 간단한 답은 자산의 소유권 기록 자체가 자산이라는 것이다. 소유권 정보가 생성되고 기록화되는 과정 자체가 기록에 가치를 부여한다. 다시 말해서, 지도가 영토다.[5]

비트코인의 정보를 생성하고 기록하는 방식이 기록에 금전적 가치를 부여할 정도로 특별한 이유는 무엇일까? 첫째, 전 세계에 분산된 수만 대의 컴퓨터에서 독립적·자발적으로 관리되는 원장에 기록이 유지된다. 둘째, 기록을 조작으로부터 안전하게 보호하려고 매일 같이 수천만 달러를 지출하는 수십만 대의 특수한 컴퓨터에 의하여 기록의 무결성이 보장된다. 셋째, 사용자가 분산된 원장에서 자신의 소유권 기록을 관리하고 안전하게 거래에 참여할 수 있게 하는 암호화 기술이 사용된다. 이러한 요소들이 결합하여 디지털 소유권 기록에 금전적 가치를 부여한다. 물론 이러한 가치 부여는 궁극적으로 비트코인을 둘러싼 신념 체계와 서사(이에 대해서는 5부에서 살펴본다)에 기초하며, 금이 금전적 가치를 획득하고 유지해온 과정과 유사하다.

이와 관련하여 (2부에서 자세히 논의하는) 채굴(mining)이라 불리는 위의 두 번째 항목이 매우 중요하다. 앞으로 살펴보겠지만, 이는 비트코인 거래와 소유권을 기록하는 정보를 산출하기 위해 무지막지한(brute-force) 연산을 수행하는 과정이다. 그리고 이러한 연산에는 상당한 수준의 전력 비용이 소요된다. 소비된 에너지가 정보에 '위조 불가능한 비용'[6]을 부여하여 비트코인의 희소성을 보장하고 가치를 높이는 데 기여한다(이에 대한 자세한 논의는 4장을 참조하라). 현실 세계의 에너지 소비를 통해서 생성되는 정보는 현실 세계 현상의 디지털 표현이라 할 수 있다. 실제 달러화로 비용을 지불해야만 생산할 수 있는 에너지의 디지털 산출물, 그것이 바로 비트코인이다. 따라서 비트코인은 '오라클 문제'를 완전히 뒤집어 놓는다.

> 비트코인은 정반대의 방향으로 나아감으로써 [오라클 문제]를 해결한다. 정보에서 출발해, 지속적인 운용을 통해 스스로의 현실을 만들어내는 것이다. 비트코인은 지도를 정의하고, 그 결과로써 영역을 암시한다. 모든 참여자들은 자발적으로 비트코인에 '참여(act out)'하며, 그로 인해 하나의

공유된 현실이 형성된다. 따라서 비트코인에서는 지도가 곧 영토다.[7]

- 지지

비트코인은 정교하게 설계된 경제적 인센티브 구조의 균형을 통해, 자율적이고 자기 규제적인 참여자 네트워크를 구축함으로써 중앙집중적 신뢰 매개자의 필요성을 극복한다. 이를 가능하게 하는 기술적 구조는 2부에서 상세히 다루지만, 큰 틀에서 보면 거래는 개방적이고 신뢰 비의존적인 방식 속에서 서로 다른 역할을 수행하는 참여자들에 의해 생성되고, 검증되며, 불변의 기록에 포함된다. 이러한 복잡하면서도 조화로운 과정을 통해 디지털 정보는 희소하고 가치 있는 자산으로 전환된다. 이는 개인들이 자기 경제적 이익을 추구하며 자발적으로 수행하는 행위들을 통해 이루어진 결과다.

요약하자면, 비트코인 이전에는 P2P 거래가 물리적 세계에서만 가능했다. 전적으로 현실 세계의 개념인 '가치'가 디지털 세계에서 독립적으로 존재할 수 없었기 때문이다. 디지털 방식으로 가치를 전송하는 유일한 방법은 장부를 유지하고 현실 세계의 가치 이동을 추적하는 중앙화된 기록관리자에 의존하는 것이었다. 비트코인은 정보적 환경에 물리적 교환에 대한 확실한 보장을 도입하는 패러다임의 전환을 만들어냈다. 따라서 비트코인은 물리적 확실성의 디지털 화신이다.

이것이 왜 중요할까? 그리고 디지털 상품이 무엇을 달성할 수 있을까? 이것이 답해야 할 제1원리적 질문이다. 간단히 말해서, 물리적 상품의 속성을 모방하는 자산을 사용하여 디지털 영역에서 P2P 거래를 할 수 있는 능력에는 심오한 경제적·정치적 의미가 있다. 앞으로 살펴보겠지만, 특히 화폐 자체와 관련된 의미가 중요하다. 하지만 이러한 화폐적 의미를 평가하기 전에, 또 하나의 제1원리적 질문을 던짐으로써 논의의 토대를 마련할 필요가 있다.

돈이란 무엇일까?

돈이 세상을 돌아가게 하는 것은 아니지만, 지구상의 거의 모든 경제 활동에 있어서 확실히 생명줄과 같은 역할을 한다. 또한 사회 구조를 떠받치며, 인류 문명의 발전과 유지에 있어 중심적인, 아니 어쩌면 가장 핵심적인 역할을 수행한다. 돈은 국제 관계에도 영향을 미치며, 안정과 권력의 도구로 기능한다. 개인에게는 자신의 노동의 결실을 저장하고 미래를 계획할 수 있는 수단을 제공한다. 자본주의라는 엔진을 움직이게 하는 연료이기도 하다. 돈이 없다면 인간 사회의 복잡성과 규모는 상상할 수도 없을 것이다.

하지만 돈을 돈답게 만드는 것은 무엇일까? 이 질문은 이 책에서 여러 차례 다양한 맥락에서 다루게 될 질문이다. 그러나 여기서는 제1원리에 기초하여 이 질문을 분석해보자.

당신이 캔디바를 받고 1달러 지폐를 건네는 거래는 표면적으로 화폐가 등장하기 전에 고대 문명에서 이루어졌을 물물교환과 크게 다르지 않다. 두 거래 모두 당사자들이 가치 있게 여기는 재화가 교환된다. 하지만 중요한 차이점이 있다.

당신에게 망고가 있고 나에게 딸기가 있는 경우의 물물교환을 생각해보자. 당신은 망고 한 개에 딸기 10개라는 가격을 정할 수 있다. 나는 내 딸기가 특히 신선하고 과즙이 많다는 이유로 딸기 여덟 개면 망고 한 개와 맞먹는다고 주장할 수도 있다. 물론 당신은 동의하지 않을 수도 있다. 그러나 당신이 망고 가격을 개당 10달러로 정하고 내가 가진 돈이 8달러밖에 없을 때, 내 달러의 가치가 망고로 환산하여 더 높아야 한다는 주장은 말이 되지 않는다. 대신에 나는 당신의 망고가 달러로 환산하여 가치가 더 낮아야 한다고 주장할 것이다. 달러가 핵심이다. 망고의 크기가 작고 길 건너편 식품점에서 파는 망고만큼 달지 않다는 이유로 8달러의 가격을 협상할 수도 있다. 내 주머니 속 달러의 가치는 나무랄 데가 없고, 연방준비제도의 향후 지침(forward guidance)이 이자율에 미치는 영향에 대한 논쟁이 계산대에서 일어날 가능성은 (불가능하지는 않지만) 낮다. 돈은 특별하다. 돈의 표준화된 수용 방식은 일반인들이 상업적 거래를 생각하는 방식을 근본적으로 바꿔 놓는다.

경제학자이자 오스트리아 경제학파의 창시자인 칼 멩거(Karl Menger)는 1892년 논문 "화폐의 기원에 대하여(On the Origin of Money)"에서 이 문제를 다루려 했다.[8] 그는 사람들이 "겉보기에 쓸모없어 보이는 작은 금속 원반"이나 "그것을 나타내는 문서"를 화폐로 받아들이는 것이 "신비롭고 수수께끼 같은" 일이라고 말했다.

2장. 비트코인과 화폐   063

그 작은 원반이나 문서의 본질은 무엇일까? 그 자체로는 아무런 유용한 목적이 없어 보임에도 불구하고, 우리의 다른 경험과는 달리, 가장 유용한 상품과의 교환을 위하여 손에서 손으로 넘어가고 모든 사람이 자신의 상품을 포기하면서 받기를 열망하는 이유는 무엇일까? 화폐는 상품 세계의 유기적 구성원일까, 아니면 경제적 이상 현상일까? 우리는 화폐의 상업적 통용성과 거래에서의 가치를 다른 상품의 통용성 및 거래 가치를 결정하는 것과 동일한 원인에서 찾아야 할까, 아니면 관습과 권위의 독특한 산물로 간주해야 할까?

이 수수께끼를 풀기 위해 멩거는 화폐의 판매성(salability) 개념을 도입했다. 이는 사회가 화폐로 받아들이는 자산의 시장성을 의미한다. 어떤 물품이 장거리 거래에서 쉽게 사용될 수 있는 공간적 판매성(spatial salability)과 시간이 흐르더라도 구매력을 유지하거나 증가시킬 수 있는 시간적 판매성(temporal salability)을 지닐수록, 사회가 그 물품을 화폐로 수렴할 가능성이 더 높다고 멩거는 보았다. 제8장을 통해 이러한 맥락 속에서 화폐의 역사와 진화를 다루겠지만, 지금은 우선 화폐를 크게 두 가지 범주로 나눠 보자. 바로 상품화폐(commodity money)와 법정화폐(fiat money)이다.

상품화폐는 고대 문명에서 유래했다. 사람들은 내재 가치를 지닌 물리적 재화를 교환 수단으로 사용했는데, 주된 목적은 거래를 촉진하고 물물교환의 한계를 극복하는 것이었다. 소와 곡물은 초기부터 사용되었다. 예를 들어, 메소포타미아인들은 보리를 사용했고, 아시아와 아프리카의 여러 사회에서는 조개껍데기를 사용했다. 이들은 내구성, 분할성, 이동성, 그리고 내재 가치가 우수한 금이나 은 같은 귀금속에 자리를 내주었다. 이어서 정부가 귀금속으로 주조한 동전인 주화가 등장했다. 그리고 이동성, 분할성 등의 한계 때문에 사람들은 상품으로 뒷받침되는 종이 화폐―금의 경우에는 금본위제(이는 때로 대표 화폐라 불린다)―로 이동했다. 이러한 시스템에서 종이 화폐는 법적 명령에 따라 일정량의 귀금속과 교환할 수 있었다.

법정화폐는 상품화폐와 달리 그 어떤 물리적 상품에도 연결되지 않고, 단순히 정부의 법령에 따라 생성된다(라틴어 'fiat'는 '되게 하라'는 뜻이다). 법정화폐의 가치는 발행하는 정부에 대한 확고한 신뢰에서 비롯되고, 법정화폐의 수용이 해당 국가의 법률로 의무화된다. 법정화폐는 상품화폐에 부과되는 희소성의 물리적 제약을 받지 않기 때문에 정부가 무제한으로 발행할 수 있다. 법정화폐 시스템의 핵심에는 국가의 중앙 금융기관이 돈을 만들어내는 막강한 권한을 책임 있게 행사할 것이라는 믿음이 있다. 또한 법정화폐는 경제 문제와 정책 결정에 대한 전례가 없는 유연성과 통제력을 정부에 제공한다.

상품화폐에서 법정화폐로의 전환은 점진적으로 이루어졌으며,

이 전환에 영향을 미친 요인들은 제8장에서 논의될 것이다. 요약하면, 특히 제1차 세계대전, 대공황, 제2차 세계대전과 같은 경제적 위기 시기에 금본위제의 제약과 한계가 두드러지면서 각국 정부는 더 유연한 통화 체제를 모색하게 되었다. 금본위제의 종말을 알린 결정적 사건은 1971년 리처드 닉슨 대통령이 미국 달러의 금태환을 중단한 조치였다. 이 결정은 사실상 현대 법정화폐 시대의 시작을 의미했다.

디지털 상품으로서의 비트코인은 세계가 상품화폐의 원칙으로 돌아갈 수 있는 잠재적인 길이자 기회다. 법정화폐와 달리 비트코인의 유한한 공급량은 최대 2,100만 개의 코인으로 제한된다. 이러한 희소성은 금을 연상시킨다. 법정화폐와 달리 분산형 네트워크로 관리되는 비트코인의 투명한 발행 과정은 비트코인의 생성과 분배가 예측될 수 있고 인간의 재량에 영향받지 않을 것을 보장한다.

비교 분석

금, 법정화폐, 비트코인이라는 세 가지 화폐 시스템이 멩거의 판매성 개념에서 어떻게 비교될까? 이러한 평가를 수행하기 위해서는 먼저 각 시스템을 비교할 핵심적 속성을 파악해야 한다. 다음에서 분석하는 화폐의 속성은 경제학 분야에서 폭넓게 논의되는 (그리고 대개는 의견이 일치하지 않는) 경제 원리와 이론에서 도출되었다.

그중에서도 가장 중요한 속성은 희소성, 이동성, 검증성, 분할성, 대체성과 역사다. 이동성, 분할성, 검증성, 대체성 같은 속성은 공간적 판매성에 기여하는 반면에 희소성, 내구성, 그리고 역사 같은 속성은 시간적 판매성에 기여한다고 할 수 있다. 디지털 시대, 그리고 감시 국가가 행사하는 전례가 없는 권력(이 책의 4부와 5부에서 논의할)의 맥락에서, 검열 저항성과 몰수 불가성이라는 두 가지 매우 중요한 속성이 추가된다.

이들 각 속성을 기준으로 금, 법정화폐, 비트코인을 평가해보자.

1. 희소성(Scarcity)

법정화폐가 시간이 가면서 얼마나 팽창하는지는 전적으로 통화를 발행하는 정부나 중앙은행의 절대적 재량에 달려 있다. 버튼 클릭 한 번으로 아무런 비용을 들이지 않고 공급량을 말 그대로 무한대로 부풀릴 수 있다. 전 연방준비제도이사회 의장 벤 버냉키(Ben Bernanke)는 2009년에 상업 은행의 중개를 통하여 돈을 만들어내는 과정에 대해 다음과 같이 유명한 발언을 했다. "우리는 그저 연준의 컴퓨터 계좌 규모를 늘리도록 컴퓨터를 사용할 뿐이다." 여기서는 바이마르 공화국 시절의 독일, 짐바브웨, 아르헨티나, 베네수엘라 같은 국가들, 그리고 연방준비제도와 유럽 중앙은행을 포함하여 오늘날의 거의 모든 선진국 중앙은행이 한결같이, 그리고 정도는 다르지만, 인플레이션 정책과 통화 가치 하락의 희생양이 되었다는 말로 충분할 것이다.

희소성은 분명히 금의 본질적인 특성 중 하나로, 수천 년 동안 부를 저장하는 수단으로서 금의 가치와 매력에 기여했다. 금의 희소성은 지질학적 요인에서 비롯되며, 지각에 존재하는 금의 양과 채굴 가능성에 따라 제한된다.[9] 그러나 이러한 희소성은 고정된 것이 아니다. 금 가격이 상승하면 더 접근하기 어려운 곳에서 금을 채굴하는 것이 경제적으로 가능해진다. 높은 가격이 채굴 비용의 증가를 정당화하여 공급의 증가로 이어질 수 있는 것이다. 이러한 피드백 메커니즘은 금의 공급이 탄력적임을 의미한다. 금의 희소성은, 적어도 단기 및 중기적으로는, 가격 상승에 따라 감소할 수 있다. 이러한 탄력성은 금 채굴의 경제성에서 비롯된다. 또한 새로운 기술은 과거에는 경제성이 없던 매장지를 채산성 있게 만들어 주어, 시장 상황에 따라 희소성이 더욱 유동적으로 조정되도록 한다.[10]

금이나 법정화폐와 달리 비트코인은 미리 정해진 공급 모델에 따라 운영된다. 비트코인의 총 공급량은 2,100만 개로 제한되고 예측 가능한 속도로 새로운 비트코인이 시장에 공급된다. 금과 달리 비트코인 가격이 아무리 오르더라도 새로운 비트코인의 생성 속도는 빨라지지 않는다. 비트코인은 역사상 최초로 수요의 증가에 전혀 영향받지 않는 자산이다.[11] 비트코인이 공급되는 알고리즘적 특성은 가격 상승이나 채굴 기술의 발전에 영향을 받지 않는 절대적이고 예측 가능한 희소성을 보장한다.

[그림 2.1]은 모든 블록에서 새로운 비트코인이 생성되고, 블록당 생성되는 비트코인의 수가 4년마다 절반으로 줄어드는 것을 보여

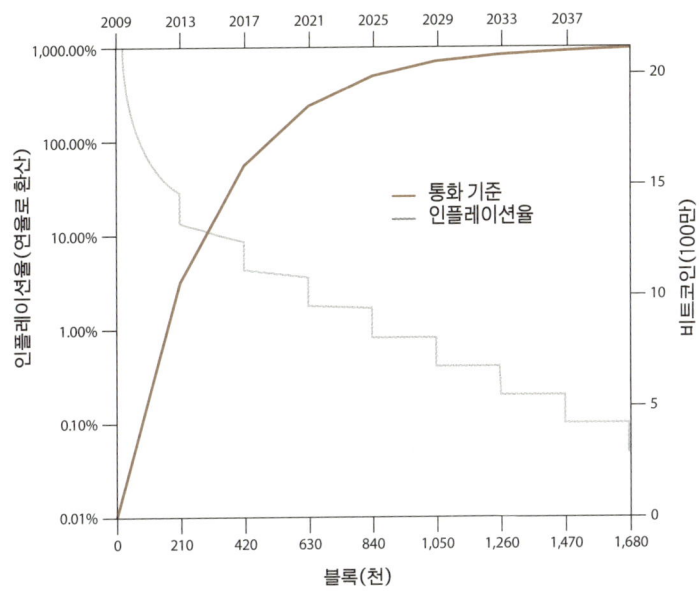

[그림 2.1] 비트코인 인플레이션율 　　　　출처: 케빈 셸린저(Kevin Schellinger)

준다. 따라서 비트코인의 최대 공급량은 2,100만 개다. 규칙에 따라 미리 정해진 공급량의 제한을 보장함으로써, 비트코인은 그 어떤 물리적 상품이나 법정화폐와도 비교할 수 없는 수준의 예측 가능성과 보안을 제공한다.

2. 이동성(portability)

금을 운송하려면 도난, 분실 또는 가로채기에 대비하는 보안 조치가 필요하다. 국가 간에 또는 국가 안에서도 금을 이동시키려면 무장 경호원, 보안 금고, 그리고 귀중한 화물을 처리할 수 있는 선박이나 항공기가 필요하다. 예를 들어, 제2차 세계대전 중에 교전국들이 보유한 금의 이동은 이러한 어려움을 생생하게 보여주었다. 여러 나라가 적의 손에 넘어가는 것을 막기 위해 보유한 금을 이동시켰고, 거기에는 복잡한 물류와 상당한 위험이 수반되었다. 예를 들어, 영국은 상당량의 금을 안전하게 보관하기 위하여 캐나다로 이동시키면서 U보트가 들끓는 해역을 건너는 위험한 여정을 감수했다.[12]

금 운송 비용에는 안전한 포장 및 운송 수단과 같은 물리적 물류뿐 아니라, 막대한 가치를 보호하기 위한 보험도 포함된다. 이러한 비용은 특히 대량의 금을 옮길 때 매우 부담스러울 수 있으며, 국제무역의 매개체나 부의 저장 수단으로서 금의 효율성에 직접적인 영향을 미친다.

물리적 현금 또는 법정화폐에도 금과 유사한 단점이 있다. 대규모 거래를 위한 물리적 화폐를 휴대하는 것은 무게와 부피 때문에 비현실적일 수 있고, 도난 및 분실 같은 심각한 보안 위험을 수반한다. 국가마다 다른 통화, 환율 문제, 그리고 국경을 넘어서 휴대할 수 있는 현금 금액의 법적 제한 때문에 법정화폐를 휴대하고 국경을 넘기가 쉽지 않다. 여행 가방에 현금을 채우고 비행기를 탈 필요 없이 전 세계 어디로든 즉시 송금할 수 있는 디지털 법정화폐는 이러한 이동성 문제를 상당 부분 해결한다. 하지만 이러한 거래에는 규정의 준수, 번거로운 절차, 규제 장벽, 중개 수수료 등의 문제가 발생할 수 있다. 디지털 법정화폐는 무기명 형태가 아니므로 신뢰할 수 있는 중개자에 의존해야 하며, 이 장의 뒷부분에서 논의할 것처럼, 몰수나 검열 같은 위험이 따른다.

비트코인은 여러 계층으로 구성된 프로토콜(protocol)을 통해서 전 세계로 즉시 전송될 수 있고,[13] 전송되는 양과 무관하게 평균 10분 안에 인터넷을 통한 최종 결제가 이루어진다.[14] 보안 측면에서 보더라도 비트코인의 프로토콜은 해킹된 적이 없다. 비트코인의 암호를 해독하는 것은 우주 전체에서 모래알 하나를 찾는 것보다 훨씬 더 어려운 작업으로 추정된다. 물론 거래소, 개인 컴퓨터 등에서 비트코인을 기반으로 구축된 서비스가 해킹당하여 사람들의 비트코인(즉, 개인이 직접 보관하지 않는 비트코인)이 손상된 사례는 있다. 다양한 유형의 비트코인 저장 인프라와 그들의 상대적 보안 및 편의성 수준은 3장에서 논의할 것이다.

3. 검증성(Verifiability)

법정화폐는 물리적 특성상 위조에 취약하다. 첨단적 보안 기능에도 불구하고 위조지폐는 전 세계적으로 널리 유통되고 있다. 미국 재무부는 2021년 미국에서만 7,000만 달러에서 1억 5,000만 달러 상당의 미국 달러 위조지폐가 항상 유통되고 있다고 추정했다.[15] 법정화폐의 위조 문제는 개발도상국에서 더욱 심각하다.

금의 검증 과정은 매우 중요하다. 왜냐하면 금의 가치는 그 순도와 직접적으로 연결되어 있으며, 이는 캐럿(karat)이나 정밀도로 측정되기 때문이다. 금을 정확하게 평가하려면 특수한 장비와 전문 지식이 필요하다.[16] 일반적인 방법으로는 금이나 다른 귀금속을 파괴하지 않고 순도를 측정할 수 있는 X선 형광분석(XRF) 장비가 있다.[17] 그러나 이런 장비는 비용이 많이 들고 숙련된 운영 인력이 필요하다. 산성 검사(acid tests) 같은 다른 방법으로 금 함량을 결정할 수도 있지만, 이런 방법은 검사 대상물에 다소간의 손상을 입힐 가능성이 있다.[18]

위조 금 제품은 점점 더 정교해지고 있다. 위조품에는 금과 밀도가 비슷한 금도금 텅스텐이 포함되어 무게 및 크기 측정 같은 전통적 방법으로는 탐지하기가 어렵다.[19] 위조범들은 정품의 외관과 표시를 모방한 위조 금화나 골드바도 만들어내기 때문에 미묘한 차이점을 식별하기 위해서는 전문가가 필요하다.

금의 역사는 위조와 사기의 사례로 가득하다. 일찍이 기원전 7세기에 최초의 금화를 만든 것으로 알려진 리디아인들로까지 거슬러 올라가 금을 위조하려는 시도가 있었다.[20] 최근 수십 년 동안에는 텅스텐이 채워진 막대를 포함하여 세간의 이목을 끈 골드바 위조 사건이 여러 차례 발생했다.[21] 이들 사건은 주요 은행의 금고에서 발생하여 검증의 지속적인 어려움을 보여주었다.

비트코인의 합의 메커니즘은 제3자 중개자 없이도 거래와 소유권을 즉각적이고 투명하게 검증할 수 있도록 한다. 각 단위의 무결성은 디지털 원장을 통해 거의 비용 없이 손쉽고 투명하게 검증될 수 있다.

4. 분할성(Divisibility)

금의 분할 가능성, 즉 가치를 잃지 않고 더 작은 단위로 나눌 수 있는 능력은 일상적인 거래에서 통화로서의 활용성에 영향을 미치는 실제적인 한계를 지닌다. 금은 물리적 특성을 지니고 있기 때문에, 더 작은 조각으로 나누려면 용해와 정제 과정이 필요하며,[22] 이는 비용이 많이 들고 전문 기술과 장비를 요구한다. 이러한 이유로 금을 소액 거래에 적합한 단위로 분할하는 것은 비현실적이다.

금을 아주 작은 조각으로 나눌 때, 특히 표준 중량이 아니거나 분할 과정에 비용이 발생할 때는 금 조각의 가치가 불분명해질 수 있다. 또한 소액 거래의 경우에는 금 조각의 무게와 순도를 확인하는 비용이 거래 자체의 가치보다 클 수도 있다.

역사적으로는 서로 다른 가치를 지닌 거래를 가능하게 하기 위해 다양한 크기의 금화가 주조되었다.[23] 그러나 아주 작은 동전을 주조하고 다루는 실용성 때문에 최저 액면가가 종종 제한되었다. 금을 더 작은 조각으로 나누면 보관과 취급에도 문제가 생긴다. 작은 금 조각은 큰 금괴나 금화보다 분실하기 쉽고 안전하게 보관하기가 더욱 어렵다.

법정화폐 또는 현금은 액면가에 따라 분할성의 제약을 받는다. 관련 중앙은행이 발행한 최저 액면가로 분할성이 제한되는 것이다. 물론 디지털 법정화폐는 이러한 제약을 어느 정도 극복하지만, 수수료와 요금이 소액 거래를 제한한다. 이동성과 마찬가지로 디지털 법정화폐에는(현금과 달리), 이 장의 뒷부분에서 논의할 것처럼 추가적인 위험이 수반된다. 비트코인은 아주 작은 단위(비트코인 하나당 1억 '사토시')로 나눌 수 있어서, 1센트 미만의 초소액 거래를 포함하여 어떤 규모의 거래든 정확하게 처리할 수 있다.

5. 내구성(Durability)

내구성은 금의 가장 중요하고 가치 있는 특성 중 하나로서, 금이 수천 년 동안 부를 저장하는 수단의 지위를 유지하는 데 기여했다. 금은 여러 다른 금속과 달리 산소와 반응하지 않아서 녹이 슬거나 변색하거나 부식되지 않는다.[24] 수천 년 동안 묻혀 있었던 금이 광택과 아름다움을 유지하는 것은 금의 화학적 불활성 때문이다. 금은 왕수(aqua regia)로 알려진 혼합액을 제외하고 대부분의 산에 용해되지 않을 뿐더러 지구 표면의 다양한 온도 범위에서 고체 상태를 유지한다. 이러한 특성으로 인해 금화는 여러 세기 동안 큰 마모 없이 유통될 수 있다. 마찬가지로 금 장신구는 여러 세대에 걸쳐 물려주어도 아름다움을 유지하고 가치가 상승한다.

처음에는 이해하기가 훨씬 더 어려울 수 있지만, 비트코인도 금과 비슷한 (그리고 여러 면에서 더 우월한) 수준의 내구성을 갖추고 있다. 비트코인은 수만 개의 노드로 유지되는 분산형 네트워크에 존재하여, 물리적 또는 중앙집중식 자산에 영향을 미칠 수 있는 재해에 대한 긴 수명과 복원력이 보장된다. 이러한 측면은 6장에서 더 자세히 살펴볼 것이다.

실물 법정화폐는 마모와 손상에 취약하기 때문에 이 측면에서 가장 낮은 평가를 받는다. 지폐는 손상되거나 훼손될 수 있으며, 이는 사용 가능성과 유통에서의 신뢰성에 영향을 미친다. 따라서 정기적인 교체가 필요하고 정부에는 추가 비용이 발생한다. 물론 디지털 법정화폐는 실물 화폐보다 내구성이 뛰어나지만, 궁극적으로는 장부 기록을 관리하는 중앙 금융기관의 무결성과 아울러 법정화폐에 대한 사회적 신념 체계를 정당화하고 시행하는 법률 및 정부 시스템의 무결성에 의존한다.

6. 대체성(Fungibility)

대체성은 화폐나 상품의 개별 단위가 같은 유형의 다른 단위와 상호교환 가능함을 나타내는 중요한 화폐적 속성으로, 각 단위의 가치가 동일하고 다른 단위와 구별될 수 없도록 보장한다. 이런 관점에서 금은 높은 수준의 대체성을 보인다고 할 수 있다. 순금 1g은 원산지나 형태(금화, 금괴, 주괴)와 관계없이 다른 순금 1g과 기능적·경제적으로 동일하다.[25]

모든 비트코인은 기술적으로 동일하며 단위 간에 가치 차이가 없다. 그러나 모든 거래를 기록하는 비트코인의 공개 원장인 블록체인은 대체성에 영향을 미칠 수 있다. 과거의 불법 거래로 인하여 특정한 비트코인이 오염된 것으로 표시되면, 법적 파급 효과를 우려하는 당사자들이 해당 비트코인을 거부할 수 있다.

정부가 법정통화로 발행하는 법정화폐는 각 시스템 내에서 완벽하게 대체할 수 있도록 설계되었다. 예를 들어, 100달러는 어떤 액면가(지폐나 동전의 종류)로 구성되어 있든 동일한 가치가 있으며, 거래 당사자들에게는 구체적으로 어떤 지폐나 동전이 사용되는지는 중요하지 않다(다만, 소액 거래의 경우에 거스름돈이 부족한 상인이 고액권을 거부하는 경우가 종종 있다). 법정화폐의 대체성은 국가의 경계 안에서는 포괄적이지만, 국제 거래 및 교환의 맥락에서 평가할 때는 국적으로 인한 한계에 직면한다. 각 나라는 자국의 관할 지역 안에서 사용하도록 법적으로 인정되고 의무화된 자체적 법정화폐를 발행한다. 이는 무역과 통상의 글로벌 특성을 고려할 때 거래 비용, 규제의 복잡성 등 마찰 요소의 증가 요인이 된다. 법정화폐는 금이나 비트코인처럼 국경이 없는 비정치적 화폐가 아니고 앞으로도 그럴 수 없다.

7. 검열 저항성 (Censorship Resistance)

법정화폐는 정부가 발행하고 규제하므로 본질적으로 국가의 감독과 통제를 받는 허가된 체계 안에서 운영된다. 이렇게 중앙화된 특성 덕분에 정부는 은행 계좌를 동결하고 국제 이체를 제한하고 자본을 통제하는 등 거래에 대하여 상당한 권한을 행사할 수 있다. 심지어 실물 통화가 정부에 의해 화폐 가치를 상실할 수도 있다.[26] 이러한 조치는 다양한 이유로 시행될 수 있고, 때로는 완전히 자의적일 수 있다. 국가는 거래를 마음대로 검열하거나 제한할 권한을 보유하고 금융 시스템을 활용하여 법적·정책적 목표를 실행한다. 이는 선진국에 거주하는 운 좋은 사람들에게는 그다지 우려스럽지 않을 수 있지만, 전 세계 수십억 명의 사람들이 재정적 자유가 제한되는 억압적이고 권위주의적인 지역에 살고 있다.

금의 거래 (예를 들어 당신이 나에게 골드바를 물리적으로 건네주는) 자체는 검열될 수 없지만, 물리적 소유라는 측면은 침해될 수 있다. 금은 물리적이고 탈중앙화된 특성에도 불구하고 국가의 통제와 검열의 대상이 될 수 있다. 인도와 중국 같은 여러 나라는 무역 적자 관리와 지역 산업 보호에 대한 우려 때문에 역사적으로 금의 수입을 제한하고 국내 거래에서의 사용을 억제해 왔다.[27]

반면, 비트코인은 인터넷에 접속할 수 있는 누구나 중앙 당국의 승인 없이 사용할 수 있다. 비트코인이 네트워크를 통해 전송될 때 해당 거래를 허용할지 여부를 결정하는 기관은 존재하지 않는다. 비트코인은 금융의 운동장을 평준화하여 글로벌 금융 시스템에 대한 포괄적 접근성을 제공한다. 비트코인 거래는 정부나 금융기관의 간섭 없이 실행될 수 있다.

8. 몰수 불가성(Unconfiscatability)

법정화폐는 종종 법적 조치나 정부 조치의 일환으로, 다양한 수단을 통해서 몰수될 수 있다. 정부는 특정 상황에서 법정화폐를 포함한 자산을 몰수할 권한을 가지고 있다. 압수는 현금을 물리적으로 회수하는 사법 집행 활동을 통해 직접적으로 발생할 수도 있고, 은행 계좌를 동결하는 방식으로도 이루어질 수 있다. 이러한 과정은 법정화폐에 내재된 중앙집중적 통제 구조 덕분에 가능하며, 이를 통해 정부는 은행 및 금융 시스템을 활용해 자신의 의지를 집행할 수 있다.

금이나 토지와 같은 물리적 자산의 교환에서 소유권은 점유의 행위를 통해서 이전 및 확정된다.[28] 이는 자연법과 물리적 현실에 깊이 뿌리내린 개념이다. '소유는 법의 9/10'라는 말이 있는데, 여기서 소유는 재산의 유형적 이전을 의미한다.[29] 금은 물리적 특성상 국가의 체계 안에서 운영되는 법정화폐보다 몰수에 대한 저항성이 강하다. 적어도 당신의 뒷마당에 구덩이를 파고 금을 묻어 둘 수는 있다. 그러나 디지털 법정화폐에는 그런 가능성이 없다. 당신의 돈은 단지 국가가 원한다면 순식간에 사라질 수 있는 장부 항목일 뿐이다. 물리적 법정화폐도 금처럼 보물 상자에 담아서 묻을 수는 있지만, 국가의 창조물인 법정화폐는 화폐 무효화 조치에 취약하다 (2016년에 정부가 500루피와 1,000루피 지폐를 갑자기 무효화한 조치를 경험한 인도인 누구에게라도 물어보라).

금은 법정화폐보다 낫지만, 앞에서 논의했듯이 무게와 크기 때문에 여전히 이동성의 제약을 받는다. 물리적 자산은 선의의 피해자에 대한 구제책 없이 압류되거나 몰수될 수 있다는 것을 역사가 보여준다. 현대사에서 가장 주목할 만한 사례 중 하나는 1933년 미국에서 발표된 행정명령 6102호로서, 시민들이 보유한 금을 정부에 양도하도록 요구했다. 러시아 혁명 당시의 재산 압류부터 2000년대 초 짐바브웨의 토지 개혁에 따른 토지 몰수까지 전 세계적으로 이러한 사례는 적지 않다.[30] 권위주의 정권이 흔히 자행한 이런 조치는 시민들을 무력하게 만들고 그들을 빈곤으로 몰아넣었다.

　유형 자산의 취약성과는 대조적으로 비트코인은 물리적 가치를 정보로 변환함으로써 혁명적인 해결책을 제시한다. 가치를 데이터로 암호화하는 비트코인은 기기에 저장하거나 놀랍게도 일련의 단어나 문자로 기억할 수 있어서 전통적인 몰수 방식에 영향을 받지 않는다. 생각해보라. 평생의 저축, 가문의 재산, 혹은 조상 대대로 내려온 보물을 은행 금고나 집 안 침대 밑이 아니라, 오직 기억 속에 간직하고 운반하는 것을. 이 능력이 갖는 역사적 함의는 특히 위기와 이주 시기에 더욱 크다. 예컨대 유대인 디아스포라(diaspora), 인도와 파키스탄의 분리,[31] 세계대전 시기의 대규모 이주와 같은 사건 속에서, 강제 이주된 사람들 또한 자신들의 부를 안전하고 은밀하게 보존하고 이동시킬 수 있었을 것이다.

　이 논의는 이후 장에서 다시 살펴볼 것이다.

9. 역사

　사람들은 현대의 법정화폐 제도가 사실상 50여 년밖에 되지 않은 하나의 실험이라는 점을 잘 인식하지 못한다. 세계가 완전한 법정화폐 체제로 전환한 것은 1971년, 닉슨 대통령이 달러의 금태환 정지(즉, 금본위제의 종료)를 선언하면서였다. 이는 브레턴우즈 체제를 사실상 끝내는 조치였으며, 이때부터 변동 환율제와 중앙은행의 재량적 통제를 특징으로 하는 현행 통화 시대가 시작되었다.

　금은 수천 년 동안 화폐로 사용되었으며, 인류 역사상 가장 오래된 통화 형태 중 하나다. 기원전 3000년의 고대 이집트인, 기원전 700년의 리디아인, 그리고 이후의 여러 문명에서 금이 사용되었다. 금은 통화의 기반이 되고, 지폐를 뒷받침하며, 가치를 저장하고 인플레이션에 대비하는 수단으로 여러 세기 동안 제국과 국가의 경제에서 핵심적 역할을 담당했다. 20세기에 금본위제가 폐지된 뒤에도 금은 계속해서 중요한 금융 자산으로 남아 있으며, 전 세계 여러 문화권과 경제권에서 부와 재정적 안정성을 상징한다.

비트코인의 15년 역사는 셋 중에 가장 짧다. 하지만 그렇다고 비트코인을 폄하할 수는 없다. 파괴적인 기술은 본질적으로 파괴 대상 기술보다 역사가 짧다. 혁신이 번개처럼 빠르게 진행되는 기술 분야에서 15년이 넘는 역사는 사실상 영겁에 비견될 수 있다. 이 기간에 비트코인은 99.99%의 가동률로 완벽한 운영 실적을 기록했다.[32] 어떤 방식으로든 해킹을 당하거나 손상을 입은 적도 없다. 그리고 날이 갈수록 더욱 강력해지고 회복력이 증가한다.

최종 점수판

법정화폐, 금, 비트코인이라는 세 가지 통화 시스템의 상대적 성능을 [표 2.1]에 제시된 성적 등급을 사용하여 집계할 수 있다.[33]

경쟁하는 세 가지 화폐 형태에 대한 비교 분석 결과는 매우 극명하다. 중요한 화폐적 속성을 기준으로 법정화폐와 금에 대한 비트코인의 우월성은 부정할 수 없다. 그 이유는 비트코인이 유형 자산의 최종성과 디지털 정보의 미묘한 속성을 융합하는 기념비적 업적

[표 2.1] 성능 비교

속성	법정화폐	금	비트코인
희소성	D	A	A+
이동성	B	D	A+
분할성	B	C	A+
검증성	B	C	A+
내구성	C	A+	A+
대체성	B	A+	B
검열 저항성	D	C	A+
몰수 불가성	D	C	A+
역사	B	A+	C

이기 때문이다. 비트코인은 기존 상품의 고유한 특성을 계승하는 동시에 디지털 정보의 이점도 제공한다. 이러한 융합은 인류의 경제적 역량 강화에 있어서 중요한 진전을 의미한다. 사이버 공간에 물리적 속성을 부여하는 것은 점진적인 도약이 아니라 기하급수적 도약이다. 이는 화폐가 인류에게 어떤 존재일 수 있는지에 대한 새로운 기준을 제시한다.

그런데 여기에서 한 가지 의문이 존재한다. 비트코인이 그렇게 완벽한 형태의 화폐라면 왜 더 널리 사용되지 않을까? 이 질문에 대한 답은 간단하다. 지각 변동은 하룻밤 사이에 일어나지 않는다. 여기서 언급된 목표의 거대성, 즉 중앙은행과 화폐 자체의 전 세계적 붕괴를 생각해보라. 비트코인이 불과 15년 만에 주파한 거리를 생각해보라.

2011년에 0.01달러도 안 되던 가격으로부터 비트코인은 2024년 현재 6만 달러 이상의 가격으로 거래되며, 시가총액은 (금과 함께 수천 년 동안 가치를 저장하는 수단으로 사용되어온 귀금속인) 은보다 크다. 튤립 열풍에 지나지 않는다는 회의적인 시각에서 출발하여 블랙록(BlackRock)과 피델리티(Fidelity) 같은 수조 달러 규모의 자산운용사들이 지지하기까지 비트코인의 여정을 생각해보라. 엘살바도르 같은 국가가 비트코인을 법정통화로 채택했고, 스위스의 루가노(Lugano)와 포르투갈의 마데이라(Madeira) 같은 지역에서 비트코인의 대규모 채택이 적극적으로 추진되고 있다는 것도 생각해보라. 비트코인을 한 개라도 보유한 사람의 수는 1억 명이 넘을 수 있지만, 아마도 비트코인을 진정으로 이해하는 사람은 여전히 수만 명에 불과할 것이다. 비트코인 보유자가 세계 인구의 상당 부분을 차지할 정도로 꾸준히 증가하는 것의 의미를 생각해보라.

'서서히, 그러다가 갑자기(gradually, then suddenly)'라는 표현은 전환점에 도달할 때까지 점진적인 변화가 축적되어 급격하고 혁신적인 결과로 이어지는 방식을 설명한다.[34] 이러한 패턴은 기술의 도입, 문화적 변화, 심지어 자연계에서까지 다양한 현상으로 관찰된다. 예를 들어, 한때는 신기한 기술에 불과했던 인터넷은 점차 일상생활에 스며들다가 갑자기 어디에서나 사용하게 되었다. 압력을 받는 댐은 당분간은 버틸 수 있지만, 침식이 계속되면 갑자기 무너질 수 있다. 패러다임을 바꾸는 변화는 종종 알아채지 못하는 시간 동안 축적되다가 중요한 한계점을 돌파하여 신속하고 광범위한 변혁으로 이어진다. 진실은 끈질긴 속성이 있어서 결국에는 은폐된 장벽을 뚫고 밝은 햇빛 아래로 분명하게 드러난다.

종반전

> 소비자 거래에 비트코인을 사용하는 것은 콩코드 제트기를 몰고 거리를 질주하여 식료품을 사러 가는 것과 비슷하다… 소비자 결제는 현대 금융 시스템이 다양한 형태의 신용 및 직불 결제로 대부분 해결한 비교적 사소한 엔지니어링 문제다.[35]
>
> - 사이페딘 아모스(Saifedean Ammous)

뉴스 매체와 경제 및 금융계에 널리 퍼진 고집스러운 오해 중 하나는 비트코인이 일상적 사용을 위한 결제 기술이라는 것이다. 10분이라는 비트코인 네트워크의 '느린' 결제 시간은 종종 커피 구매 거래를 몇 초 안에 완료할 수 있는 비자, 마스터카드, 그리고 벤모(Venmo)보다 크게 열등하다고 지적된다. 이로 인해 비트코인이 거래 측면에서 실질적 용도가 없다는 논쟁이 벌어진다. 3장에서 논의할 번개 네트워크(Lightning Network) 같은 다층 기술이 즉각적인 비트코인 거래를 가능하게 함으로써 이제 이런 주장이 타당성을 완전히 잃었다는 사실을 차치하더라도, 이러한 인식은 핵심에서 완전히 벗어난 것이다.

비트코인의 목표는 언제나 중앙화된 금융 통화 정책의 대안으로 부상할 잠재력이 있는, 고정적이고 투명하며 변하지 않는 통화 정책을 갖춘 탈중앙화된 자산의 역할이었다.[36] 이러한 의도는 비트코인이 해결하려 했던 문제에 대한 사토시 자신의 발언에서도 분명하게 드러난다.

> 기존 통화의 근본적인 문제는 운영에 필요한 그 모든 신뢰다. 중앙은행
> 은 통화의 가치를 떨어뜨리지 않을 것이라는 신뢰를 받아야 하지만, 법정
> 화폐의 역사는 그러한 신뢰가 깨진 사례로 가득하다.[37]
>
> - 사토시 나카모토, 2009년 2월 11일

우리는 이 장의 앞부분에서 역사적으로 불변 자산의 역할을 해온 금의 단점을 살펴보았다. 사토시의 의도는 단순한 거래 결제 시스템이 아닌 디지털 금을 만드는 것이었다. 이는 프랭클린 D. 루스벨트 대통령이 금화, 금괴, 금 증서의 소유를 금지한 1933년 4월 5일자 행정명령 6102호를 참조하는 프로토콜에 내장된 숨겨진 단서에서 분명하게 드러난다. (1) 사토시는 자신의 생일을 행정명령과 같은 날짜인 4월 5일로 언급한다, (2) 비트코인 프로토콜의 '난이도 조정'(3장 참조)은 2,016개(6,102의 역순) 블록마다 이루어진다. 분명히 사토시의 마음속에는 금, 즉 디지털 금이 자리하고 있었다. 그의 의도는 정부 또는 기타 권위에 의한 가치 하락이나 부패로부터 자유롭고 물리적 금의 단점이 없는 자산을 만드는 것이었다.

비자나 페이팔(PayPal) 같은 결제 기술이 사토시가 의도한 혁신의 표적이 아니었다는 것은 분명하다. 10분이라는 비트코인의 거래 시간보다 빠르게 결제된다는 단 하나의 '개선'을 주장하면서 수천 가지 암호화폐가 탄생했다. 그러나 이들 암호화폐는 중앙화된

금융 통화 정책에 도전하려는 비트코인의 의도된 목적과는 전혀 무관하다.

암호학자이자 발명가이며 초기 비트코인 개발자인 할 피니(Hal Finney)가 일찍이 2010년 초에 다음과 같이 말했지만, 오늘날 비트코인 커뮤니티에서조차 이러한 개념에 놀라는 듯하거나 아예 무시하는 사람들이 많다. 그는 비트코인의 궁극적 운명이, 일상적 거래를 위해 비트코인 기반 디지털 현금 통화를 발행하는 비트코인 기반 은행의 기초 준비 통화로 사용되는 것이라고 지적했다.

> 비트코인으로 교환 가능한 자체적 디지털 현금 통화를 발행하는 비트코인 기반 은행의 존재에는 실제로 매우 타당한 이유가 있다. 비트코인 자체는 전 세계 모든 금융 거래를 모든 사람에게 알리고 블록체인에 포함시킬 만큼 확장될 수 없다. 더 가볍고 효율적인 보조 수준의 결제 시스템이 필요하다. 마찬가지로, 비트코인 거래가 완료되는 데 필요한 시간은 중형 및 대형 거래에 비현실적일 것이다.
>
> 비트코인에 기반한 은행이 이러한 문제를 해결할 것이다. 그들은 통화 국유화 이전의 은행처럼 운영될 수 있다. 은행마다 정책이 다를 수 있고, 더 공격적인 은행과 더 보수적인 은행이 있을 수 있다. 부분 지급준비금 방식을 채택하는 은행도 있고 100% 비트코인에 기반한 은행도 있을 것이다. 금리도 달라질 수 있다. 한 은행의 현금 통화가 할인된 가격으로 다른 은행의 현금 통화와 거래될 수 있다…
>
> 나는 이렇게 자체적 디지털 현금을 발행하는 은행의 준비 통화 역할을

하는 '고성능 화폐'가 되는 것이 비트코인의 궁극적 운명이라고 믿는다. 대부분의 비트코인 거래는 순이체를 청산하기 위하여 은행 사이에서 이루어질 것이다. 개인의 비트코인 거래는… 글쎄, 오늘날의 비트코인 기반 구매처럼 드물 것이다.[38]

비트코인 은행이 개인의 비트코인을 보관하는 것은 비트코인의 가장 큰 강점 중 하나인 자기 보관(self-custody), 그리고 그로 인한 몰수 방지 능력과 상충되는 것처럼 보일 수 있다. 은행에 보관된 비트코인은 국가의 압류에 취약하다(미국에서 행정명령 6102호에 따라 금이 몰수된 것처럼). 그러나 저축 목적으로 사용되는 비트코인과 일상적 거래에 사용되는 비트코인은 구별되어야 한다. 그런 의미에서, 개인이 보유한 비트코인 대부분은 아마도 저축 계좌와 비슷한 온체인(on-chain) 상태로 자기 보관되어 거의 움직이지 않고, 일상적 거래에 필요한 소액은 제3자 보관 솔루션(당좌예금 계좌와 비슷한)을 통해서 보관될 수 있다.

중요한 요점은 항상 상충 관계가 존재한다는 것이다. 디지털 상품의 자기 보관에는 최종 결제가 즉각적으로 이루어지지 않을 수 있으며, 무시할 수 없는 수준의 수수료가 발생할 가능성도 존재한다.

비트코인의 10분 결제와 달리 법정화폐는 최종 결제에 며칠이 걸린다. 먼저 상업은행 단계에서, 그리고 궁극적으로 중앙은행 단계에서 결제가 이루어지기 때문이다. 수십조 달러의 비용이 소요되는 글로벌 금융 시스템은 주로 이런 다단계 결제와 관련된 한쪽 당사자의 위험을 관리하기 위해서 존재하는데, 비트코인은 이러한 위험을 완전히 제거한다. 금 거래의 최종 결제(즉, 소유권 이전)도, 다른 장소로 금을 물리적으로 운송하고 인도하는 과정이 포함되기 때문에 몇 주가 걸릴 수 있고 막대한 자금과 자원이 소모된다.

게다가 어떤 사람들에게는 놀랍게 느껴질 수 있는 사실이 하나 있다. 여러 비트코인 인플루언서의 말과는 달리 비트코인은 모든 사람을 위한 것이 아니다. 더 구체적으로 말하자면, 비트코인의 기본 계층(온체인 거래)을 사용하는 것은 필연적으로 전 세계 대다수 사람에게 과도한 비용을 부담시킬 것이다. 할 피니가 지적한 것처럼, 비트코인 프로토콜은 궁극적으로 매우 큰(아마도 일괄 처리되는) 거래에만 사용될 것이다. 이는 비트코인의 설계에 따른 결과다. 5장에서 논의하겠지만, 비트코인 네트워크의 장기적 보안(비트코인 채굴자가 네트워크에 연산 능력을 제공하는 데 대한 보상과 직접 관련되는)은 채굴자에 대한 보상을 위하여 거래 수수료가 현재보다 훨씬 높아지는 것에 달려 있다. 따라서 온체인 커피 구매의 수수료가 너무 높아지는 것은 비트코인의 설계에 있어서 항상 필요한 요소였다.

비트코인의 의도된 목표가 중앙은행 체제의 붕괴인지 아니면 결제 서비스의 붕괴인지를 둘러싼 논쟁은 2015년부터 2017년까지 벌어진 '블록 크기 전쟁(Blocksize Wars)'이라 불리는 일련의 사건들을 통해 드러났다.[39] 이 갈등의 핵심에는 비트코인의 미래에 대한 두 가지 매우 다른 전망이 있었다. 한쪽에는 비트코인을 주로 결제 서비스로 보고 거래가 청산되는 시간을 개선하기 위한 프로토콜 변경을 계획하는 사람들이 있었다. 반대편에는 비트코인을 전통적인 통화 정책과 중앙화된 금융의 혁명적 파괴로 보고 이러한 핵심 가치를 훼손할 수 있는 (제안된 변화가 그런 위험을 초래할 수 있다) 모든 변화에 반대하는 사람들이 있었다.

결국에는 후자의 이념이 우세를 차지했다. 2017년 8월에는 체인 분할(하드 포크라고 함)을 통해서 비트코인 캐시(Bitcoin Cash)가 탄생하여 원래 비트코인 블록체인과 차별화된 결제 서비스의 비전을 보여주었다. 그러나 비트코인은 이후 몇 년 동안 상대적 시가총액이 점차 0으로 떨어진 비트코인 캐시보다 훨씬 큰 시가총액을 달성했다. 이러한 결과는 비트코인 커뮤니티가 일상적 거래의 편의성보다는 비트코인의 보안, 희소성, 그리고 탈중앙화에 중점을 두고 있음을 보여주었다.

3장에서는 번개 네트워크 같은 비트코인의 2계층 기술을 살펴볼 것이다. 번개 네트워크는 비트코인 위에 구축된 계층에서 작동하여 즉각적이고 사실상 무료인 거래를 가능하게 한다. 이러한 기술이 전 세계적으로 더욱 확산함에 따라 위의 논쟁 자체가 무의미해질 수도 있다. 그렇지만 핵심은 다음과 같다. 역사적 변혁의 연감에서 비트코인을 결제 서비스 혁신자로 오해하면 안 된다. 비트코인 기반의 기술 솔루션은 궁극적으로 비자, 페이팔, 벤모 같은 결제 시스템을 퇴출시킬 가능성이 크다. 그러나 이것이 비트코인의 주된 목표는 아니었다. 비트코인의 목적은 항상 법정화폐와 중앙화된 금융 제도의 혁신이었고 지금도 마찬가지다.

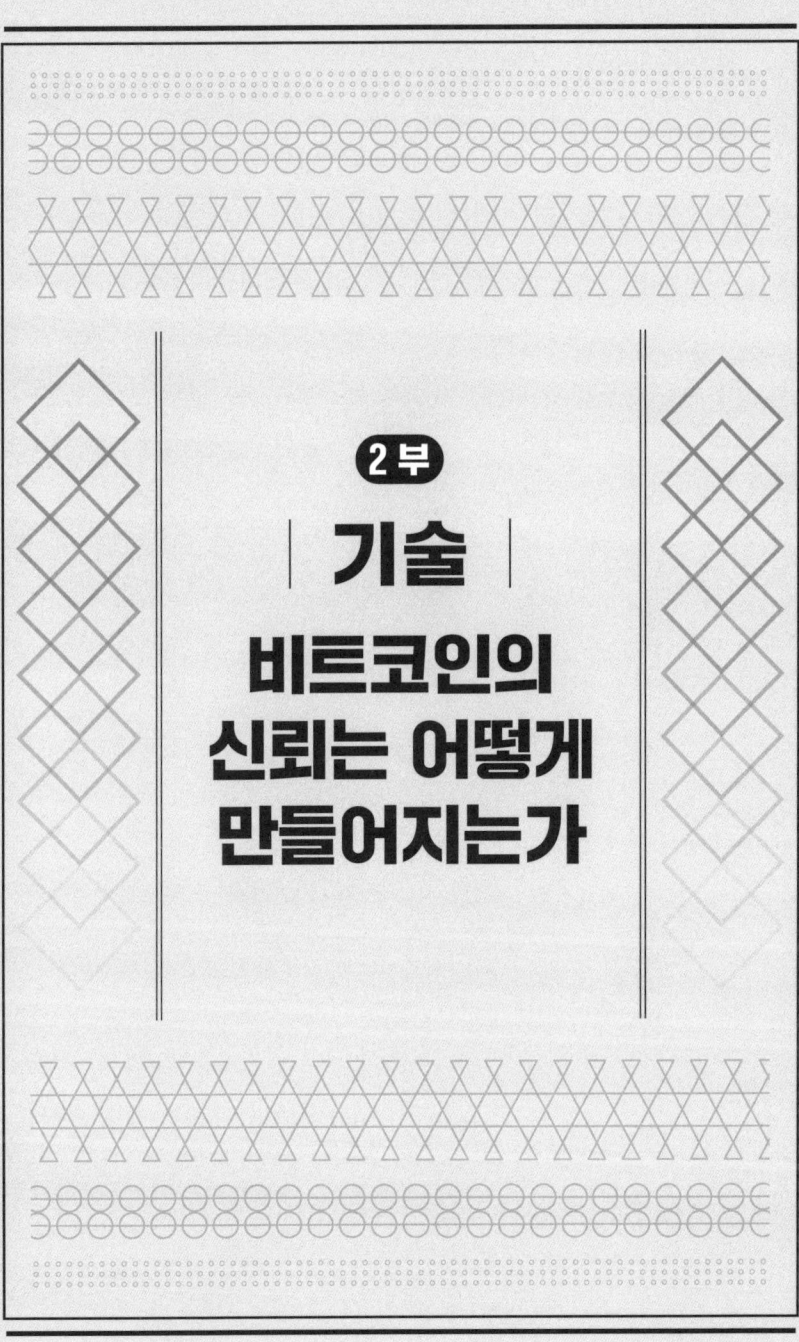

2부
기술
비트코인의 신뢰는 어떻게 만들어지는가

PRINCIPLES OF BITCOIN

CHAPTER ❸
비트코인의 조직 구조

    1부에서는 비트코인을 디지털 정보가 물리적 사물의 속성을 나타내도록 만든 디지털 상품으로 개념화했다. 이는 유용한 사고 모델이기는 하지만, 실질적 측면에서 타당한 주장이 아니라면 무용지물이 될 것이다. 2부에서는 이 도도한 주장의 기술적 근거를 분석한다. 먼저 사토시가 디지털 상품을 만들기 위하여 해결하고자 했던 근본적인 컴퓨터 과학 문제의 분석으로 시작해보자.

비잔틴 장군 문제

    2008년 이전까지 우리가 알고 있던 디지털 세계는 비잔틴 장군 문제(Byzantine Generals' Problem)로 알려진, 신뢰할 수 없는 환경에서 합의를 이루는 시스템을 설계하고 구현하는 중요한 도전에 직면해 있었다. 컴퓨터 과학의 초석이 되는 이 문제는 특히 신뢰할 수 없거나 악의적인 구성원이 있음에도 불구하고 합의를 필요로 하는 시스템과 관련이 있다. 이 문제는 1982년에 레슬리 램포트(Leslie Lamport), 로버트 쇼스택(Robert Shostak), 그리고 마셜 피스(Marshall Pease)에 의하여 처음 제기되었다.[1] 그들은 서로를 반드시 신뢰하지는 않는 당사자들 사이에서 신뢰할 수 있는 합의를 달성하는 것이 얼마나 어려운지를 강조했다.

이 문제를 이해하기 위해, 요새화된 도시를 공격하려는 비잔틴 장군들의 집단을 상상해보자. 그들은 도시를 둘러싼 각지에 주둔하고 있으며, 하나의 통일된 전략에 합의해야 한다. 그러나 그들의 유일한 소통 수단은 전령을 통하는 방법뿐이다. 문제는 그들 중에 반역자가 있을 수 있다는 점이다. 반역자는 거짓된 메시지를 보내거나 명령을 뒤집어 혼란을 일으킬 수 있으며, 이는 공격 전략을 무너뜨리고 결국 공격을 실패로 이끌 수 있다.[2] 이 문제를 해결하려면 (1) 모든 충성스러운 장군이 동일한 행동 계획을 결정하게 하고, (2) 소수의 반역자가 충성스러운 장군들을 속여 잘못된 계획을 따르게 만들지 못하도록 보장하는 합의 메커니즘이 필요하다.

그러므로 비잔틴 장군 문제를 해결하려면 반역자가 있더라도 충성스러운 당사자들 간의 합의를 보장하는 시스템을 구축해야 한다. 중앙의 신뢰할 수 있는 당사자가 없는 분산형 컴퓨팅 시스템에서는

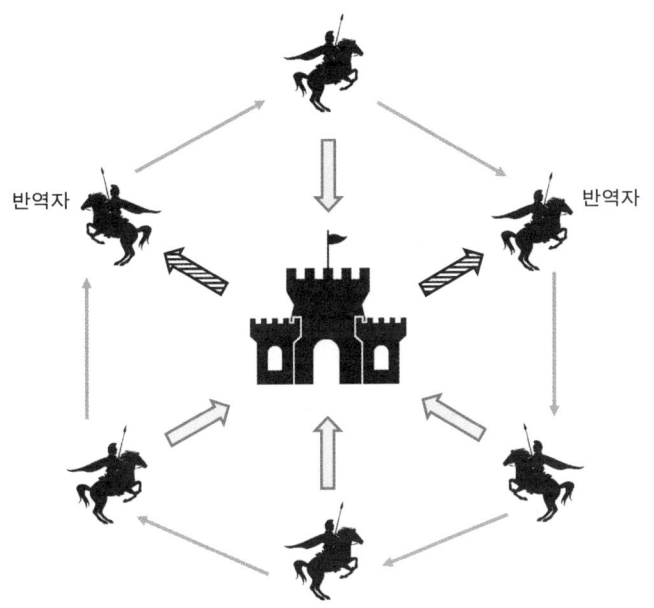

[그림 3.1] 비잔틴 장군 문제   출처: 저자

통신을 신뢰할 수 없고 참여자가 악의적으로 행동할 수 있는 상황에서 이런 문제가 발생한다. 비잔틴 장애 허용(BFT)이라는 용어는 일부 참여자가 악의적인 행동을 하더라도 시스템이 정상적인 작동을 계속할 수 있는 능력을 의미한다. 전통적인 BFT 솔루션은 확장성이 낮고 중앙화된 참여자 집단이 필요했다. 이러한 중앙집중식 권위에 대한 역사적 필요성 때문에 이 문제는 오랫동안 이해하기 어렵고 극복할 수 없는 문제였다.

비트코인 백서

2008년 10월 31일에 사토시 나카모토라는 가명을 사용하는 개인 또는 집단이 "비트코인: P2P 전자 화폐 시스템(Bitcoin: A Peer-to-Peer Electronic Cash System)"이라는 제목의 획기적인 논문을 발표했다.[3] 비잔틴 장군 문제의 효과적인 해결책을 제시한 논문이었다. 논문에 제시된 혁신은 암호학, 분산화 시스템, 그리고 경제적 인센티브라는 여러 핵심 기술적 발전을 결합하여, 인터넷상에서 이중 지불이 불가능한 자산을 만들어낸 데 있었다. 이는 중앙의 권위를 요구하지 않고도 비잔틴 장군 문제를 해결하는 방식으로 구현되었다.

사토시의 해결책은 참여자들이 탈중앙화된 방식으로 합의에 도달하는 독창적 시스템이다. 공개 원장이 수만 명의 네트워크 참여자에게 배포되고, 각 참여자는 자발적으로 원장을 관리한다. 이 원장은 네트워크의 고유 자산인 비트코인의 모든 거래를 암호기술과 작업증명으로 알려진 시스템을 사용하여 안전하고 투명하며 변조할 수 없는 방식으로 기록해 네트워크를 보호한다. 이런 방식으로 기록을 관리하는 감독 기관이 없더라도, 악의적 행위자에 대한 내성을 갖춘 분산화 합의 또는 탈중앙화 합의가 달성된다.

저명한 수학자이자 비트코인 개발자이기도 한 앤드류 포엘스트라(Andrew Poelstra)는 분산화 합의 메커니즘을 다음과 같이 설명했다.

> 비트코인에서 사용되는 용어로서의 분산화 합의는 신원이 불확실하

고 시스템의 설정 시점에 반드시 존재하지도 않았으며 상호 신뢰가 없는 여러 당사자 간의 합의(즉 전 세계적 합의)다… 이러한 합의가 필요한 이유는 바로 이중 지불 문제 때문이다. 다시 말해 모든 탈중앙화된 디지털 화폐 체계에서는 지출자가 같은 돈을 서로 다른 사람에게 보낼 수 있고, 두 지출 모두 유효한 것처럼 보일 가능성이 존재한다. 따라서 수신자는 충돌이 발생하지 않았는지 또는 충돌이 발생하더라도 네트워크가 자신의 버전을 올바른 버전으로 인식하는지를 확인할 방법이 필요한데, 거래 순서에 대한 분산화 합의가 그런 방법을 제공한다. 충돌이 발생한 경우에 제일 먼저 발생한 거래만 유효하고 다른 모든 거래가 유효하지 않다는 데 모든 사람이 동의하는 것이다. (디지털 화폐의 다른 문제, 예를 들어 진위 인증 및 위조 방지는 비교적 간단하며 전통적 암호기술로 처리할 수 있다.)[4]

이러한 이중 지불 문제의 획기적인 해결책이 최초의 디지털 화폐가 가능하도록 이끌었다. 데이비드 차움(David Chaum)의 디지캐시(DigiCash), 웨이 다이(Wei Dai)의 비머니(b-money), 닉 사보(Nick Szabo)의 비트 골드(Bit Gold) 같은 이전의 시도들은 중앙의 권위에 의존하거나 아니면 탈중앙화의 맥락에서 이중 지불 문제를 완전히 해결하지 못했다.[5]

비잔틴 장군 문제에 대한 (따라서 이중 지불 문제도 해결하는) 사토시의 해결책은 나카모토 합의(Nakamoto Consensus)라 불린다. 나카모토 합의는 작업증명 시스템을 활용하여 메시지 전송에 비용을 발생시킨다. 더 구체적으로 말하자면, 작업증명에 요구되는 연산 작업에서 발생하는 현실 세계의 비용이 악의적인 행동을 억제하는 역할을 한다. 악의적인 메시지를 전송하려는 반역적인 비잔틴 장군은 상당한 비용을 감수해야 한다. 그 대신 정직하게 발생하는 비용은 장군에게도 이익이 될 것이다. 따라서 게임 이론에 따라 합리적인 행위자라면 악의적으로 행동하기보다 정직하게 행동할 것이다.

참여자들

비트코인의 탈중앙화 네트워크 생태계는 다양한 역할을 수행하는 다양한 참여자로 구성된다. 그들은 자발적으로 참여하며 경제적 인센티브에 따라 움직이는 한편 네트워크를 유지 보호하고 네트워크의 고유 자산인 비트코인 거래를 가능하게 한다.

노드(nodes)는 비트코인 네트워크에 연결되어 자신들이 실행하는 소프트웨어에 기반한 일련의 규칙을 집행하는 컴퓨터다. 노드는 비트코인의 거래 내역(비트코인 블록체인)을 저장, 배포 및 보존함으로써 네트워크의 분산화 장부 역할을 하고, 거래와 거래 블록을 검증하여 소프트웨어에 암호화된 합의 규칙을 충족하는지 확인한다. 그리고 이를 통해서 노드는 중앙화된 기록관리자의 역할을 대체해 네트워크를 탈중앙화한다. 전 세계에 분포된 접속 가능한 노드의 수는 현재 약 2만 개지만, 총 노드 수는 10만 개를 훨씬 넘을 것으로 추정된다.[6]

채굴자(miner)는 전문적 하드웨어를 갖춘 개체로서, 채굴이라는 과정을 통해서 잠재적 공격자와 악의적 행위자(즉, 반역적인 비잔틴 장군)로부터 네트워크를 보호하는 데 필요한 연산 작업을 수행한다. 채굴자는 거래(비트코인 사용자가 처리를 위하여 네트워크에 제출한 거래)를 블록(block)으로 묶은 후에 해당 블록을 비트코인 블록체인에 추가하는 특권을 얻기 위해 전 세계의 수많은 채굴자와 경쟁한다. 이러한 경쟁에는 암호화 퍼즐의 해답 찾기가 포함되어 전기 에너지를 소비하는 무차별 대입 연산이 요구된다. 채굴자가 새로운 블록을 성공적으로 생성하면, 이에 대한 보상으로 새로 발행된 비트코인(블록 보조금)과 해당 블록에 포함된 거래들로부터 발생한 거래 수수료를 받는다. 전 세계에는 수십만 명에 달하는 개별 비트코인 채굴자들이 흩어져 있는 것으로 추정된다.

사용자는 비트코인을 소유하고 거래하는 (직접 또는 중개자를 통해서) 개인이나 단체. 이들은 투자, 송금, 상품 및 금융 서비스 구매 등 다양한 목적으로 비트코인을 사용한다. 사용자는 지갑(아래 설명 참조)이라는 소프트웨어 애플리케이션을 통해서 비트코인 네트워크와 상호작용하면서 비트코인을 보내고 받고 저장할 수 있다. 또한 사용자는 비트코인의 구매, 보유 및 거래를 통해서 집단적으로 비트코인에 경제적 가치를 부여한다. 전 세계적으로 비트코인 사용자는 2억 명이 넘는 것으로 추정된다.[7]

거래 수명 주기

비트코인의 합의 메커니즘은 거래가 시작되는 순간부터 블록체인에 최종적으로 추가되기까지 여러 단계를 포함한다.

1단계. 거래 생성: 사용자는 거래를 생성하고 개인 키로 서명하여 비트코인 거래를 시작한다. 거래에는 이체할 비트코인의 수, 수신자의 주소(비트코인을 주고받는 데 사용되는 고유 식별자), 그리고 거래 수수료가 포함된다. 이 단계와 관련된 암호화 과정은 이 장의 뒷부분에서 논의한다.

2단계. 거래 방송(broadcast): 거래가 인터넷을 통해 비트코인 네트워크로 전파되며, 전 세계 수만 개의 노드에 의해 수신되어 메모리 풀(멤풀, mempool)에 추가된다. 메모리 풀은 블록에 포함되기를 기다리는 거래들이 머무는 대기 공간이다.[8]

3단계. 블록 생성: 각 채굴자는 블록을 생성하기 위하여 멤풀에서 거래를 선택한다. 블록이 성공적으로 블록체인에 추가되면 채굴자가 블록 보조금 외에도 수수료를 받게 되므로 일반적으로 수수료가 높은 거래가 우선시된다.

4단계. 채굴(작업증명): 채굴자들은 블록체인에 블록을 추가할 권리를 얻으려고 경쟁적으로 암호 퍼즐을 푼다. 여기에는 시행착오를 통해서 논스(nonce)로 알려진 숫자의 값을 추측하는 과정이 포함된다. 논스는 블록 데이터와 결합하여 암호 알고리즘을 통과했을 때 프로토콜에서 설정된 목표를 충족하는 결과를 생성하는 숫자다. 채굴자들이 논스를 찾는 데 평균 10분이 걸리도록 알고리즘이 주기적으로 목표를 자동 조정하는데, 이런 과정은 난이도 조정(difficulty adjustment)으로 알려져 있다(다시 말해서, 네트워크에 참여하는 채굴자가 늘어나고 경쟁이 치열해질수록 퍼즐의 난이도가 높아지고, 반대의 경우도 마찬가지다).

5단계. 블록 방송: 논스를 찾는 데 성공한 채굴자는 검증을 위하여 새로운 블록을 네트워크에 알린다. 이 블록에는 논스, 거래 내용, 그리고 체인의 이전 블록에 대한 참조(블록체인에 링크를 생성하는)가 포함된다.

6단계. 블록 검증: 네트워크의 노드들이 논스와 블록 내의 모든 거래가 유효한지를 확인하여 새로운 블록의 유효성을 검증한다.

7단계. 블록체인에 블록 추가: 검증이 끝나면 노드들이 관리하는 블록체인에 새로운 블록이 추가된다. 성공적인 채굴자는 새로 생성된 비트코인과 해당 블록에 포함된 거래에 대한 수수료를 보상으로 받는다.

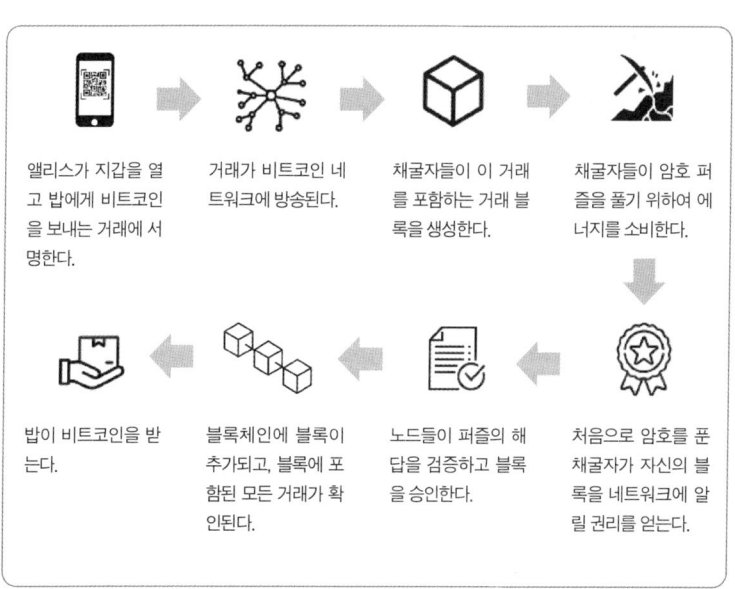

[그림 3.2] 거래 수명 주기 출처: 저자

8단계. 거래 완료: 노드의 원장에 추가되는 것은 블록에 포함된 거래의 확인으로 간주된다. 이 과정은 채굴자들이 다음 블록을 생성하기 위해서 이동하는 과정으로 이어진다. 두 명의 채굴자가 동시에 퍼즐을 풀면 네트워크가 일시적으로 포크(fork)될 수 있다. 노드들은 연산 에너지를 가장 많이 소모한 체인을 기준으로 어떤 체인이 계속될지를 선택한다. 결국 네트워크는 합의를 회복하고, 포크된 (더 짧은) 체인의 거래는 향후 블록에 포함될 수 있도록 메모리 풀로 반환된다.

이러한 절차는 비트코인의 나카모토 합의 메커니즘의 핵심인 탈중앙화되고 안전하며 검증 가능한 거래 원장을 보장한다.

암호기술

위의 1단계에서 비트코인 거래의 생성에는 첩보전, 군사 전략, 그리고 정부의 비밀 통신 소요에 깊이 뿌리내린 기술인 공개 키 암호기술이 사용된다. 암호기술의 진화는 고대 문명에서 간단한 치환 암호를 사용하면서 시작되어 현대적 디지털 통신의 보안을 위해 설계된 오늘날의 복잡한 알고리즘으로 이어진다.[9]

비트코인에서 공개 키 암호기술은 사용자가 다른 사람과 공유할 수 있는 공개 키(public key)와 비밀로 유지되는 개인 키(private key)의 암호키 한 쌍을 생성할 수 있게 해준다(키는 문자와 숫자의 긴 문자열로 표현되는 특별한 암호 코드). 공개 키는 개인 키에서 파생될 수 있지만, 그 반대는 가능하지 않다.[10] 공개 키는 다른 사람들이 비트코인을 보낼 수 있는 비트코인 주소를 생성하는 데 사용되고, 개인 키는 거래를 디지털 방식으로 서명하는 데 사용되어, 전송되는 비트코인의 소유권을 증명한다. 거래가 이루어질 때는, 발신자의 개인 키가 사용되고 다른 사람들이 공개 키를 이용하여 확인할 수 있는 서명이 거래 내역에 포함된다. 이런 과정은 정당한 소유자, 즉 해당 개인 키를 보유한 사람만이 비트코인을 지출할 수 있도록 보장한다.

공개-개인 키의 쌍은 타원곡선 디지털 서명 알고리즘(ECDSA)이라는 암호화 알고리즘을 사용하여 생성된다. 이 수학 연산은 개인 키로부터 공개 키를 생성하며, 거래에서 디지털 서명을 생성하고 검증하여 서명이 진짜이고 변조되지 않았음을 확인하는 데 사용된다. 보안 해시 알고리즘 256-비트(SHA-256)는 공개 키로부터 비트코인 주소(비트코인을 주고받는 데 필요한)를 생성하는 데 사용되는 암호화 연산이다. SHA-256은 비트코인 채굴 과정(즉, 채굴자가 풀어야 하는 수학적 퍼즐)에도 사용된다. 이는 숫자로 구성된 입력 문자열을 받아서 해시(hash)로 알려진 출력을 생성하는 암호화 함수다. 각 출력 해시는 해당 입력에 대하여 고유하며, 데이터의 디지털 지문과 같다. 입력의 아주 작은 부분만 변경하더라도 완전히 다른 출력 해시가 생성된다. 이 과정은 입력 데이터를 일련의 수학적 연산을 거쳐 뒤섞고 변형해 최종 해시를 산출하는 방식으로 이루어진다.

이러한 암호화 프로세스는 결정론적이다. 동일한 입력이 항상 동일한 출력을 생성하지만, 단방향으로 설계되었다는 뜻이다. 입력으로부터 출력을 생성하기는 쉽지만, 출력에서 원래의 입력을 재구성하는 것은 사실상 불가능하다. 다시 말해서, 비트코인 주소가 개인 키를 기반으로 생성되었다 하더라도, 그 주소를 역추적해 개인 키를 알아내는 것은 거의 불가능하다. 따라서 암호기술은 중앙화된 방식으로 검증을 수행했던 전통적 게이트키퍼(gatekeeper)가 없는 상황에서 P2P 거래를 검증하는 강력한 도구가 된다.

SHA-256이나 ECDSA를 성공적으로 해킹할 확률은 열역학적 관점에서 극도로 낮다. 우주 전체에서 모래알 하나를 찾는 것이 SHA-256을 무차별 공격으로 해킹하기보다 훨씬 쉬울 것이다.[11] 말할 필요도 없이, 비트코인은 해킹된 적이 없다. 양자 컴퓨팅이 잠재적인 미래 위협으로 거론되지만, 현 단계에서는 이 주제에 대한 논의가 매우 이론적이다(양자 컴퓨팅이 비트코인에 제기하는 위험에 대해서는 6장을 참조하라).

사용자가 개인 키를 안전하게 저장하고, 보유한 비트코인을 관리하고, 거래를 수행할 수 있게 하는 애플리케이션을 디지털 지갑(digital wallets)이라고 한다. 디지털 지갑은 비트코인 사용자가 비트코인 네트워크와 상호작용할 수 있게 하여 비트코인을 저장하고 거래할 수 있는 사용자 친화적 인터페이스를 제공한다. 서로 다른 수준의 보안과 편의성을 제공하는 지갑은 크게 세 가지 유형으로 나뉜다.

소프트웨어 지갑: 이들 애플리케이션은 컴퓨터나 모바일 기기에 설치할 수 있다. 소프트웨어 지갑은 사용자의 개인 키를 저장하고 이동 중에도 거래에 서명할 수 있도록 한다. 인터넷에 연결된 소프트웨어 지갑은 핫 월렛(hot wallet)이라고 한다. 이러한 지갑은 가장 큰 편의성을 제공하지만, 개인 키가 저장된 기기가 인터넷에 연결됨에 따른 잠재적 해킹 가능성 때문에 보안성이 상대적으로 낮다. 이것이 비트코인 프로토콜 자체의 해킹과는 아무런 관련이 없다는 것에 유의하라.

하드웨어 지갑: 이러한 물리적 장치는 개인 키를 온라인의 잠재적 위협에서 벗어나 오프라인에 안전하게 저장하도록 설계되었다. 장치를 컴퓨터에 연결하여 거래에 서명한 후에는 다시 안전하게 저장할 수 있다. 이러한 오프라인 저장 방식을 콜드 스토리지(cold storage)라고 하며, 그런 지갑을 콜드 월렛(cold wallet)이라 한다.

종이 지갑: 개인 키를 기록하여 안전한 장소에 보관할 수 있는 종잇조각이다. 개인 키는 사람이 읽을 수 있는 형식으로 키를 백업하는 일련의 단어(연상 문구) 형태를 취한다. 종이 지갑은 인터넷에 직접 연결될 수 없기 때문에, 물리적으로 안전하게 보호되는 한 해킹당할 가능성이 없는 궁극적 형태의 콜드 스토리지다.

비트코인에 사용되는 이러한 암호기술의 궁극적인 결과는 사용자가 자신의 금융 자산에 대하여 자기 주권을 행사할 수 있다는 것이다. 사용자는 자신의 개인 키를 통제함으로써, 은행과 같은 중개자를 필요로 하지 않고 비트코인 보유분을 직접 관리한다. 이러한 자기 주권은 프라이버시와 보안으로도 확장된다. 비트코인 거래가 익명으로 이루어질 수 있기 때문이다. 비트코인 주소는 블록체인에 기록되지만, 주소의 배후에 있는 사용자의 신원은 다른 수단을 통해서 드러나지 않는 한 원천적으로 주소와 연결되지 않는다. 버락 오바마 전 대통령은 이러한 능력을 "모든 사람이 스위스 은행 계좌를 주머니에 넣고 다니는 것"이라고 표현했다.[12]

네트워크 보안

앞에서 논의한 바와 같이, 작업증명은 비잔틴 장군 문제에 대한 핵심적 해결책이다. 이는 비트코인이 네트워크 보안을 보장하고 비트코인의 이중 지불을 방지하는 과정이다. 이 해결책은 (1) 블록체인에 포함될 거래를 제안하는 참여자에게 보상(블록 보상금)을 제공하고, (2) 악의적인 행동을 억제하기 위하여 각 제안에 비용(전기 에너지 비용)을 추가하는 방식으로 달성된다.

블록체인에 블록을 추가하려면 (전투 계획을 제안하는 메시지를 보내는 비잔틴 장군과 비슷하게) 채굴자들이 복잡한 수학 퍼즐을 풀면서 경쟁해야 한다.[13] 이 퍼즐은 SHA-256 해시 알고리즘을 사용하여 수치해(즉, 논스)를 찾는 것을 포함한다. 해는 무차별적 시행착오(초당 추측 횟수를 해시율이라고 한다)를 통해서만 찾을 수 있다. 이러한 작업에는 상당한 연산 능력이 필요하므로 전력과 하드웨어에 대한 재정적 투자가 요구된다. 블록을 제안하기 전에 수학적 퍼즐을 풀어야 한다는 요구 조건은 악의적인 행위를 시도할 때 상당한 비용이 발생한다는 것을 의미한다. 부정직한 채굴자가 블록체인을 변경하거나 이중 지불 거래를 하려면 정직한 채굴자들과의 지속적인 경쟁에서 이겨야 하므로 지속 불가능한 수준의 연산 능력과 에너지가 필요하다.

채굴자들은 퍼즐을 풀고 블록체인에 블록을 추가하는 대가로 새로운 비트코인과 거래 수수료를 보상받는다. 따라서 시스템에 협력하는 데 따르는 이점이 시스템을 약화시키려는 시도의 비용보다 크다. '메시지 전송'(퍼즐을 풀고 블록을 제안하는 것)의 높은 비용이 부정행위에 대한 자연스러운 장벽 역할을 하고, 악의적인 행위에 필요한 노력과 자원이 너무 크기 때문에 시스템의 무결성을 유지하는 것이 더 유리하도록 만든다. 채굴자들은 네트워크를 악의적인 행위자로부터 보호하는 보호력 장(protective force field)이라 할 수 있는 에너지 한계 장벽을 만들고 유지하기 위한 인센티브를 받는다. 채굴자들의 경쟁이 치열할수록 악의적인 행위자가 네트워크를 공격하기 위하여 감수해야 하는 에너지 한계와 그에 상응하는 비용이 증가한다.

이 보호력 장, 즉 총 해시율은 현재 초당 600엑사해시(exahash) 이상이며, 채굴과 비트코인 네트워크 보안에 사용되는 총 연산 능력을 나타낸다. 이는 상상할 수도 없을 정도의 연산 능력이다. 비트코인 전문가 야신 엘만드라(Yassine Elmandjra)는 다양한 비유를 통해서 이러한 연산 능력의 엄청난 규모를 설명한다.

- 비트코인 네트워크는 우리 은하계에 있는 모든 별에 대해서 초당 5억 회의 연산을 수행하고 있다.
- 전 세계 인구가 각자 초당 한 건의 연산을 수행한다면, 비트코인 네트워크의 해시율과 동일한 수준을 달성하는 데 약 2000년이 걸릴 것이다.
- 비트코인 네트워크는 초당 지구상의 모래알보다 약 67배 많은 연산을 수행한다.

네트워크 해시율은 시간이 가면서 꾸준한 상승 추세를 이어가고 있고, 2024년 7월에는 초당 900엑사해시에 약간 못 미치는 수치로 정점을 찍었다.

위의 채굴 과정을 통하여 생성된 각 블록에는 (채굴자가 메모리 풀에서 선택한) 거래의 목록과 블록 헤더가 포함된다. 그리고 블록 헤더에는 이전 블록의 해시가 포함된다. 이러한 구조에 따라 블록의 내용을 변경하면 이후의 모든 블록의 해시가 무효화된다. 확인된 블록을 변경하려면 해당 블록과 이후의 모든 블록에 대한 작업증명을 다시 수행해야 하며, 이는 막대한 비용과 시간이 필요한 사실상 불가능한 작업이다. 이러한 메커니즘 덕분에 블록체인의 무결성이 보장되며, 과거 거래를 수정하는 것이 불가능에 가깝도록 만든다. 그리고 그 결과로 비트코인 블록체인은 불변성을 달성한다.

비트코인 프로토콜은 10분의 블록 생성 간격을 목표로 한다. 이 시간은 너무 길어서 비트코인 거래의 확인이 "느리다"는 비판을 받아왔다. 그러나 사토시의 논리는 다시 한번 탈중앙화에 대한 비트코인의 핵심적 약속이었다. 10분이라는 간격은 수만 개에 이르는 전 세계 노드 네트워크에 블록이 전파될 충분한 시간을 보장하여, 체인 분할이나 포크의 위험을 최소화하고 원장의 일관성을 유지할 수 있게 한다.[14] 또한 매 2,016개의 블록마다 프로토콜은 수학적 문제의 난이도를 조정하는데 이를 난이도 조정이라 하며, 네트워크의 총 해시율이 어떠하든 블록을 찾는 데 걸리는 시간이 약 10분으로 유지되도록 한다.

나카모토 합의는 위의 과정을 통해서 신뢰할 수 있는 제3자 없이도 작업증명을 활용해 합의를 이끌어내며, 이로써 비잔틴 장군 문제를 해결한다. 채굴자가 해싱에 성공한 블록은 전 세계 노드 네트워크에 공개되고, 각 노드의 소프트웨어는 그 블록을 검증한 뒤 유효하다고 판단되면 자체 원장에 기록한다. 이러한 과정은 신뢰가 필요 없는 모델로 운영되며 각 노드가 제네시스 블록(Genesis block)으로 알려진 2009년의 첫 번째 블록부터 최신의 블록까지 모든 거래를 독립적으로 검증한다. 채굴자가 합의된 규칙을 위반하는 블록을 제시하면 노드들에서 거부된다. 복수의 채굴자가 동시에 블록을 전파하여 체인 간 경쟁(즉, 포크)으로 이어지는 경우에, 노드들은 누적 작업증명이 가장 큰 체인(일반적으로 가장 긴 체인)을 유효한 체인으로 채택한다. 이렇게 독립적인 검증과 분산된 합의 과정을 통해서, 비트코인 프로토콜은 안전하고 신뢰할 수 있는 P2P 거래를 가능하게 한다.

절대적 희소성

2,100만이라는 비트코인의 총량 제한은 프로토콜에 하드 코딩되어 있고 참여하는 노드와 채굴자가 준수하기로 동의한 기본 규칙을 나타낸다. 이러한 희소성은 약 4년마다 채굴자에게 지급되는 블록 보조금이 절반으로 줄어드는 반감기(halving) 이벤트를 통해서 유지된다.[15] 비트코인 프로토콜에 프로그램된 반감기 이벤트는 2140년경으로 예상되는 최대량 도달 시점까지 새로운 비트코인의 생성이 시간이 가면서 느려지게 하는 역할을 한다. 2024년 기준으로 최대량인 2,100만의 94% 이상에 해당하는 거의 2,000만 개의 비트코인이 이미 채굴되었다.

비트코인 프로토콜의 불변성 개념은 금 같은 물리적 상품의 불변성과 유사하다. 금의 가치와 인지도가 변하지 않는 분자 구성에 의존하는 것처럼, 디지털 상품의 핵심은 변함이 없는 특성에 있다. 하지만 이러한 공급 제한이 사실이고 변하지 않는다는 것을 어떻게 확신할 수 있을까? 어쨌든 공급의 제한은 오픈 소스 소프트웨어일 뿐이고 변경될 수 있다. 여기서 우리가 물어야 할 중요한 질문은 다음과 같다. 2,100만이라는 비트코인의 공급 한도를 변경하려면 무엇이 필요할까?

　기술적으로는, 하드 포크(hard fork)로 알려진, 프로토콜에 대한 조율된 업데이트가 필요하다. 하드 포크는 블록체인 프로토콜의 중대한 변경이나 분기를 나타내며 후방 호환성이 없다. 이는 포크를 통해서 도입된 변경 사항이 이전 버전의 프로토콜과 호환되지 않는다는 것을 의미한다. 새로운 규칙에 따라 생성된 거래나 블록은 새로운 버전의 소프트웨어로 업그레이드되지 않은 노드에서 검증될 수 없다. 이러한 후방 호환성 부족이 하드 포크와 소프트 포크의 차이점이다. 소프트 포크에서는 이전 버전과의 호환성이 유지되도록 변경이 이루어지므로, 업그레이드되지 않아서 새로운 규칙을 인식하거나 시행하지 않는 노드라도 거래의 검증에 참여할 수 있다. 간단히 말해서, 합의된 규칙을 완화하려면 (덜 엄격하게 만들려면) 일반적으로 하드 포크가 필요하지만, 합의된 규칙을 강화하는 (더 엄격하게 만드는) 것은 소프트 포크를 통해서 달성할 수 있다.

　2,100만 개라는 비트코인의 공급량 제한을 변경하려면 규칙이 완화되어야 하므로 하드 포크가 필요할 것이다. 하드 포크는 사실상 체인 분할을 의미한다. 즉, 기존 블록체인에서 갈라져 나온 새로운 체인이 생성되며, 이 체인에서는 새롭게 완화된 규칙이 적용된다. 그 결과 두 개의 블록체인이 공존하게 되는데, 분기점 이전까지는 동일한 기록을 공유하지만 이후로는 서로 다른 길을 걷게 된다. 이 단계에서 중요한 질문이 제기된다. 이러한 하드 포크 이후에 지배적인 체인은 어떻게 결정될까?

게임 이론

게임 이론은 합리적 의사 결정자들 사이의 전략적 상호작용을 탐구한다. 비트코인 하드 포크의 경우에는 경제적 인센티브가 궁극적으로 기존 체인과 새로운 체인 중 어느 것이 지배적인 체인으로 자리 잡을지를 결정한다. 선택된 체인의 잠재적 가치 상승은 사용자들이 해당 체인의 자산 가격 상승을 예상하고 구매 및 보유하도록 유도한다. 높은 가격은 더 높은 가치의 블록 보상으로 이어져서 채굴자들이 해당 체인에서 채굴에 자금을 투자하도록 유도한다. 이는 결과적으로 해당 체인의 보안성을 높여서 더 많은 사용자와 투자자를 유치하게 된다. 따라서 선택된 체인에는 선순환이 발생한다.

이러한 의사 결정 과정은 각 체인의 인지된 미래 가치와 다른 네트워크 참여자들의 행동을 포함한 여러 요인의 영향을 받는다. 보유자와 거래자를 포함한 사용자들은 잠재적 미래 가치, 보안성, 유용성, 역사, 그리고 내러티브에 기초하여 어떤 체인을 지지할 것인지를 평가한다. 사용자들의 의사 결정 과정은 네트워크 효과와 다른 사용자 및 채굴자의 행동을 예측하는 과정을 포함하며, 다른 사람들의 선택이 개별적 결과에 중대한 영향을 미치는 복잡한 게임 이론적 시나리오를 생성한다.

채굴자들이 체인을 지지하는 결정은 종종 잠재적 보상에 대한 비용을 계산하는 과정이다. 채굴자는 블록 보상과 거래 수수료라는 즉각적인 수익을 전기료와 하드웨어 감가상각이라는 운영 비용과 비교해야 한다. 게임 이론에 따르면 채굴자들은 순이익을 극대화하는 체인으로 이동하게 마련이다. 그러나 이 결정은 각 체인에서 얻을 보상의 미래 가치가 불확실하기 때문에 복잡해진다. 그 가치 자체가 결국은 사용자 채택과 시장 수용 여부에 달려 있기 때문이다.

네트워크 효과도 중요한 역할을 한다. 앞서 언급했듯이, 더 많은 사용자와 채굴자를 끌어들이는 체인이 더 안전하고 더 가치 있게 되며, 이는 다시 참여를 유도하는 긍정적 피드백 루프를 만들어낸다. 이러한 효과는 포크 이후 초기 단계에서 매우 중요하다. 한 체인이 다른 체인보다 유리한 방향으로 빠르게 균형을 무너뜨릴 수 있기 때문이다. 사용자들은 비트코인 생태계의 기존 서비스, 인프라, 표준과의 호환성을 유지하는 체인으로 몰리는 경향이 있다. 비트코인 프로토콜의 합법적인 연장선으로 인식되는 체인은 사용자 신뢰와 개발자 지원을 포함하는 기존 네트워크 효과의 혜택을 누릴 가능성이 높다.

요약하자면, 게임 이론과 비트코인 하드 포크 이후의 네트워크 효과가 상호작용하여 채굴자와 사용자에게 복잡한 의사 결정 환경을 조성한다.

비트코인의 하드 포크는 역사적으로 어떻게 전개되었을까? 비트코인 역사상 여러 차례의 하드 포크가 발생했다. 2017년 8월에는 블록 크기에 대한 의견 불일치로 인하여 비트코인 캐시(BCH)가 포크되었다(2장에서 논의한 것처럼). BCH를 지지하는 사람들은 더 많은 거래를 촉진하고 확장성을 개선하기 위하여 더 큰 블록 크기를 주장했다. 원래의 비트코인 체인(BTC)은 주로 확립된 네트워크 효과, 높은 해시율을 통한 우월한 보안성, 그리고 확장성 향상에 대하여 더 보수적인 접근 방식을 선호한 광범위한 커뮤니티에 힘입어 지배적인 위치를 유지했다. 비트코인 SV(BSV)는 2018년 11월에 BCH에서 포크되었으며, 확장성 향상을 목표로 추가적인 블록 크기 증가를 구현했다.

BTC가 다른 포크들에 대해 지속적 우위를 점하는 것은 비트코인 커뮤니티가 원래 체인의 보안성, 안정성, 그리고 개발 환경을 선호한다는 것을 보여준다.

체스의 규칙 바꾸기

앞에서 살펴본 것처럼, 사용자들은 경쟁하는 포크들보다 우세한 비트코인 블록체인을 선호하는 경향이 있다. 이윤 추구를 목적으로 하는 채굴자들도 사용자 선호도를 따라서 지배적인 체인에 해시율을 기여하게 된다. 앞서 언급했듯이, 이러한 역학은 채굴 지원이 증가하여 체인의 보안이 강화되고 더 많은 사용자와 개발자 활동을 끌어들여서 체인의 가치와 매력을 높이게 되는 피드백 루프를 확립한다.

포크에 대한 비트코인 커뮤니티의 역사적 대응은 비트코인의 중심적 측면, 즉 핵심적 프로토콜 특성의 불변성을 강조한다. 2,100만 비트코인이라는 고정된 공급 한도를 변경하려는 제안은 비트코인의 내러티브에 대한 근본적 도전이며 압도적으로 거부될 가능성이 크다. 역사가 보여주듯이, 원래의 비트코인 체인은 기본 원칙, 네트워크 보안, 그리고 채굴자와 사용자를 원래 프로토콜에 연결하는 경제적 인센티브에 힘입어 지배적인 위치를 유지해왔다. 마지막 하드 포크 이후로 네트워크 효과와 7장에서 논의할 린디(Lindy) 효과가 기하급수적으로 강화되었다.[16]

어느 체인이 지배적인 체인으로 자리 잡든 간에, 전 세계 어딘가에서 여전히 원래의 비트코인 소프트웨어로 노드를 운영하려는 사람이 있고, 또 다른 어딘가에서 원래의 비트코인을 대가로 전기를 소모해 새로운 블록을 채굴하려는 사람이 존재하는 한, 비트코인을 바꿀 방법은 없다. 바로 이것이 비트코인의 핵심적인 특징이다. 자발적인 시스템이라는 점이다.

비트코인은 사전동의(opt-in) 방식의 사회적 계약에 지나지 않는다. 비트코인을 채택하거나 사용하거나, 심지어 2,100만 코인이라는 제한을 지키라고 강요하는 사람은 아무도 없다. 비트코인의 소스 코드는 오픈 소스로 공개되어 있으므로, 당신이 원한다면 얼마든지 코드를 복사하여 공급량을 1억 코인으로 변경할 수 있다. 하지만 그렇게 하면 소프트웨어가 원래 2,100만 코인의 제한을 적용하는 다른 10만 개 이상의 노드와 더 이상 호환되지 않는다. 달리 말하자면, 만약 당신이 체스의 규칙을 바꾸고 싶다면 얼마든지 바꿀 수 있다. 하지만 그렇게 하면 아무도 당신과 체스를 두려 하지 않을 것이다.[17]

검열 저항성

비트코인 사용자들은 그 어떤 중앙 기관의 승인도 필요 없이 비트코인 네트워크에 무제한적으로 접속하는 이점을 누릴 수 있다. 이는 지리적 위치, 사회경제적 지위 또는 신원에 관계없이 누구나 비트코인 거래를 주고받을 수 있음을 의미한다. 필요한 것은 인터넷 접속과 몇 분 안에 무료로 생성할 수 있는 비트코인 지갑뿐이다. 이는 특히 기존 금융 시스템의 혜택을 충분히 받지 못하는 사람들에 대한 금융 서비스 접근성의 민주화를 의미한다.

비트코인 합의 시스템에 노드로서 자발적으로 참여하고자 하는 누구나 100달러 미만의 비용으로 이를 수행할 수 있으며, 그렇게 함으로써 네트워크 보안과 관리에 기여할 수 있다. 이는 네트워크의 건전성과 복원력에 매우 중요하다. 노드 수가 많을수록 탈중앙화가 강화되어 공격과 검열에 대한 네트워크의 견고성이 높아지기 때문이다. 채굴 과정 또한 필요한 컴퓨팅 자원을 갖춘 누구에게나 개방되어 있다. ASIC 채굴기로 알려진 특수 장비는 이 책을 쓰는 시점을 기준으로 300달러에서 3,000달러 사이의 가격으로 구입할 수 있다.

기술적 관점에서, 비트코인이 검열에 강하다는 개념은 궁극적으로 참여자들과 관련된 경제적 인센티브 구조에서 비롯된다. 충분히 높은 거래 수수료를 기꺼이 지불한다면, 세계 어딘가에 항상 당신의 거래를 처리해 줄 채굴자가 있을 가능성이 크다.

이것이 바로 비트코인이 종종 검열에서 자유롭다기보다는 검열에 저항한다고 설명되는 이유다.[18] 그 차이는 매우 중요하다. 개별 채굴자는 자신이 채굴하는 블록에 특정한 거래를 포함하지 않도록 선택할 (사실상 거래를 검열하는) 자유가 있지만, 다른 채굴자가 해당 거래를 블록에 포함하는 것을 막을 수는 없다. 이는 시스템이 일정 수준의 전반적인 검열 저항성을 유지하도록 보장한다.

여기에서 핵심적 요소는 시스템의 탈중앙화다. 모든 해시율을 통제하는 단일한 주체는 존재하지 않는다. 특정한 거래를 검열하려는 채굴자는 해당 거래와 관련된 수수료를 잃게 된다. 검열이 상당한 효과를 발휘하려면 채굴 능력의 과반을 보유한 채굴자들이 관련된 거래를 검열하는 데 협력해야 한다. 이러한 행위는 검열에 참여하는 채굴자의 수익 상실로 이어지기 때문에 경제적으로 합리적이지 않다. 특히 검열되는 거래가 더 높은 수수료를 제공하는 경우에는 더욱 그렇다. 물론 일시적으로 거래를 검열하는 비경제적 이유가 있을 수 있지만, 궁극적으로 경제적 인센티브가 이러한 공격이 지속 가능하지 않도록 만든다.

검열하지 않는 채굴자는 거래를 차별하지 않음으로써 더 많은 거래가 자신의 블록 공간을 두고 경쟁하게 만들 수 있고, 그 결과 더 높은 수수료를 얻을 수 있다. 반대로 거래를 검열하는 채굴자들은 블록 공간에 대한 경쟁이 줄어들어 상대적으로 낮은 수수료를 얻게 될 가능성이 있다. 시간이 지남에 따라, 검열을 하지 않는 채굴자가 얻는 더 높은 수익은 검열을 하는 채굴자들이 검열을 중단하도록 하는 인센티브로 작용할 수 있다. 또는 검열하지 않는 채굴자는 추가된 수익을 활용하여 채굴 작업을 확장하고 더 높은 채굴 해시율을 확보하여, 네트워크 해시의 점유율을 더욱 높일 수 있다. 이러한 과정의 결과로 시간이 가면서 시스템이 평형을 향해 나아가게 된다.[19]

  시장의 힘과 경제적 인센티브는 채굴자들이 모든 거래를 처리하도록 장려하여 네트워크가 개방적이고 접근 가능한 상태를 유지하도록 한다. 비트코인의 기술적 설계는 본질적으로 탈중앙화된 통제와 경제적 인센티브의 조합을 통해서 검열을 억제한다. 개별 채굴자는 거래를 검열할 수 있지만, 대다수 채굴자의 이윤 추구가 궁극적으로 검열에 대한 시스템의 회복력을 뒷받침한다. 나카모토 합의는 사용자, 노드, 채굴자의 이익을 창의적으로 조정하여 모든 집단이 네트워크에 기여하고 혜택을 받을 수 있도록 한다. 누구든 이러한 역할에 허가 없이 참여할 수 있게 함으로써, 비트코인은 탈중앙화된 환경을 유지하고, 투명하고 안전하며 포용적인 금융 생태계를 촉진한다.

인센티브의 힘

> 우리가 저녁 식사를 기대하는 것은 정육점 주인, 양조장 주인, 또는 제빵사의 자비심 때문이 아니라 자신의 이익에 대한 그들의 관심 때문이다.[20]
>
>   - 애덤 스미스, 1776년

비트코인의 조직 구조는 오랫동안 금융 거래를 관리해 온 수 세기 전의 중앙화 시스템에서 벗어나는 변화를 나타낸다. 중앙화된 시스템은 효율적 관리의 명목으로 의사 결정을 간소화하기 위한 집중적 통제를 활용했다. 앞에서 살펴본 바와 같이, 비트코인의 천재성은 인센티브 메커니즘의 정교한 조율에 있으며 중앙의 권위가 필요 없고 당사자 간의 신뢰도 필요 없는 상호작용을 보장한다.

비트코인은 신뢰가 전제되지 않고 설계되는 탈중앙화 기준틀을 채택한다. 이는 다양한 참여자들에 대한 인센티브의 복잡한 상호작용을 통해 이루어진다. 이러한 인센티브 구조는 시스템의 기능적 무결성을 보장하기 위하여 세심하게 설계되었고, 참여자들(노드, 채굴자, 사용자)의 상충하는 이해관계를 균형 있게 조정하여, 자율적이고 지속 가능한 신뢰가 필요 없는 시스템에 필요한 균형을 확보한다.

이러한 인센티브의 이면에 있는 경제 이론은 현대 경제학의 아버지로 불리는 애덤 스미스가 제시한 원칙과 공명한다. 개인의 이기심이 의도치 않게 더 폭넓은 선을 지원한다는 스미스의 주장은 비트코인의 설계에서도 잘 드러난다. 개별 참여자의 이기심으로 주도되는 행동의 조화로운 상호작용을 통해서 시스템 전체의 목표가 달성된다는 생각이다. 비트코인 네트워크 참여자들의 동기는 자신의 이익이지만, 그들의 행동이 집단적으로 전체 시스템의 보안과 기능을 뒷받침한다. 이는 디지털 시대에 스미스의 보이지 않는 손이 작용하는 완벽한 예다.[21]

비트코인은 이러한 아이디어를 활용하여 인센티브를 핵심 요소로 삼는 시스템을 구축한다. 비트코인을 지배하는 암호화 규칙과 합의 메커니즘은 디지털 형태의 게임 이론적 원리다. 개인에게 이로운 행동이 네트워크에 이로운 행동과 일치하여, 신뢰가 필요 없지만 신뢰할 수 있는 금융 거래 시스템을 창조한다는 아이디어다. 비트코인의 조직 구조는 인센티브의 힘을 보여주는 증거이며, 신중한 설계를 통해 이기적인 행동의 교향곡을 조율하여 집단적 신뢰라는 게임 이론적 조화를 이룰 수 있음을 입증한다.

블록체인이 아니고 타임체인이다

다수의 비트코인 전문가는 '블록체인'보다 '타임체인(timechain)'이라는 용어를 선호한다. 이는 이중 지불 문제에 대한 비트코인의 해결책에서 시간의 중요한 역할을 반영한다.

> 시간이라는 렌즈를 통해서 비트코인을 살펴보면 복수의 사건을 인과적으로 연결하는 데이터 구조인 '블록체인'이 주된 혁신이 아니라는 것을 분명히 알 수 있다. 과거의 타임스탬프(timestamp) 관련 문헌을 살펴보면 알 수 있듯이, 블록체인은 새로운 아이디어조차 아니다. 사토시가 생각해 낸 새로운 아이디어는 중앙의 조정 없이 사건의 역사에 대하여 독립적으로 합의하는 방식이다.[22]
>
> - 지지

수학자이며 소프트웨어 개발자인 앤드류 포엘스트라도 다음과 같이 말한다.

> 암호화폐의 목적상 거래의 시간 순서에 대한 분산된 합의를 달성하는 것으로 충분하다(그 외의 다른 것은 필요 없다). 이는 '특정한 자금을 이동시키는 첫 번째 거래'에 대한 합의를 의미하며, 네트워크가 자금의 새로운 소유자를 올바르게 인식하는 것을 보장한다.[23]

2장에서 논의했듯이, 물리적 거래의 영역에서 예컨대 금화 같은 물리적 물질의 이전은 자체적으로 검증된다. 금화가 동시에 두 곳에 존재할 수 없기 때문에, 금화의 물리적 이전은 이중 지불을 원천적으로 방지한다. 이러한 물리적 제약은 신뢰할 수 있고 시간과 무관한 거래를 보장한다. 금화가 실제로 몇 분 전에 다른 사람에게 이전되어 이중 지불이 발생했는지에 대한 의문은 제기되지 않는다.

디지털 영역에서 돈을 쓰려면 물리적 객체를 사용할 수 없기 때문에 장부에 의존해야 한다. 장부는 거래의 명확한 순서를 확보하여 이중 지불을 방지할 수 있어야만 효과가 있다. 다시 말해서 거래의 정확한 위치를 장부에 반영하려면 거래의 시간이 매우 중요하다. 그리고 순서를 확립하기 위해서는 타임스탬프가 필요하다. 따라서 디지털 영역에서 신뢰가 필요 없는 화폐를 사용하기 위해서는 타임스탬프를 생성하고 관리하는 중앙화된 주체나 시간 자체를 담당하는 단일한 주체를 제거해야 한다.

탈중앙화된 타임스탬핑 시스템을 창조하는 것이 사토시가 해결하고자 했던 문제의 근원이었음은 분명하다. 그는 비트코인만의 고유한 시간 개념을 완전히 새롭게 만들어냄으로써 그런 일을 해냈다. 지지가 지적하듯이, "비트코인이 시계라는 사실은 눈에 잘 띄게 숨어 있다."[24] 사토시 자신도 비트코인 네트워크 전체가 시계 역할을 한다는 사실을 암시한다.

> (우리는) 거래의 시간 순서에 대한 계산적 증명을 생성하기 위하여 P2P 분산형 타임스탬프 서버를 사용할 것을 이중 지불 문제의 해결책으로 제안한다.[25]
>
> - 사토시 나카모토

사토시의 혁신은 중앙화된 외부 시간 소스에 의존하기보다 독립적으로 작동하는 내부 시간 소스를 창조한 것이었다. 비트코인의 작업증명 시스템과 난이도 조정(앞에서 논의한)은 네트워크의 총 연산 능력이나 채굴 기술의 발전과 무관하게 10분이라는 평균 블록 시간이 일정하게 유지되도록 설계되었다. 목표는 에너지 소비량이나 난이도를 일정하게 유지하는 것이 아니라 블록 생성 시간을 일정하게 유지하는 것이다. 이를 통해 새로운 비트코인의 발행 속도와 거래 검증 속도가 안정화된다.

핵심은, 진정으로 희소한 자산은 단순히 에너지뿐 아니라 시간의 관점에서도 비용이 따를 수 있어야 한다는 것이다. 지지가 지적했듯이, 에너지 비용은 바뀔 수 있고 기술의 발전으로 에너지 생산 효율이 향상될 수도 있지만, 시간은 유한하다. 우리는 더 많은 시간을 만들어낼 수 없다. 이러한 시간의 유한성이 비트코인의 절대적 희소성에 기여한다. 난이도 조정이 없으면 네트워크에 참여하는 채굴자가 늘어나거나 채굴 기술이 발전함에 따라 블록 생성 시간이 단축될 수 있다.

블록 시간이 너무 빨라지면 (예컨대 수 밀리초) 거래를 안정적으로 주문하고 이중 지불을 방지하기가 불가능할 것이다. 지구를 한 바퀴 도는 데 66밀리초가 걸리는 빛의 속도조차도 거래를 접수하고 주문할 수 있는 속도에 물리적 한계를 부여한다. 그리고 전력만 충분하다면, 미리 정의된 일정에 얽매이지 않고 모든 비트코인을 한꺼번에 채굴할 수 있을 것이다. 그러나 예정된 발행 일정은 수년간 비트코인의 광범위한 분산을 달성하는 데 중요한 역할을 해왔다.

비트코인 네트워크의 관점에서, 작업증명 및 관련된 난이도 조정은 안정적인 블록 생성 속도를 설정하여 사실상 네트워크에 내재하는 대체적 시간 현실을 창조한다. 이는 블록이 생성되는 리듬이 글로벌 통신에 내재된 지연을 허용하도록 하여 네트워크의 동기화와 안정성을 유지한다. 비트코인은 2,016개 블록마다 난이도를 조정함으로써 각 블록을 찾는 데 걸리는 평균 시간을 약 10분으로 유지한다. 글로벌 통신의 비동기적 특성을 고려할 때 이러한 내부 리듬은 네트워크 전체에 블록을 확실하게 전파할 수 있도록 만든다.

비트코인 네트워크의 멤풀에 있는 거래는 검증된 블록에 포함될 때까지 '시간이 없음(timeless)'으로 간주된다. 거래가 블록에 포함되면 블록체인에서 해당 블록의 위치에 따라 특정한 시간이 할당된다. 이는 전 세계의 다양한 네트워크 참여자들이 각기 다른 시계나 시간 체계를 참고하는 상황에서, 거래의 시점을 일일이 추론할 필요 없이 사건의 순서를 단순하게 결정할 수 있도록 해준다. 비트코인은 자기 시스템 내에서 시간을 재정의함으로써, 거래 순서를 명확하고 직관적으로 이해할 수 있게 한다.

> 난이도 조정은 비트코인의 내부 메트로놈이 비교적 일정하게 박자를 유지하도록 보장한다. 그것은 비트코인 오케스트라의 지휘자와도 같다. 바로 그 덕분에 음악이 살아 움직일 수 있는 것이다.[26]
>
> -지지

사토시는 비트코인을 창조하면서 작업증명을 위한 아담 백(Adam Back)의 해시캐시, 휫필드 디피(Whitfield Diffie)와 마틴 헬먼(Martin Hellman)의 공개 키 암호화 등 여러 기존 기술에 의존했지만, 그의 가장 독창적인 기여는 난이도 조정이었다고 할 수 있다. 난이도 조정은 수십 년 동안의 컴퓨터 과학 분야 연구개발의 결정체가 된 비밀 요소였다.

블록 생성 시간에 기반한 특성과 노드에 의한 각 블록의 탈중앙화된 검증의 결합은 비트코인이 분산된 타임스탬프 서버로서 효과적으로 기능한다는 것을 의미한다. 각 블록은 해당 시점까지 검증된 거래의 합의를 나타내고 네트워크에서 합의된 신뢰할 수 있는 타임스탬프를 포함한다.

원장의 시간 관리에 대한 통제를 탈중앙화함으로써, 비트코인은 이중 지불 문제를 방지하고 중앙화된 타임스탬퍼에 대한 신뢰에 의존하지 않는 디지털 화폐의 형태를 확립했다. 물리적 세계에서는 물리 법칙이 타임스탬핑을 처리하는 반면에, 비트코인의 세계에서는 난이도 조정을 통해서 조율되는 작업증명이 자체적으로 고유한 시간 개념을 생성한다. 그렇기 때문에 '블록체인'이 아니고 '타임체인'이다.

교환의 매체

2장에서 논의했듯이, 사토시는 중앙은행과 같은 중앙집중적인 통화 통제를 해결하고자 했다. 비자, 마스터카드, 페이팔을 파괴할 교환 매체를 만드는 것은 그의 목표가 아니었다. 그렇지만 이 문제는 비트코인 커뮤니티 안에서 열띤 논쟁거리로 남아 있다. 어쨌든, 여러 가지 기술 혁신을 통해서 비트코인의 교환 매체로서의 제약이 영구적으로 해결된다면 이러한 논쟁이 무의미해질 수 있다. 이러한 기술은 2계층(layer 2) 솔루션으로 (비트코인 프로토콜이 1계층이고, 이들 기술이 그 위에 2계층 프로토콜로 자리 잡는다는 의미에서) 불린다.

비트코인의 1계층이 교환의 매체 역할을 하는 것에 대한 주된 불만은 10분이라는 결제 시간이다. 이 시간 간격 때문에 비트코인은 커피나 식료품 구매 같은 일상적 거래에 적합하지 않다. 비트코인 네트워크의 수요가 증가하면, 제한된 블록 공간으로 인하여, 사용자들이 자신의 거래를 다음 블록에 포함하려고 경쟁하면서 거래 수수료가 상승한다.

2계층 솔루션은 1계층의 외부에서 엄청난 양의 거래가 즉각적으로 그리고 거의 무료로 이루어지도록 하여 이러한 문제를 완화한다. 이를 통해서 비트코인이 소규모 일상 거래의 교환 매체로 사용될 수 있다.

메인 블록체인의 외부에서 거래를 수행함으로써, 2계층 솔루션은 강화된 개인정보 보호를 제공한다. 2계층 거래는 공공 블록체인에 기록되지 않으므로 금융 활동에 대한 더 높은 수준의 프라이버시를 사용자에게 제공한다. 2계층 프로토콜은 또한 소액 결제부터 복잡한 금융 계약에 이르기까지 새로운 애플리케이션과 사용 사례의 개발을 지원한다.

수많은 2계층 솔루션이 있지만, 가장 잘 알려지고 널리 채택된 솔루션인 번개 네트워크(Lightning Network)에 초점을 맞춰보자.[27] 이 2계층 기술은 메인 비트코인 블록체인 밖에서 운영되는 결제 채널의 네트워크를 통해 즉각적이고 저렴한 거래가 가능하도록 한다. 다음은 번개 네트워크가 운영되는 과정의 요약이다.

채널 개설: 앨리스가 밥에게 빈번하게 발생하는 소액 지불금을

비트코인 네트워크와 관련된 지연과 수수료 부담 없이 보내고 싶어 한다고 상상해보자. 이를 위해서 앨리스와 밥은 번개 네트워크의 결제 채널을 개설한다. 두 사람은 각자 일정 금액의 비트코인을 다중 서명 지갑(거래의 승인을 위하여 두 개 이상의 서명이 필요한 디지털 지갑)에 예치한다. 이 초기 예치금은 술집에서 계산서(tab)를 여는 것과 비슷하고 채널 안에서 거래할 수 있는 최대 금액을 나타낸다. 이 거래는 비트코인 블록체인에 기록되어 결제 채널을 설정한다.

거래 수행: 채널이 열려 있으면 앨리스가 거래를 비트코인 블록체인에 기록할 필요 없이 밥에게 여러 건의 지불금을 즉시 보낼 수 있다. 전체 네트워크에 거래를 알리는 대신에, 두 사람은 다중 서명 지갑에서 예치금의 잔액만 조정하면 된다. 예를 들어, 앨리스가 밥에게 비트코인 1개를 보내고 싶다면, 채널의 대차대조표를 조정하여 이를 반영하면 된다. 이러한 거래는 암호화 증명을 사용하여 보호되므로, 당사자들이 언제든지 자신의 정당한 지분을 청구할 수 있도록 보장한다.

채널 폐쇄: 앨리스와 밥이 채널을 종료하기로 결정하면, 최종 잔액이 비트코인 블록체인에 정산된다. 만약 앨리스가 처음에 비트코인 3개를 예치하고 밥이 2개를 예치했으며, 이후 번개 거래를 통해 앨리스가 밥에게 1비트코인을 보냈다면 앨리스는 2개, 밥은 3개의 비트코인을 받은 후 채널이 폐쇄된다. 이 최종 정산은 (개설 거래 이

후) 비트코인 블록체인에 기록되는 유일한 다른 거래다.

채널의 네트워크: 번개 네트워크의 진정한 힘은 방대한 채널의 네트워크에 있다. 앨리스가 밥과 채널을 개설하고 밥이 찰리와 또 다른 채널을 개설하면, 앨리스가 찰리와 직접 채널을 개설하지 않고도 밥을 통해서 찰리에게 지불할 수 있다. 이러한 기능은, 거래가 목적지에 도달할 때까지 여러 채널을 건너뛸 수 있는, 라우팅(routing)이라는 메커니즘을 통해서 구현된다. 따라서 사용자가 채널의 직접적 연결 여부와 관계없이 네트워크상의 누구와도 거래할 수 있어서 거래의 확장성과 속도가 크게 증가한다.

위의 메커니즘을 통해서 번개 네트워크는 초당 수백만 건의 거래를 거의 즉시 처리할 수 있다(비자나 마스터카드 같은 기존의 결제 시스템이나 이더리움, 솔라나 등의 암호화폐보다 훨씬 빠른 속도다). 번개 거래는 온라인 거래와 고객이 매장을 직접 방문하는 오프라인 거래가 모두 가능하다. 고객은 스마트폰에서 번개 앱(다양한 소프트웨어 서비스에서 제공하는)을 열고 가맹점의 화면에 있는 QR 코드를 스캔하기만 하면 된다. 거래는 즉각적·최종적으로 처리되고 거래 수수료는 기존 카드 결제 네트워크의 약 1.5~3.5%에 비하여 1%도 되지 않는 매우 낮은 수준이다.

이러한 2계층 솔루션은 혼잡도, 높은 수수료, 느린 확인 시간을 개선하여 비트코인 블록체인의 부담을 크게 줄이고, 일상적 구매에 필요한 신속한 소액 거래가 가능하도록 한다. 따라서 비트코인이 일상적 거래에도 실제로 유용한 통화로 바뀐다. 번개 네트워크는 비트코인의 메인 블록체인 밖에서 작동함으로써(채널이 개설되거나 폐쇄될 때의 계좌 정산을 제외하고) 확장성 있고 효율적이며 더 높은 개인 정보 보호를 제공하는 방식으로 비트코인 거래를 가능하게 한다.

지불 수단으로서의 비트코인

비트코인의 이중적 역할을 이해하는 것이 중요하다. 한편으로 비트코인은 금(디지털 금)과 같은 자산이고, 다른 한편으로 비트코인 네트워크는 비트코인 자산에 국한되지 않는 지불 수단으로 활용될 수 있다.[28] 수많은 서비스 제공업체가 소액의 수수료로 비트코인을 다른 통화로 즉시 환전할 수 있는 플랫폼과 애플리케이션을 개발했다. 이러한 서비스 덕분에 상인들은 거래 자체는 비트코인 네트워크를 통해 진행하면서도, 실제 청구와 수금은 자국 통화로 할 수 있게 된다.

여기서 중요한 점은 상인이 어떤 시점에서든 비트코인의 소유권을 보유할 필요가 없다는 것이다. 상인과 비트코인의 상호작용은 순전히 지불 수단으로서 비트코인의 기능 안에서 이루어진다. 이는 특히 비트코인 보유에 따르는 가격 변동 위험을 피하고 싶은 사람들에게 유용하다. 비트코인에서 현지 통화로의 환전은 즉시 이루어져서, 비트코인의 가격 변동과 관계없이 상인이 청구한 통화로 정확한 금액을 받을 수 있다. 앞서 언급했듯이 거래 수수료는 기존 결제 네트워크보다 매우 낮은 수준이고, 기존의 송금 방식과 달리 거래 상대방에 대한 위험 없이 최종 결제가 즉각적으로 완료될 수 있다.

이는 비트코인이 일상적 상거래에 통합되는 광범위한 추세를 보여준다. 개발자들은 비트코인 결제 시스템에 연결되는 소프트웨어 애플리케이션을 지속적으로 개발하여 기존 금융 시스템과 비트코인 사이의 간극을 연결하고 있다.

2018년의 상원 금융위원회에서 코인 센터(Coin Center)의 피터 반 발켄버그(Peter Van Valkenburgh)는 인터넷이 공공의 정보 인프라인 것처럼, 비트코인이 공공의 결제 인프라라는 통찰력 있는 설명을 다음과 같이 제시했다.

중간에 어떤 기업도 존재하지 않는다는 것은 비트코인이 세계 최초의 공공 디지털 결제 인프라라는 것을 의미한다. 여기서 '공공'이란 단순히 모든 사람에게 공개되고 그 어떤 단일 주체의 소유도 아니라는 뜻이다. 우리는 인터넷이라 불리는 웹사이트와 이메일을 위한 공공 정보 인프라가 있지만, 우리의 유일한 공공 결제 인프라는 지폐 형태의 현금이며 대면 거래에서만 사용할 수 있다.

비트코인이 나오기 전에는 전화, 전신, 인터넷 등을 통해서 원격으로 누군가에게 돈을 지불하려 할 때 공공 인프라를 사용할 수 없었다. 장부를 열고 당신 계좌의 인출과 돈을 받는 사람 계좌의 입금 항목을 추가하는 사설 은행에 의존해야 했다. 그리고 두 사람이 같은 은행을 이용하지 않는다면, 그 사이에 여러 은행과 여러 장부가 존재하게 된다.

비트코인에서는 공공 블록체인이 장부이며, 누구든지 자신의 비트코인을 다른 사람에게 이전하는 항목을 장부에 추가할 수 있다. 국적, 인종, 종교, 성별, 그리고 신용도와 무관하게 누구나 (아무런 비용 없이) 비트코인 주소를 생성해 디지털로 결제를 받을 수 있다···

인터넷이 등장하기 전에는 메시지를 전달하기 위하여 세 곳의 TV 방송국 중 한 곳이나 소수의 신문사를 거쳐야 했다. 그 어떤 중요한 인프라도 한두 곳에만 전적으로 의존해서는 안 된다. 인터넷은 통신 인프라의 단일한 장애 지점을 제거하고, 공공의 철로 위에 구축되는 새로운 미디어 기업들의 경쟁을 불러일으켰다.

이렇게 비트코인을 인터넷에 비유하는 것은 유용한 사고 모델이다. 정보에 대한 인터넷의 역할이 돈에 대한 비트코인의 역할과 같기 때문이다. 이 설명은 또한 디지털 결제를 위한 공공 인프라 구축이라는 비트코인의 독특하고 전례가 없는 기술적 성과를 웅변적으로 요약한다.

비트코인 프로토콜의 이러한 공공성은 허가가 필요 없는 금융 거래에 매우 중요하다. 당신이 비트코인 서비스를 이용하는 데는 게이트키핑 기업이나 정부의 허가가 필요하지 않다. 예를 들어, 개발도상국에서는 많은 스마트폰 사용자에게 은행 계좌가 없다. 비트코인은 이런 사람들에게 처음으로 금융 서비스에 포용될 가능성을 열어준다. 스마트폰과 인터넷 연결만 있으면 금융 서비스를 이용할 수 있기 때문이다. 은행 계좌가 없는 사람이 지갑을 채우기 위해서는 현금으로 지불받거나 비트코인으로 직접 일의 대가를 받을 수 있다. 이렇게 전통적 금융 시스템에서 벗어난 자립적·독립적인 경제가 개발도상국의 여러 지역에서 유기적인 성장을 계속하고 있다.

CHAPTER ❹

작업증명 대 지분증명

> 유감스럽게도 작업증명은 신뢰할 수 있는 제3자 없이 P2P 전자화폐를 운영할 수 있는 유일한 해결책이다. 내가 통화의 초기 분배를 할당하는 보조 수단으로 사용하지 않았더라도, 작업증명은 네트워크를 조율하고 이중 지불을 방지하는 데 필수적이다.
> — 사토시 나카모토, 2009년 5월 3일

암호화폐 업계에서 가장 논쟁적인 주제의 중심은 합의 프로토콜, 특히 지분증명과 작업증명의 비교라고 할 수 있다. 비트코인의 작업증명은 종종, 특히 에너지 소비 측면에서 시대에 뒤떨어지고 비효율적이라는 비판을 받는다. 변화를 주장하는 사람들은 에너지 효율성으로 찬사를 받는 지분증명이 암호화폐의 더욱 지속 가능한 미래를 제시한다고 주장한다.[1] 이러한 전환의 요구는 비트코인의 에너지 집약적 작업증명 알고리즘이 환경에 미치는 영향에 대한 광범위한 우려를 강조한다.

비트코인의 에너지 사용에 관한 환경적 고려(16장에서 다룰 주제)를 심도 있게 살펴보기에 앞서서, 무언가에 디지털 상품의 자격을 부여하는 주요 특성으로 다시 돌아가 보자. 1장에서 논의했듯이,

비트코인의 기술적 혁신은 물리적 물질의 바꿀 수 없는 불변성을 그대로 반영하는 디지털 자산의 발명에 있었다. 비트코인의 합의 프로토콜처럼 근본적인 요소를 작업증명에서 지분증명으로 바꾸려는 시도는 이러한 아이디어와 상반될 것이다. 금의 분자 구조는 바뀐 적이 없고, 비트코인은 디지털 세계에서 이러한 불변성을 반영한다. 어떤 방식으로든 프로토콜을 변경하는 능력만으로도 사토시의 핵심적 혁신인 디지털 방식의 절대적 희소성이 완전히 훼손된다.

두 번째로 규모가 큰 암호화폐 이더리움(Ethereum)은 2023년에 작업증명에서 지분증명으로 전환했다. 이러한 전환은 지금까지 수차례 이뤄진 프로토콜 및 공급 일정변경의 역사적 흐름 속에 있으며, 이는 이더리움이 불변의 프로토콜이 아니었음을 분명히 보여준다. 반면에 비트코인은 처음부터 (강력하고 자금력이 풍부한 참여자들이 여러 차례 변경을 시도하고 실패했음에도 불구하고) 일관된 프로토콜과 공급 일정을 유지하여 변경할 수 없는 디지털 상품의 지위를 확립했다.[2] 애초에 비트코인 프로토콜이 실제로 변경 불가능했다면, 프로토콜을 변경해야 하는지에 관한 논쟁 자체가 의미를 잃는다. 3장에서 논의한 비트코인의 절대적 희소성 주장이 사실이라면, 즉 비트코인 프로토콜이 그 어떤 근본적인 방식으로도 변경될 수 없다는 의미라면 작업증명에서 지분증명으로의 전환에 대한 논쟁은 불필요한 순환적 논쟁이다.

이 부분에 더해 작업증명과 지분증명의 중요한 차이점을 설명하기 위하여 두 가지 가상적 시나리오를 살펴볼 것이다. 하나는 강력한 채굴자 집단이 비트코인의 공급 일정변경을 시도하는 경우이고, 다른 하나는 강력한 검증자 집단이 (마찬가지로) 이더리움의 공급 일정변경을 시도하는 경우다. 여기서 우리의 주장은 작업증명을 대체할 수 있는 것이 없고, '개선'에 관한 다른 모든 제안은 전적으로 순진하고 잘못된 정보에 기초한 주장이거나 아니면 완전히 악의적인 주장이라는 것이다.

우리는 이미 3장에서 작업증명의 역학에 대하여 자세히 논의했다. 여기서는 이더리움 지분증명 프로토콜의 핵심적 특성 몇 가지를 살펴보자. 채굴자가 거래를 검증하고 새로운 블록을 생성하기 위해서 복잡한 수학 문제를 풀어야 하는 비트코인의 작업증명 시스템과 달리, 지분증명은 보안 예치금의 형태로 자신의 이더(Ether) 또는 ETH(이더리움의 기본 토큰)를 스테이크(stake)하는 검증자에 의존한다. 검증자가 되려는 참여자는 최소 32ETH를 예치해야 한다.[3] 이러한 스테이크는 검증자가 네트워크의 이익을 위해 행동하도록 유도하는 담보 역할을 한다(네트워크의 이익에 반한다고 판단하는 방식으로 행동하면, 스테이킹된 ETH가 네트워크에 의해 압류되고 삭감될 수 있다). 검증자는 새로운 블록을 제안하고 블록의 유효성에 대해 투표할 책임이 있다. 블록의 제안이나 투표의 대상자로 선정될 확률은 예치한 ETH 양에 비례한다.

스테이킹이라는 행위는 ETH 보유자가 자신의 ETH를 스테이킹 주소로 보내는 것을 포함한다. 스테이킹 거래를 검증하고 거래를 제출한 사람을 지분증명 검증자 집단의 검증자로 승인하는 과정은 며칠 또는 몇 주까지 걸릴 수 있다. 이는 처리량 제한을 통해서 검증자의 합류와 탈락에 대기 시간을 도입하려는 설계된 선택이다. 공격을 감행하고 네트워크의 징벌적 조치를 피하기 위하여 빠르게 퇴장하려는 악의적 검증자의 재빠른 철수를 억제하려는 것이다.

지분증명의 합의는 작업증명과 다른 방식으로 이루어진다. 거래를 블록으로 묶을 검증자가 '무작위로' 선택되고,[4] 다른 검증자들이 해당 블록의 유효성을 입증한다. 충분한 증명이 모이면 블록이 확정된 것으로 간주된다. 이 과정은 작업증명 채굴의 특징인 연산 경쟁과 관련 비용(즉, 에너지 소비)을 제거한다. 검증자는 블록을 정확하게 제안하고 입증한 데 대한 보상을 받는다. 반대로, 체인 분할이 발생하는 상황에서 '잘못된' 체인에 투표하거나, 오프라인 상태로 합의 과정에 참여하지 않는 등 네트워크의 무결성을 위협하는 행동을 할 경우, 그들이 예치한 ETH는 삭감될 수 있다.[5] 이러한 인센티브와 벌칙은 네트워크의 보안과 무결성을 유지하기 위한 것이다.

비교 분석

작업증명과 비교되는 지분증명 시스템의 문제점은 일정 수준의 중앙집중화로 이어져서 불변성, 무허가 접근성, 검열 저항성이 약화된다는 것이다. 지분증명의 핵심적 특징은 검증자가 32ETH를 예치해야 한다는 것인데, 이는 현재 가치 기준으로 약 10만 달러에 달하는 투자다. 이러한 진입 장벽이 자연스럽게 상당한 재정적 자원을 보유한 사람들에게 특권을 부여하여, 네트워크의 통제권을 부유한 참여자들에게 집중시킬 가능성이 있다. 지분증명 네트워크의 검증 권한은 상당 부분이 소수의 주체에 집중되어 있다. 현재 5개 기업이 그들의 스테이킹 풀에 속한 모든 검증자의 약 3분의 2를 공동으로 통제하고 있다. 이러한 권한 집중은 비트코인의 분산된 합의에서 벗어난다.

지분증명을 지지하는 가장 일반적인 반론은 비트코인의 채굴 역시, 소수의 채굴 풀(개별 채굴자들이 자발적으로 참여하여 해시율을 모으고 블록 보상의 지분을 획득하는)이 전체 네트워크 해시율의 대부분을 통제해 중앙 집중을 초래한다는 점에서 중앙화되었다는 것이다. 하지만 이러한 담론은 여러 가지 이유로 결함이 있다.

1. 작업증명 채굴 풀의 개별 참여자에 대한 권한은 지분증명 스테이킹 풀이 개별 참여자에 대하여 행사하는 권한에 비해 훨씬 약하다. 작업증명 채굴 풀의 참여자는 예를 들어, 해당 채굴 풀이 채택한 정치적 입장에 동의하지 않는다면 버튼 클릭 한 번으로 즉시 풀을 변경할 수 있다. 반면에, 어떤 이유로든 지분증명 스테이킹 풀의 행동에 동의하지 않는 참여자는 ETH를 해지하고 풀에서 나가는데 (설계에 따라) 며칠이 걸릴 수 있다. 대규모 스테이킹 풀(또는 채굴 풀)의 공격을 받는 블록체인은 몇 분 정도의 시간 안에 대응해야 한다. 예치된 ETH의 인출에 지연이 발생하면 개별 참여자가 지분증

명 스테이킹 풀에 대하여 행사하는 견제와 균형이 사실상 무효화된다. 앞서 논의했듯이 작업증명 채굴 풀에서는 이런 문제가 발생하지 않는다.

   2. 예치된 ETH의 거의 3분의 2를 통제하는 소수의 ETH 스테이킹 풀이 모든 새로운 스테이킹 거래를 기술적으로 검열하고 새로운 검증자가 검증자 집단에 진입하는 것을 막을 수 있다. 이는 그들이 모든 스테이킹 보상과 의사 결정권을 통합하여 반대 의견의 위협을 무력화할 수 있음을 의미한다. 권한(예치된 ETH의 양)이 시스템 자체적으로 내부에서 파생되는 지분증명의 본질적 특성에 따르는 결과다. 하지만 작업증명에서는 이런 시나리오가 발생하지 않는다. 채굴자는 블록을 추가하는 권한을 시스템의 외부에서 얻는다. 현실 세계로 나가서 애플리케이션에 특화된 집적회로(Application Specific Integrated Circuit, ASIC) 장비를 구입하고 실제 전력을 소비해야 한다. 이는 기존의 지배적 채굴자의 권한 범위를 넘어서는 것으로, 누구든지 장비를 확보하고 자신이 활용할 수 있는 저렴한 에너지를 소비하는 것에 대하여 권한을 행사할 수 없다.[6]

   3. 작업증명은 본질적으로 비트코인을 분산시키는 방식이다. 전력, 장비, 인건비 등의 운영 비용을 충당하기 위하여 자신이 획득한 비트코인을 팔아야 하는 채굴자들이 비트코인을 더 널리 분산시키기 때문이다. 반면에 지분증명은 본질적으로 부를 집중시킨다.

ETH를 보유한 사람이 그 어떤 자원의 지출도 필요 없이, 기존의 코인을 보유하고 예치하는 것만으로 더 많은 코인을 획득할 수 있기 때문이다. 따라서 검증자는 ETH 획득에 드는 비용을 충당하기 위하여 ETH를 판매할 필요 없이 시간이 지남에 따라 지분을 기하급수적으로 늘릴 수 있다. 이러한 차이점은 작업증명이 운영 모델을 통해서 비트코인의 자연스러운 분산을 촉진하는 반면에, 자연스러운 분산 메커니즘이 없는 지분증명은 더 많이 스테이킹할 수 있는 보유자가 더 많은 수익을 얻기 때문에 부를 집중시키는 경향이 있음을 의미한다.

4. 지분증명의 기존 검증자들은 또한 신규 검증자의 진입 기준을 점진적으로 높일 수 있는 권한이 있다. 32ETH라는 현행 기준 자체도 지나치게 높다. 스테이킹에 대한 보상이 유한함을 고려하면, 검증자의 수가 늘어날수록 각 검증자가 받는 스테이킹 보상의 몫이 줄어들 것은 당연하다. 따라서 합리적이고 이기적인 검증자들이라면 신규 검증자의 진입을 제한하려 할 것이다. 모든 기존의 검증자가 경제와 권력을 장악하려는 인센티브에 동조할 때, 시간이 가면서 신규 검증자의 진입을 점점 더 어렵게 하는 단계적 조치가 취해질 것을 예상하기는 어렵지 않다. 허가가 필요 없는 비트코인의 작업증명 합의 시스템에는 기존의 참여자가 직접적인 영향을 미칠 수 없는 물리적 채굴 장비와 전력 비용을 제외하고, 진입 기준이 없다.

지분증명의 또 다른 중요한 측면은 비트코인의 작업증명과 달리 블록체인과 거래 내역이 본질적으로 신뢰가 필요 없지 않다는 것이다. 앞에서 논의했듯이, 사토시는 신뢰가 필요 없는 특성 때문에 작업증명 거래 주문 시스템을 자신의 설계에 사용했다.

> 작업증명의 중요한 장점 가운데 하나는, 신뢰할 수 없는 중개자를 거쳐도 그대로 전달될 수 있다는 점이다. 우리는 통신의 전달 경로에 대해 일일이 신뢰 여부를 따질 필요가 없다. 누가 가장 긴 체인을 알려주든 상관없다. 작업증명 그 자체가 곧 증거이기 때문이다.[7]

작업증명의 주된 장점은, 비트코인 네트워크 전체 역사의 총합보다 많은 처리 능력을 투입하여 원장을 변조할 의지와 능력이 있는 누군가가 없다면 원장의 기록을 변조하기가 불가능하다는 것이다.[8] 휴고 은구옌(Hugo Nguyen)의 말대로, 각각의 새로운 블록이 이전의 모든 거래 기록을 자신의 무게 밑에 '묻어버려서' 위조가 거의 불가능하게 한다.[9]

컴퓨터 과학자, 암호학자, 그리고 법학자인 닉 사보는 격찬을 받은 논문 "조개껍데기(Shelling Out)"에서 가치의 저장 수단은 '위조할 수 없게 하는 비용'을 요구한다고 지적한다.[10] 이러한 개념은 자산의 가치가 생산의 어려움과 비용에서 비롯되어 희소성과 가치를 보장한다는 사실을 뒷받침한다. 이는 비용이 많이 드는 연산 작업을 요구하여 위조를 방지하는 비트코인의 핵심적 특성이기도 하다. 경제분석가 린 올든은 이에 대해 다음과 같이 말한다.

우리는 비트코인의 블록체인 원장을, 과거의 객관성을 보존하기 위해 만들어진 거대한 분산형 디지털 기념물로 상상할 수 있다. 이는 처리 능력으로 구축되었으며 매일 더 커지고 있다. 비트코인의 합의 메커니즘에 따라 과거를 재구성하려면, 현시점에서 헤아릴 수도 없이 많은 양의 에너지와 처리 능력을 발휘해야 한다.[11]

지분증명으로 돌아가서, 검증자는 새로운 블록을 생성하기 위하여 전기를 투입하는 대신에 ETH를 일시적 담보로 예치한다. 이러한 물리적 영역과의 분리에 따라 지분증명 원장의 거래 내역에는 위조할 수 없게 하는 비용이 없다. 누구든지 무한한 수의 대체 거래 내역을 다시 생성할 수 있다.[12] 따라서 누군가가 이런 내역을 보고 어떤 것이 '진짜' 내역인지 독립적으로 판단하기는 불가능하다.

지분증명 시스템이 이 문제를 해결할 수 있는 유일한 방법은 노드가 절대로 오프라인 상태가 되지 않도록 하는 것이다. 신규 진입자는 이 특별하게 지정된 노드가 '올바른' 지분증명 블록체인을 가리킬 것이라고 믿을 수 있다. 그러나 이는 본질적으로 신뢰에 기반한 방식이다.[13] 노드가 신뢰에 의존하지 않고 네트워크를 탈퇴하거나 재가입할 수 있는 능력은 진정으로 탈중앙화된 디지털 상품에 매우 중요하다. 이는 비트코인 백서에 언급된 사토시의 설계에서 분명하게 드러난다.

메시지는 가능한 최선의 방식으로 전파되고, 노드들은 자유롭게 네트워크를 탈퇴하거나 재가입할 수 있다. 이때 노드들은 자신이 없는 동안에 무슨 일이 있었는지를 입증하는 증거로서 가장 긴 작업증명 체인을 받아들인다.[14]

지분증명 네트워크에서 탈퇴하고 재가입한 검증자는 원장의 실제 이력이 무엇인지, 그리고 자신이 오프라인 상태였을 때 무슨 일이 있었는지를 증명할 방법이 없다. 만약 서로 다른 버전의 이력이 존재한다면 어떤 것이 유효한지 스스로 판단할 수 없다. 결국 그들은 어떤 권위를 참조하고, 이를 신뢰할 수밖에 없게 된다.

> 작업증명은 유용할 뿐만 아니라 절대적으로 필요하다. 작업증명 없이는 신뢰가 필요 없는 디지털 화폐가 작동할 수 없다. 우리는 항상 물리적 세계에 연결되는 닻이 필요하다. 이 닻이 없다면 자명하고 진실한 역사가 불가능하다. 에너지는 우리에게 있는 유일한 닻이다.
>
> 작업증명 = 무슨 일이 일어났는지를 결정하는 물리학을 신뢰
>
> 지분증명 = 무슨 일이 일어났는지를 결정하는 인간을 신뢰[15]
>
> - 지지

대부분의 지분증명 프로토콜에서 주간 혹은 일간 단위로 다운이 일어나는 반면에, 비트코인은 지난 15년 동안 99.99%의 가동률을 유지했다. 린 올든의 지적에 따르면, 지분증명 시스템을 운영하는 주요 검증자들은 실제로 채팅방에 모여 각자의 기록을 바탕으로

블록체인을 어디서부터 다시 시작할지를 수동으로 결정한다. 이는 작업증명의 현실적 에너지 소비를 피하고자 할 때 나타나는 대안적 운영 방식인 셈이다.[16]

가상 시나리오 1: 비트코인에 대한 채굴자의 공격

이 가상 시나리오에서는 해시율의 대부분(채굴자 대부분)을 통제하는 비트코인 채굴자 집단이 블록 보상금을 3.125비트코인에서 10비트코인으로 무기한 인상할 것을 제안한다. 즉, 4년마다 반복되는 비트코인 공급량 반감기와 2,100만 개의 공급 제한을 끝내자는 것이다. 그들은 비트코인의 '보안 예산'이 장기적으로 네트워크 보안을 확보하기에 충분한 인센티브를 채굴자들에게 제공하기 위하여 블록 보상을 늘려야 한다고 주장한다.[17] 채굴자 대다수의 영향을 받은 수많은 비트코인 이론가들도 이러한 변화를 지지하고, 변화가 비트코인의 지속 가능성, 타당성, 그리고 생존에 매우 중요하다고 주장한다.

이러한 규범적 변화(비트코인 합의의 완화)에는 하드 포크가 필요하여, 원래 비트코인 체인 BTC와 포크된 체인 BTC-X의 두 체인이 생성된다. 앞에서 언급했듯이, 이 분할의 최종 승자인 지배적 체인은 포크된 체인에 대한 시장의 반응에 따라 결정된다.[18] 분할 후에 두 체인을 모두 보유하게 된 사용자가 보유하거나 매각할 체인을 결정함에 따라 한 체인의 가격이 다른 체인보다 상승할 것이다. 가격이 높은 체인은 코인 가격이 하락하는 체인보다 블록 보상의 수익성이 높아지기 때문에 더 높은 채굴자 해시율을 유치하게 된다. 해시율이 높아지면 네트워크 보안이 더욱 강화되어 더 많은 자본이 유치되는 선순환(경쟁 체인이 빠지게 될 가능성이 큰 악성의 하향 나선과 대조적인)으로 이어진다.

시장이 BTC-X를 선호한다면 BTC는 과거에 비트코인에서 하드 포크된 다른 체인들과 마찬가지로 점차 잊혀질 것이다.[19] 하지만 여기서 흥미로운 점은 대부분의 비트코인 사용자가 실제로 BTC를 선호하고 다수의 채굴자에 맞서 싸우기를 원하는 시나리오다. 이러한 상황은 어떻게 전개될까? 그리고 작업증명 시스템이 다수의 채굴자로 구성된 지배적 집단을 견제할 수 있을까?

시장이 BTC를 선호하여 BTC를 보유하거나 매수하고 BTC-X를 매도하기로 선택한다면, 대다수 채굴자는 어떻게 반응할까? 그들에게는 BTC-X보다 BTC를 채굴하는 경제적 인센티브가 생길 것이다. 물론, 체인 분할을 둘러싼 정치적 다툼에서 패배를 인정하는 것이기에 자존심이 상할 수도 있지만, 금전적 인센티브 앞에서는 그 모든 것이 무색해진다. 볼테르가 말했듯이, "돈 문제에 관해서는 모두가 같은 종교를 믿는다."

채굴 장비의 감가상각과 막대한 전기 요금이라는 상당한 매몰 비용에 직면한 채굴자들은 다른 무엇보다도 경제성을 우선시할 것이다. 51% 공격 (6장에서 논의할) 같은 비트코인 공격은 경제적으로 비합리적이고 막대한 비용이 든다. 먹이를 주는 사람의 손을 무는 것은 자신에게 이로운 행동이 아니다.

채굴자들이 이런 식으로 반응하리라는 것은 단지 이론적인 생각이 아니다. 3장에서 살펴보았듯이, 실제로 2017년에 비트코인 캐시(BCH) 하드 포크가 진행된 방식이다. 이는 급속히 감가상각되는 장비와 에너지 비용이라는 제약을 받는 채굴자들이, 본질적으로는 이익을 추구하는 동기에 의해 더 경제적으로 유리한 체인 쪽으로 해시율을 조종한다는 점을 잘 보여준다.

비트코인에서 작동하는 게임 이론적 역학은 채굴자들이 보다 수익성이 높은 방향을 선택하도록 이끈다. 즉, 더 높은 보상을 제공하는 체인에 해시율을 할당하고 수익 흐름을 위협할 수 있는 행동은 피하는 것이다. 따라서 채굴자의 다수결 공격은 실패할 수밖에 없다.

가상 시나리오 2: 이더리움에 대한 검증자의 공격

이 가상적 시나리오에서는 이더리움 검증자의 다수가 현재 약 5% 수준에서 동적으로 조정되는 스테이킹 보상을 고정 10%로 올리자는 제안을 한다. 앞에서 언급했듯이, 스테이킹된 ETH의 60% 이상을 극소수의 주체가 통제하는데, 이 집단이 보상금 인상을 제안한다고 가정해보자. 그들은 이러한 조치가 이더리움의 탈중앙화를 개선할 것이라고 주장한다. 그 이유는 현재 약 90%가량이 스테이킹되지 않은 상태이므로, 보상률이 높아지면 더 많은 ETH가 스테이킹될 것이며, 그 결과 검증자 수가 증가하고 네트워크의 탈중앙화 또한 강화될 것이라는 논리다.

이러한 변화를 구현하려면, 기존의 ETH와 새로운 체인 ETH-X가 생성되는 하드 포크가 필요하다. 그리고 비트코인의 가상 시나리오와 마찬가지로 각 체인을 매수, 보유 또는 매도하는 사용자의 선택에 따라, 궁극적으로 시장이 주도적인 체인을 결정할 것이다.

지분증명 합의 시스템에서는 ETH-X가 보유량에 미치는 희석 효과가 상당히 크기 때문에 합리적인 행동이 ETH를 선호할 가능성 역시 높다. 따라서 ETH 사용자와 스테이킹되지 않은 보유자(현재 ETH의 90%를 보유한)들이 검증자들과 갈등을 겪게 된다. 스테이킹 보상금의 인상이 ETH를 예치한 검증자에게 유리하게 작용하여, 과반의 검증자와 연대해 ETH-X를 지지하도록 하는 경제적 인센티브를 제공하기 때문이다. 이 시나리오는 가상 시나리오 1에서 다수의 비트코인 채굴자가 초기에 취했던 입장을 반영한다. 그들은 경제적 현실이 변화를 요구할 때까지는 BTC-X만 채굴하겠다고 충성을 맹세했을 수 있다. 그러나 현실 세계의 매몰 비용과 운영 비용이 없고 잘못된 결정을 내리면 손실이 발생할 위험이 있는 지분증명 시스템에서는 게임 이론적 역학이 완전히 달라진다.

설사 일부 검증자가 ETH가 더 나은 체인이라 믿고 시장에서 선호될 것을 기대한다 하더라도, 지분증명 시스템이 체인 분할 과정에서의 결정적 행동을 억제한다. 스콧 설리번(Scott Sullivan)이 지적하듯이, "체인 분할이 발생하면, 최종적 블록이 어딘가에 나타날 때까지 앉아서 기다려야 한다. 블록이 완성되면 그것이 '올바른' 체인임을 알 수 있다."[20] 이는 소수 체인의 검증을 방해하는 역할을 하는 지분증명 시스템의 삭감(slashing) 메커니즘에 따른 결과다. 과반수의 검증자가 이끄는 다수가 ETH-X를 선택하면, 반대 의견을 가진 ETH 체인의 검증자는 보유량이 삭감될 위험이 있다. 따라서 경제적 인센티브가 정치적·이념적 입장보다 우선하고, 다수가 어디로 향하는지를 보고 그 뒤를 따르는 것이 검증자의 합리적인 행동이 된다.

가장 많은 지분을 통제하는 과반의 검증자는 항상 향후의 상황을 좌우한다. 다수의 검증자가 스테이킹한 ETH가 전적으로 자신 소유가 아니고 고객의 ETH라는 데는 의심의 여지가 없다. 그러나 앞에서 논의된 바와 같이, 검증자에 대한 지지를 철회하려는 (이념적 또는 경제적 이유로) 고객의 시도는 스테이킹 주소의 입출력 거래에 대한 시스템 처리량의 제한으로 인하여 며칠 또는 몇 주가 걸릴 수 있다. 이는 채굴자가 채굴 풀을 즉시 변경할 수 있는 비트코인과 대조된다.

현재는 스테이킹에 참여하지 않지만 (따라서 즉각적인 삭감의 위협을 받지 않지만) 이론적으로 개입하여 ETH를 구원하고자 하는 ETH 보유자는 다시 한번 높은 장벽에 직면하게 될 것이다. 작업증명의 허가가 필요 없는 시스템에서는 ASIC 장비를 전원에 연결하고 네트워크에 접속해 채굴을 시작하기만 하면 되지만, 앞서 언급했듯이 검증자가 되기 위한 절차는 며칠 또는 몇 주가 걸린다. 게다가 일단 승인된 이후에도 이들 신규 검증자는 이미 ETH-X를 네트워크의 미래로 승인한 검증자들의 다수의 횡포에 직면하게 되며, 경쟁 체인을 지지하는 신규 진입자들에게 호의적인 대우를 기대하기는 어렵다.[21]

여기서 중요한 점은 체인 분할 이후에도 과반수 검증자가 분할된 체인 모두에서 다수의 검증자 집단으로 남게 된다는 것이다. 이는 그들이 새로운 검증자가 진입하는 데 필요한 스테이킹 거래까지도 검열할 수 있다는 뜻이다. 이러한 가능성 자체가 존재한다는 사실만으로도, 검증자 다수의 허락 없이는 검증자가 될 수 없는 적대적 상황을 배제할 수 없게 된다. 결국 이는 본질적으로 허가제 시스템으로 전락할 위험을 내포하게 된다.

궁극적인 결과는 지분증명 시스템에서 반대 의견을 내기가 그저 어려운 것이 아니라 사실상 불가능하다는 것이다. 어떤 검증자라도 정치적 입장, 심지어 경제적 입장을 고수하기 위하여 자신의 돈을 삭감의 위험에 빠뜨릴 인센티브가 전혀 없다. '잘못된' 체인에 투표했다가 삭감을 통해서 돈을 잃는 것보다 더 큰 손실의 위험은 없기 때문이다. 합리적인 참여자라면 그냥 기권할 것이다. 그것이 게임이론적으로 올바른 결정이기 때문이다. 간단히 말해서, 가장 안전한 선택은 지배 계급이 설정한 선을 순종적으로 따르고 채찍질(또는 삭감)을 피하는 것이다. 따라서 이 가상 시나리오에서는 과반수의 검증자가 별로 힘들이지 않고 의도한 바를 달성하게 된다.

　이 두 가지 가상의 시나리오는, 현실 세계에 기반한 자연스럽고 자발적이며 자유롭게 형성된 경제적 인센티브 구조 위에서 작동하는 비트코인의 작업증명 합의 방식에는 대체제가 없음을 보여준다. 작업증명 시스템은 진정으로 신뢰가 필요 없는 방식으로 작동하는 유일한 디지털 합의 시스템이다. 지분증명 프로토콜에도 스테이블코인(stablecoin) 같은 중요한 사용 사례와 응용이 있을 수 있지만, 이에 대한 논의는 이 책의 범위를 벗어난다. 다만 여기서 다루고 있는 핵심 쟁점, 즉 비트코인이 작업증명에서 지분증명으로 합의를 전환해야 하는지(혹은 전환할 수 있는지)라는 문제에 대한 이 책의 주장은, 그러한 시도가 무의미하며 잘못된 인식에 기초한 무익한 논쟁이라는 것이다.

CHAPTER ❺
장기적 보안 예산

3장에서 논의한 바와 같이 비트코인 채굴자는 네트워크 보안에 핵심적 역할을 한다. 그들은 채굴 과정의 일부로 계산 퍼즐을 풀려는 시도를 통해서 네트워크의 해시율에 기여한다. 채굴자가 투입하는 컴퓨팅 파워가 클수록 네트워크가 공격으로부터 더 안전해진다. 이는 공격자가 다른 채굴자들보다 먼저 암호화 퍼즐을 풀고 블록체인에 사기 블록을 추가하여 이중 지불 공격을 확률적으로 실행할 수 있으려면 전체 네트워크 해시율의 절반 이상을 확보해야 하기 때문이다. 더 많은 채굴자가 참여하여 네트워크가 더욱 강력해짐에 따라 이러한 공격이 대단히 비싸고 어렵게 된다.

채굴자는 블록 보조금(block subsidy)과 거래 수수료(transaction fees)를 통해서 컴퓨팅 파워를 제공한 데 대한 인센티브를 받는다.

1. 블록 보조금: 새로운 블록이 채굴될 때마다 채굴자는 블록 보조금이라는 일정량의 새로운 비트코인을 받는다. 이는 채굴자들이 네트워크에 컴퓨팅 파워를 투입하도록 유도하는 인센티브를 제공한다. 블록 보조금은 블록당 50비트코인으로 시작되었고 반감기(halving)로 알려진 이벤트를 통해서 약 4년마다 절반으로 줄어든다. 3장에서 논의했듯이, 이러한 메커니즘은 2,100만 개라는 비트코인의 최대 공급량에 도달할 때까지 새로운 비트코인의 생성 속도를 점진적으로 줄이도록 설계되었다.

2. 거래 수수료: 채굴자들은 블록 보조금과 함께 사용자가 자신의 거래를 블록에 포함시키기 위하여 자발적으로 지불하는 거래 수수료도 징수한다. 이 수수료는 거래가 처리되기 위하여 메모리 풀에 제출될 때 추가된다. 수수료 금액은 네트워크의 혼잡도와 거래의 긴급성에 따라 달라질 수 있다.

블록 보조금과 거래 수수료를 합쳐서 블록 보상(block reward)이라고 한다. 블록 보상은 본질적으로 채굴자들이 비트코인 네트워크를 보호하도록 유도하는 인센티브를 제공하는 데 사용되는 예산이다. 따라서 비트코인의 보안 예산이라고도 불린다.

채굴자들의 주된 동기가 수익이라는 점을 고려하면 블록 보상이 전기, 하드웨어, 유지관리 비용을 포함하는 채굴 비용보다 커야 하는 것은 당연하다. 비트코인 블록 보조금의 4년 주기 반감기는 채굴자의 수익에 직접적인 영향을 미치기 때문에 이는 채굴자들의 미래 인센티브에 대한 의문을 제기한다. 블록 보조금이 4년마다 절반으로 감소하므로, 그에 상응하여 비트코인 가격이 상승하지 않는다면, 다른 모든 조건이 동일한 상태에서 채굴자들이 네트워크 보안을 통해 얻는 수익이 4년마다 사실상 절반으로 줄어들 것이다.

이러한 수익 감소로 인하여 채굴의 수익성이 하락함에 따라 채굴자들의 해시율 기여가 줄어들 수 있다는 주장이 제기된다. 따라서 비트코인 가격 상승이라는 보상 없이 블록 보상을 절반으로 줄이면 전반적인 해시율이 감소하여 네트워크 보안이 약화될 수 있다. 이를 비트코인의 장기적 보안 예산 문제(long-term security budget

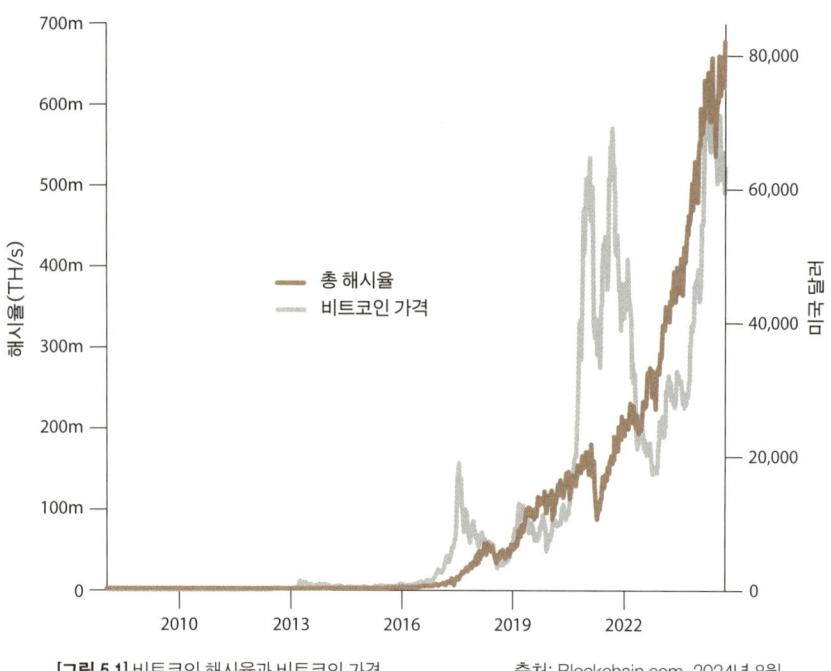

[그림 5.1] 비트코인 해시율과 비트코인 가격　　　출처: Blockchain.com, 2024년 8월

problem)라고 한다. 그러나 지난 15년 동안 블록 보조금이 네 차례나 절반으로 줄었지만 (2012년 이전의 50비트코인에서 현재의 3.125비트코인으로) 비트코인 해시율은 끊임없는 상승세를 보였고 2024년에 사상 최고치를 기록했다.

이러한 추세는 그 자체로 장기적 보안 예산 문제라는 개념에 분명하게 상반되는 것으로 보인다. 따라서 지금까지의 증거가 주장과 모순되기 때문에 입증의 책임은 아마도 그런 문제가 존재한다고 주장하는 사람들에게 있을 것이다. 어쨌든 입증의 책임을 진다고 생각하고 그러한 우려의 이점을 평가해보자.

거래 수수료

앞에서 논의했듯이 블록 보상은 블록 보조금과 거래 수수료로 구성된다. 줄어든 블록 보조금을 상쇄할 만큼 거래 수수료가 충분히 늘어나면 채굴자들이 채굴을 계속할 인센티브가 유지된다. 감소하는 블록 보조금을 상쇄할 만큼 거래 수수료가 충분히 증가할지에 대한 의문은 제네시스 블록이 생성되고 비트코인 백서가 발표되기 전부터 제기되었을 것이 틀림없다. 아마도 이러한 의문은 프로토콜을 설계할 때부터 사토시의 머릿속에 있었을 것이다. 거래 수수료가 결국 블록 보조금을 대체할 것이라는 전제는 시간이 지남에 따라 "인센티브가 거래 수수료로 완전히 전환될 수 있다"고 사토시가 말한 백서에 언급되어 있다.

수수료 사망 나선

비트코인 설계의 이러한 측면에 대한 논쟁 역시 새로운 것이 아닙니다. 일찍이 2011년 4월에 비트코인톡(BitcoinTalk) 사용자인 반드로이(Vandroiy)는 다음과 같은 우려를 제기했다.

> 소규모 채굴자라면 누구나 수익을 극대화하려 한다. 어떤 거래를 포함할지에 대한 그의 결정은 수수료 수준에 큰 영향을 미치지 않는다. 따라서 채굴자는 최대의 수익을 얻기 위해 비록 수수료가 아주 낮더라도 수수료가 발생하는 모든 거래를 포함할 것이다. 그 결과 거래 가격이 하락하고, 이미 수익성이 거의 없었던 채굴자들의 소득이 더 감소하여 채굴을 중단하게 된다. 그에 따라 해시율이 감소하고 채굴 난이도가 하락하는 악순환이 반복된다. 이러한 추론에 따르면 채굴 난이도가 0에 가깝게 떨어질 가능성이 있다.[1]

반드로이는 기본적으로 거래를 포함하는 데 드는 한계 비용이 거의 0에 가깝기 때문에, 점점 더 낮은 시장 가격이 형성되어 결국에는 이른바 수수료 사망 나선(fee death spiral)에 이르게 될 것이라고 말한다. 초기 비트코인 개발자 마이크 헌(Mike Hearn)은 반드로이의 우려에 다음과 같이 답했다.

> 사망 나선 주장은, 내가 거래 수수료나 우선순위가 아무리 낮아도 모든 거래를 포함할 것이라고 전제한다. 어차피 비용이 들지 않으니 공짜 돈을 마다할 이유가 없다는 것이다. 하지만 현실을 보면, 그렇게 할 수 있음에도 불구하고 실제로는 하지 않는 기업들이 많다. 왜냐하면 그렇게 행동하면 결국 자기 사업 기반을 스스로 무너뜨린다는 사실을 잘 알기 때문이다.[2]

헌은 사망 나선 주장이 실제 비즈니스 관행을 좌우하는 전략적·장기적 고려를 간과한다고 말한다. 이에 대해서는 다양한 예가 있다.

- 항공사들은 일부 승객이 예약을 취소하거나 나타나지 않을 것이라는 가정에 기초하여 이론적으로는 좌석 수보다 많은 항공권을 판매할 수 있다. 실제로 어느 정도의 초과 예약이 이루어지지만, 항공사는 승객이 너무 많고 좌석이 부족하여 발생하는 부작용을 피하려고 초과 예약을 신중하게 관리한다. 항공사의 평판과 고객의 충성도가 손상될 수 있기 때문이다. 고객 만족의 장기적 가치는 소량의 추가 항공권 판매로 얻는 단기적 이익보다 훨씬 크다.
- 온라인 스트리밍 플랫폼은 타이틀당 추가 비용이 거의 또는 전혀 없이 사실상 무제한의 콘텐츠를 제공할 수 있다. 하지만 그들은 라이브러리를 신중하게 관리하여 실적이 저조한 타이틀을 제거하고 실적이 좋은 타이틀에 투자한다. 이러한 선별적 접근 방식을 통해서 플랫폼의 가치가 높은 수준으로 유지

되고, 가입자 충성도와 장기적 매출성장이 촉진된다.
- 소매업체들은 때때로 고객 유치를 위하여 손해를 보는 가격의 상품(미끼 상품)을 판매한다. 유치된 고객이 더 수익성 높은 다른 상품을 구매하기를 기대하기 때문이다. 하지만 비즈니스에 악영향을 미칠 수 있기 때문에 모든 상품을 미끼 상품으로 삼지는 않는다. 그런 선택적 접근 방식은 판촉 행사가 비즈니스의 장기적 성공을 오히려 저해하지 않고 기여하도록 하는 데 매우 중요하다.

블록 공간의 수요 증가

비트코인 네트워크가 계속해서 성장하고 진화함에 따라 네트워크의 유한한 자원인 블록 공간에 대한 수요가 증가하여 거래 수수료의 상승으로 이어진다.[3] 이는 본질적으로 수요와 공급의 역학에 기초한다. 비유로 말하자면, 인구 밀도가 높은 인기 있는 도시의 부동산을 생각해보라. 더 많은 사람이 이러한 지역에 살고 싶어 할수록 가용한 토지가 제한되어 부동산 가격이 상승한다. 비트코인의 채택이 증가하고 더 많은 거래가 이루어짐에 따라 각 블록의 부동산 가치가 높아지고 공간을 점유하는 비용(거래 수수료)이 상승한다. 네트워크가 성장함에 따라 사용자들은 자연스럽게 긴급성과 중요성을 우선시하고, 거래가 신속하게 확인되도록 더 높은 수수료를 지불한다.

비트코인의 글로벌 채택으로 가는 길은 11장에서 논의할 것이다.

예상되는 채택 규모의 일부만 실현되더라도, 앞으로 수년 또는 수십 년 동안 블록 공간에 대한 수요가 늘어나서 수수료가 엄청나게 상승할 것이 거의 확실하다. 비트코인에 대한 인지도와 수용도가 확대됨에 따라, 소액의 개인 이체부터 대규모 기관 투자에 이르기까지, 블록 공간이 필요한 모든 거래가 수수료 상승에 기여할 것이다.

비트코인이 주류 결제 시스템과 금융 서비스에 통합됨에 따라 수요는 더욱 증가할 것이다. 주요 결제 처리기와 금융 기관들이 비트코인 거래를 지원하기 시작하면서 비트코인과 기존 통화 간의 환전 편의성이 개선되고 있다. 이를 통해서 더 많은 사람이 비트코인에 접근할 수 있게 되고 지불 수단으로서 비트코인의 유용성이 증가하여 결과적으로 블록체인의 거래량 증가에 기여하게 된다.

번개 네트워크 (3장에서 논의한) 같은 2계층 솔루션의 개발을 통해서 비트코인의 거래가 더 빠르고, 저렴하고, 확장 가능하게 되고 있다. 이러한 혁신은 블록 공간 사용의 효율성을 최적화하는 한편으로, 비트코인을 커피 구매부터 온라인 서비스 결제까지 일상적 거래에 더욱 매력적인 결제 수단으로 만든다. 2계층 솔루션이 활성화되면 진입 장벽이 낮아지고 더 많은 사용자가 비트코인 네트워크에 참여하게 된다. 이는 온체인 최종 결제를 위한 블록 공간 수요의 증가로 이어질 것이다.[4] 비트코인 기반의 탈중앙화 금융이라는 급성장하는 분야는 전통적인 중개자의 도움 없이 다양한 금융 서비스를 제공한다. 이들 플랫폼이 혁신하고 확장되어 대출과 차입의 기회를 제공함에 따라 사용자들이 더욱 복잡하고 빈번한 거래에 참여하게 되고, 그에 상응하여 블록 공간에 대한 수요가 늘어날 것이다.

　세계 여러 지역에서 경제적 불확실성과 만연한 인플레이션이 발생하는 동안에 개인과 기관은 구매력 감소로부터 자신의 부를 보호하기 위한 가치 저장 수단으로서 점점 더 비트코인에 의존하게 될 것이다(9장 참조). 이러한 안전 자산으로의 이동에 따라 비트코인 보유자와 거래량이 모두 증가한다. 비트코인의 금융 주권 제안 즉, 개인이 중앙집중적 권위에 의존하지 않고 자신의 자산을 완전히 통제할 수 있다는 점은 항상 온체인 거래에 대한 수요를 창출할 것이다. 이러한 철학적 동조는, 사용자들이 비트코인의 변하지 않는 블록 공간에 저축을 자기 보관함으로써 금융 생활의 자율성을 되찾으려 함에 따라, 성실한 채택자들의 물결을 일으킬 수 있다.

　비트코인은 허가가 필요 없고 검열에 저항하며 변경할 수 없을 뿐만 아니라, 여러 비화폐적 사용 사례가 수년에 걸쳐서 진화해왔다. 이러한 사용 사례 중 다수는 논란의 대상이 되어 비트코인 커뮤니티 내부의 문화적 분열을 초래했다. 최근 몇 년 동안의 사례에는 서수(ordinal)와 비문(inscription)이 포함되었다. 서수는 고유한 번호를 매겨서 개별 사토시(비트코인의 최소 단위)를 식별하는 방법으로, 특정한 데이터나 디지털 아티팩트(artifact)를 특정한 사토시와 연관시킬 수 있게 한다(서수 이론이라는 이론적 기준틀에 기초하여). 이를 통해서 이미지, 텍스트, 소규모 프로그램 등 임의의 데이터를 사토시에 첨부하여 비트코인 블록체인에 직접 저장할 수 있는 비문의 길이 열렸다. 이들 사례는 검열이나 변경의 영향을 받지 않고 정보를 보존할 수 있는 불변 저장소로서 비트코인의 활용을 보여준다. 또한 청혼에서 추모에 이르기까지 개인적 메시지와 헌정이 비트코인 블록체인에 영구적으로 기록되게 되었다.

이러한 시도들은 때때로 거래 수수료 급등을 불러오기도 했다. 특히 비문이 생성되고, 이를 둘러싼 대대적인 마케팅 캠페인이 이루어지면서 이 디지털 아티팩트들을 거래하는 시장이 형성될 때 그렇다. 비트코인의 비화폐적 응용은 비트코인의 진정한 목적(비트코인의 의도는 데이터베이스가 아니고 화폐였다)에서 벗어나지만, 허가가 필요 없고 검열에 저항하는 프로토콜을 사용자들이 다양한 목적으로 활용하는 모습을 관찰하는 것은 흥미롭다. 이렇게 다양한 활용 사례는 적어도 미래에 블록 공간에 대한 수요를 견인할 수 있는 광범위한 요인을 보여준다. 이는 비트코인이 대중 의식 속에서 중요한 역할을 차지하게 될 미래를 상상하면서, 동시에 그 유한하고 제한된 블록 공간에 대한 수요가 부족할 것이라고 가정하기는 거의 불가능하다는 주장을 뒷받침한다.

보조적 도구로서의 채굴

거의 비용이 들지 않는 고립된 에너지를 비트코인 채굴에 활용하는 방안은 16장에서 논의한다. 에너지 소비의 이런 측면은 비트코인을 둘러싼 장기적 보안 예산 문제에 대한 설득력 있는 해결책을 제시한다. 잉여 수력 발전, 석유 채굴 현장에서 화염으로 바뀌는 가스, 개발되지 않은 지열 에너지 같은 고립된 에너지원을 활용함으로써 최소한의 비용으로 비트코인 채굴 작업을 효과적으로 운영할 수 있다. 이런 접근 방식은 채굴자들이 네트워크에 해시율을 기여하는 인센티브를 항상 유지하여, 시간이 지남에 따라 블록 보상이 감소하더라도 네트워크를 안전하게 보호한다. 이러한 전략은 비트코인이 블록 보상의 감소와 관계없이 혁신적인 에너지 솔루션을 활용하여 보안 메커니즘을 유지하고 더욱 강화하는 방법을 보여준다.

비트코인 채굴은 또한 기존 산업 공정의 보조 요소로 점점 더 많이 활용되고 있다. 채굴 하드웨어 장비의 운영 중에 발생하는 상당한 양의 열이 다른 산업 분야에서 혁신적 응용 분야를 발견한 부산물이 되었다. 예를 들어, 생성된 열을 활용하여 물을 끓여 증기를 생성하고, 다시 응축하여 정제수를 만들 수 있다. 이는 채굴 활동에 소비되는 에너지를 활용하여 물 증류 공정을 효과적으로 보조하는 방법이다.[5]

열이 발생하는 ASIC 장비의 냉각 필요성은 산업 간 협력을 위한 또 다른 기회를 제공한다. 대형 팬 뱅크(fan bank)를 가동하는 탄소 포집 시설처럼 차가운 공기를 생성하는 산업은 비트코인 채굴 공정을 통합함으로써 이득을 얻을 수 있다. 이러한 시설에서 생성되는 냉기를 활용하여 ASIC에서 발생하는 열을 상쇄함으로써 채굴 장비의 냉각과 관련된 운영 비용을 크게 절감하고 채굴과 탄소 포집 부문 모두에 상호 이익을 제공할 수 있다.

비트코인의 채굴이 진화함에 따라 수익성 강화를 위한 다른 산업과의 통합이 점점 활성화될 것이다. 산업에서 발생하는 과도한 열이나 사용되지 않는 에너지를 비트코인 채굴에 활용할 기회를 간과하거나, ASIC 채굴기를 위하여 대규모 냉각 시스템을 활용하지 않는 것은 현명하지 못한 일이다. 이러한 발전을 통해서 더 많은 채굴자가 비용 효율적인 에너지를 사용하게 되는 인센티브가 생기고, 네트워크의 지속적 보안이 보장될 것이다. 그리드리스(Gridless)의 공동 창립자인 필립 월튼(Philip Walton)의 말대로, "ASIC는 모든 에너지 시설에 통합되는 구성 요소가 될 것이다… 터빈, 변압기, 채굴 컨테이너처럼. 이것이 바로 당신이 할 일이다. 그렇지 않으면 경쟁력을 잃고 에너지를 낭비하게 될 것이다."[6]

이타적 채굴

이타적 채굴(altruistic mining)이란 채굴자들이 이윤을 최우선으로 하기보다는, 이타적이거나 공동체 지향적인 다른 이유로 채굴을 선택하는 관행을 의미한다. 이는 네트워크를 지원하고 보안을 강화하며, 탈중앙화와 같은 원칙을 지키고자 하는 의지로 손해를 감수하거나 최소한의 이익만을 남기며 채굴하는 경우를 포함할 수 있다. 이타적 채굴자들은 즉각적인 금전적 이익보다 블록체인의 건전성과 회복력을 우선시한다. 이들은 비트코인의 장기적 성공을 위하여 헌신하고, 비트코인의 가치를 신뢰하며, 비트코인의 보안과 생존성에 기여하기를 원하는 개인이나 단체일 수 있다. 경우에 따라 이타적 채굴은 거래 수수료가 거의 없거나 전혀 없는 거래를 채굴해, 소액 혹은 비상업적 거래가 수요 과잉 시에도 네트워크에서 배제되지 않도록 지원하는 방식으로 나타나기도 한다.

이러한 채굴 행위를 순수한 이타적 행동으로만 규정하는 것은 더 깊은 곳에 있는 이기적 논리를 간과하는 셈이다. 특히 채굴자가 상당한 양의 비트코인을 보유하고 있는 경우에는 더욱 그렇다. 채굴자들이 직접적인 이윤 동기 없이 자원을 투입해 비트코인 네트워크를 보호할 때, 사실상 자신의 투자 자산을 지키는 역할을 하는 경우가 많다. 상당한 양의 비트코인을 소유하는 것은 네트워크의 보안과 기능을 유지하려는 강력한 인센티브를 제공한다. 이러한 관점에서 이타적 채굴은 계몽된 이기주의 전략으로 볼 수 있다. 이는 주택을 소유한 사람이 이웃의 안전에 투자하는 것과 비슷하다. 주택 소유자의 노력이 지역 사회에 이롭기는 하지만, 주된 동기는 자신이 소유한 재산의 가치를 보호하고 높이는 것이다.

향후 100년 동안에 비트코인이 완전한 화폐화와 광범위한 채택을 달성한 세상을 생각해보자. 그런 시나리오에서는 비트코인으로 상당한 부를 축적한 사람들을 포함하는 이해관계자들이 비트코인의 보안과 지속성에 대한 기득권을 갖게 될 것이 확실하다. 수십 년 동안 비트코인의 성공에 기여한 사람들이 갑자기 비트코인의 안전성(사실상 자신이 축적한 부의 안전성)에 대한 헌신을 포기하는 미래는 상상할 수 없다. 따라서 이타적 채굴은 비트코인 투자자이기도 한 채굴자들의 장기적 이익과 일치한다. 개인적 혹은 단기적 재정적 손실을 감수하고서라도 네트워크를 지키려는 그들의 노력은 결국 자신의 재정적 미래에 대한 투자이다. 이것은 사토시가 설계한 게임 이론적 인센티브 구조가 작동하는 또 다른 사례라 할 수 있다.

CHAPTER ❻
비트코인을 없앨 수 있을까?

    금을 어떻게 없앨까? 이 질문은 분명히 터무니없어 보일 것이다. 마찬가지로 비트코인의 영구성을 깊이 이해하면 비트코인의 영구적 파괴 가능성에 대한 아이디어가 터무니없음을 알게 된다.

    금을 없애려면 지구상의 모든 금 조각을 모아 로켓에 실어 태양으로 발사하는 방법을 상상해볼 수 있다.[1] 금의 가치와 존재가 물리적으로 사라지게 하는 방법이다. 그러나 이러한 시도는 사실상 실현 가능성이 없다. 전 세계의 안전한 보관소, 개인 소장품, 심지어 분실되거나 발견되지 않은 보물까지 포함한 막대한 양을 고려하면 모든 금 조각을 모으는 데 따르는 물류적 어려움을 극복할 수 없다. 세계 각국 정부의 긴밀한 협력에도 불구하고, 마지막 1그램의 금까지 찾아내어 파괴한다는 것은 현실적 가능성이라기보다 이론적인 시도일 뿐이다.

비트코인의 존재는 물리적 형태가 아니라 전 세계에 분산된 10만 부 이상의 사본으로 구성된 원장에 달려있고, 최신의 거래 내역이 각 노드에 의하여 실시간으로 업데이트된다. 물론 사본의 수도 계속 증가하고 있다. 언제 어디서든 누구나 블록체인의 새로운 사본을 다운로드하고 유지하는 것을 막을 방법이 없다. 북아메리카가 비트코인 노드의 약 25%를 보유하고, 유럽이 18%, 아시아가 17%, 남미가 5%를 차지한다.[2] 즉, 전 세계 어디에든 하나라도 사본이 존재하고 이를 유지하려는 의지가 있는 사람이 존재하는 한 비트코인은 계속해서 존재한다. 노트북과 인터넷 연결만 있으면 누구든지 채굴, 거래, 그리고 네트워크의 유지를 계속할 수 있다(사토시가 2009년의 1일 차에 그랬던 것처럼). 따라서 비트코인을 폐쇄할 수 있는 유일한 방법으로 생각해볼 수 있는 것은 전 세계 인터넷을 영구적으로 폐쇄하는 방법이다.[3]

인터넷은 비트코인과 마찬가지로 복원력이 있고, 탈중앙화되고, 단일 장애점에 저항하도록 설계되었다. 전 세계적으로 인터넷을 검열하거나 통제하려는 시도는 극복할 수 없는 기술적·정치적 그리고 사회적 어려움에 직면하게 된다. 인터넷 자체를 폐쇄하지 않고는 인터넷상의 P2P 거래를 중단시키는 것이 불가능하다는 핵심적 요점을 이해해야 한다. 비트코인의 초석인 P2P 거래는 인터넷의 기반이 되는 전송 제어 프로토콜/인터넷 프로토콜(TCP/IP)을 기반으로 작동한다. TCP/IP를 폐쇄하여 인터넷을 폐쇄하는 것은 기술적으로 불가능할 뿐만 아니라 세계적으로 경제, 통신, 그리고 사회 전반에 재앙적인 영향을 미칠 것이다.

이것이 바로 비트코인이 많은 사람들에 의해 인터넷의 고유 통화(native currency)로 불리는 이유다. 더불어 인터넷이 화폐를 영원히 변화시켰고, 비트코인이 그 자연스러운 후손이 된 이유다. 2009년에 제네시스 블록이 생성되면서 비트코인과 인터넷은 영구적인 불가분의 관계를 맺게 되었다. 그들은 지속적인 영속성의 유대로 연합되어 영원히 헤어지지 않을 운명이다.

인터넷의 폐쇄(비트코인의 폐쇄를 위하여)가 불가능함에도 불구하고 비트코인의 복원력이 더욱 향상되고 있는 것이 현실이다. 비트코인은 인터넷에서 유래했지만, 전적으로 인터넷에 의존하지는 않는다. 비트코인 거래는 아마추어 무선 같은 전파, 블록스트림(Blockstream) 위성 같은 위성 네트워크, 고테나(goTenna) 기기 같은 메시 네트워크, 심지어 SMS 문자 메시지까지 포함하는 인터넷 외부의 다양한 수단을 통해서 전파될 수 있다. 따라서 비트코인을 근절하는 것은 지구상의 모든 금을 없애는 것만큼이나 비현실적이라고 할 수 있다. 금과 비트코인은 각자의 물리적 영역과 디지털 영역에서 영속성의 개념을 구현한다.

물론 비트코인의 불멸성에도 불구하고, 비트코인을 공격하고 약화하는 특정한 수단들이 존재한다. 이러한 각각의 수단을 분석해 보자.

51% 공격

51% 공격은 비트코인 채굴 능력(해시율)의 50% 이상을 장악한 단일 주체나 집단의 잠재적 공격을 의미한다. 이를 통해서 공격자는 비트코인을 이중으로 사용할 수 있다. 거래를 마친 후에 다수의 통제력을 이용하여 블록체인에서 해당 거래를 제외하거나 되돌림으로써 사실상 해당 통화를 다시 사용할 수 있게 되는 것이다. 또한 특정한 거래의 확인을 방해하여 거래의 완료를 사실상 차단할 수도 있다.

51% 공격의 이론적 위험성은 비트코인 가격이 급락하고 (예를 들어, 네트워크에 대한 국가 차원의 공개적인 공격에 따라) 비트코인 채굴에 대한 보상도 (법정화폐 기준) 감소할 때 더욱 커진다. 채굴에는 상당한 전력 소비가 수반되기 때문에 비트코인 가격이 하락하면 채굴자가 기여하는 해시율에 비해 낮은 수익을 얻게 된다. 이러한 수익 감소는 채굴자들로 하여금 네트워크에 대한 채굴자의 해시율 제공을 주저하게 만들고, 그 결과 공격을 감행하기가 더 쉬워질 수 있다.

채굴의 탈중앙화

비트코인의 작업증명 메커니즘은 예컨대 지리적 측면과 시간적 측면을 포함하여 여러 계층의 분산화를 촉진한다.[4] 이러한 분산화의 수준이 잠재적 공격자가 공격을 시도하는 데 필요한 하드웨어 장비의 수집을 극도로 어렵게 한다.

지리적 탈중앙화: 채굴자들이 전 세계 여러 지역으로 분산됨에 따라 단일한 주체나 정부가 네트워크 해시율의 과반을 장악할 위험이 크게 줄어든다. 이러한 지리적 분포는 단일 장애 지점의 부재도 보장한다. [그림 6.1]은 케임브리지 비트코인 전력 소비 지수(CBECI)에 따른 비트코인 채굴 해시율의 글로벌 분포를 보여준다.[5]

2021년에 중국은 비트코인에 대한 대대적인 단속에 착수하여 비트코인의 채굴과 거래 및 관련 기술 서비스에 대한 전면적 금지 조치를 시행했다. 이는 중국이 당시 전 세계 해시율의 약 45%(한때는 75%까지)를 차지한 비트코인 채굴의 강국이었다는 점을 고려하면

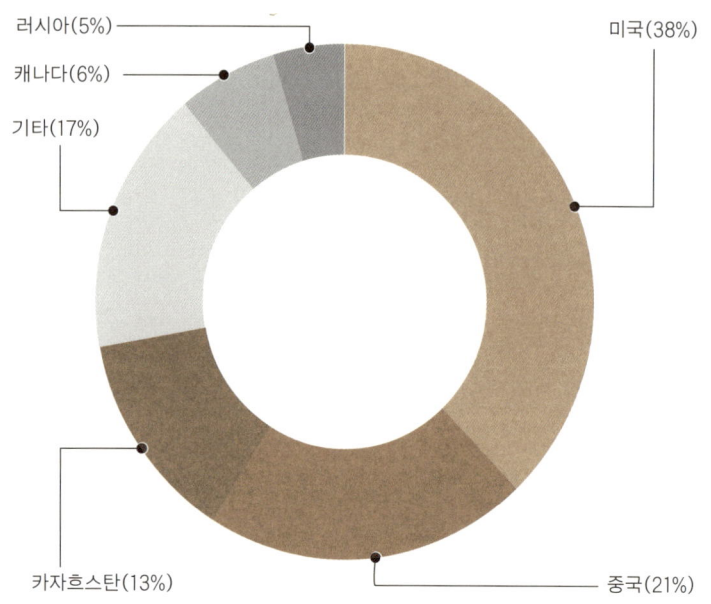

[그림 6.1] 비트코인 채굴 해시율의 글로벌 분포   출처: CBECD, 2022년

특히 중요한 사건이었다. 이러한 조치의 영향은 즉각적이고 극명했다. 채굴자들이 운영을 중단하거나 더 관대한 관할 지역으로 이전하면서 글로벌 해시율에 대한 중국의 기여도가 급감하여 거의 0으로 추락했다.

이러한 채굴자들의 이동은 다른 국가들에 기회를 제공했고 미국, 카자흐스탄, 러시아가 공백을 메우게 됐다. 비트코인 네트워크의 복원력은 2022년 초에 글로벌 해시율이 중국의 금지 조치 이전 수준으로 회복되고, 2024년 3월에는 2021년 5월의 기록보다 거의 50% 높은 수준으로 상승하면서 여실히 드러났다. 이후에 중국이 다시 채굴에 대한 입장을 완화하는 태도를 보이면서 일부 해시율이 중국으로 돌아갔다.

이러한 변화의 가장 중요한 결과는 비트코인 채굴의 탈중앙화가 강화된 것이었다. 금지 조치 이전에는 중국에 채굴력이 집중되어 있었고, 이는 비트코인 비판론자들로 하여금 '중국의 51% 공격' 가능성을 제기하게 만들었다. 즉, 중국 정부가 채굴력의 과반을 장악한다면 이론적으로 네트워크에 대한 공격이 가능하다는 주장이었다.[6] 이러한 주장에 대한 반박(비용, 하드웨어 등 요인에 따른 비현실성과 기술적 실행 불가성)은 금지 조치의 여파로 비트코인의 불멸성이 역설적으로 강화되었기 때문에 그 의미를 잃게 되었다. 중국의 금지 조치가 비트코인 채굴 능력의 탈중앙화를 촉진함으로써 의도치 않게 비트코인에 대한 주요 비판을 물리쳤다는 것은 매우 아이러니하다.

시간적 탈중앙화: 비트코인 채굴에는 특수한 ASIC 하드웨어가 필요하며, 이 장비들은 생산 한계로 인해 희소하다는 점에서 진입에 상당한 시간적 장벽이 존재한다. 네트워크를 51% 공격으로 위협할 만큼 대규모 채굴 작업을 구축하려면 상당한 시간이 필요하며, 이는 종종 수년의 시간이 걸린다. 그동안 나머지 네트워크는 새롭게 나타나는 위협에 적응하거나 대응할 수 있다. 또한 프로토콜의 변경을 통해 대량 확보한 하드웨어를 즉시 무용지물로 만들거나, 채굴자와 커뮤니티의 협력적 대응을 통해 네트워크를 방어할 수도 있다.

작업증명 메커니즘은, 실제 자원(에너지와 하드웨어)에 대한 요구를 통해서 비트코인을 물리적 세계에 연결함으로써, 쉽게 손상되지 않는 보안의 계층을 도입한다. 51% 공격을 시도하는 데 필요한 시간, 비용, 자원의 투자와 채굴자의 탈중앙화된 글로벌 분포가 결합하여 견고한 방어 메커니즘을 생성하는 것이다. 비트코인 채굴의 지리적·시간적 탈중앙화 특성이 51% 공격에 대한 중요한 방어 수단이 되어 단일한 주체가 네트워크를 장악하는 것을 대단히 어렵게 한다. 이러한 복원력은 보안, 탈중앙화, 그리고 적응성을 강조하는 비트코인의 설계 원칙을 보여주는 증거다.

저렴하고 고립된 에너지

제프 부스(Jeff Booth)는 가격 하락으로 인하여 네트워크 보안이 약화될 수 있다는 우려에 대한 반론을 제기한다.[7] 그는 채굴자들이 세계적으로 가장 저렴한 에너지원을 찾아서 활용할 수 있다고 제안한다. 이러한 에너지원은 종종 에너지가 낭비되거나 사용되지 않을 외딴 지역에 있다. 부스는 이처럼 저비용 에너지를 활용하는 능력이, 블록 보상이 훨씬 낮아지더라도 항상 비트코인 채굴에 대한 경제적 인센티브를 보장할 것이라고 주장한다. 이는 사실상 해시율의 안정적 공급을 통해서 비트코인 네트워크의 보안을 유지할 수 있음을 의미한다. 이렇게 저렴하고 고립된 에너지는 그런 에너지에 접근할 수 없는 잠재적 공격자에 대한 자연스러운 방어 수단으로 작용한다.

CBECI는 채굴자들이 저렴한 전기를 찾아 카자흐스탄, 이란, 그리고 미국(특히 텍사스)과 같은 지역으로 이동하는 경향이 있음을 보여준다. 2023년 6월 기준으로 채굴의 37.23%가 미국에서 이루어졌는데, 이는 주로 특정 지역의 풍부하고 저렴한 천연가스 때문이었다. 예를 들어, 비트코인 채굴자들은 노스다코타 유전에서 버려지는 천연가스를 포집하여 채굴에 사용한다. 아프리카의 채굴자들은 미니 그리드(mini-grid) 에너지 생산자와 협력하는데, 이는 그들이 폐기될 수 있는 잉여 재생 가능 에너지(수력 발전 같은)에 접근한다는 것을 의미한다. 그들은 이렇게 고립된 에너지를 비트코인 채굴에 사용하여 에너지 생산자의 수익을 창출하고 전력망의 확장을 촉진한다.

이론적인 51%의 공격자는 설령 그에 필요한 자금을 가지고 있다고 하더라도, 요구되는 막대한 에너지에 접근하는 것은 거의 불가능하다.[8] 그 정도의 전력을 공급할 수 있는 전력 회사가 있을 수도 있지만, 대부분의 전력 사업은 장기 계약에 묶여 있다. 공격을 감행하기 위하여 1~2주의 단기간에 막대한 전력을 공급받는 것은 비현실적이다. 공장, 기업, 그리고 가정이 지속적인 운영을 위하여 이들 발전소에서 공급되는 전력에 의존하고 있는데, 이러한 공급을 단순히 차단하고 전력을 가상의 공격자에게로 돌릴 수는 없다.[9]

공격자는 비현실적으로 많은 채굴 장비(공급이 제한적이고 시간 집약적 공급망에 의존하는)와 비현실적으로 많은 양의 전력이 필요할 것이다. 이는 공격자가 자체적으로 채굴 장비를 생산하고, 경우에 따라서는 전기까지 자체적으로 생산해야 할 가능성이 있다는 것을 의미한다. 이 모든 일에는 여러 해의 준비 기간이 필요할 것이다.

비트코인 개발자 지미 송(Jimmy Song)이 지적하듯이, 공격자가 이만한 자본을 투입하는 것은 공격으로부터 얻을 수 있는 이익이 충분히 커서 그만한 투자가 정당화될 때에만 의미가 있다. 공개적 공격을 시작하기 전에 비트코인 공매도 거래를 할 수도 있지만(가격 폭락에 따라 수익성 있는 숏 포지션이 발생할 수 있다), 공격자가 자금을 빼돌리고 도주하기 위한 탈출로가 필요할 것이다.[10] 이는 최근 몇 년 동안 대부분 거래소에 적용된 자금세탁방지(AML) 및 고객신원확인(KYC) 법 때문에 훨씬 더 어렵게 되었다. 송은 또한 이런 규모의 작전을 시도하는 것은 공격자에게 정직한 채굴을 통해서도 막대한 수익을 창출하는 잠재력이 있음을 의미한다고 지적한다. 정직한 채굴은 네트워크의 51%를 보유할 필요가 없으므로 위험도가 훨

씬 낮고 초기 자본 투자도 훨씬 적다.[11]

설사 공격자가 어떻게든 이런 비현실적인 성과를 달성한다 하더라도, 그들이 얻는 것은 암호화폐 거래소에 재정적 피해를 줄 가능성이 큰 이중 사용뿐이다. 이 공격으로 비트코인이 파괴되지는 않는다. 네트워크의 나머지 부분은 그대로 작동을 이어가며, 해시 알고리즘을 업데이트하는 등의 대응을 조율할 수 있고, 이는 공격자가 모아둔 채굴 장비들을 단번에 무용지물로 만들어 버릴 수 있다.[12] 만약 이러한 가상의 공격을 국가 차원에서 자행한다고 가정한다면, 이는 지구상의 거의 모든 국가 국민들이 (미국의 연금 및 퇴직연금 계좌 등을 포함해) 보유한 자산에 영향을 미치는 범죄 행위이므로, 전 세계적인 강한 비난과 반발을 불러올 것이다.

개발자의 공격

> 일단 버전 0.1이 출시되면 핵심 설계가 확정되고 남은 생애 동안 변하지 않는 것이 비트코인의 속성이다.[13]
>
> - 사토시 나카모토, 2010년 6월 17일

사토시의 위 발언은 3장에서 설명한 것처럼 주로 게임 이론적 역학으로 뒷받침된다. 그러나 이 발언은 비트코인 기술 전문가 제임슨 롭(Jameson Lopp)의 말과 대조되어야 한다. "비트코인 코어

(Bitcoin Core) 코드의 99%는 사토시가 아닌 다른 사람이 마지막으로 편집했다. 소프트웨어는 결코 완성되지 않는다."[14]

비트코인의 핵심적 기준틀은 확정되었지만, 지속적인 진화는 오래된 껍질을 벗고 끊임없이 재생하면서 매번 더 강해지는 살아있는 유기체와 비슷하다. 비트코인 생태계에 참여하는 인간, 즉 개발자들이 이러한 지속적 변화와 재생 과정을 실행한다. 의도적이든 아니든 그들의 행동 또는 행동하지 않음이 여기서 논의할 가치가 있는 특정한 공격 수단을 제시한다.

우선, 비트코인이 '신뢰가 필요 없는(trustless)' 시스템이라는 개념은 절대적인 것이 아님을 인식할 필요가 있다. 대다수의 사용자, 노드 운영자, 그리고 코드를 읽거나 이해할 수 없는 채굴자들에게는 개발자들에 대한 암묵적 신뢰가 존재한다. 개발자들이 네트워크의 이익을 위해 행동하고, 악의적인 코드를 삽입하지 않으며, 외부 공격에 대해 능숙하게 방어할 것이라는 신뢰다. 이러한 신뢰는 일반적으로 잘 구축되어 있지만, 몇 가지 위험도 제기한다. 이 문제는 2023년 〈월 스트리트 저널〉의 "비트코인의 미래가 극소수의 신비한 프로그래머들에 달려 있다"라는 기사에서 강조되었는데, 안타깝게도 이 기사는 뉴스 매체의 전형적인 비트코인 분석과 일맥상통하게 문제를 왜곡했다.

개발자는 의심의 여지 없이 비트코인 생태계에서 중요한 역할을 한다. 그들은 비트코인 소프트웨어를 유지관리 및 업그레이드하고, 버그를 식별하고, 개선 사항을 제안하고, 네트워크 보안을 보장한다. 비트코인의 오픈 소스 특성은 투명성을 제공하고 누구나 변경 사항을 검토할 수 있게 하지만, 문제의 기술적 복잡성으로 인하여 비교적 소수의 사용자만이 코드를 철저하게 검토하고 이해할 수 있는 전문 지식을 갖췄다는 것이 현실이다.

비트코인 커뮤니티는 여러 메커니즘을 통해서 이러한 중앙집중화 및 관련된 신뢰 문제의 위험을 완화한다.[15] 첫째, 비트코인 프로토콜에 변경 사항을 도입하는 과정은 신중하고 투명하며, 실행하기 전에 광범위한 동료 검토와 테스트 및 논의를 거친다. 변경의 제안은 비트코인 개선 제안(BIP)으로 문서화되어 공개되고, 커뮤니티의 검토를 받는다. 또한 개발 과정이 여러 독립적인 팀들에 의해 분산되어 코드 검토와 소프트웨어 기여가 이루어지기 때문에, 특정 집단이 해로운 변경을 도입할 위험이 줄어든다.

여러 비트코인 클라이언트(사용자가 비트코인 네트워크와 상호작용할 수 있게 해주는 소프트웨어 애플리케이션)가 존재하고, 비트코인 코어가 주된 옵션이지만 유일한 옵션이 아니라는 것은 비트코인의 탈중앙화 생태계의 또 다른 측면이다. 사용자가 비트코인 코어의 사용에만 국한되지 않으므로 단일한 소프트웨어 클라이언트에 의한 중앙집중화를 피할 수 있다. 사용자들은 비트코인 노츠(Bitcoin Knots), 리빗코인(Libbitcoin), btcd, 비코인(bcoin), 그리고 일렉트럼(Electrum, 라이트 비트코인 지갑)을 포함하는 다양한 클라이언트 중에서 선택할 수 있다. 〈월 스트리트 저널〉 기사가 지적했듯이 압도적 다수의 사용자가 비트코인 코어를 사용하지만, 단 한 번의 잘못된 조치만 있어도 사용자들은 다른 클라이언트로 이동할 수 있으며(이는 채굴자들이 중국의 채굴 금지 조치에 대응해 중국을 떠난 것과 유사하다), 비트코인 밈이 말하듯이 "모든 것은 비트코인에게 좋은 일이다." 이러한 비트코인 코어의 이론적 공격이 단기적으로는 고통과 신뢰의 상실을 초래할 수 있겠지만, 궁극적으로는 비트코인의 탈중앙화와 강화에 장기적으로 기여하게 될 것이다. 조나단 비에르(Jonathan Bier)가 비평가들의 호평을 받은 책《비트코인 블록사이즈 전쟁(The Blocksize War)》에서 말하듯이, "물론 소프트웨어 저장소 한 곳을 통제한다고 해서 비트코인을 통제하는 것은 아니다. 비트코인 사용자들이 원하는 저장소와 원하는 소프트웨어를 선택할 수 있기 때문이다. 이러한 오해는 수년간 지속되어 왔다."[16]

또한, 비트코인 코어의 소프트웨어 업데이트는 자동적으로 이루어지지 않고, 사용자들의 수동적 승인 및 시행이 필요하다. 이러한 수동적 업데이트 절차가 중요한 안전장치 역할을 하며, 악의적 개발자가 네트워크를 침해할 목적으로 악성 업데이트를 일방적으로 도입할 위험을 크게 줄인다. 사용자들이 새로운 버전을 적극적으로 채택하도록 요구함으로써, 비트코인 생태계는 소프트웨어 변경 사항에 대한 분산된 형태의 감독과 합의를 보장한다. 사용자들은 자신의 비트코인 네트워크 참여를 관리하는 소프트웨어 버전을 직접 결정할 수 있다. 이러한 재량권을 행사함으로써 사실상 각 노드가 새로운 기능이나 변경 사항의 수용 여부를 투표로 결정한다.

비트코인 코드는 지구상에서 가장 엄격하게 관찰 및 감시되는 소프트웨어라 할 수 있다. 따라서 악성 업그레이드를 몰래 설치하기는 사실상 불가능하다. 그리고 비트코인의 사용자 기반과 시가총액이 날마다 증가함에 따라 코드에 대한 감시도 더욱 정밀해진다. 비트코인 개선 제안(BIP)은 커뮤니티 안에서 엄격한 분석과 논의를 거친다. 개발자, 사용자, 채굴자가 모두 중요한 변경 사항에 대하여 공개적인 방식으로 동의해야 하므로 해로운 제안이 힘을 얻기 어렵다. 무엇보다 비트코인 개발자 커뮤니티에는 중앙화된 권위나 단일한 리더가 존재하지 않기 때문에(다른 모든 암호화폐는 그렇지 않다) 특정인을 표적으로 한 조작 위험이 더욱 줄어든다.

양자 컴퓨팅

양자 컴퓨팅의 등장은 비트코인, 특히 비트코인의 암호기술과 관련된 이론적 도전 과제를 제시한다. 양자 컴퓨터는 양자 역학의 원리를 활용하여 정보를 처리함으로써 고전적 컴퓨터보다 훨씬 빠르게 복잡한 문제를 해결하는 잠재력이 있다. 앨런 튜링의 이론적 기준틀에 기초한 고전적 컴퓨팅은 0과 1의 상태에 있는 비트(bit)로 작동하며, 오늘날의 디지털 기술 기반을 형성한다. 반면에 양자 컴퓨팅은 양자 중첩으로 인하여 동시에 여러 상태에 존재할 수 있는 큐비트(qubit)를 활용한다. 이러한 차이는 양자 컴퓨터가 특정한 문제를 고전적 컴퓨터보다 훨씬 빠르게 해결할 수 있는 잠재력을 제공

한다.[17]

   3장에서 논의했듯이, 비트코인의 보안은 디지털 서명을 위한 타원곡선 디지털 서명 알고리즘(ECDSA)과 해싱을 위한 보안 해시 알고리즘 256-비트 같은 암호화 알고리즘에 크게 의존한다. 문제는 양자 컴퓨터가 이러한 알고리즘을 깨뜨릴 가능성이 있다는 것이다. 특히 쇼어 알고리즘(Shor's algorithm)은 ECDSA의 기반이 되는 이산대수(discrete logarithm) 문제를 해결할 수 있다.[18] 이론적으로는 이런 방법으로 공개 키에서 개인 키를 도출한 양자 공격자가 마치 비트코인 주소의 소유자인 것처럼 거래에 서명할 수 있다.

   양자 컴퓨터는 또한 채굴 과정을 크게 가속하여 채굴 능력을 중앙집중화할 수 있다. 양자 컴퓨팅 능력을 갖춘 주체가 다른 모든 채굴자를 앞지를 수 있다면, 비트코인의 분산화된 합의 메커니즘을 약화시킬 수 있다. 양자에 힘입은 갑작스러운 속도 향상으로 빠르게 채굴할 수 있는 능력은 비트코인의 가격과 체인 자체의 통제를 불안정하게 하여 51% 공격으로 이어질 가능성이 있다.[19]

   이러한 잠재적 위협은, 전적으로 이론적이고 추측에 근거한 문제이기 때문에 비트코인 커뮤니티에서 광범위한 논쟁의 대상이다. 대규모의 양자 컴퓨터는 아직 존재하지 않고, 언제 실현될지 또는 실현이 가능할지의 여부도 알 수 없다. 비트코인의 암호화 방어를 무너뜨릴 정도로 강력한 컴퓨터는 수많은 기술적 장애물에 직면하게 될 복잡하고 자원 집약적인 노력의 산물이 될 것이다. 양자 컴퓨팅 전문가들은 양자 컴퓨터가 잠재적 위협을 가하기까지는 수십 년이 걸릴 수 있다고 예측한다.

위협이 실제로 현실화하는 가상적 시나리오에서 비트코인은 어떻게 스스로를 방어할 수 있을까? 첫째, 비트코인 프로토콜을 업데이트하여 양자 컴퓨팅 공격에 저항하는 양자 이후(postquantum) 암호화 알고리즘을 채택할 수 있다. 여기에는 새로운 거래와 주소에 사용되는 암호화 알고리즘의 업그레이드가 포함될 것이다. 채굴자들의 합의만 있으면 이러한 변경이 소프트 포크를 통해서 구현될 수 있다.[20] 따라서 양자-저항 서명 알고리즘으로의 업그레이드는 비교적 수월하게 달성될 수 있다. 게다가 사용자는 이미 양자 공격에 더 강하다고 여겨지는 암호기술을 사용하는 지갑을 선택할 수 있다.[21]

양자 이후 암호기술을 기다리는 동안에는 키의 크기를 늘리는 것이 양자 컴퓨터가 기존 암호화 알고리즘을 해독하기 어렵게 하는 임시 해결책이 될 수 있다. 키 크기를 늘리면 암호를 해독하는 데 필요한 연산량이 기하급수적으로 증가하여 양자 컴퓨터가 해독하기도 더 어려워진다.

이론적 양자 컴퓨터에 해킹당할 위험이 더 큰 것은 구형의 특정한 비트코인 주소뿐이라는 점에도 유의하라.[22] 이들은 (비트코인을 보내거나 받는) 거래가 이루어질 때 공개 키를 직접 노출시켜서 취약성을 초래하는, 공개 키 지불(p2pk) 방식을 사용하는 주소다. 딜로이트(Deloitte)에 따르면 전체 비트코인의 약 25%가 이러한 측면에서 잠재적으로 취약하다.[23] 만약 향후 몇 년(또는 몇십 년) 동안에 양

6장. 비트코인을 없앨 수 있을까?   177

자 컴퓨팅의 위협이 더 커진다면, 일반 대중이 자신의 비트코인을 보호하기 위한 조치를 취할 수 있을 것이다.

공개 키 해시(p2pkh) 주소는 비트코인을 받을 때 공개 키를 노출하지 않기 때문에 더 안전하다. 비트코인을 받으려면 SHA-256 및 RACE 무결성 기본 평가 메시지 다이제스트 140(RIPEMD-140) 암호화 함수로 공개 키를 여러 번 해싱하여 생성되는 주소(양자 저항성 비트코인 주소)만 공개하면 된다. 그러나 이런 주소에서 비트코인이 사용되면 공개 키가 노출된다. 주소를 재사용하면 공개 키가 반복적으로 노출되므로 위험이 더 커진다. 따라서 잠재적 위협으로부터 보호하는 좋은 방법은 주소의 재사용을 피하는 것이다. 공개 키의 노출을 최소화하기 위하여 거래마다 새로운 주소를 사용해야 한다.

채굴에 대한 잠재적 위협과 관련하여 가장 가능성이 큰 상황은 미래의 잠재적 양자 컴퓨터가, 비트코인 채굴을 위한 그래픽 처리 장치(GPU), 현장 프로그래밍 가능 게이트 어레이(FPGA), 비트코인 채굴 장비 ASIC 간의 전환과 유사하게, 하드웨어의 발전으로 취급되리라는 것이다. 이는 비트코인을 공격하는 것이 최우선 과제인 비밀의 양자 슈퍼컴퓨터가 갑자기 세상에 등장하는 것이 아니라 더 나은 도구의 채택으로 가는 느린 경제적 전환이다.

이러한 이론적 위협이 비트코인에만 국한되지 않는 것에도 유의하라. 암호기술의 취약성은 전 세계의 금융 및 재정 서비스 산업, 국방과 군사 인프라, 보건 의료 시스템, 통신 등 글로벌 경제의 중요한 측면에 영향을 미칠 것이다. 만약 이것이 현실적인 위협이 된다면, 관련되는 심각한 보안 위험을 고려할 때, 다국적 대응이 필요한 세계적 비상사태로 발전할 가능성이 크다. 그에 비하여 비트코인 프로토콜에 양자 저항성 서명 알고리즘을 통합하는 소프트 포크는 비교적 간단한 해결책이 될 것이다.

국가의 공격

비트코인에 대한 규제와 단속이 끊임없는 잠재적 도전 과제로 떠오르고 있다. 이러한 단속은 비트코인 거래에 대한 엄격한 제한부터 전면 금지에 이르기까지 광범위한 규제 개입을 포함할 수 있다. 정부는 비트코인의 거래 활성화를 막는 법적 장벽을 세워서 기업과 개인이 비트코인을 사고파는 거래 활동에 참여하는 것을 사실상 불법화할 수 있다. 특히 큰 영향을 미칠 수 있는 조치로는 은행과 금융기관이 암호화폐 거래를 처리하는 것을 금지하는 방안이 있다. 이는 법정화폐와 비트코인의 중요한 연결 고리(일명 법정화폐-암호화폐 온램프와 오프램프)를 끊어버리는 것이며, 그 결과 비트코인의 유동성과 활용도가 급격히 줄어들게 된다.

규제 조치에는 비트코인 거래에 대해 가혹한 과세 및 보고 의무를 도입하여 막대한 준수 부담을 부과하는 것도 포함될 수 있다. 정부는 또한 채굴 과정이 막대한 에너지를 소비한다는 점을 근거로 환경적 우려를 내세워 채굴 부문을 직접적으로 규제할 수도 있다.

이러한 문제는 13장에서 구체적으로 논의한다.

다른 암호화폐의 공격

비트코인의 한계로 인식되는 부분을 해결하고자 하는 여러 암호화폐가 등장해왔다. 그들은 확장성, 거래 속도, 에너지 효율, 개인정보 보호, 프로그래밍 가능성 같은 분야에서 향상된 기능을 제공한다. 그중에서도 이더리움은 블록체인 기술의 활용 범위를 단순한 가치 이전을 넘어 확장한다는 점에서 두드러진다. 2013년에 도입되어 2015년에 출시된 이더리움은 복잡한 합의와 애플리케이션을 구현함으로써 블록체인에서 자율적으로 작동하는 스마트 계약과 탈중앙화 애플리케이션(dapps)을 개척했다.

다른 암호화폐들도 비트코인보다 우월한 특성을 제공한다고 주장한다. 예를 들어, 리플(Ripple)은 빠르고 저렴한 국제 송금을 촉진하기 위하여 은행 및 금융기관과 직접 협력함으로써 국경 간 결제를 최적화한다고 주장한다. 2011년 '비트코인의 금에 대응하는 은'으로 개발된 라이트코인(Litecoin)은 더 짧은 블록 생성 주기를 통해서 거래의 확인 시간을 단축함으로써 비트코인의 모델을 개선하고자 했다. 모네로(Monero)는 사용자에게 비트코인보다 높은 수준의 익명성으로 거래를 수행할 수 있는 기능을 제공한다. 폴카닷(Polkadot)은 블록체인의 상호운용성과 확장성에 초점을 맞추고 있으며, 서로 다른 블록체인이 원활하게 통신하고 가치를 전송할 수 있도록 지원한다.

대안적 암호화폐의 출현을 비트코인의 지속적인 가치에 대한 잠재적 도전으로 인식할 수 있다. 그러나 이러한 견해는 비트코인이 비슷한 기술로 복제하거나 추월할 수 없는, 독특하고 경로 의존적이며 역사상 단 한 번뿐인 발명품임을 이해하지 못하는 것이다. 다음의 7장에서는 이러한 논거의 복잡성을 더 깊이 있게 살펴볼 것이다.

CHAPTER ❼
역사상 한 번뿐인 발명

> 정말로 놀랄만한 일이지만, 모든 증거에 따르면 비트코인의 근본적 설계를 크게 개선하기는 매우 어려워 보인다. 일부 측면을 개선하는 절충안 대부분은 다른 속성을 악화시킨다. 기묘한 우연으로, 비트코인은 무한에 가까운 설계 공간에서 아주 좁은 최적 영역 안에 존재한다. - 애덤 백(Adam Back)

　탈중앙화 합의를 달성하기 위한 비트코인의 시스템을 개선하는 것이 가능할까? 애덤 백 같은 전문가들은 비트코인의 근본적 설계를 더 개선할 여지가 거의 없다고 지적했다.[1] 그러나 모든 오픈 소스 기술은, 설사 완벽한 기술이더라도 언제든 복제될 수 있다. 그것이 새로운 비트코인 네트워크를 무한히 생성할 수 있다는 의미일까? 트위터와 스퀘어(Square)의 창립자인 잭 도시(Jack Dorey)에 따르면, 비트코인의 복제나 대체는 "만들고 유지하는 데 필요한 조건이 매우 특수하기 때문에 그 가능성이 극도로 낮다."[2]

　비트코인의 복제 불가성을 이해하려면 비트코인이 '경로 의존적인 일회성 발명품'이라는 사실을 이해해야 한다.[3] 비트코인은 프로토콜이 실행되는 비트코인 코어 소프트웨어(복사하기가 너무도 쉬운)

보다 규모가 훨씬 더 크다. 비트코인은 10만 개 이상의 노드, 100만 명 이상의 채굴자, 1억 명 이상의 사용자, 그리고 전 세계에 분산된 수십억 달러 규모의 채굴 장비로 구성된 네트워크로서, 15년에 걸쳐 유기적으로 구축되었고 현재 1조 달러 이상의 가치를 확보하고 있다.

경로 의존성은 사건의 순서가 사건 자체만큼이나 중요하다는 것을 의미한다. "샤워를 하고 나서 몸을 말릴 수는 있지만, 몸을 말리고 나서 샤워를 할 수는 없다."[4] 비트코인의 기원, 네트워크 효과, 11장에서 논의할 메트칼프의 법칙(Metcalfe's law)의 적용, 그리고 이 장의 뒷부분에서 논의할 린디(Lindy) 효과는 모두 경로에 의존하며, 시간을 거슬러 올라가는 능력 없이는 복제될 수 없다. 경로 의존성은 비트코인의 파괴를 방지한다. 비트코인이 탄생하여 시장에 편입되기까지의 일련의 유기적인 사건들이 복제될 수 없기 때문이다.

순수한 구상

비트코인의 기원 이야기를 살펴보자. 세계적 금융위기가 진행 중이던 2008년 10월 31일에 사토시 나카모토라는 가명으로만 알려진 신비로운 인물이 비트코인 백서라는 것을 공개했다. 그는 메츠도우드(Metzdowd)라는 플랫폼의 암호화 메일링 리스트(Cryptography Mailing List)로 알려진 메일링 리스트에 이 백서를 게시했다.[5] 그의 온라인 프로필에는 그가 1975년 4월 5일생의 남성이며 거주지가 일본이라고 기재되어 있었다. 이 몇 가지 정보 외에는 그의 신원에 대하여 알려진 것이 거의 없다. 국적과 나이를 포함한 세부 사항의 선택이 추측과 분석의 대상이 되었고, 그의 의사소통에 사용된 완벽한 영어와 이메일 활동 시간이 일본이 아닌 태평양 표준시와 일치한다는 사실에 근거하여 백서의 진실성을 의심하는 사람들도 있었다.

비트코인의 기원은 2009년 1월 3일 사토시가 제네시스 블록을 채굴하면서 시작되었다. 비트코인이 전 세계적으로 큰 영향을 미쳤음에도 불구하고 사토시의 정체는 오늘날까지도 비밀로 유지되었고, 그의 익명성이 비트코인 역사와 철학의 핵심적 요소가 되었다. 사토시의 익명성은 단순한 개인적 선택이 아니라 탈중앙화와 개인 정보 보호 원칙에 대한 선언이었으며, 비트코인의 창시자가 아닌 기술 자체에 초점이 맞춰지는 것을 보장했다.

사토시의 글에 대한 언어학적 분석부터 초기의 비트코인 거래에 대한 조사까지, 가명의 배후에 있는 인물을 밝히기 위한 수많은 시도가 있었다. 암호학자부터 컴퓨터 과학자까지 다양한 인물을 지목한 추측이 있었지만, 사토시라고 입증된 사람은 아무도 없다. 2014년에는 도리안 사토시 나카모토라는 일본계 미국인이 비트코인의 창시자로 오인되어 언론의 광란과 대중의 억측을 불러일으켰다. 그러나 진짜 사토시는 여전히 정체가 밝혀지지 않았다.

2011년 4월에 사토시는 비트코인토크(BitcoinTalk) 포럼에 마지막 공개 메시지를 게시하면서, 비트코인 커뮤니티로의 복귀 가능성에 대한 질문에 자신은 이미 "다른 일로 넘어갔다"고 답했다. 이로써 그의 직접적인 참여는 끝났지만, 사토시의 진짜 정체는 여전히 미스터리로 남아 있다. 비트코인을 단순히 기술로만 보면 큰 그림을 놓치게 될 것이다. 비트코인은 탈중앙화된 거버넌스(governance)라는 비전이자 철학을 대표하며, 이는 창시자의 정체가 알려졌다면 결코 가능하지 않았을 것이다. 사토시의 익명성은 중앙화된 권력에 맞서서 프라이버시와 자율성의 이상을 부각시킨다. 그리고 그의 정체에 대한 미스터리는 비트코인의 순수한 구상을 압축적으로 보여준다.

이러한 배경 속에서, 비트코인 이후에 등장한 모든 암호화폐들은 자신들의 기술적 진보나 혁신을 주장한다 할지라도 이미 비트코인의 유산이 만들어 놓은 환경 속에서 나타난 것이며, 암호화폐 개념에 대해 인지하고 동시에 모방자에 대해 회의적인 세상과 맞닥뜨려야 한다.

비트코인의 탄생 조건—기술적 참신성, 2008년 금융위기 한가운데서 중앙은행의 과잉에 대한 해법으로 제시된 역사적 맥락, 그리고 익명성과 이념적 색채를 띤 창시자라는 요소들의 결합—은 사실상 다시는 복제하기 불가능한 것이다.

유기적이고 공정한 분배

초창기의 비트코인은 잘 알려지지 않은 암호화 메일링 리스트를 통해서 소개되었고, 디지털 화폐와 암호기술에 관심이 있는 모든 사람의 공개적 참여를 요청했다. 참여한 사람들은 거의 전적으로 사이퍼펑크 커뮤니티가 옹호하는 대의(18장 참조)에 이념적·철학적으로 동조하는 기술 애호가들이었다. 이는 이윤을 추구하는 중앙화된 주체나 벤처 캐피털의 지원을 받는 창업자가 없는 풀뿌리 수준의 성장을 촉진했다.

비트코인의 공정한 출시에 있어서 중요한 측면은 사전 채굴이 없었다는 것이다. 사토시는 네트워크가 가동되기 전에 자신을 위한 (또는 실리콘밸리의 벤처 캐피털을 위한) 코인을 확보하지 않았다. 비트코인의 분배는 2009년 1월 3일의 제네시스 블록 채굴과 함께 시작되었고, 그 시점부터 컴퓨터만 있으면 누구든지 채굴에 참여하여 비트코인으로 보상받을 수 있었다.

초기에는 채굴의 난이도가 지금보다 훨씬 낮았기 때문에 노트북이나 데스크톱 컴퓨터밖에 없는 사람들이 채굴에 성공할 수 있었다.[6] 이러한 접근성은 더 많은 사람이 네트워크에 기여하고 혜택을 받을 수 있다는 것을 의미했고, 결과적으로 코인의 공정하고 공평한 분배로 이어졌다. 이후 비트코인의 인기가 높아지면서 채굴 과정은 점점 더 경쟁적이고 전문화되었고, 이는 채굴 풀의 등장과 전문화된 하드웨어의 사용으로 이어졌다. 그러나 초창기의 낮은 난이도와 사전 채굴 부재는, 위험을 감수하고 네트워크를 지원한 초기 참여자들이 비트코인 가격 상승과 함께 보상받을 수 있도록 보장했다.

비트코인의 공정한 출시와 배분은 공급량의 상당 부분이 프로젝트의 창립자, 개발자 또는 초기 투자자에게 할당되면서 출시된 다른 암호화폐들과 극명한 대조를 이룬다. 사토시가 직접 채굴했을 것으로 추정되는 비트코인은 그를 2024년 기준으로 600억 달러 이상의 순자산 가치를 보유한 세계 20대 부자 중 한 사람으로 만들었다. 그러나 이 (공개 원장에서 면밀하게 감시되는) 비트코인은 15년 전에 채굴된 이후로 움직인 적이 없다. 이는 전체 코인의 60%가 작업증명 채굴 같은 공개적 과정을 통해서가 아니라 사전 채굴을 통해서 내부자에게 지급된 이더리움과 대조된다.[7] 이더리움의 창립자들은 수년에 걸쳐 개인적 이익을 위하여 사전 채굴된 코인을 팔았다.[8] 사전 채굴은 중앙화와 시장 조작 가능성에 대한 우려로 이어질 수 있다. 반면에 비트코인이 전 세계에 도입되고 배분된 방식은 탈중앙화, 투명성, 공정성이라는 비트코인의 근본 원칙을 보여주는 증거다.

비트코인의 가치평가는 초기의 비트코인 거래소로 설립된 뉴 리버티 스탠다드(New Liberty Standard)가 2009년 10월 미국 달러 대비 비트코인의 교환율을 설정함으로써 처음으로 공식적 맥락의 형태를 갖추게 되었다. 채굴과 관련된 전기 요금을 기준으로 교환율을 계산한 뉴 리버티 스탠다드는 1달러 대 1,309.03개 비트코인이라는 교환율을 설정했다. 이 초보적인 가치평가 방식은 비트코인이 금전적 가치를 획득한 첫걸음이었다. 한 개에 0.0008달러에서 시작하여 2024년에는 7만 달러 이상으로 치솟은 비트코인의 여정은 경이로움 그 자체다.

비트코인이 처음으로 거래적 화폐 가치를 획득한 날은 2010년 5월 22일로, 오늘날 비트코인 피자 데이(Bitcoin Pizza Day)로 기념된다. 이날 라즐로 한예즈(Laszlo Hanyecz)라는 프로그래머가 비트코인 포럼에서 피자 두 판 값으로 1만 비트코인을 지불하겠다고 제안했다. 이 거래는 비트코인이 현실 세계에서 최초로 상품 구매에 사용된 사례로 알려졌다. 당시에 1만 비트코인의 가치는 피자를 주문하는 대가로 비트코인을 받은 사람과 한예즈의 합의에 기초한 약 41달러였다. 이로써 1센트보다 훨씬 낮은 (0.004달러) 비트코인 가치가 설정되었다.

초기 채택자들은 비트코인의 채택을 장려하고 유통을 확대하기 위하여 모든 방문자에게 무료로 비트코인을 나눠주는 온라인 수도꼭지(faucet)를 사용했다. 이러한 이니셔티브는 많은 사람이 비트코인을 보유하게 되는 데 중요한 역할을 했으며, 비트코인의 초기 사용과 유통을 촉진하는 데 도움이 된 관대한 행위로 기억된다. 이 이니셔티브는 11장에서 더 자세히 논의한다.

처음에는 비트코인의 상당 부분을 초기 채택자와 흔히 고래(whale)라 불린 채굴자들이 보유했지만, 시간이 지남에 따라 고래들이 주로 시장의 호황기에 매도하는 방식으로 보유량을 주기적으로 분산시킴으로써 비트코인 소유권의 공평한 분배가 가능하도록 했다. 최근 몇 년 동안에는 헤지펀드, 패밀리 오피스(family office), 공개 상장 기업을 포함하는 새로운 계층의 기관 투자자들이 무대에 등장했다.[9] 이들은 잠재적인 대규모 보유자이기는 하지만, 일반적으로 개별적 보유가 아닌 집단적 투자에 해당하기 때문에 실제로 비트코인의 분배에 더욱 기여한다. 암호화폐 거래소와 상장지수펀드(ETF) 혹은 신탁 펀드 같은 금융 상품 또한 재분배 과정에서 중요한 역할을 한다. 이러한 플랫폼과 상품은 개인과 기관 투자자 모두의 진입 장벽을 낮춰서 기술적 노하우가 없는 사람들도 비트코인의 가격 성과에 노출될 수 있게 해준다. 이들 펀드와 플랫폼이 보유한 비트코인은 사실상 여러 사람에게 분산되므로 보유 자산의 집중도를 더욱 희석하게 된다.

이렇게 투자 상품과 투자 수단을 통한 보유가 비트코인의 근본적인 목적을 저해한다는 강력한 주장이 있는 것은 분명하다. 검열에 저항하고 몰수할 수 없는 화폐의 진정한 이점은 비트코인 프로토콜에 따라 비트코인을 직접 자기 보관함으로써만 얻을 수 있다. 그러나 이에 대한 반론은 금융 상품을 통한 투자 방식이 비트코인의 채택을 촉진하는 데 대단히 효과적이라는 것이다. 투자 상품을 통해서 종합적인 방식으로 비트코인 금융을 경험한 사람은 그렇지 않은 사람보다 비트코인에 대하여 스스로 학습하고 가치를 이해하려고 노력할 가능성이 크다. 그렇게 된 사람들은 자발적으로 보유 자산을 제3자 보관에서 자기 보관으로 전환할 수 있다.

소수의 초기 채택자와 고래들이 주도하던 비트코인의 초기 환경은 비트코인이 다양한 유형의 참여자를 계속해서 끌어들이면서 끊임없이 변화하고 있다. [그림 7.1]에서 볼 수 있듯이, 비트코인은 끊임없이 확장되는 커뮤니티에서 혜택과 가치가 공유되는 미래를 향하여 꾸준히 나아가고 있다.

[그림 7.1]에서 가장 큰 그룹은 비트코인 공급량의 거의 60%를 차지하며, 전 세계 1억 명 이상의 (2억 명 이상이라는 추정치도 있다) 사람들로 대표된다. 이러한 개인 보유자의 1/4 이상이 10개 미만의 비트코인을 보유하고, 절반 이상이 100개 미만을 보유하고 있는 것으로 추정된다.[10] 대규모 보유량은 시간이 지남에 따라 지속적으로 희석된다. 2012년에는 비트코인 1,000개 이상을 보유한 개인이나 단체가 전체 비트코인의 60% 이상을 보유했던 것으로 추정된다. 2023년 기준으로 이 비율이 35% 미만으로 감소했는데, 이는 대규모 보유자가 점차 소규모 보유자에게 보유량을 매각했기 때문이다

[그림 7.1] 비트코인 소유권의 분포   출처: Bitcointreasuries.net, 2024년 8월

(가장 빠르게 늘어나는 집단은 비트코인이 한 개 미만인 보유자 집단이다).[11] 이런 수준의 평등한 분배는 다른 암호화폐 업계와 비교될 수 없다. 이것이 가능했던 유일한 이유는 비트코인이 인류의 집단적 정신을 통해서 수년에 걸쳐 진화해왔기 때문이다. 이러한 과정은 경로 의존적이며 복제할 수 없다.

암호화폐 산업이 '더 에너지 효율적인'[12] 지분증명의 대안으로[13] 전환하고 있음을 고려하면, 모든 잠재적 경쟁자들이 지분증명 방식을 활용할 것으로 예상할 수 있다. 사고실험으로, 당신이 새로운 지분증명 코인을 출시한다고 상상해보라. 발행 시점의 공정한 분배를 어떻게 달성할 수 있을까? 지분증명 방식을 사용하려면 사전 채굴이 필요하고 선택된 초기 보유자 그룹(코인의 창립자가 되고 코인과 벤처 캐피털 투자자에 의존할 것이 틀림없는)에게 코인을 지급해야 한다. 그러면 이들이 지급된 코인을 스테이킹하여 네트워크를 확산시킬 것이다. 지분증명 방식에서는 이러한 초기의 족벌주의적 코인 배분을 사실상 피할 수 없다. 코인이 시장에서 인기를 얻어서 높은 가격의 2차 매수자가 생기면, 코인을 현금화하는 초기 보유자들이 횡재를 하게 된다. 결과적으로 작업증명 합의에서 지분증명 합의로의 전환은 역설적으로, 그리고 영구적으로 비트코인보다 더 탈중앙화되고 공정한 분배를 갖춘 미래 경쟁자가 등장할 가능성을 차단해 버린 셈이다.

네트워크 효과

네트워크 효과는 비트코인의 경로 의존적이고 기본적인 발명품으로서의 지위를 공고히 한다. 더불어 비트코인의 궤적을 형성하며, 후속 기술이 비트코인의 성공을 재현하기가 점점 더 어렵게 만드는 데 중추적인 역할을 한다. 네트워크 효과란 사용자가 늘어남에 따라 제품이나 서비스의 가치가 상승하는 현상을 말한다.[14] 비트코인의 맥락에서는 더 많은 사람이 비트코인을 사용하고 구매하고 수용할수록 비트코인의 유용성, 안전성, 그리고 가치가 증가하여 더 많은 사용자를 끌어들이는 선순환이 형성된다는 것을 의미한다.

비트코인의 탄생은 역사적으로 매우 적절한 시기에 이루어졌다. 2008년 금융 위기 이후, 전통적 은행 및 금융 시스템의 취약성과 한계가 여실히 드러났던 시기였다. 당시에는 정부의 구제 금융, 도덕적 해이, 그리고 시스템적 부패가 금융계의 가장 중요한 화두였고, 비트코인은 이런 상황의 해독제로 제시되었다. 그 타이밍은 단순한 우연이 아니고 재현할 수도 없는 것이었다. 비트코인은 선발자의 이점을 확립할 수 있는 독특한 상황을 위한 무대를 마련했다. 비트코인의 기술적·철학적 명제는 빠르게 기술 애호가, 자유지상주의자, 암호학자, 그리고 기존 금융 시스템에 환멸을 느낀 사람들의 관심을 끌었다.[15] 자연스럽게 이러한 환경은 네트워크 효과가 촉발되는 데 필요한 초기 사용자 네트워크의 씨앗을 뿌렸다.

네트워크가 성장함에 따라 비트코인의 안전성도 향상되었다. 이는 다시 가치의 저장 수단이자 교환의 매체로서 비트코인의 신뢰성을 더욱 강화하여 더 많은 사용자와 채굴자를 끌어들이는 선순환의 생태계로 이어졌다. 비트코인의 사용자 기반이 급성장하면서 유동성과 시장의 깊이가 더욱 커졌다. 가맹점, 결제 처리업체, 심지어 몇몇 정부까지 비트코인을 수용하면서 비트코인의 유용성과 가치가 더욱 확고해졌고, 동일한 수준의 생태계 발전과 인지도가 부족한 새로운 암호화폐보다 더 매력적인 디지털 자산이 되었다.[16] 비트코인의 타이밍, 기술적 혁신, 채택률 증가의 상호작용은 모방할 수 없는 선순환 구조를 만들어낸다. 더 많은 사람이 비트코인 네트워크에 참여할수록 비트코인의 장점이 더욱 확고해지고 강화된다.

[그림 7.2]는 2만 가지가 넘는 암호화폐 중 상위 15개 암호화폐와 비트코인의 시가총액을 비교한 것이다.[17] 수십억 달러 규모의 실리콘밸리 벤처 캐피털 자금의 지원을 받아 '차세대 비트코인'을 만들

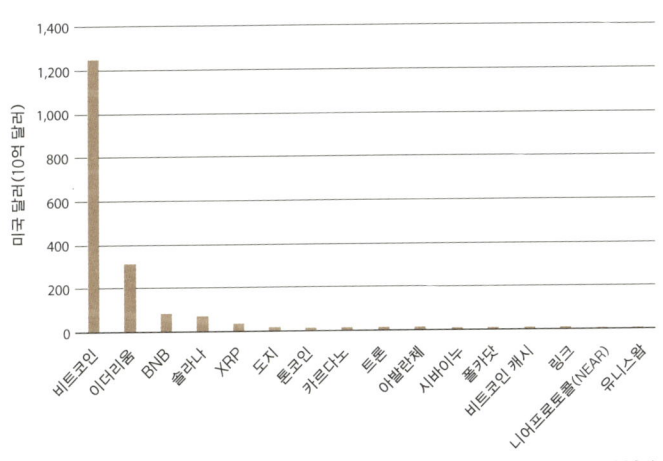

[그림 7.2] 가장 규모가 큰 암호화폐들의 시가총액　　출처: Coinmarketcap.com, 2024년 8월

기 위한 13년 이상의 끊임없는 시도 끝에 나온 결과는 자명하다. 4장에서 비트코인과 비교 검토한 이더리움을 제외하면, '경쟁하는' 암호화폐들의 상대적 규모는 단지 반올림 오차에 불과하다. 이 도표를 보면 비트코인이 시장 지배력을 빼앗길 위험이 있는 것처럼 보이는가? 2024년 기준으로 비트코인의 시가총액은 2위 암호화폐보다 4배, 3위 암호화폐보다 15배, 5위 암호화폐보다 40배, 10위 암호화폐보다는 110배 이상 더 크다(중앙화되고 법정화폐에 연동되어 이 논의와 관련이 없는 스테이블코인은 제외).

또한 주목할 점은, 이들 다른 암호화폐들 중 어느 것도 중앙은행과 화폐 자체를 대체하겠다고 주장하지 않는다는 것이다. 이들은 스마트 계약, 프로그램 가능성, 확장 가능한 결제 솔루션, 블록체인의 상호운용성, 기타 미묘한 문제에 더 중점을 두고 있다. 따라서 화폐를 둘러싼 네트워크 효과가 모든 네트워크 중에 가장 강력하다고 할 수 있다는 점을 고려하면, 비트코인 같은 기존 화폐 네트워크를 파괴하기가 더 어렵게 된다. 어쨌든 화폐는 '세계에서 가장 오래된 소셜 네트워크'이기 때문이다.[18]

린디 효과

비트코인이 법적 또는 기술적 문제로 인하여 붕괴되지 않고 지나가는 모든 날이 시장에 새로운 정보를 제공한다. 이는 비트코인의 궁극적 성공

가능성을 높이고 더 높은 가격을 정당화한다.[19]

- 할 피니, 2011년 6월 4일

기술과 문화의 수명에 관한 영역에서 유래한 개념인 린디 효과(Lindy effect)는 기술이나 아이디어처럼 오래 보존할 수 있는 사물의 미래 기대수명이 현재 나이에 비례한다고 상정한다.[20] 간단히 말해서, 존재한 지가 오래될수록 더 오래 존재할 가능성이 크다는 것이다. 이 개념은 비트코인의 진화와 지위에 대하여 적절한 관점을 제공한다.

2009년 탄생한 이후로 비트코인은 단순히 살아남는 것을 넘어서 규제와 감시, 시장의 변동성, 거래소 해킹 및 사기, 그리고 우월한 기술적 특성을 주장하는 새로운 암호화폐와의 경쟁 등 수많은 어려움에 맞서면서 번창했다. 비트코인이 계속해서 운영되고, 채택되고, 가치를 유지하거나 증가시키는 하루하루는 린디 효과에 대한 신뢰성을 더한다. 비트코인이 직면하는 모든 어려움이 그 조직 구조의 견고성을 입증하여 비트코인의 오랜 수명에 대한 투자자, 사용자, 그리고 규제 당국의 신뢰가 높아진다.

취약한 컴퓨터 네트워크에서 출발하여 현대 문명의 중추로 진화한 인터넷과 마찬가지로, 비트코인은 틈새시장을 겨냥한 사이퍼펑크 프로젝트에서 오늘날의 세계적인 금융 자산 클래스로 성장했다(그리고 글로벌 채택의 초기 단계에 있다). 글로벌 금융 체계에 점점 더 깊이 자리 잡는 비트코인의 궤적은 인터넷의 발전 궤적과 유사하다.

이와 관련된 또 다른 비유는 가치를 저장하는 수단으로서 금에 관한 이야기에서 찾아볼 수 있다. 수천 년 동안 인류가 소중하게 여겨온 금의 변하지 않는 가치의 역사는 새로운 상품이 쉽게 모방할 수 없는 신뢰성을 부여한다. 존재를 계속하면서 의도된 대로 기능하는 비트코인은 '디지털 금'으로서의 역사를 계속해서 축적하고 있다. 결국 시간이 흐를수록 린디 효과가 작용하여 비트코인을 파괴하거나 대체하기가 점점 불가능해진다.

10배 개선 법칙

피터 틸(Peter Thiel)에 따르면, 시장에 새로 진입하여 성공하려면 차선책보다 약간 더 나은 것이 아니라 10배 더 나은 솔루션을 제시해야 한다.[21] 이를 10배 개선 법칙(10x improvement rule)이라 하는데, 비트코인이 역사상 단 한 번 등장한 획기적인 발명품이며 그 어떤 경쟁자도 빼앗을 수 없다는 주장은 10배 개선 법칙과 본질적으로 연결된다. 경쟁자가 비트코인을 선도적인 디지털 상품의 지위에서 몰아내려면 수십 배의 가치를 지닌 이점을 제공해야 한다.[22]

비트코인의 희소성, 이동성, 검증성, 내구성, 분할성, 검열 저항성, 그리고 몰수 불가성이라는 독특한 속성의 조합은 그 누구도 따라올 수 없는 독보적인 지위를 구축하는 토대가 된다. 각 속성은 디지털 상품으로서 비트코인의 가치 제안에서 중요한 측면을 나타낸다. 비트코인의 화폐적 속성을 모두 합친 것보다 10배 향상된 기능을 제공할 수 있는 경쟁자를 상상하기는 쉽지 않다. 그러한 향상을 위해서는 첫째, 비트코인의 기반이 되는 신뢰와 보안성(앞에서 논의한 것처럼 경로 의존적인)을 재현해야 하고 둘째, 보안성이 잠재적으로 검증되지 않았고 인지도가 낮은 새로운 시스템으로 전환할 설득력 있는 이유를 사용자들에게 제시해야 한다.

10배 개선을 달성하기 어려운 또 다른 이유는 비트코인이 가진 선발자적 이점과 지난 10여 년 동안 전 세계적으로 구축된 광범위한 인프라 때문이다. 여기에는 거래소, 지갑, 가맹점, 그리고 비트코인 또는 비트코인 2계층 결제 기술을 통합한 서비스들이 포함된다. 이러한 생태계는 비트코인에 확고한 기반을 제공하며, 새로운 경쟁자가 비트코인을 10배 더 개선된 화폐 속성으로 대체하는 것은 고사하고, 심지어 비슷하게 복제하는 것조차 불가능하게 만든다.

핵심은 단순히 개선이나 향상을 도입하는 것으로는 충분치 않다는 것이다. 도전자는 비트코인의 거의 완벽에 가까운 (2장에서 논의한 것처럼) 화폐적 속성을 완전히 쓸모없게 만들어야 할 것이다. 그러나 그러한 혼란이 발생할 가능성은 점점 희박해지고 있다. 이러한 분석은 비트코인을 재현 불가능하고 역사상 단 한 번만 등장한 발명품으로 보는 관점을 더욱 강화한다. 기술 혁신, 경제 원칙, 철학적 이상, 그리고 광범위한 채택이 결합된 비트코인은 10배의 개선은 말할 것도 없고, 그 어떤 유형의 의미 있는 개선으로도 결코 극복할 수 없는 장벽을 형성한다.

셸링 포인트

셸링 포인트는 미국 경제학자 토머스 셸링(Thomas Schelling)이 제시한 개념으로, 사람들이 서로 소통할 수 없는 상황에서 의사결정을 내려야 할 때 기본적으로 선택하는 해법을 의미한다.[23] 이는 여러 가지 옵션에 직면하여 다른 사람들과 선택을 조율할 방법이 없을 때, 사람들이 자연스럽거나 두드러지게 느껴지는 옵션을 중심으로 마음이 끌린다는 전제에 기초한다.[24] 셸링 포인트는 명시적 유인이나 합리적 이유가 없더라도 사람들에게 자명하거나 의미 있게 보이기 때문에 직관적으로 선택되는 옵션이다. 예를 들어, 두 사람에게 구체적인 시간과 장소를 알려주지 않은 채로 대도시에서 만나도록 한다면, 그들은 소통이 부족한 상황에서 각자 가장 논리적인 선택을 가정하고 도시의 가장 유명한 랜드마크에서 정오에 만나기로 결정할 수 있다. 이런 경우에는 랜드마크가 셸링 포인트의 역할을 한다.[25]

앞에서 논의한 여러 요인으로 인하여 시간이 가면서 비트코인이 암호화폐 산업과 그 너머에서 화폐 자산의 셸링 포인트가 될 것이다. 2장에서 우리는 비트코인이 역사상 최고의 화폐 형태라는 주장을 강력하게 뒷받침하는 비트코인의 화폐적 특성을 논의했다. 또한 비트코인은 암호화폐 분야의 선발자로서, 자연스럽게 투자자와 개발자 모두의 주목을 받고 있다. 이렇게 빠른 출발에 힘입어 비트코인은 논의의 중심을 이루는 가장 중요한 디지털 자산이 되었다.

아울러 비트코인은 압도적인 브랜드 인지도를 지니고 있다. 많은 사람들에게 암호화폐라는 단어는 곧 비트코인을 의미한다. 이와 같은 광범위한 인지도는 셀링 포인트로 작용하여 새로운 사용자와 투자자들이 기본적이자 가장 안전한 선택지로 비트코인을 찾도록 만든다. 높은 유동성과 시가총액 역시 투자자들에게 매력적인 자산으로 자리매김하게 하며, 비트코인의 셀링 포인트적 위치를 더욱 공고히 한다.

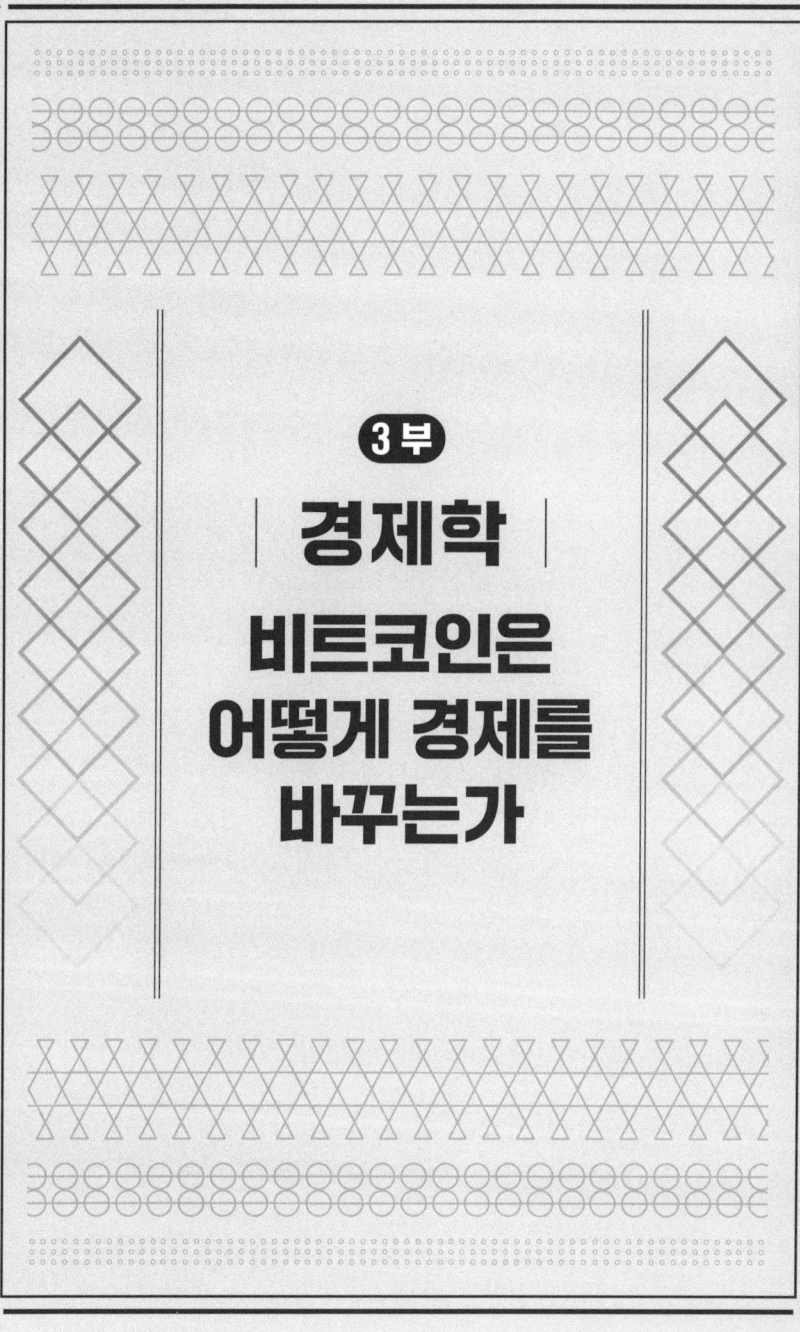

3부
경제학
비트코인은 어떻게 경제를 바꾸는가

PRINCIPLES OF BITCOIN

CHAPTER ❽
화폐와 국가

 2장에서 우리는 상품화폐(예컨대 금과 은)와 법정화폐의 차이점을 논의했다. 법정화폐의 맥락에서 양자를 구별하는 요점은 법정화폐가 국가의 독점적 창조물인 반면에 상품화폐는 본질적으로 국가와 무관하다는 것이다. 디지털 상품인 비트코인 역시 상품화폐이므로 국가와 무관하다. 이 장에서 살펴보겠지만, 화폐의 역사에는 상품화폐에서 법정화폐로 진행하는 과정이 기록되었으며, 20세기의 사건들이 그 여정의 중요한 전환점이었다. '화폐로서의 비트코인'으로 돌아간다는 개념은 법정화폐에서 상품화폐로의 전환을 알리는 전조. 이는 화폐와 국가의 분리라는 기념비적인 변화(또는 회귀)를 예고한다.

 오늘날 화폐에 대한 국가의 독점적 통제는 일반적으로 정부가 정의하고 시행하는 법정통화의 개념을 통해서 드러난다. 대부분 국가는 국가가 발행한 통화를 유일한 법정통화로 규정한다. 이는 지불이나 채무 상환의 수단으로 법정통화가 제공되면 받아들여야 한다는 것을 의미한다. 따라서 대부분 국가는 민간 화폐를 금지한다. 예를 들어 미국에서는 통화로 사용하기 위한 지폐의 발행이나 금속 주화의 주조를 불법으로 규정한 법령 18의 486조가 법정통화에 대한 정부의 독점을 강조한다.

> 법률에 의거하여 허가된 경우를 제외하고 금, 은 또는 다른 금속이나 금속 합금의 주화를 제조, 유통, 양도하거나 그런 시도를 하는 사람은 누구든지, 미국이나 외국의 주화와 유사하든 독창적 디자인이든 관계없이, 본 법에 따라 벌금형이나 5년 이하의 징역형 또는 둘 다에 처할 수 있다.

이러한 법률은 오늘날 전 세계 거의 모든 정부가 누리고 있는 화폐에 대한 독점적 통제를 효과적으로 구축한다. 이런 현실은 우리의 집단의식에 너무도 깊이 뿌리박혀서 다시 생각해보는 사람이 거의 없다. 그러나 화폐의 역사를 분석하고 제1원리적으로 생각해보면 이것이 기정사실이 아님을 알 수 있다. 오히려 여러 세기 동안 열띤 논쟁의 대상이었다.

2장에서 논의한 바와 같이 칼 멩거는 1892년에 화폐가 국가의 창조물이나 입법 행위의 결과물이어야 한다는 당시의 통념에 이의를 제기했다. 그는 화폐가 사람들의 이기적인 행동을 통해서 자발적으로 자연스럽게 생겨났다고 주장했다. 이러한 과정은 사람들이 물물교환보다 더 효율적인 교환 수단을 모색하면서 진행되었다. 그는 물물교환 상태에서 화폐 경제로의 전환을 이루는 데 정부의 강제력이 필요하지 않다고 지적했다. 멩거의 주장을 더 잘 평가하기 위해서는, 국가가 화폐를 장악하게 된 사건들을 이해하기 위해 화폐사의 짧은 여정을 거쳐보는 것이 도움이 될 것이다.

화폐의 역사

화폐의 역사는 인류 문명의 진화 경로와 얽혀있다. 수천 년에 걸쳐 사회가 진화하면서 사람들은 자연스럽게 거래와 상업 활동을 위한 보다 효율적인 방법을 모색해왔다. 따라서 화폐는 역사 전반에 걸쳐서 문화와 문명에 지대한 영향을 미쳤다. 그러므로 화폐의 역사를 연구하는 것은 곧 문명의 역사를 연구하는 것이다.

1. 물물교환에서 금으로

화폐가 출현하기 전의 초기 인류 사회는 거래를 위하여 물물교환 시스템에 의존했다고 한다.[1] 이러한 재화와 서비스의 직접 교환 방식은 두 가지 소요의 일치가 필요했기 때문에,[2] 소규모의 배타적 공동체 안에서만 효율적이었다. 신석기 시대 이후로 문명이 성장하고 다양화함에 따라 물물교환의 한계가 분명해졌고, 더욱 유연한 거래 수단의 모색에 박차를 가하게 되었다.

> 노동 분업이 처음 확립된 이후의 어느 사회, 어느 시대에서든, 신중한 사람이라면 누구나 자신의 산업 활동의 특수한 산물 외에도, 다른 사람들의 산물과 교환할 때 거의 거절당하지 않을 것이라 생각되는 특정한 재화를 일정량 항상 곁에 두고자 애쓰는 것이 자연스러운 일이다.
>
> - 애덤 스미스

기원전 9000년에서 3000년 사이에 소의 가축화와 농작물 재배가 이루어지면서 가축과 작물은 화폐로 사용되기 시작했다. 이는 아마도 최초의 상품화폐 형태였을 것이다. 메소포타미아의 수메르인은 기원전 3000년경에 처음으로 보리 같은 상품을 화폐로 사용했고,[3] 다른 문명도 그 뒤를 따랐다. 페루의 잉카 문명처럼 화폐가 전혀 없이 살아남은 문명도 있었을 것이다. 고대 로마에서는 식품의 보존과 조미료로서의 유용성을 나타내는 소금이 귀중한 상품화폐가 되었다. 조개껍데기와 구슬은 이동성, 내구성, 그리고 미적인 매력 때문에 여러 문명에서 사용되었다. 중국, 아프리카, 태평양 제도 같은 지역에서는 개오지(cowrie) 조개껍데기가 특히 중요한 화폐였다.

부패하기 쉽고 형태가 일정하지 않은 곡물과 조개껍데기에 이어서 사용된 금속은 상대적으로 뛰어난 내구성, 분할성, 이동성을 제공하는 형태의 화폐였고 금, 은, 구리가 유연성과 내재적 가치 때문에 선호되는 금속으로 등장했다. 이집트인은 일정한 무게의 금괴를 거래에 활용했다.[4] 기원전 700년경에는 아나톨리아의 리디아인이 최초의 주화를 도입함으로써 큰 전환점을 마련했다.[5] 고대 그리스의 역사가 헤로도토스(기원전 440년)는 다음과 같이 말했다.

> 리디아의 모든 젊은 여성은 매춘을 통해서 결혼 지참금을 마련하고, 나중에 남편과 함께 적절하다고 생각하는 대로 처분한다…
>
> …리디아인의 풍속과 관습은, 이러한 젊은 여성들의 매춘 행위를 제외하면 그리스와 크게 다르지 않다. 그들은 역사상 최초로 금과 은을 주조하여 화폐로 만들고 소매 거래를 한 사람들이다.[6]

알렉산더 델 마르(Alexander Del Mar)에 따르면, 힌두 서사시들에 대한 언급을 근거로 볼 때 인도에서는 수백 년 더 앞서 이미 동전이 사용되고 있었을 가능성이 있다.[7] 이러한 혁신은 국가와 사회에 표준화된 교환의 매체를 제공하여 거래의 효율성과 지역 간 경제적 통합을 크게 강화했다.

동전과 표준화된 주화 발행 방식의 등장은 화폐 가치 저하의 최초 사례라 할 수 있다. '가치 저하(debasement)'는 기술적으로 화폐의 실질 가치를 떨어뜨리는 것을 의미한다. 동전의 가치 저하는 액면가를 일정하게 유지하면서 동전을 구성하는 금이나 은의 양을 줄이는 방법으로 이루어졌다. 서기 60년경의 네로 황제 시대에 로마인들은 은화의 크기와 은 함량을 줄임으로써 화폐 가치를 하락시키기 시작했다. 이런 과정을 통해서 정부는 같은 양의 은으로 더 많은 동전을 주조할 수 있었다. 동전 깎기(clipping)는 동전의 가장자리를 조금씩 깎아내어 거기서 나온 귀금속 조각을 모아 새로운 동전을 만드는 행위였는데, 이러한 관행은 중세 유럽 전역으로 퍼져나갔다. 1200년대 영국에서는 유통되는 동전 대부분이 원래 무게보다 1/3까지 줄어든 것으로 추정되었다(이는 전적으로 정부의 탓만은 아니다. 민간인들도 자신의 부를 축적하기 위하여 동전 깎기에 가담했다). 1699년에 왕립 조폐국장으로 재직하던 아이작 뉴턴은 만연한 동전 깎기를 막기 위하여 동전을 깎으면 파손되는 테두리 홈을 도입했다.

2. 금에서 금으로 뒷받침되는 종이로

동전에서 종이 화폐로의 전환은 화폐의 역사에서 중요한 장을 차지한다. 종이 화폐가 가장 일찍 사용된 곳은 당 왕조(서기 618~907년)의 중국으로 추정된다.[8] 금속 주화나 금괴의 장거리 운송에 따르는 번거로움으로 인하여 상인들이 미래에 실물 금의 지불을 약속하는 종이 문서를 사용하기 시작했다. 이후 송 왕조(서기 960~1279년) 시대에는 종이 화폐의 사용이 더욱 확산했다. 정부는 서기 1023년경에 자오쯔(jiaozi)로 알려진 최초의 진짜 지폐를 발행했다.[9] 이러한 변화의 주요 원인 중 하나는 동전을 만드는 구리의 부족이었을 가능성이 있다. 중국 정부는 처음에 철 동전으로 바꿨다가 결국에는 상대적으로 생산이 용이한 종이로 전환했다.

지폐의 사용은 중국의 원왕조(서기 1271~1368년)를 포함한 몽골 제국 전역으로 확산되었다.[10] 마르코 폴로는 13세기 후반의 여행 중에 몽골 제국의 종이 화폐 시스템의 효율성을 기록한 것으로 유명하다. 그는 쿠빌라이 칸이 귀금속 대신에 종이를 사용하여 광대한 제국의 전 지역으로 부를 이동시킬 수 있었던 방식에 경탄했다.[11]

> 이 모든 종잇조각이 마치 순금이나 은으로 만든 것처럼 엄숙하고 권위 있게 발행된다. 각 종잇조각마다 여러 담당 관리가 이름을 쓰고 도장을 찍어야 한다. 모든 것이 적절하게 준비되면, 칸의 위임을 받은 최고 관리가 자신에게 맡겨진 왕실 인장을 진사에 담갔다가 종잇조각 상단에 찍어서 인장의 형태가 주홍색으로 남아 있도록 한다. 그러면 진품 화폐가 된다. 누구든지 화폐를 위조하는 자는 사형에 처해진다.[12]

이슬람 세계에서는, 특히 아바스 칼리파국에서 사용된 사크(sakk)라는 약속어음이 종이 화폐의 전신이었다.[13] 그러나 이 약속어음은 중국의 지폐만큼 널리 사용되지는 않았다.

유럽은 종이 화폐의 도입이 상대적으로 늦었다. 스웨덴의 중앙은행이자 스웨덴 국립은행의 전신인 스톡홀름 은행이 1661년에 예치된 동전에 대한 약속으로 유럽 최초의 은행권을 발행했다.[14] 1694년에는 영국은행(Bank of England)이 설립되어 일정 금액을 '보유자에게 지급한다는 약속'과 함께 은행권을 발행하기 시작했다. 처음에는 예치금의 정확한 액수에 대하여 발행되는 은행권이 수기로 작성되었다가, 시간이 지나면서 표준화되어 고정된 액면가로 인쇄되었다.[15]

1694년 영국은행이 설립된 후 공식적인 금본위제로의 진화에 중요한 이정표가 세워졌다. 아이작 뉴턴은 1717년 금의 가격을 책정함으로써 의도치 않게 사실상의 금본위제를 확립했다. 존 메이너드 케인스는 자신의 저서 《화폐론(A Treatise on Money)》에서 이 사건을 언급하면서 다음과 같이 말했다. "뉴턴은 위대한 과학자였지만 금융가는 아니었다. 기니를 금으로 환산하여 21실링 6펜스로 고정함으로써 은의 가치를 낮게 평가한 것은 그의 인생에서 가장 큰 실수였고, 금본위제의 확립으로 이어졌다."¹⁶ 케인스에 따르면 뉴턴의 '실수'는 금과 은의 교환 비율을 특정한 수준으로 설정하여 은괴로서 은화의 가치가 통화 가치보다 높아짐에 따라 은화를 녹여서 수출하게 되었다는 것이다. 영국이 금본위제를 채택해야 했던 것은 뉴턴의 실수 때문이었다.

영국에서 금본위제의 공식화는 나폴레옹 전쟁의 여파 속에서 1819년에 이루어졌고, 이후 선진 세계 전역에서 점진적으로 금본위제의 개념이 자리 잡기 시작했다. 독일은 보불전쟁이 끝난 뒤인 1871년에 금본위제를 채택했으며, 미국은 이보다 늦은 1875년에 금본위제를 채택하기 시작했다.¹⁷

금본위제의 도입으로 해당 국가의 법률에 따라 지폐를 금으로 교환할 수 있게 되었다. 미국에서 금본위제가 도입된 시기를 도금시대(Gilded Age)라 하는데, 이 시기에 국가의 산업 생산량이 급증했다. 미국의 금본위제는 또한 가장 순수한 형태로 운영되어 모든 지폐를 요구에 따라 실물 금으로 교환할 수 있었다. 존 D. 록펠러, 토머스 에디슨, 앤드루 카네기, 그리고 J. P. 모건이 유명한 독점 기업을 설립했고, 미국이 경제 강국으로 세계 무대에 등장하는 모습을 전 세계가 지켜보았다.[18]

표준화된 비율로 통화를 금에 연동시킴으로써 세계적인 환율 시스템이 구축되었다. 새롭고 효율적인 패러다임을 통해서 무역과 상업이 전 세계적인 호황을 누렸고, 금으로 뒷받침되는 지폐라는 독창적 발명품 덕분에 금의 이동성과 분할성 문제가 사실상 해소되었다. 화폐 공급량이 금 공급량과 연동되었기 때문에 인플레이션도 대체로 억제되었다. 1914년에는 59개 국가가 금본위제를 사용했다. 통화를 금으로 뒷받침하는 것은 해당 국가가 세계 경제에서 중요한 역할을 한다는 것을 보여주는 신호였다.[19]

3. 금으로 뒷받침되는 종이에서 그냥 종이로

> 누군가가 현자의 돌을 언급했다. 참석자 모두를 놀라게 하면서 로는 자신이 그것을 발견했다고 말했다. "비밀을 말씀드리겠습니다." 금융가가 말했다. "종이로 금을 만드는 것입니다."
>
> - 《존 로(John Law)》, H. 몽고메리 하이드(H. Montgomery Hyde)[20]

안타깝게도 금본위제의 경직성은 정부(특히 전쟁에 열중하는 정부)에 어려움을 안겨주었다. 제1차 세계대전 중에 각국이 금의 공급으로 충당할 수 있는 것보다 더 많은 전쟁 수행 자금을 확보하려 하면서 금본위제가 무너지기 시작했다. 풀리처상 수상작인 《금융의 제왕(Lords of Finance)》에서 저자 리아콰트 아메드(Liaquat Ahmed)는 말한다. "제1차 세계대전 중에 유럽 국가들이 전쟁 수행을 위한 화폐를 찍어내기 위하여 금본위제를 포기하면서 고전적인 금본위제가 무너졌다. 이러한 포기는 금본위제로 알려졌던 시스템의 종말이 시작되었음을 알리는 신호였다."21

여러 나라가 전쟁 중에 금본위제를 포기했고 일부는 전쟁 기간 중 금본위제의 시행을 재개하려 했지만, 경제적 압력과 대공황으로 인하여 실행에 옮기지 못했다. 1930년대에는 금본위제가 지나친 재정적 제약으로 여겨졌다. 1931년의 영국처럼 금본위제를 폐지한 국가가 금본위제를 고수한 국가보다 더 빠르게 대공황에서 회복하는 것처럼 보였다.22 제2차 세계대전 중인 1944년 연합국이 새로운 글로벌 통화 시스템을 설계하기 위하여 브레턴우즈(Bretton Woods)에 모였다. 이후 금에 연동된 미국 달러가 세계의 기축 통화로 확립되었고 다른 통화는 달러에 연동되었다.

하지만 금에 대한 미국 달러의 연동은 미국의 경제 및 외교 정책과 잘 맞지 않았다. 베트남 전쟁이 격화하고 해외에서 막대한 군사비가 지출되면서 미국은 지속적인 국제수지 적자에 시달렸다. 이러한 상황은 1960년대에 다른 국가와 기관들이 미국 달러를 보유하기 시작해 막대한 자금이 유출되면서 더욱 악화했다. 결국, 이 모든 달러를 고정된 교환 비율로 금으로 바꿔줄 수 있는 미국의 능력에 대한 국제 사회의 우려가 깊어졌다. 해외뿐만 아니라 국내에서도 지출이 급증하고 그에 상응하는 세금 인상이 없었던 미국 경제는 1960년대 말에 점증하는 인플레이션을 겪게 되었다.[23] 인플레이션 압력으로 국내에서 달러 가치가 하락하는 동안에도 국제무대에서는 여전히 달러가 고정된 비율로 금에 연동되어 있었다. 이로 인하여 미국 경제에서 금본위제를 유지하기가 점점 더 어렵게 되었다.

이러한 상황 전개에 대응하여 여러 유럽 국가, 특히 샤를 드골이 집권한 프랑스가 미국 달러의 특권적 지위를 공개적으로 비판했다. 그들은 보유한 달러에 대한 금을 요구하기 시작했고,[24] 미국 달러와 관련된 경제적 위험을 감당할 수 없다는 것이 빠르게 분명해졌다. 1971년 다른 나라의 중앙은행과 정부는 640억 달러 상당의 청구권을 보유했지만, 미국이 보유한 금은 100억 달러 상당에 불과했다.[25] 그해 8월 조르주 퐁피두 프랑스 대통령은 연방준비제도에서 자국이 보유한 금을 회수하기 위하여 뉴욕에 전함을 파견했다.[26] 영국도 포트 녹스(Fort Knox)에 보관된 30억 달러 상당의 금의 인출을 준비하도록 미국에 요청했다.[27] 스위스는 5,000만 달러 상당의 금괴를 인출했고, 다른 외국 정부와 투자자들도 가세하여 미국의 금 보유고가 급속히 고갈되었다. 달러에 대한 투기가 고조되면서 미국의 금본위제 유지 능력에 대한 신뢰가 위기에 처하게 되었다.

미국 경제의 붕괴라는 임박한 위협에 직면한 리처드 닉슨 대통령은 1971년 8월 15일에 역사적인 조치를 단행했다. 존 코널리(John Connally) 재무장관과 아서 번스(Arthur Burns) 연방준비제도이사회 의장의 조언을 받은 닉슨은 달러의 금태환을 중단하기로 결정했다.

이 조치는 출범한 지 27년밖에 안 된 브레턴우즈 체제를 사실상 종식시켰다. 그리고 오늘날 우리가 목격하는 변동 환율 체제로의 전환을 알렸다. 통화의 역사에서 닉슨 쇼크(Nixon Shock)로 알려진 이 중대한 사건은 오늘날까지도 유지되고 있는 법정통화 체제로의 전 세계적 전환을 의미했다. 법정통화 체제에서는 화폐의 가치가 금이나 다른 실물 상품으로 뒷받침되지 않고 단지 화폐를 발행하는 정부의 신뢰성과 신용으로 뒷받침된다.[28]

실질적 가치가 있는 무언가로 뒷받침된다는 것을 보증하는 금본위제의 지폐에서 기대할 수 있는 것처럼, 미국 달러 지폐에는 '소지인의 요구에 따라 미합중국이 지불할 것'이라는 문구가 새겨져 있었다. 그러나 1963년부터 새로 발행되는 지폐에서는 이 문구가 모두 삭제되었다. 이어서 1968년에는 닉슨 쇼크에 앞서, 1963년 이전에 발행된 지폐를 금이나 은으로 교환할 수 있는 제도가 공식적으로 종료되었다.

> 금본위제의 폐지는 앞으로 통화의 가치가 정부의 행동과 정책으로 결정된다는 것을 분명히 했다. 한때 금에 연동되었던 달러는 이제 미국의 경제 정책에 대한 신뢰를 바탕으로 떠다니게 되었다.
>
> - 존 케네스 갤브레이스

간단히 말해서, 수천 년에 걸친 화폐의 역사는 물물교환에서 실물 상품으로, 실물 상품에서 실물 상품으로 뒷받침되는 종이로, 다시 부분적으로만 실물 상품으로 뒷받침되는 종이로, 그리고 아무것으로도 뒷받침되지 않는 종이로 발전하는 과정으로 요약될 수 있다. 세상이 '화폐'라 여기는 것은 이제 정부가 마음대로 종이 또는 전자의 형태로 발행하며, 해당 정부의 경제 정책과 세계 무대 및 외환 시장에서의 인지도(perception) 외에는 그 어떤 것으로도 뒷받침되지 않는다.

통화의 독점

흥미로운 점은, 정부가 무제한적으로 화폐를 발행할 수 있는 능력에 대한 현실적 제약을 서서히 그러나 확실히 제거해 나가는 동시에 또 다른 조치를 취했다는 것이다. 바로 통화 부문에서의 모든 경쟁을 제거한 것이다. 앞서 논의했듯이, 이는 정부가 특정 화폐를 법정통화로 지정할 수 있는 유일한 권한과 권력을 보유함으로써 이루어졌다. 오늘날 전 세계 거의 모든 국가에서, 정부는 무엇이 법정통화인지에 관한 법률을 제정할 수 있는 독점적 권한을 가진다. 이러한 법을 위반하는 행위는 벌금형, 징역형 또는 그보다 더 무거운 처벌을 받을 수 있는 형사 범죄에 해당한다.

국가가 특정한 화폐나 상품을 법정통화로 간주한다는 개념은 수천 년 전으로 거슬러 올라갈 수 있다. 이러한 제도가 역사적으로 언제 시작되었는지는 정확히 파악하기 어렵다. 일부 사람들은 4000년 전의 고대 도시 바빌론에서 함무라비 법전이 곡물을 법정통화로 규정했다고 주장한다.[29] "포도주 판매자가 60KA(고대 바빌로니아의 곡물 계량 단위)의 술을 외상으로 주면, 수확기에 50KA의 곡물을 받게 된다."[30]

여러 역사적 사례를 통해서 민간 화폐가 국가 발행 화폐와 공존했음을 알 수 있다. 예를 들어, 식민지 시대 미국에서는 사설 은행, 상인, 심지어 개인까지도 신용장(bills of credit)으로 알려진 자체적 형태의 통화를 발행했다. 이러한 형태의 민간 화폐는 종종 영국, 스페인, 프랑스의 공식 통화와 함께 유통되었다.[31] 닉 사보는 〈열거되지 않은(Unenumerated)〉이라는 에세이에서 사설 은행권, 민간 상인이 발행한 구리 동전, 그리고 개인 소유의 보석을 포함하여 비정부 화폐의 여러 역사적 사례를 제시한다.[32]

현대사에서 화폐에 대한 독점적 권한을 국가에 부여하는 법정통화 법률이 처음 공식적으로 성문화된 것은, 미국과 영국 모두 전쟁 자금 조달과 경제 안정에 어려움을 겪고 있었던 19세기였을 것이다. 두 나라 정부는 자국 통화 발행에 대한 완전하고 독점적인 통제권을 확보하는 것이 당면한 여러 위기를 극복하는 데 매우 귀중한 도구가 될 것임을 깨달았다. 따라서 그들은 일련의 입법 활동을 통해서 법정통화의 개념을 공식화했다.

영국은 1844년의 은행 헌장법(Bank Charter Act)으로 민간 화폐를 금지하고 통화 발행을 중앙은행에 집중시켰다. 영국은행은 잉글랜드와 웨일즈에서 지폐를 발행하는 독점권을 부여받았다. 그전에는 다른 상업은행들도 자체적으로 은행권을 발행할 수 있었지만, 이 법이 그런 활동을 불법화했다. 그 결과 민간 은행권이 사라지고 영국은행이 새로운 은행권 발행의 독점권을 얻게 되었다.

미국에서는 에이브러햄 링컨이 1860년에 대통령이 되었고, 곧이어 남북전쟁이 시작되었다. 처음에는 전쟁 비용이 크게 과소평가되었다. 1862년 정부는 진행 중인 전쟁의 긴급한 상황을 고려하여, 금으로 상환되지 않는 지폐의 법정통화 발행을 승인하는 법정통화법(Legal Tender Act)을 제안했다. 이 법안은 의회에서 엄청난 논란을 불러일으켰는데, 당시에는 헌법이 정부에 지폐 통화를 발행하는 권한을 부여하지 않는 것으로 해석되었기 때문이다.[33] 그러나 법안은 전시 비상조치의 일환으로 제안되었고, 법안의 초안을 작성한 엘브리지 G. 스폴딩(Elbridge G. Spaulding) 하원의원은 "지금은 비상한 시기이며, 우리 정부를 구하고 국가를 보존하기 위하여 비상한 조치를 취해야 한다"고 말했다.[34]

지폐의 뒷면은 녹색 잉크로 인쇄되어 '그린백(greenbacks)'이라는 이름이 붙었다. 가장 중요한 사실은 그린백이 금으로 뒷받침되지 않았다는 것이다.[35] 링컨의 내각이 (미국 동전에 새겨진 것처럼) 지폐에도 '우리는 신을 믿는다(In God We Trust)'라는 문구를 넣어야 할지 물었을 때, 링컨이 농담조로 이렇게 답했다고 한다. "그린백에 전설을 새기려 한다면, 베드로와 바울의 '은과 금은 내게 없거니와 내게 있는 이것을 네게 주노니'를 제안하겠네." 이는 미국 정부가 명시적으로 법정통화로 지정된 화폐를 발행한 최초의 사례로, 미국에서 중앙화된 통화 발행의 시작을 알렸다. 1913년에는 미국의 중앙은행인 연방준비제도가 설립되어 통화 정책의 완전한 중앙화가 이루어졌다. 연방준비제도는 국가의 통화 정책에 대한 독점적 통제권과, 미국에서 유일한 형태의 법정통화로 인정받게 될 연방준비은행권의 발행 권한을 부여받았다.

법정통화를 정의하고 민간의 화폐 발행을 금지함으로써 세계 각국은 사실상 화폐와 통화 정책에 대한 독점권을 확보했다. 이는 점진적이고 침범할 수 없는 절대적인 쿠데타에 지나지 않았다. 돌이켜보면 이 모든 것이 정부가 화폐의 통제권을 장악하기 위하여 조직적으로 꾸며낸 거대한 계략으로, 어떻게든 미리 계획된 것으로 보일지도 모른다. 그러나 현실의 정치인, 중앙은행가, 정부 관료들은 그저 상황에 대응하여 자신에게 주어진 카드를 활용하는 평범한 사람들일 뿐이다. 아이러니하게도 과거의 정부들이 수십 년 또는 수 세기에 걸쳐서 통화 정책을 장악하기 위한 계획을 주도했다고 주장하는 것은 그들에게 과한 공을 돌리는 것이다. 위의 분석은 책임을 묻기보다는 역사적 사건을 제1원리에 따라 평가하고 그 근본적인 동기를 이해하는 데 더 유용하다. 이는 앞으로도 유사한 함정을 피하는 데 도움이 될 수 있다.

통화의 조작

나는 정부의 손에서 빼앗아 내기 전에는 우리가 다시 좋은 화폐를 가질 수 없다고 믿는다. 하지만 우리는 폭력적인 방법으로 정부가 장악한 화폐

> 를 빼앗을 수 없다. 우리가 할 수 있는 일은 교묘한 우회로를 통해서 그들이 막을 수 없는 무언가를 도입하는 것뿐이다.
>
> - 프리드리히 하이에크, 1984년

위에 인용한 프리드리히 하이에크의 말은 비트코인의 정곡을 찌른다. 많은 사람이 비트코인의 궁극적인 목적이라고 생각하는 바를 절묘하게 설명하는 말이다. 즉, 비트코인은 '교묘한 우회로'라는 표현에 완벽하게 들어맞는다.

2장에서 논의한 것처럼, 화폐의 발행에 대한 국가의 지배권은 애초에 사토시가 해결하고자 했던 구체적인 문제다. 이는 그의 글뿐만 아니라 비트코인 프로토콜의 설계에서 행정명령 6102호를 여러 차례 참조한 것에서도 분명하게 드러난다. 최초로 채굴된 비트코인 블록에는 다음과 같은 신문 기사 제목을 인용한 메시지가 포함되었다. "〈더 타임스〉 2009년 1월 3일, 총리의 은행에 대한 두 번째 구제금융 임박." 사토시는 은행에 대한 선별적이고 특혜적인 대우를 통해서 국가가 자유 시장의 운영에 개입한다는 것을 강조했다. 2009년 2월에는 비트코인토크 포럼(앞에서 인용된)에서 다음과 같이 말했다. "기존 통화의 근본적인 문제는 통화가 작동하도록 하는 데 필요한 모든 신뢰다. 중앙은행은 화폐 가치를 떨어뜨리지 않으리라는 신뢰를 받아야 하지만, 법정통화의 역사는 그러한 신뢰를 저버린 사례로 가득하다."[36]

사토시가 언급한 통화 가치 저하의 개념은 중앙은행이 대차대조표를 확장함으로써 국가 경제에 통화 공급을 늘릴 수 있는 능력이다. 중앙은행이 자산(예컨대 정부 채권, 모기지 담보증권, 또는 경우에 따라 공모주식 증권까지)을 구입하고 대차대조표에 추가하면 구입에 사용된 돈이 사실상 새롭게 생성되며, 일반적으로 (항상 그렇지는 않지만) 필요한 구입 금액을 은행의 준비금 계좌에 입금하는 방법으로 발행된다. 이는 사실상 전자 예금의 형태로 국가 경제에 추가되는 '새로운 돈'이다. 그 결과 은행은 더 많은 준비금을 확보하고 대출로 운영하여 더 많은 돈을 경제에 투입할 수 있게 된다. 이런 과정을 양적 완화(QE)라고 한다.

    이 점에 관해서 경제학자들의 의견이 갈리기는 하지만, 역사는 부인할 수 없을 정도로 (9장 참조) 이러한 통화 공급의 확대가 시간이 가면서 해당 통화의 구매력 감소로 이어진다는 것을 보여준다. 사토시가 '통화 가치 저하'라고 표현한 것은 바로 이러한, 소수의 선출되지 않은 중앙은행 관리들에 의해 인위적이고 중앙집중적으로 이루어지는 행위를 가리킨 것이다. 그는 또한 정부가 조율하는 은행의 구제 금융에 대해서도 우려를 나타냈다. 이는 2009년 당시 매우 시의적절한 문제였는데, 그때 전 세계 정부들이 무너져 가는 은행과 금융기관(정부의 재량에 따라 시스템적으로 중요하다고 판단한)을 지탱하기 위해 전례 없는 조치들을 취하며 각종 금융 지원 수단을 동원했기 때문이다. 사토시는 이러한 구제 금융과 통화 정책을 통해 특정 집단을 '승자'로, 다른 집단을 '패자'로 만드는 관행에 내재한 위험을 지적했는데, 이는 자유시장 경제를 왜곡시킬 수 있기 때문이다.

통화의 확대는 중앙은행이 자유 시장을 조정하기 위하여 사용할 수 있는 여러 가지 수단 중 하나일 뿐이다. 그들에게는 부실한 금융 시스템을 지탱하기 위한 여러 가지 다른 권한이 있다.[37]

1. 이자율: 이자율을 낮추면 은행, 기업, 그리고 개인의 차입 비용이 감소한다. 화폐가 상품이라면 화폐의 가격은 이자율이 될 것이다. 중앙은행은 이자율을 일방적으로 변경함으로써 화폐 가치를 효과적으로 조작한다.

2. 선제적 지침(forward guidance): 이는 미래의 통화 정책 방향을 시장에 전달하는 것으로, 이자율과 관련하여 미래에 취해질 조치를 알림으로써 현재의 화폐 가치에 영향을 미치게 된다.

3. 유동성 운영: 은행들이 고객과 금융 거래 상대방에 대한 의무를 이행하기에 충분한 유동성을 확보할 수 있도록 중앙은행이 일시적 대출을 제공할 수 있다.

4. 자본 투입: 심각한 위기 상황에서 중앙은행이나 정부는 은행과 금융기관에 직접 자금을 투입할 수 있다. 이는 시장 신뢰를 높이고, 은행에 대한 대규모 인출 사태(run on the banks)를 방지함으로써 금융 시스템을 안정화하기 위한 조치다.

5. 수익률 곡선 통제: 이 전략의 목적은 다양한 만기의 정부 채권 금리를 통제하는 것이다. 중앙은행은 정부 채권의 목표 수익률 유지를 위하여 필요한 만큼의 채권을 매수 또는 매도하기

로 약속함으로써 목적을 달성할 수 있으며, 이는 해당 만기의 모든 채권의 대출 금리에 영향을 미치게 된다.

하지만 핵심적인 문제는 위의 모든 인위적 조치들이 자유 시장 경제의 신성한 원칙에서 벗어나고, 그러한 이탈이 일반적으로 의도치 않은 결과를 초래한다는 것이다.

자유 시장의 죽음

자유 시장은 경제의 근본 원리가 주도한다. 신중한 위험 관리가 시간이 지남에 따라 보상을 받고, 무모한 위험을 감수하면 처벌받는다. 경제의 순환에는 죽음과 재생의 과정이 필요하다. 시장 참여자와 금융 시스템에 인위적 지원을 통해서 개입하면 왜곡된 인센티브가 생겨난다.

자유 시장의 반대는 시장의 맥박이 기초적인 경제 원리보다는 중앙은행의 움직임과 함께 뛰는 환경이다. 정치인과 선출되지 않은 관료들이 미래에 화폐 가치를 어떻게 조정할지에 대한 기대에 따라 투자 결정이 이루어진다. 이러한 파블로프식 조건화는 코로나-19 팬데믹의 여파로 더욱 강화되었다. 경제의 전면적 폐쇄와 글로벌 공급망의 붕괴에 대응하여 전 세계 중앙은행들은 금리를 0 또는 0에 가까운 수준으로 인하하고 통화 공급을 기하급수적으로 늘리는 전례 없는 양적 완화 조치를 시행했다. 이에 따라 주식 시장이 사상 최고치를 기록한 것은 기본적인 경제 현실과 완전히 동떨어진 결과였다. 이러한 환경은 팬데믹 이후에도 계속되었다. 주식 시장에 관한 한 좋은 소식이 나쁜 소식이고, 그 반대도 마찬가지라는 것이 용인되는 원칙이 되었다.

> 경제 지표가 호전된 후에 광범위한 손실을 기록한 주식 시장[38]
> - 〈월 스트리트 저널〉, 2023년 7월 7일

오늘날의 시장은 이러한 헤드라인을 아무런 거부감 없이 받아들인다. 마치 강력한 경제 지표가 주식 시장에서 광범위한 손실을 초래하는 것이 전적으로 당연한 일인 것처럼 말이다. 물론 이러한 반직관적 시나리오의 근본적인 이유는 나쁜 경제 지표가 연준의 통화 정책 완화로 이어져서 주가를 밀어 올리고 좋은 지표는 그와 반대의 효과를 초래할 것이라고 주식 시장이 예상하기 때문이다. 밀턴 프리드먼(Milton Friedman)이 말했듯이, "문제에 대한 정부의 해결책은 대개 문제만큼이나 나쁘고, 종종 문제를 더 악화시킨다."[39]

이러한 자유 시장 경제의 붕괴로 인하여 발생할 수 있는 의도치 않은 결과는 무엇일까? 도덕적 해이로 인한 시스템적 위험이 심각한 결과 중 하나다.[40] '도덕적 해이(moral hazard)'라는 용어는 상황이 잘못되더라도 어차피 구제될 것임을 알고 개인이나 기업이 과도한 위험을 감수하는 시나리오를 말한다. "앞면이 나오면 내가 이기고 뒷면이 나오면 당신이 진다." 이런 동전 던지기에서 패배하는 것은 세금을 내는 시민들뿐이다. 2008년의 세계적 금융위기에서 비롯된

'대마불사(too big to fail)'의 개념이 이러한 위험을 함축적으로 보여준다. 망하기에는 덩치가 너무 커서 무슨 일이 있더라도 구제될 것임을 알게 되면, 신중한 위험 관리보다는 과도한 위험의 감수를 부추길 수 있다.

치솟는 인플레이션에 대응하여 2022년 대폭 인상되기 전까지 10년이 넘는 기간에 그랬던 것처럼, 낮은 이자율을 장기간 유지하는 관행은 은행, 기업, 그리고 사람들이 정상적인 상황에서보다 더 많은 위험을 감수하도록 부추긴다.[41] 더 높은 수익을 추구하는 투자자들은 위험의 스펙트럼에서 점점 더 멀리 나갈 수밖에 없다. 이는 결국 자산의 거품으로 이어져서 시스템의 불가피한 붕괴를 초래하고, 그에 따른 중앙은행의 구제 조치가 시행되는 악순환을 반복하게 된다.

양적 완화로 인한 자유 시장의 죽음은 또한 가격의 발견을 어렵게 한다.[42] 양적 완화는 자산의 가격과 시장의 신호를 왜곡하여 투자, 특히 고위험 투자의 기본적 가치를 평가하기가 거의 불가능하게 한다. 모든 자산 평가의 기초에는 연방준비제도가 인위적으로 낮게 설정한 '무위험 금리(risk-free rate)'가 깔려 있다. 무위험 이자율이 낮을수록 자산 가치는 높게 책정되며, 이는 추가적인 위험 추구를 부추긴다. 이로 인해 투자자들은 투자의 위험을 정확히 평가하는 불가능한 과제에 직면하고, 그 결과 자본이 경제 전반에 걸쳐 잘못 배분되는 현상이 발생한다.

자유 시장 왜곡의 중대한 함의 중 하나이자, 이 책의 논의에서 가장 중요한 부분은 인플레이션과 통화 가치 하락이다. 장기적으로 공격적인 통화의 완화 및 확대는 인플레이션 압력으로 이어져 통화의 구매력을 저해할 수 있다. 인플레이션은 특히 수요가 낮은 상황에서 단기 및 중기적으로 억제될 수 있지만, 지속적인 양적 완화는 시간이 지남에 따라 인플레이션을 유발하는 것으로 나타났다. 이 주제는 9장에서 자세히 분석할 것이다.

통화 통제의 중앙화는 자유 시장 경제학에서 벗어나기 때문에 시스템적 위험이 내재한다. 우리는 지금 다소 이상한 세상에 살고 있다. 전 세계 경제의 건전성과 사람들의 저축 가치가 진정한 자유시장 속 수많은 개인들의 의사결정 결과가 아니라, 소수의 관료들(정확히 말해서 연방준비제도 7명의 이사)[43]이 내리는 결정에 의해 사실상 좌우되고 있기 때문이다.[44] 이러한 구조는 투자의 유인을 장기적 생산성에서 멀어지게 하고, 대신 이 관료들이 어떤 결정을 내릴지를 둘러싼 단기적 투기로 흐르게 만든다. 그래서 우리는 다시 이 장의 개념적 기준틀, 즉 화폐와 국가의 분리에 대한 경제적 정당성으로 돌아가게 된다. 9장에서는 이러한 주장을 더 깊이 있게 살펴보고 우리의 통화 시스템이 망가진 이유를 설명할 것이다.

CHAPTER ❾
인플레이션: 숨겨진 세금

역사는 대체로 인플레이션의 역사, 대개 정부의 이익을 위하여 정부가 만들어낸 인플레이션의 역사라고 해도 과언이 아니라고 생각한다.

- 프리드리히 하이에크

인플레이션은 일정 기간 동안의 가격 상승률을 의미한다. 일반적으로는 한 국가의 전반적인 물가 상승이나 생활비 상승을 측정하는 광범위한 지표로 사용된다. 인플레이션의 실제 결과는 화폐 구매력의 감소다. 즉, 시간이 지남에 따라 화폐 단위당 구매할 수 있는 재화와 서비스가 줄어드는 것이다. 인플레이션은 생산 비용의 상승, 수요의 증가, 그리고 이 장에서 논의할 화폐 공급의 증가를 포함하는 여러 요인의 결과일 수 있다.

가장 널리 사용되는 인플레이션 지표는 소비자물가지수(CPI)다. 평균적 소비자의 생활비를 측정하기 위하여, 정부 기관은 공통적으로 구매하는 품목의 바구니를 식별하기 위한 가계 조사를 실시하고, 이 상품 바구니를 구입하는 데 드는 비용을 시간의 경과에 따라 추적한다. 미국에서는 주택, 식품, 의류, 의료 서비스, 교통 등이 소비자 바구니를 구성한다. 특정한 시점에서 바구니의 비용을 기준 연도와 비교한 지수가 CPI이고, 특정한 기간의 CPI 변화를 백분율로 나타낸 것이 소비자물가 인플레이션이다. 예를 들어, 기준 연도 CPI가 100이고 현재 CPI가 110이면 해당 기간의 인플레이션이 10%가 된다.

CPI는 인플레이션의 한 가지 표현일 뿐이다. 자산가격 인플레이션(asset price inflation)은 주식, 부동산, 특정한 상품 같은 금융 및 자본 자산의 가치 상승을 의미한다. CPI와 달리 자산가격 인플레이션은 부와 투자의 포트폴리오에 영향을 미친다. CPI는 소비자의 일상적 생활비에 영향을 미치는 반면, 자산가격 인플레이션은 부와 저축에 영향을 미쳐서 부의 불평등에 기여하는 주요 요인이 된다. 가치가 상승하는 자산을 소유한 사람은 자신의 부가 늘어나는 것을 볼 수 있지만, 그런 자산이 없는 사람은 살아가면서 자산 가치가 상승하는 자산을 구매하고 소유할 능력이 줄어들 수 있다.

중앙은행은 어떻게 인플레이션에 영향을 미칠까? 미국에서 연방준비제도에 법적으로 위임된 임무는 1977년 연방준비법 개정안에 명시된 바와 같이 '최대 고용, 안정된 물가, 그리고 적정한 장기 금리'라는 목표를 효과적으로 촉진'하는 것이다. 따라서 연방준비제도는 인플레이션, 특히 CPI 인플레이션에 주된 초점을 맞춘다. 전 세계 다른 중앙은행들의 임무도 대체로 유사하여 인플레이션이 핵심이다. 임무를 수행하기 위하여 중앙은행은 통화 정책을 통해서 가용한 여러 가지 수단을 동원한다. 여기에는 특히 금리와 통화 공급이 포함된다(8장에서 논의한 것처럼).

연방준비제도는 다른 여러 중앙은행과 마찬가지로 표면적으로는 독립적인 정부 기관이지만, 궁극적으로는 국민과 의회에 책임을 져야 한다. 의장과 이사들은 의회에서 증언하고, 이사회는 통화정책 계획에 대한 광범위한 보고서를 연 2회 제출한다. 독립적으로 감사받은 재무제표와 회의록도 공개한다. 따라서 중앙은행이 정치적 압력에서 벗어나 완전히 독립적으로 운영된다는 견해는 다소 순진한 생각이다. 전 세계 중앙은행의 행동은, 특히 위기 상황에서 대단히 정치적이었다.

중앙은행의 정치화는 여러 가지 방식으로 나타난다. 케이토연구소의 조셉 살레르노(Joseph Salerno)는 1982년 정책 보고서에서, 정부는 본질적으로 정치적 목적을 달성하기 위해 인플레이션을 활용하려는 내재적 유인을 갖고 있다고 지적했다. 그는 대체로 인기가 없고 민심의 동요를 유발할 수 있는 세금 인상보다 은밀한 방식으로 필요한 자금을 조달할 수 있기 때문에, 정부가 마음만 먹는다면 중앙은행을 통해 통화량을 부풀릴 수 있다고 주장했다.[1] 경제학자들은 인플레이션을 종종 '숨겨진 세금'으로 묘사하는데, 노벨상 수상자 밀턴 프리드먼의 표현을 빌리자면 '입법 없는 과세'와 마찬가지기 때문이다. 다시 말해서, 명확한 취지의 입법 없이 시민들의 저축을 감소시킨다는 것이다.[2]

인플레이션은 통화의 단위당 구매력을 줄임으로써 조용한 가운

데 국민의 부와 소득에 암묵적인 세금을 부과하는 것과 마찬가지로 작용한다. 정부의 채무(미국의 경우처럼 자국 통화로 표시된)가 늘어나는 상황에서 통화 가치를 떨어뜨리면 정부의 채무 부담을 줄이는 데 도움이 된다. 세인트루이스 연방준비은행은 웹사이트에서, "통화의 평가절하를 통한 가격 상승은 정부 채무의 실질 가치를 직접적으로 줄인다"고 지적한다. 인플레이션은 명목 국내총생산(GDP)을 늘려서 국내총생산 대비 부채 비율을 줄인다. 정부는 이런 방식으로 채무의 실질 가치를 줄여서 차입 당시보다 가치가 떨어진 돈으로 채권자에게 상환한다. 이는 사실상 통화 또는 채무 증서(해당 통화로 지급되는) 보유자의 부를 은밀하게 정부로 이전하는 것이며, 그들에게 간접적으로 세금을 부과하는 효과가 있다.

통화 공급

앞에서 논의한 바와 같이, 중앙은행은 인플레이션을 관리하고 경제 활동에 영향을 미치기 위한 여러 가지 수단을 활용한다. 여기에는 차입과 지출을 촉진하거나 지출을 억제하기 위한 금리의 조정과 정부 채권 및 기타 자산의 공개 시장 매매가 포함되며, 이는 경제의 통화 공급을 늘리는 효과가 있다. 경제계에서는 통화 공급이 인플레이션에 영향을 미치는지에 대한 오랜 논쟁이 있었다. 예를 들어 2021년 의회 청문회에서 제롬 파월(Jerome Powell) 연방준비제도 의장은 이렇게 말했다. "당신과 내가 수백만 년 전 경제학을 공부할 때는 M2와 같은 통화 집계가 경제 성장과 관련이 있는 것처럼 보였다… 지금은… M2가… 그다지 중요한 의미를 갖지 않는다. 아마도 우리가 잊어야 할 부분인 것 같다."[3]

안타깝게도 그의 자신감은 놀라울 정도로 단명했다. 2020년 전례 없는 수준의 통화 공급 확대에 따라 그의 발언이 있은 지 몇 달 후에 소비자물가지수가 전년 대비 7.0% 상승하여 1982년 이후 최고치를 기록했고, 2022년 6월에는 1981년 이후로 볼 수 없었던 9.1% 상승률로 정점을 찍었다. [그림 9.1]은 통화 공급 증가와 인플레이션(CPI 및 자산가격 인플레이션)의 중요한 상관관계를 보여준다. 상관관계가 항상 인과관계를 의미하지는 않는다는 것은 인정해야 한다. 그러나 때로는 (도표에서 볼 수 있듯이) 상관관계가 매우 강력하

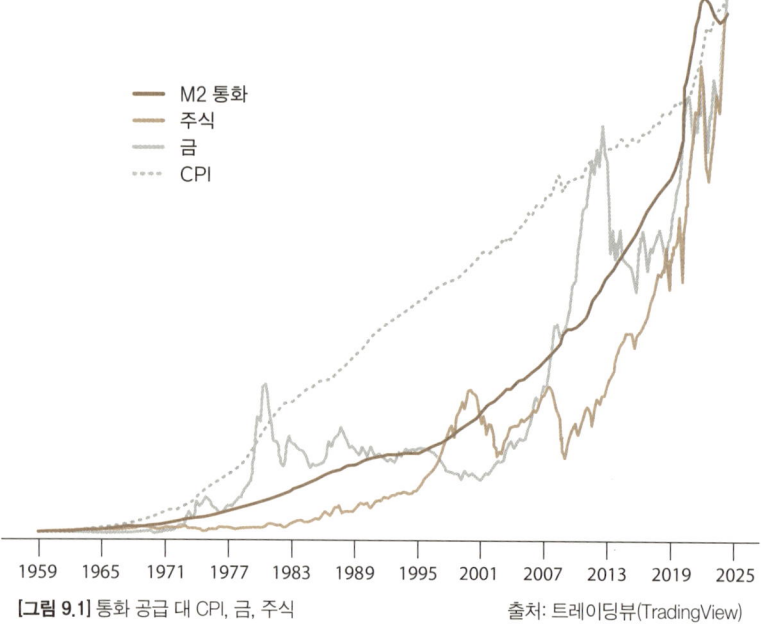

[그림 9.1] 통화 공급 대 CPI, 금, 주식   출처: 트레이딩뷰(TradingView)

고 명확하여 가장 설득력 있는 설명이 될 수 있다는 것도 인정해야 한다. 결정적인 증거는 아니더라도, 상관관계는 중요한 지표이자 이해를 돕는 가장 좋은 증거가 될 수 있다.

1971년 금본위제가 폐지된 이후에 전 세계적으로 통화 공급과 통화 가치 저하가 현저하게 증가했다. 1971년 미국의 통화 공급량 (M2, 즉 현금, 당좌예금, 저축예금, 소액 정기예금, 그리고 소매 MMF를 포함하는 광범위한 통화량 지표)은 약 7,000억 달러였다.[4] 이 글을 쓰는 시점 기준으로 미국의 통화 공급량은 20조 달러가 넘는다.[5] 이는 미국이 금본위제를 폐지한 이래로 30배 증가한 수치다. 2008년의 글로벌 금융위기 이후만 보더라도 연방준비제도의 대차대조표는 1조 달러에서 2022년 6월에 거의 9조 달러로 정점을 찍은 후 2024년의 7.2조 달러로 확대되었다.[6]

이러한 기하급수적 증가의 궤적을 고려하면 지금으로부터 몇 년 뒤 이 장을 읽는 사람은 아마도 이 수치들을 '아직 사태가 걷잡을 수 없기 전의 옛 좋은 시절'로 회상하게 될 것 같다. 밀턴 프리드먼은 1984년의 에세이에서 통화량을 결정하는 연방준비제도의 견제받지 않는 권력에 대한 좌절감을 다음과 같이 표현했다.

> 내가 알게 된 사실 중 하나는, 설령 잘 아는 비전문가라 할지라도 쉽게 받아들이기 어려운 명제가 있다는 것이다. 그것은 바로 워싱턴에서 선출되거나 해임되지도 않고 엄격한 행정적, 정치적 통제도 받지 않는 12명(혹은 19명)의 사람들이 한 테이블에 앉아 통화량을 결정할 권한을 갖고 있다

는 사실이다. 그 권한은 아무리 공공정신이 투철한 사람일지라도, 소수의 사람들만이 행사하기에는 너무나 중요하고 지나치게 광범위하다.

만약 프리드먼이 오늘날까지 살아 있었다면, 그는 아마도 M2가 고작 2조 달러에 불과하던 1980년대를 회상했을 것이다. 이는 오늘날의 20조 달러와 비교하면 무척 소박한 수치다. 그리고 당시 자신이 에세이를 집필하던 시점의 중앙은행가들이 지금과 비교하면 얼마나 제한된 권력만을 행사하고 있었는지, 그 사실을 되새기며 흥미롭게 여겼을지도 모른다.

구매력

미국 노동통계국에 따르면 1971년의 1달러는 오늘날의 6달러 정도와 구매력이 동일했다. 그 이후로, S&P500 지수가 1971년 100포인트에서 2024년 5,000포인트 이상으로 상승한 주식 시장처럼 상당한 자산가격 인플레이션이 진행되었다. 부동산 가격 역시 크게 올랐으며, 미국 주택 가격의 중간치는 1971년 약 2만 5,000달러에서 현재의 30만 달러 이상으로 상승했다. [그림 9.2]는 지난 세기 동안에 미국 달러의 구매력이 급격히 감소했음을 보여준다.

구매력에 미치는 영향 외에도, 인플레이션은 소득과 부를 재분배한다. 채무자는 시간이 지남에 따라 부채의 실질 가치가 감소하기 때문에 인플레이션의 혜택을 입고, 채권자는 그에 따른 실질적 부의 손실을 겪는다. 따라서 인플레이션은 저축자와 채권자를 희생시키면서 채무가 있는 사람들(위험한 투자에 사용하여 자산 거품을 초래할 수 있는)에게 유리하게 작용하여 부의 불균형을 심화시킨다. 현금이나 채무 증서로 보유한 저축의 가치가 인플레이션과 같은 비율로 증가하지 않으면 돈을 잃게 된다. 이는 고령의 저축자와 은퇴자에게 더 큰 영향을 미친다. 평생 동안 열심히 일하고 신중하게 저축하여 편안한 노후를 누리려던 그들의 자산 가치는 점차 줄어들고, 저축은 생활 수준을 유지하기에 점점 더 부족해진다. 따라서 저축의 가치 하락은 사회에서 상대적으로 취약한 계층에 불균형적으로 큰 부담을 안기게 된다.

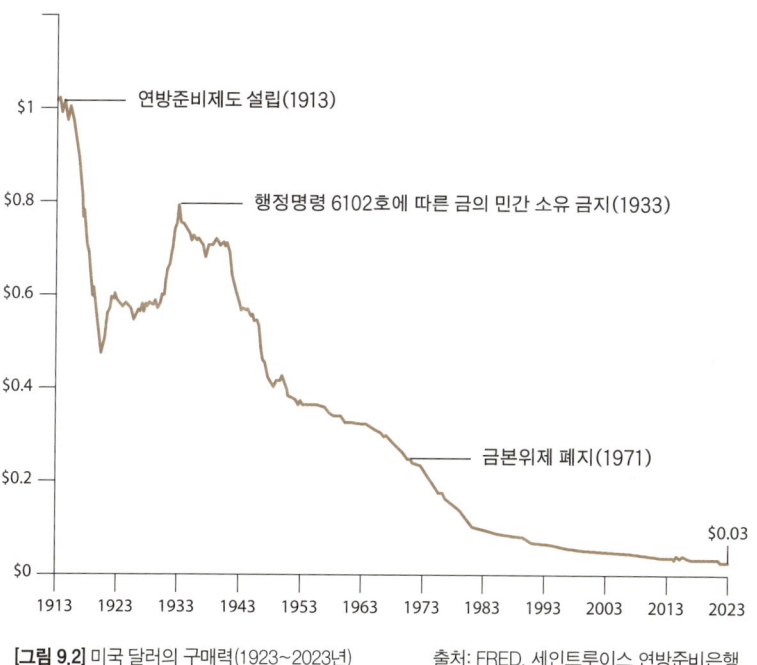

[그림 9.2] 미국 달러의 구매력(1923~2023년) 출처: FRED, 세인트루이스 연방준비은행

초인플레이션

이렇게 중앙은행이 통화 정책을 통해서 화폐 가치에 영향을 미치는 현상은 미국에만 국한된 것이 아니다. 통화 정책이 소수의 중앙은행 관료에게 집중되어야 한다는 아이디어가 탄생한 이후로 수많은 경제 위기를 겪으면서 전 세계적으로 나타난 현상이다. 여러 나라가 이러한 정책의 부정적 영향을 경험했고 지금도 경험하고 있으며, 다양한 규모의 사회에 영향을 미치고 있다.

베네수엘라의 통화 불안정은 1980년대에 시작되어 오늘날까지 이어지고 있다. 2018년에는 인플레이션율이 100만%를 넘어섰고, 2019년에는 인플레이션율이 1,000만%에 도달했다고 국제통화기금(IMF)이 추산했다. 여러 경제학자는 베네수엘라의 초인플레이션을 과도한 화폐 발행과 적자 지출의 탓으로 돌린다. 2013년 니콜라스 마두로 대통령이 취임했을 때는 인플레이션율이 30% 미만에 머물러 있었지만, 그의 재임 기간에 베네수엘라 중앙은행은 통화 공급량을 급격하게 늘려서 결국 국가 경제를 초인플레이션으로 몰아넣었다.

짐바브웨의 초인플레이션은 2007년에 시작되었다. 최고조에 달했을 때 이 나라의 월간 인플레이션은 전월 대비 무려 800억%를 기록했다.[7] 2009년에는 중앙은행이 자국 화폐 발행을 중단했고, 대신 다른 나라의 통화들이 사용되었다. 2019년에는 새로운 짐바브웨 달러가 도입되었으나 같은 해 이 새로운 통화의 물가상승률은 175%에 달했으며, 뒤이어 2020년에는 인플레이션이 700%를 넘어섰다. 전문가들은 짐바브웨 초인플레이션의 주된 원인을 늘어나는 국가 부채에 대응하기 위해 무분별하게 통화 공급을 확대한 데서 찾고 있다.

인구가 4,600만 명이 넘는 G20 회원국 아르헨티나는 1989년 인플레이션이 2만%까지 치솟는 심각한 경제 위기를 겪었고, 2001년에 다시 찾아온 경제 위기는 결국 채무 불이행으로 이어졌다.[8] 2023년에는 인플레이션율이 200%를 넘어섰고, 2024년에도 100%를 훨씬 웃돌았다. 끊임없는 예산 적자로 인하여 정부가 점점 더 빠른 속도로 돈을 찍어낸 것이 초인플레이션의 주된 원인이었다.

세계적으로 법정화폐 표준이 채택된 지난 40년 동안에 브라질, 아르헨티나, 유고슬라비아, 짐바브웨, 베네수엘라, 폴란드, 카자흐스탄, 페루, 벨라루스, 불가리아, 우크라이나, 레바논, 이스라엘, 멕시코, 베트남, 에콰도르, 코스타리카, 튀르키예 등 여러 나라가 초인플레이션 또는 그에 가까운 상황을 경험했다.[9] 이들 국가는 비교적 짧은 기간에 저축이 소진되고 삶이 혼돈과 빈곤에 빠져든 10억 명 가까운 사람들을 대표한다. 이렇게 전 세계적인 사례는 중앙은행의 행동이 인플레이션, 통화 가치 하락, 그리고 시장의 왜곡에 미치는 영향이 세계적인 현상임을 보여준다.

1920년대 초반 바이마르 공화국의 사례는 초인플레이션이 국민의 삶에 미칠 수 있는 파괴적 영향을 극명하게 보여준다. 제1차 세계대전에서 패배한 독일은 어려움을 겪는 경제와 함께 막대한 배상금 지급 부담에 직면했다. 바이마르 정부는 의무를 이행하고 경제 활동을 활성화하기 위하여 전례 없는 속도로 돈을 찍어내기 시작했다. 1922년에는 정부 지출의 63%가 찍어낸 돈으로 조달되었다.[10] 이러한 조치는 곧 초인플레이션으로 이어졌다. 인플레이션이 최고조에 달했을 때는 물가가 몇 시간마다 두 배로 뛰면서 독일 마르크화가 거의 무용지물이 되었다. 1914년에 미국 달러의 가치가 4.2 마르크였는데 1923년 11월에는 1달러가 6,300억 마르크가 되었다. 극단적인 예로 빵 한 덩어리의 가격이 1,400억 마르크였다.[11] 그 결과로 저축이 사라지면서 광범위한 빈곤과 사회 불안이 닥쳤고, 결국 제2차 세계대전으로 이어졌다.

전쟁 재정

역사적으로, 여러 나라가 값비싼 전쟁을 장기화하기 위하여 금본위제를 포기하고 법정화폐를 선택했다. 선택의 동기는 매우 분명하다. 중앙은행을 통해 정부가 필요할 때마다 화폐를 발행할 수 있어, 즉각적인 재정적 제약 없이 전쟁을 수행할 수 있기 때문이다. 예를 들어, 나폴레옹 전쟁 당시의 영국은 전쟁으로 인한 재정적 압박으로 1797년 금본위제를 중단했다. 이 조치를 통해서 영국은행은 전쟁 자금 조달을 위하여 금 보유고의 제약을 받지 않고 더 많은 지폐를 발행할 수 있었다. 제1차 세계대전 중에 여러 나라가 전쟁 자금을 조달하기 위하여 금본위제를 포기하고 더 많은 돈을 찍어냈다. 영국, 독일, 프랑스, 미국이 모두 이 시기에 금본위제를 변경하거나 중단했다. 미국에서는 1913년의 연방준비제도 법이 통화 공급의 탄력성을 높였고, 1934년의 금 보유법이 달러와 금의 분리를 더욱 강화했다. 앞서 말했던 제2차 세계대전 중의 재정적 수요로 인하여 여러 나라에서 금본위제가 사실상 중단되었다. 각국 정부가 막대한 군사비 지출을 충당하려고 돈을 찍어냈기 때문이다. 그리고 베트남 전쟁 중에는 치솟는 전쟁 비용으로 인하여 1971년 닉슨 대통령이 미국 달러와 금의 직접 태환을 전격적으로 중단했다.

여러 학자와 화폐역사가들이 통제되지 않는 법정화폐와 이른바 '영원한 전쟁(forever wars)' 사이의 부인할 수 없는 연관성을 언급했다. 예를 들어 경제학자 사이페딘 아모스는 제1차 세계대전의 맥락에서 다음과 같이 설명한다.

> 유럽 국가들이 금본위제를 고수했거나, 유럽인들이 스스로 금을 보유하고 정부가 인플레이션 대신 과세에 의존할 수밖에 없도록 했다면 역사가 달라졌을지도 모른다. 제1차 세계대전은 연합국 중 한 국가의 재정이 고갈되고 정권의 생존을 위하여 자신의 부를 내놓으려 하지 않는 국민으로부터 부를 짜내는 어려움에 직면하면서, 분쟁이 발생한 후 수개월 안에 군사적으로 종결되었을 가능성이 크다. 그러나 금본위제가 중단되면서 재정의 고갈로는 전쟁을 끝내기에 충분치 않았다. 참전국들은 인플레이션을 통해서 국민의 축적된 부를 수용하여 고갈시켜야 했다.[12]

아모스는 제1차 세계대전에 참여한 여러 나라 정부들이 인플레이션을 유발하는 화폐 발행으로 전쟁 자금을 조달하면서, 자국 통화의 가치가 크게 하락하는 현상을 목격하게 되었다고 지적한다. 이는 당시에 여전히 금본위제를 유지하던 스위스 프랑과 인플레이션 정책을 시행한 국가들의 환율을 비교함으로써 설명할 수 있다. [표 9.1]은 제1차 세계대전 기간에 스위스 프랑 대비 각 국가 통화의 가치 변화를 보여준다.[13]

역사는 정부의 전쟁 자금 조달이 인플레이션을 유발하는 통화팽창의 은밀한 힘임을 확연하게 보여준다. 작가 리아콰트 아메드가 지적하듯이 제1차 세계대전 기간에 유통된 통화량이 영국은 2배, 프랑스는 3배로 늘어났다. 특히 4배로 늘어난 독일의 상황이 재앙적이었다. 독일은 470억 달러를 전쟁 비용으로 지출했지만, 그중 10%만을 인상된 세금으로 충당했다.[14]

시민의 소득에 대한 눈에 띄는 부담인 직접 과세와는 대조적으로, 인플레이션은 화폐의 소유자가 즉각적으로 인지하지 못하는 사이에 화폐 가치를 미묘하게 떨어뜨린다. 세금은 부의 투명한 추출

[표 9.1] 1차 세계대전 기간에 스위스 프랑과 비교한 여러 국가 통화의 가치 변화

국가	통화 가치 변화 (%)
오스트리아	-69
독일	-49
이탈리아	-23
프랑스	-9
영국	-7
미국	-4

로서 일반적으로 잠재적 논쟁의 여지가 있는 반면, 인플레이션은 조용히 구매력을 침식시켜서 종종 민주적 합의의 필요성을 회피한다.

> 정부가 모호한 국가의 전략적 이익을 이유로, 서로 다른 외국 국가들 간에 벌어지는 전쟁에 참전하기 위해 국내 세금을 인상해야 한다는 주장을 국민에게 설득하는 것은 특히 어려운 일이다.[15]
>
> - 린 올든

인플레이션의 이러한 은밀한 성격은 정부가 장기간의 군사 작전, 즉 '영원한 전쟁'을 수행하는 데 있어 강력한 도구로 작용한다. 정부는 전쟁 비용을 충당하기 위해 직접적으로 세금을 부과할 필요가 없기 때문에, 국민의 반발을 불러일으킬 수 있는 즉각적인 부담이 감춰지게 된다. 세금 부과는 본래 장기적인 전쟁을 견제하는 자연스러운 장치로 작동할 수 있는데, 인플레이션은 이를 무력화시키는 것이다. 따라서 인플레이션은 전쟁의 진정한 비용을 은폐하는 역할을 한다.

영국의 전쟁 채권 은폐

1914년 제1차 세계대전이 발발하자 영국은 전쟁 채권을 발행하여 군비를 조달하려 했다. 전쟁 채권은 일반 정부 채권보다 높은 이자율을 약속했고, 애국심에 불타는 대중의 수요가 높다고 보도한 언론의 폭넓은 찬사를 받았다. 그러나 이처럼 성공적인 모금의 서

사는 나중에 정교하게 꾸며진 거짓으로 드러났다.[16]

한 세기가 지난 2017년에 기록 연구를 통해서 이 이야기가 의도적인 은폐였음이 드러났다. 뱅크 언더그라운드(Bank Underground) 블로그에 공유된 역사적 증언은 대중으로부터의 자본 유입이 실제로는 실개천에 지나지 않는 미미한 수준이었음을 자세히 설명했다.[17] 이러한 폭로는 "당신의 나라는 자금이 필요하다: 1차 세계대전의 자금 조달을 위한 영국의 초기 노력에 대한 특별한 이야기(Your Country Needs Funds: The Extraordinary Story of Britain's Early Efforts to Finance the First World War)"라는 제목의 문서로 발표되어 채권 발행의 이른바 놀라운 결과 뒤에 숨겨진 진실을 강조했다.[18]

부족한 자금이 광범위한 공공 투자가 아니라 영국은행 자체의 통화 확대를 통해 메워졌다는 사실이 분명해졌다. 중앙은행은 전쟁 채권의 상당 부분을 매입하기 위하여 사실상 화폐를 찍어내면서 애국적인 영국 국민으로부터 넉넉한 자금이 유입되었다는 거짓 주장을 펼쳤다. 그 후 몇 년 동안 이러한 조치는 상당한 인플레이션 압력을 초래했다. 5년 만에 통화 공급량과 소비자물가지수가 두 배 이상 상승하면서 국민의 저축과 구매력을 파괴했다.

정부의 접근 방식은 통화 정책 너머로 확대되었다. 인플레이션을 억제하고 전쟁 수행에 자원을 투입하기 위하여 정부는 산업, 재산, 그리고 무역에 엄격한 통제를 가했다. 민간 산업계는 군수 물자 생산을 강요당했고, 인플레이션을 억제하기 위하여 임대료가 동결되었으며, 영국 시민이 소유한 외국 증권이 몰수되었다. 1915년 1

월에 영국 재무부는 신규 민간 증권의 발행 및 매수를 금지했는데, 이는 자유 시장의 원칙에서 중앙화된 통제로의 급격한 전환을 보여 주는 조치였다.[19]

1914년에 전쟁 채권이 초과 모집되었다는 거짓 뉴스를 퍼뜨리는 데 일조했던 〈파이낸셜 타임스〉는 2017년에 새롭게 밝혀진 정보에 대한 정정 기사를 발표했다.

> [해명] 1914년 11월 23일 자 〈파이낸셜 타임스〉 기사는 영국 정부의 전시 공채가 '초과 청약'되었으며 신청이 '쇄도하고 있다'고 주장했다. 해당 기사는 이것이 '영국의 재정 상태가 얼마나 튼튼한지를 입증하는' '놀라운 결과'라고 설명했다. 이제 우리는 위의 내용이 모두 진실이 아님을 분명히 밝히는 것을 기쁘게 생각한다.[20]

부채 사망 나선

부채의 나선은 개인, 기업 또는 국가가 기존의 부채를 갚으려고 다시 돈을 빌릴 때 발생하며, 부채와 이자 지급이 증가하여 지속 불가능한 상태가 되는 악순환으로 이어진다. 기존 부채의 상환을 위한 새로운 대출이 이루어지고, 총부채에 대하여 늘어나는 이자가 마치 늪(quicksand)처럼 작용하여 벗어나려는 시도가 있을 때마다 채무자를 점점 더 깊은 파산 상태로 끌어들인다. 예를 들어, 그리스는 2010년대 유럽의 재정위기 당시에 부채의 악순환을 경험했다. 국가가 공공 지출을 위하여 막대한 돈을 빌리고, 치솟는 이자의 상환을 위하여 더 많은 돈을 빌려야 하는 악순환이 심각한 경제적·사회적 붕괴로 이어졌다.

> 무언가가 영원히 갈 수 없다면, 멈추기 마련이다.
>
> - 허버트 스타인(Herbert Stein)

현재 미국은 막대한 이자 지급 비용과 다가오는 사회보장 채무로 인해 악화하는 부채 위기 속에서 위태로운 재정 상황을 헤쳐나가고 있다. 이러한 위기는 수십 년에 걸쳐 누적된 구조적 결과다. [그림 9.3]은 2차 세계대전 이후 미국의 정부 부채를 추적한다. 법정화폐의 탄생과 금본위제의 폐지를 알린 1971년 닉슨 쇼크(8장에서 논의한)의 여파로 1970년대에 명백한 증가세가 나타났다. 그리고 2021년에는 상향의 궤적이 치솟기 시작했고, 코로나-19 팬데믹의 여파로 탈출 속도에 도달한 것으로 보인다.

이렇게 최근에 부채가 더욱 가속화된 배경에는 코로나-19 팬데믹 기간에 연방준비제도가 단행한 전례 없는 수준의 통화 팽창이 있다. 연방준비제도의 대차대조표는 2020년 초의 4조 2,000억 달러에서 2022년에 9조 달러에 육박하는 수준으로 증가했다. 통화 팽창의 목적은 금융 시장을 안정시키고 시장과 경제에 유동성을 공급하는 것이었다. 이 장의 앞부분에서 논의한 것처럼, 연방준비제도와

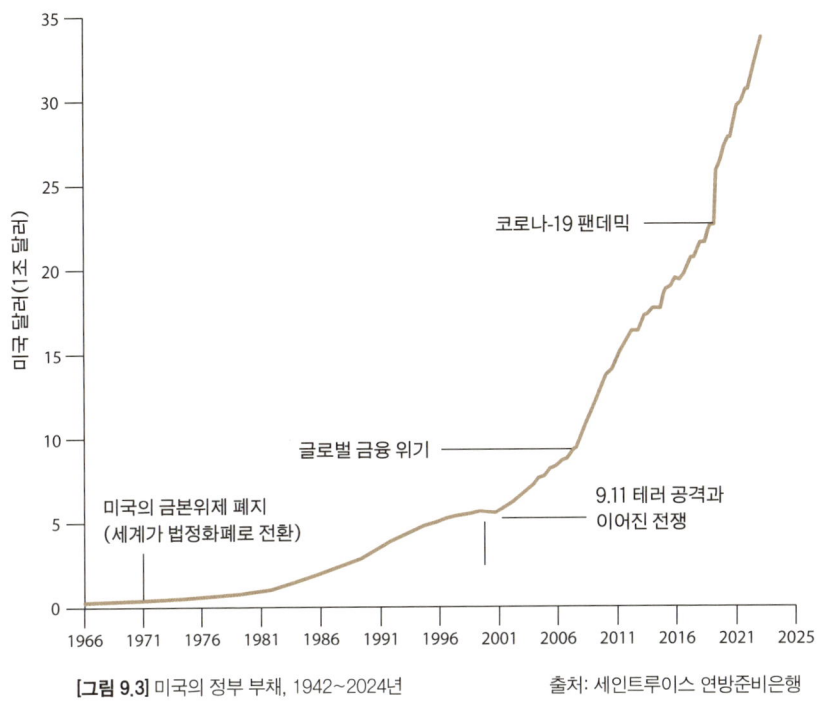

[그림 9.3] 미국의 정부 부채, 1942~2024년   출처: 세인트루이스 연방준비은행

그 느슨한 통화 정책을 지지하는 여러 케인스주의자의 예상과는 달리 유동성이 공급된 후에 인플레이션이 급등했다. 소비자물가지수는 2022년 6월에 약 9%로 정점을 찍으면서 수십 년 만에 가장 높은 인플레이션율을 기록했다. 부동산, 주식 시장, 그리고 암호화폐를 포함한 자산가격 역시 이 기간에 상당한 상승세를 보였다.

반동적인 정책 결정의 역사에 걸맞게, 연방준비제도는 여러 해 동안 볼 수 없었던 전례 없는 속도의 금리 인상으로 상승하는 인플레이션에 대응했다. 차입 비용(즉, 이자율)을 늘림으로써 경제 활동을 둔화시켜 인플레이션을 억제한다는 아이디어였다. 그러나 다른 한편으로, 금리를 인상하면 신규 및 기존 부채의 상환 비용이 증가하여 추가적 차입이 필요하게 되는데, 특히 미국 정부를 비롯한 고부채 국가들이 더욱 그렇다.

현재의 높은 금리와 연방 정부가 연간 약 2조 달러의 국가 채무를 계속해서 축적하고 있는 상황을 고려할 때, 앞으로 이자 비용이 더욱 치솟을 것으로 예상된다.[21] 책임 있는 연방 예산위원회(Committee for a Responsible Federal Budget)에 따르면 미국 정부의 순이자 지출이 국방비와 국민 건강 보험(Medicare) 지출을 모두 넘어섰다. 2024년의 이자 비용은 참전용사, 교육, 교통 부문에 사용된 총액을 초과한다.[22]

이렇게 우려스러운 추세는 순이자 비용이 2020년 이후에 약 두 배로 증가하는 등 예년보다 크게 늘어난 것을 반영한다. 뱅크 오브 아메리카(Bank of America)에 따르면 미국의 부채는 2025년까지 40조 달러에 달할 것으로 예상된다.[23] 이는 불과 8년 동안에 (2017년의 20조 달러에서 2025년까지 예상되는 40조 달러로) 미국의 부채 부담이 두 배로 늘어나는 것이다. 2024년 현재 미국의 부채는 100일마다 1조 달러라는 놀라운 속도로 증가하고 있다. 이는 2000년 이후 25년 동안에 국가 부채가 무려 570% 급증했음을 의미한다.

미국이 인구의 고령화로 인한 인구학적 변화에 직면함에 따라 임박한 사회보장 채무의 급증이 상황을 더욱 악화시키고 있다. 억만장자 투자자 스탠 드러켄밀러(Stan Druckenmiller)는 2023년의 인터뷰에서 충격적인 발언을 했다. 미국의 부채 규모(이 글을 쓰는 시점 기준으로 35조 달러이며 전례 없는 속도로 증가하고 있는)에 미래의 복지후생 지출이 고려되지 않았다는 것이다. 그는 복지후생 부담의 현재 가치를 고려하면 부채 부담이 200조 달러가 넘을 것으로 추정했다.[24] 마지막 문장은 굵은 글씨로 다시 한번 강조할만한 가치가 있다.

미래의 복지후생 지출의 현재 가치를 고려하면, 미국의 부채 부담이 200조 달러를 초과한다.

이러한 통계에서 분명하게 드러나듯이, 미국은 부채 나선(debt spiral)의 부인할 수 없는 위험에 직면했다. 상승하는 이자 비용이 적자와 부채를 악화시키고 정부가 더 많은 부채를 쌓을 수밖에 없게 되어 악성 나선이 형성된다. 국가 부채가 연방 예산에서 점점 더 큰 부분을 차지하게 되면서 악순환이 계속되고, 사회보장 채무가 계속해서 급증함에 따라 하향의 나선이 더욱 가속된다.

린 올든이 지적했듯이, 인플레이션에 맞서기 위하여 금리를 인상하는 연방준비제도의 전략은 통화의 긴축을 목표로 하지만 역설적으로 양적 완화와 비슷하게 작용한다.[25] 부채 수준의 상승은 더 높은 이자 비용으로 이어지고, 이는 더 많은 정부 차입을 필요로 한다. 정부가 이렇게 늘어나는 채무를 상환하면서 경제 내 통화 공급은 증가할 것으로 예상된다. 이는 다시 인플레이션을 가속화하고,

인플레이션을 진정시키기 위해 추가적인 금리 인상이 필요해져 부채 부담을 더욱 키우게 된다. 이렇게 멈출 수 없는 악순환이 계속된다. 명목상 긴축 정책은 의도치 않게 확장적 결과로 이어지며, 이는 관리되는 통화 정책과 그 예상치 못한 결과 사이의 복잡한 역학 관계를 극명하게 보여준다.

미국의 위태로운 재정 및 통화 상황은 방 안에 있는 800파운드짜리 고릴라와 다름없다(아마도 상황의 규모와 심각성을 설명하는 데는 '방 안의 코끼리'라는 표현이 더 적절하겠지만). 이러한 상황의 함의는 미국을 넘어서 세계 경제와 금융 시스템 전체로 확대된다. 그렇지만 세계는 그 불가피한 결과에 대하여 거의 알지 못하는 것 같다. 미국이 이런 상황을 해결하기 위하여 선택할 수 있는 옵션은 우려스러울 정도로 제한적이다. 일부 논평가들은 급증하는 부채를 억제하기 위한 미국의 재정 삭감을 계속해서 요구하고 있다. 그러나 이러한 전망에 대한 현실적 분석은 재정 삭감이 현재의 사회정치적 환경에서 실현될 수 없는 옵션임을 보여준다. 2023년 7월에 발표된 퓨 리서치 센터(Pew Research Center)의 연구에 따르면 미국 인구의 단 4%만이 정치 제도가 매우 잘 작동한다고 생각하고 있었다. 연방 정부에 대한 신뢰는 거의 70년 만에 최저 수준이다. 또한 28%가 양대 정당 모두에 대하여 부정적인 견해를 가지고 있다. 이런 상황에서 복지 혜택이나 정부 지출을 줄이는 것은 정치적 자살행위다.[26] 오히려 사회복지 프로그램 같은 정부 서비스를 축소하기보다는 확대하라는 압력이 커지고 있다. 현재의 상황이 역사상 전례가 없는 것은 아니다. 스코틀랜드의 역사가이자 판사였던 알렉산더 프레이저 타일러(Alexander Fraser Tytler)는 1700년대에 심각한 경고의 말을 남겼다.

> 민주주의는 영구적인 정부 형태로 존재할 수 없다. 민주주의는 유권자들이 자신들에게 공적 재정에서의 혜택을 투표로 확보할 수 있다는 사실을 깨닫기 전까지만 존재할 수 있다. 그 순간부터 다수의 유권자가 항상 국고에서 가장 많은 혜택을 약속하는 후보에게 투표하게 되고, 그 결과 느슨한 재정 정책으로 인하여 민주주의가 붕괴하고 독재 정권으로 이어지는 것을 피할 수 없다. 역사상 위대한 문명의 평균 수명은 200년이었다. 이들 국가는 다음과 같은 순서로 진행됐다. 속박에서 영적 신앙으로, 영적 신앙에서 위대한 용기로, 용기에서 자유로, 자유에서 풍요로, 풍요에서 이기심으로, 이기심에서 무관심으로, 무관심에서 의존으로, 의존에서 다시 속박으로.

복지 혜택 삭감을 제쳐두고, 정부가 선택할 수 있는 다른 옵션은 국방비 지출의 삭감이다. 그러나 미국의 러시아-우크라이나 전쟁 및 이스라엘-팔레스타인 전쟁 개입, 이란과의 긴장 고조, 계속되는 중국과의 군비 경쟁으로 특징지어지는 현재의 지정학적 환경에서는 미국이 국방비를 유지하거나 심지어 증액해야 한다는 압박을 받고 있음이 명백하다. 국가 안보는 항상 다른 모든 고려 사항보다 우선시될 것이다. 따라서 국방 예산의 대폭 삭감은 정치적·전략적으로 인기가 없는 옵션이다.

높은 부채 수준과 상당한 재정 부담에 직면한 정부는 딜레마에 직면하게 된다. 국가 부채의 채무 불이행(default)은 미국 국채에 대한 신뢰 상실을 포함해 전례 없는 규모의 세계적 금융위기를 촉발할 것이 분명하기 때문에, 경제적·금융적·평판적 재앙을 초래할 이 선택은 실행 가능한 방안으로 간주되지 않는다. 따라서 유일하게 실현 가능한 옵션은 고전적인 부채의 악순환이 전개되는 가운데 계속해서 부채를 늘리는 것이다. 하지만 미국이 전통적으로 의존해 온 대출자들이 대출(즉, 미국 국채 매입)을 계속할까? 금융 분석가 루

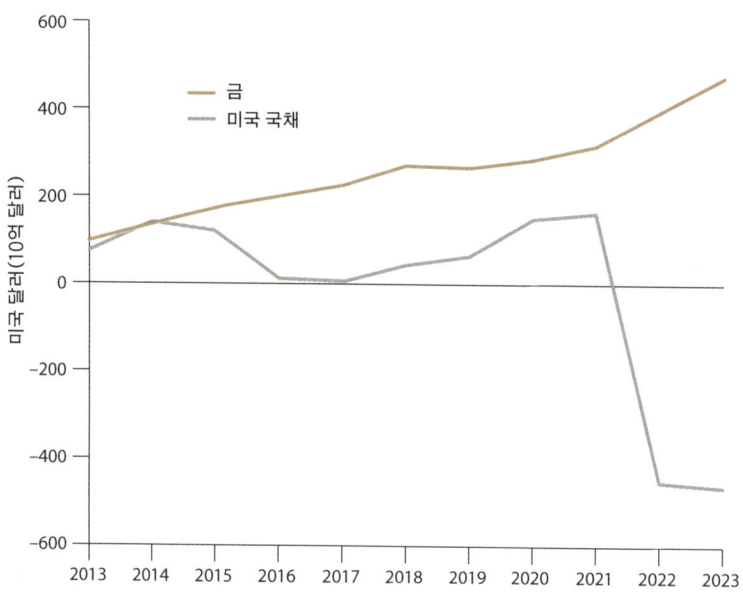

[그림 9.4] 중앙은행의 금 매입 대 미국 국채 매입   출처: 미국 재무성, 세계금협회, FFTT, LLC

크 그로멘(Luke Gromen)은, "지금 살아있는 그 누구도 다른 모든 자산의 가치평가를 뒷받침하는 '무위험 자산'인 미국 국채에 위험이 존재하는 시기를 본 적이 없다."고 말한다.[27] 그로멘은 우리가 80년에서 100년 만에 처음으로 전 세계적 국가 부채의 거품을 목격하고 있을지도 모른다고 지적한다. 이 거품은 120년이 넘는 동안에 채무 불이행의 재조정이나 인플레이션(때로는 초인플레이션)을 통해서 해결되어왔다. 이러한 위험에 대한 인식과 최근의 지정학적 상황 전개(15장 참조)가 맞물리면서, 우리는 세계의 중앙은행들이 미국 국

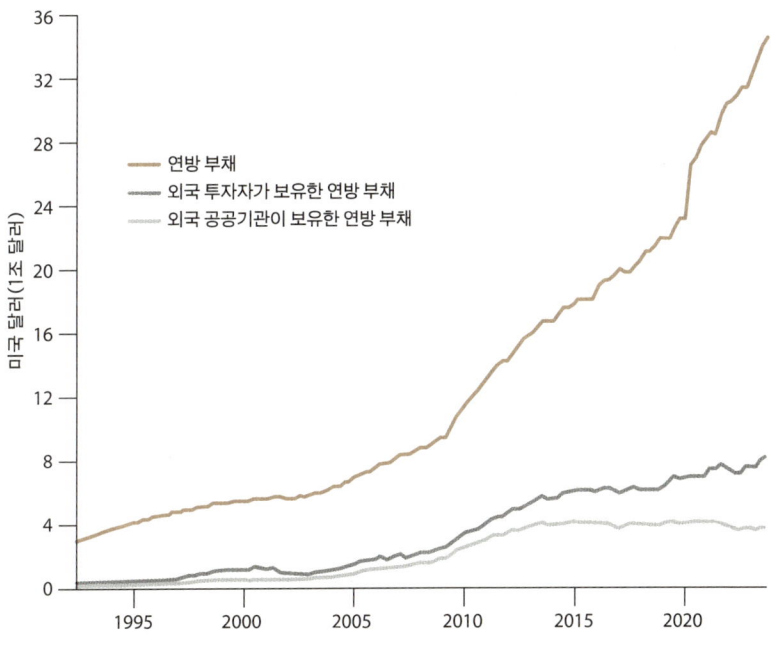

[그림 9.5] 미국의 부채 대 외국이 보유한 미국의 부채   출처: FRED, 세인트루이스 연방준비은행

채에서 벗어나 역사적으로 가장 익숙하고 편안한 실물 자산인 금을 선호하는 방향으로 전환하는 것을 목격하고 있다.[28] [그림 9.4]와 [그림 9.5]는 이러한 추세를 극명하게 보여준다.

[그림 9.5]를 통해 미국의 급증하는 차입 수요에 따라 미국 국채에 대한 외국의 관심이 줄어든 것을 분명히 확인할 수 있다. 이런 시나리오에서 정부가 채무를 상환하기 위한 자금을 마련하는 장기적 주요 옵션은 분명하다. 바로 연방준비제도의 대차대조표(즉, 추가적 통화 확대)다.[29]

게임 이론적 관점에서, 정부가 의무 지출을 충당하기 위해 중앙은행으로부터 계속 차입을 하는 결정은 다른 대안들에 비해 가장 덜 나쁜 선택으로 보일 수 있다. 이런 전략은 (1) 복지 지원의 삭감에 따르는 잠재적 후폭풍, (2) 국방비 삭감으로 인한 실질적·인지적 국가 안보 위협, 그리고 (3) 미국의 노골적인 채무 불이행보다는 결과가 덜 해롭다는 판단에 기초해 선택될 수 있다. 이 경우 의사 결정 과정은 경제와 정치적 위상에 가해질 잠재적 피해를 최소화하는 선택지를 고르는 것이며, 동시에 통화 확대의 심화로 인해 발생할 수 있는 인플레이션과 통화 가치 절하 등 위험 및 그에 따른 대가를 감수한다는 의미이기도 하다.

이러한 분석은 복지 지출 삭감을 수용하려는 정치적 의지의 중대한 전환이나, 국방비 수요를 급격히 줄여줄 지정학적 긴장의 돌발적 완화, 혹은 전례 없고 비현실적인 수준의 갑작스러운 경제 호황이 없는 한, 미국은 재정 및 통화적 난제를 해결하기 위해 계속해서 통화 확대에 의존할 가능성이 있음을 시사한다. 이러한 선택의 정상화는 더 높은 인플레이션율을 뉴 노멀(new normal)로 수용한다는 것을 알리는 중앙은행 및 정치적 담론의 변화와 함께 시작될 수 있다. 또는 CPI 인플레이션을 계산하는 주요 방법론의 변화를 통해서 현실이 반영된 것보다 낮은 인플레이션을 제시하는 더욱 악의적인 방법을 동원할 수도 있을 것이다.[30] 그렇지만 최종 결과 즉, 추가적 통화 가치 하락은 경제적 전망이 허용하는 한 수학적 확실성에 가장 가까운 것으로 남는다.

대조적 경제 이념

1971년 이후의 세계적 법정화폐 시대는 미국과 전 세계의 통화 및 재정 상황을 정당화하거나 비판하는 여러 경제학파들 사이에서 통화 정책을 둘러싼 중요한 논의와 논쟁을 촉발시켰다. 통화 정책의 중앙화는 한 세기가 넘도록 끊임없는 논쟁의 대상이 되었고, 다양한 이념적 경계선에 따라 경제학자들을 갈라놓았다.

논쟁의 한 편에는 현대 거시경제학의 창시자로 여겨지는 영국 경제학자 존 메이너드 케인스(John Maynard Keynes)를 추종하는 케인스주의 경제학자들이 있다. 케인스는 1936년의 영향력 있는 저서 《고용, 이자 및 화폐의 일반 이론(General Theory of Employment, Interest, and Money)》에서 정부의 개입을 통하여 경제 활동을 관리할 것을 주장했다.[31] 그의 경제 이론은 높은 실업률이 장기간 지속된 대공황에 대응하여 등장했으며, 경제가 자연스럽게 완전고용 상태로 수렴한다는 고전학파의 견해에 도전했다. 케인스는 재정 정책(예컨대 정부 지출과 과세)뿐 아니라, 금리를 낮추고 통화량을 늘려 차입과 소비를 촉진하는 통화 정책을 통한 적극적인 정부 개입을 옹호했다. 이러한 접근은 사회주의나 공산주의 경제처럼 중앙계획을 의미하는 것은 아니었지만, 경기 변동을 '관리'하기 위해 정부가 개입해야 한다는 발상은 자유시장 원칙에서 크게 벗어난 것이었다. 케인스는 그의 저서에서 자주 인용되는 구절을 통해, 특유의 냉소적 어조로 자신의 경제 이론을 표현했다.

> 만약 재무부가 오래된 병에 지폐를 채워 넣고, 그것을 버려진 탄광에 적당한 깊이로 묻은 뒤, 그 위를 도시의 쓰레기로 덮어버린다면 어떨까? 그리고 이후 자유방임주의라는 검증된 원칙에 따라 민간 기업이 그 지폐를 캐내도록 맡긴다면(물론 지폐가 묻힌 지역의 채굴권은 입찰을 통해 얻어야 할 것이다), 실업 문제는 더 이상 존재하지 않을 것이다. 또한 그 파급 효과 덕분에 공동체의 실질 소득과 자본 자산 역시 지금보다 훨씬 더 늘어날 것이다.

그의 터무니없는 시나리오는 정부 지출의 구체적인 방식보다 지출 행위 자체가 더 중요하다는 개념을 강조하려는 의도가 담긴 것이었다. 케인스는, 심지어 명백히 낭비적인 프로젝트를 통해서라도, 단순히 경제에 돈을 투입함으로써 정부가 일자리를 창출하고 전반적 경제 산출량을 늘릴 수 있다는 아이디어를 제시했다. 그의 주장은 초기의 정부 지출이 사람들의 소득 및 소비와 그에 따른 추가적 경제 활동으로 이어져 총수요를 증가시키고 경제 성장에 기여한다는 것이었다.

케인스주의 경제학자들은 어떤 형태로든 정부의 개입을 통해서 소비자들이 더 많은 재화와 서비스를 구매하도록 유도하지 않는 한, 어려움을 겪는 경제가 계속해서 어려움을 겪을 것이라고 믿는다. 그들은 경기 침체에 대한 해결책이 확장적 재정 정책이라는 믿음으로 경제 활동에 영향을 미치기 위한 정부 지출에 초점을 맞춘다. 그들의 목표는 정부 지출을 통해서 소비자 수요를 늘리는 것이며, 그에 따르는 인플레이션 증가가 경제 호황의 신호로 여겨진다.

오늘날 케인스주의 경제학자들은 세계의 경제 및 통화에 관한 담론을 주도하면서 엄청난 영향력을 행사한다. 그중 한 사람은 국제 경제학, 경제 지리학, 그리고 유동성의 함정에 관한 연구로 잘 알려진 2008년도 노벨 경제학상 수상자 폴 크루그먼(Paul Krugman)이다. 케인스주의 경제학의 열렬한 지지자인 그는 경기 침체와 경제 위기의 맥락에서 재정 부양책과 통화 정책에 대한 광범위한 논의를 계속해왔다. 2001년도 노벨 경제학상 수상자인 조지프 스티글리츠(Joseph Stiglitz)도 경제 안정을 촉진하기 위한 정부의 시장 개입을 강력히 주장했는데, 이 또한 케인스주의의 이상을 반영한다. 미국 정부에서 여러 주요 직책을 역임했고 경제 정책 서클의 핵심 인물인 로렌스 서머스(Lawrence Summers)는 경기 침체 및 정부의 개입과 관련된 문제에 대하여 폭넓은 저술 및 강연 활동을 하고 있다. IMF의 수석 이코노미스트를 역임한 올리비에 블랑샤르(Olivier Blanchard)는 케인스주의 원칙에 입각한 경제 정책을 옹호하는 것으로 유명하다. 그리고 이 글을 쓰는 시점에 전 연방준비제도이사회 의장이자 미국의 재무장관인 재닛 옐런(Janet Yellen)은 종종 경제의 안정화에 대한 정부와 중앙은행의 중요성을 강조했다. 이만하면 케인스주의 이념을 뒷받침하고 글로벌 정책 수립에 영향을 미치는 상당한 화력이다.

지적·철학적 분열의 반대편에는, 역사적으로 오스트리아학파에 가담한 경제학자들과 밀턴 프리드먼 같은 통화주의자가 포함된, 케인스주의 경제학을 비판하는 사람들이 있다. 그들은 정부의 과도한 개입(특히 통화 팽창의 형태)이 장기적 인플레이션 문제로 이어지고, 시장의 메커니즘을 왜곡하며, 공공 및 민간 부문의 부채를 부추길 수 있다고 주장했다.

오스트리아 경제학파에 속하는 루트비히 폰 미제스(Ludwig von Mises)와 프리드리히 하이에크는 오랫동안 금 같은 유형 자산의 뒷받침이 없는 중앙계획 경제와 통화 공급의 확대에 비판적이었다.[32] 빈대학교와 뉴욕대학교에서 강의한 미제스는 1949년에 유명한 저서 《인간 행동(Human Action)》을 출간했다. 오스트리아계 영국인 경제학자이자 철학자로서 1970년에 노벨상을 받았고 10대 시절에는 제1차 세계대전에 참전하기도 했던 하이에크는 대단히 영향력 있는 저서 《노예의 길(The Road to Serfdom)》(1944)과 《자유헌정론

(The Constitution of Liberty)》(1960)으로 가장 잘 알려져 있다. 두 경제학자 모두 자유 시장 자본주의를 옹호하고 개입주의에 강력하게 반대했다. 그들은 경제에 대한 정부의 개입이 결코 자유 시장의 결과를 재현할 수 없다고 주장하고 개입주의적 관행이 경제의 왜곡, 호황과 불황의 순환, 그리고 인플레이션으로 인한 저축의 감소로 이어질 수 있다고 믿었으며, 경제에 대한 정부의 개입을 최소화하고 시장이 스스로 규제할 수 있도록 하는 보다 자유방임적 접근 방식을 지지했다. 건전한 화폐 즉, 가치가 쉽게 하락하지 않고 안정적으로 유지되는 통화의 개념은 그들 경제 이념의 핵심이었다.

오스트리아학파의 핵심적 통찰은 중앙의 권위가 시장의 선호도와 경제 역학의 복잡성을 효과적으로 관리하기가 불가능하다고 지적한 것이었다.[33] 하이에크는 경제적 결과를 정확하게 예측하고 통제할 수 있다고 믿는 정책 입안자들의 오만을 비판한 것으로 유명하다. 1974년의 노벨 경제학상 수상에 따른 "지식의 허세(The Pretence of Knowledge)"라는 제목의 중요한 강연을 통해서 하이에크는 말했다. "나는 불완전하지만 진실한 지식을 선호한다. 그것이 많은 것을 불확실하고 예측 불가능한 상태로 남겨둔다 할지라도, 거짓일 가능성이 높은 완전한 지식의 허상보다는 낫다고 생각한다… 사회의 발전 과정을 전적으로 우리가 원하는 대로 형성할 수 있는 지식과 힘이 (실제로는 없음에도) 있다는 믿음에 따라 행동하는 것은 우리에게 큰 해를 끼칠 가능성이 높다."[34] 그는 《개인주의와 경제 질서(Individualism and Economic Order)》라는 책에서 이러한 정서를 더욱 엄중하게 표현했다. "자신의 지식에 극복할 수 없는 한계가 있다는 인식은 사회를 연구하는 학생에게 겸손의 교훈을 가르치고, 사회를 통제하려는 인간의 치명적인 노력(동료들 위에 군림하는 폭군이 될 뿐만 아니라 문명의 파괴자가 될 수 있는)의 공범이 되지 않도록 보호해야 한다."[35] 하이에크에 따르면, 그렇게 시장을 통제하려는 시도는 종종 그냥 내버려 두는 것보다 더 나쁜 결과를 초래한다. 시장 참여자들의 분산된 지식이 그 어떤 중앙화된 주체보다도 자원을 배분하는 데 훨씬 더 효과적이기 때문이다.[36] 앞에서 논의한 케인스주의 이념과의 대조가 이보다 더 극명할 수는 없다.

미국의 경제학자 프리드먼 역시 자유 시장 자본주의를 강력하게 옹호한 것으로 유명하다.[37] 그의 주된 논지는 통화 정책이 재정 정책보다 중요하고 자유 시장이 정부의 개입에 우선한다는 것이었다. 당시의 케인스주의 학계에서 급진적이라 여겨졌던 프리드먼의 견해에 따르면, "인플레이션은 언제 어디서나, 결과물보다 통화량이 더 빠르게 늘어날 때만 발생할 수 있고 실제로 발생한다는 의미에서 통화적 현상이다." 다시 말해서, 그는 인플레이션이란 적은 상품을 너무 많은 돈이 추격할 때 생기는 결과라고 주장했다.[38] 프리드먼은 단기적 고용 통계의 호전이라는 명분으로 인플레이션을 조장하는 케인스주의 정책을 비판하고, 그러한 정책이 장기적으로 더 높은 인플레이션율을 초래할 것이라 믿었다. 그는 경제에서 기대의 중요성을 강조하고, 경제를 활성화하기 위한 일시적 조치는 기업과 소비자가 기대하는 바이므로 시간이 지남에 따라 효과가 감소할 것

이며, 사람들이 미래의 정책에 대한 기대에 따라 행동을 조정할 것이라고 주장했다.[39]

금본위제 이후 시대의 통화 공급 확대와 그에 따른 통화 가치 하락은 케인스주의와 오스트리아학파 경제학자들의 논쟁에 기름을 부었다. 전자는 통화적 개입을 경제의 안정을 위하여 필요한 도구로 보는 반면에, 후자는 그런 정책의 장기적 위험을 경고하고 건전한 통화의 원칙으로의 복귀와 정부 개입의 최소화를 주장한다. 물론 이런 논쟁은 고도로 정치화되었다. 작은 정부를 선호하는 경제학자들은 일반적으로 오스트리아학파의 입장을 취하는 반면에, 정부가 더 큰 역할을 맡기를 선호하는 경제학자들은 케인스주의의 입장으로 기우는 경향이 있다.[40] 말할 필요도 없이, 전 세계의 현직 정부는 시간이 지남에 따라 자연스럽게 후자 쪽으로 기울어졌다.

기술의 영향

기술 기업가이자 《미래의 가격(The Price of Tomorrow)》의 저자인 제프 부스는 빠르게 발전하는 기술 환경(자연스럽게 디플레이션으로 이어지는)과 일정 수준의 인플레이션을 유지하려는 케인스주의 경제 정책 사이의 본질적인 모순을 강조했다.[41] 기술의 발전은 효율성 향상으로 이어지고, 다시 비용의 절감을 통한 디플레이션으로 이어진다. 거의 모든 산업에서 디지털화 및 자동화를 포함하는 기술의 발전이 비용을 절감하고 생산성을 향상시키고 있다. 부스는 디플레이션이 바람직한 현상이며 비용 절감, 소비자 구매력 향상, 생활 수준 향상으로 이어지기 때문에 자연스럽게 발생하도록 허용해야 한다고 주장한다. 디플레이션은 사회적 부가 전반적으로 증가하는 원동력이 될 것이다.[42] 그렇지만 중앙은행은 양적 완화 등의 수단을 통해서 디플레이션을 억제하려 한다.

반대로 인플레이션은 여러 가지 이유 때문에 해악으로 여겨질 수 있다. 그중에는 가격이 제공해야 할 올바른 경제 신호를 왜곡하여 잘못된 투자 결정을 초래한다는 점이 있다. 자원은 실제 수요와 진정한 생산 비용이 아니라 왜곡된 가격을 기준으로 비효율적으로 배분된다. 기술 발전이 가져오는 디플레이션 흐름에도 불구하고 인플레이션을 고집하는 것은 경제 정책을 기술의 자연스러운 진보와 충돌하게 만든다. 이러한 모순은 인플레이션 기반 성장을 유지하기 위해 부채 수준을 끊임없이 높일 것을 요구하며, 이는 결국 경제의 취약성과 파국적인 시장 붕괴로 이어진다.[43]

인플레이션 대신에 기술적 디플레이션을 수용한다면, 경제 성장은 부채와 인플레이션에 의존하지 않고 기술 발전이 창출하는 실제 가치에 기반하는 미래로 나아갈 수 있을 것이다.

> 우리가 다른 사람들에게 제공하는 가치의 확대를 통한 가격 하락은 자연스러운 현상이며, 기술이 계속해서 우리의 일을 더 많이 수행할수록 이러한 현상이 가속화된다. 가격 상승이 조작되는 시스템에서 살았던 적이 있다는 당혹감으로 과거를 되돌아보면, 인센티브가 일치하게 되고 우리의

시야에서 가려졌던 진실을 깨닫게 된다. 돈의 풍요=다른 모든 것의 희소성이고, 반대로 돈의 희소성=다른 모든 것의 풍요다.[44]

- 제프 부스

부스는 디지털 시대를 위하여 구축된 궁극적인 디플레이션적 경화(hard money)가 비트코인이라고 주장했다.

CHAPTER ⑩
가치 저장

> 우리는 수학적 기준틀에 돈과 믿음을 투자하기로 선택했다.
>
> - 타일러 윙클보스(Tyler Winklevoss), 2013

    세계에서 가장 큰 잠재 시장은 가치 저장 수단의 시장이다. 현재 이 시장은 주로 [표 10.1]에 표시된 자산군과 그 대략적인 시가총액으로 형성된다. 현재 전 세계적으로 가치 저장을 추구하는 총 부의 규모는 약 900조 달러(경우에 따라 대략적인 추정치 기준)에 달하며, 이는 가치 저장 수단에 대한 접근 가능한 시장을 나타낸다. 전 세계 시장의 약 2%를 차지하는 금과 이 글을 쓰는 시점에 단위당 6만 달러의 가치로 시장 점유율이 0.12%에 불과한 비트코인은 금융 자산의 세계에서 현저한 대조를 보인다. 이러한 차이는, 특히 비트코인의 전례가 없는 통화적 특성을 고려하면 비트코인의 저평가로 인식될 수 있다. 이런 '가격 오류'는 비트코인의 실체에 대한 글로벌 투자 업계의 광범위한 이해 부족에서 비롯된 것일지도 모른다.[1]

[표 10.1] 가치 저장 자산의 시가총액

자산	시가총액 (1조 달러)	시장 점유율 (%)
부동산[1]	380	42
부채[2]	315	34
주식[3]	115	12
현금[4]	90	9.9
금[5]	16	1.8
예술품/수집품[6]	1.7	0.18
비트코인[7]	1.4	0.12
합계	919	100

출처:
1) Paul Tostevin and Charlotte Rushton, "Total Value of Global Real Estate," Savills (September 2023), https://www.savills.com/impacts/market-trends/the-total-value-of-global-real-estate-property-remains-the-worlds-biggest-store-of-wealth.html
2) BIS Data Portal, "Debt Securities Statistics," 2023, https://www.visualcapitalist.com/global-debt-hits-a-new-high-of-315-trillion/?utm_source=chatgpt.com; Institute of International Finance, "Global Debt Monitor," 2024, https://www.iif.com/Products/Global-Debt-Monitor
3) "Capital Markets Fact Book 2024"," SIFMA Research Quarterly, https://www.sifma.org/resources/research/statistics/fact-book
4) "World—Major Central Bank M2 Money Supply," 2024, accessed July 15, 2024, https://en.macromicro.me/series/4675/global-money-supply-m2
5) World Gold Council—Gold Market Primer, https://www.gold.org/goldhub/research/market-primer/gold-market-primer-market-size-and-structure
6) Deloitte, "ArtTactic: Deloitte Art and Finance Report 2019."
7) "Today's Cryptocurrency Prices by Market Cap," coinmarketcap.com

비트코인의 '적정 가격'을 결정하는 것은 복잡한 작업이다. 비트코인이 금의 시가총액에 도달하려면 가치평가가 현재보다 15배 상승해야 한다. 금과 비교했을 때 비트코인이 가진 화폐적 속성의 우수성을 고려하면, 비트코인이 금보다 훨씬 더 높은 가치를 인정받을 수 있다는 주장은 충분히 설득력이 있다. 탁월한 화폐적 속성 외에도 국경을 넘어 쉽게 거래될 수 있어서 강력한 국제적 네트워크

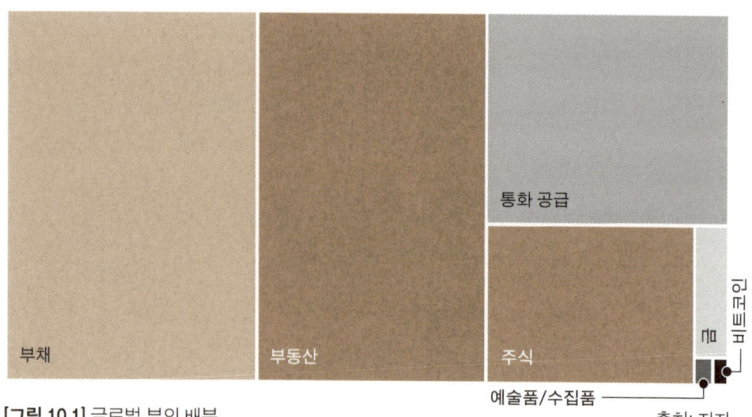

[그림 10.1] 글로벌 부의 배분

효과를 제공하는 것은 금보다 우월한 비트코인의 또 다른 주요 이점이다.[2] 비트코인이 금의 시가총액을 넘어설 가능성을 보여주는 사례로, 2024년 1월 미국에서 출시된 9개의 비트코인 상장지수펀드(ETF)를 들 수 있다. 이들 ETF는 출시 후 불과 두 달 만에 약 600억 달러의 운용자산을 축적했다. 참고로 금 ETF가 같은 규모에 도달하는 데에는 15년이 걸렸다. 이러한 사실은 비트코인이 금보다 훨씬 빠른 속도로 자본 시장의 신뢰와 투자 수요를 확보하고 있음을 시사한다.

시간적 판매성

3장에서 논의한 바와 같이, 자산의 판매성이란 자산이 가치를 잃지 않고 다양한 시간과 공간의 차원에서 얼마나 쉽게 재화와 서비스로 교환될 수 있는지를 의미한다.³ 공간적 판매성은 가치의 손실 없이 장거리에 걸쳐서 운송 및 사용될 수 있는 능력을 의미하고, 시간적 판매성은 미래의 불확정한 시점에 가치의 손실 없이 판매될 수 있는 능력을 말한다. 특히 후자는 특정한 재화가 화폐로서 효과적으로 기능하기 위해 매우 중요하다. 사람들이 노동의 결실을 미래에 사용할 수 있도록 안전하게 저장해주기 때문이다. 이는 개인이 오늘 저축을 하면서도 그 가치가 시간이 지나도 줄어들지 않을 것이라는 확신을 갖게 해준다.⁴

역사적으로 금은 시간적 판매성 때문에 귀중하게 여겨졌지만, 공간적 판매성 측면에서는 심각한 어려움에 직면했다. 2장에서 논의한 것처럼, 밀도가 높고 무거우며 안전한 보관과 운송이 필요한 금은 여러 유형의 거래, 특히 빠른 교환이 필요한 장거리 거래에는 적합하지 않다. 금의 이동성 제약은, 특히 더 가볍고 운반하기 쉬운 형태의 화폐와 비교하여, 교환 매체로서의 기능과 효율성을 제한했다.

이런 공간적 한계는 사회가 더 실용적인 형태의 화폐를 고안하고 발전시키도록 만들었다. 8장에서 논의했듯이 가장 중요한 발전 가운데 하나는 지폐의 도입이었는데, 이는 처음에는 금 영수증 형태로 시작하여 결국 법정화폐로 이어졌다. 지폐의 발명은 공간적 판매성에서 혁명적인 개선을 의미했다. 가볍고 운반하기 쉬운 종이 화폐는 다양한 거래에 사용될 수 있어서 장거리 거래 및 이전보다 규모가 큰 거래를 촉진했다. 또한 실물 금의 운송 관련 비용과 위험을 크게 줄임으로써 상업 활동과 경제의 확장이 가능하도록 했다.[5]

그러나 앞에서 논의했듯이, 실물 자산에 연동된 종이 화폐로의 전환은 궁극적·필연적으로 실물 자산과의 연동이 단절되는 법정화폐의 탄생이라는 결과를 낳았다. 그리고 앞에서 살펴본 것처럼, 명목화폐는 최근 수십 년 동안 전례 없는 규모의 통화 팽창과 가치 하락을 초래했다. 따라서 우리는 공간적 판매성의 필요성이 결국 시간적 판매성의 희생으로 이어졌음을 알 수 있다.

시간적 판매성에서 가장 중요한 요소는 자산의 희소성이다. 자산을 더 많이 생산하는 상대적 어려움이 자산의 경도(hardness)를 결정한다. 공급량을 늘리기 어려운 화폐는 경화(hard money)라 하고, 공급량을 크게 늘릴 수 있는 화폐는 이지 머니(easy money)라 한다. 이러한 사실은 인류 역사를 통해서 사회가 재화에 가치를 부여해 온 방식으로 입증된다. 마크 트웨인은 "땅을 사라. 땅은 더 이상 만들지 않으니까"라는 말로 희소성과 가치의 관계를 설명했다. 장신구를 만드는 데나 산업적 용도에서 금의 가치가 도출된다는 생각은 오해다. 실제로 금의 가치는 가치를 저장하는 수단의 역할과 희소성에 대한 시장의 합의에서 비롯된다.

앞에서 우리는 2,100만 코인이라는 변경할 수 없는 한도에 기초한 비트코인의 절대적 희소성을 논의했다. 또한 인터넷을 통해서 즉각적인 전송이 가능한 비트코인의 능력도 인지했다. 이러한 특성들은 비트코인의 탁월한 시간적·공간적 판매성을 나타낸다. 결과적으로 비트코인은 법정화폐의 근본적 정당성을 대부분 파괴한다고 주장할 수 있다. 다시 말해서, 공간적 판매성을 위하여 시간적 판매성을 희생해야 할 필요성이 더 이상 존재하지 않는다.

> 사람들은 역사적으로, 조개껍데기나 돌 같이 필요에 따라 손이 닿는 무엇이든 희소한 재화를 화폐로 받아들였다… 지금까지는 신뢰할 수 있는 제3자 없이 통신 채널을 통해서 거래할 수 있는 희소한 상품이 없었다. 만약 신뢰할 수 있는 제3자 개입 없이 인터넷을 통해서 거래될 수 있는 형태의 화폐를 채택하려는 욕구가 존재한다면, 이제 그것이 가능하다.[6]
>
> - 사토시 나카모토, 2009년 5월 3일

가장 빠른 말

> 결국, 수익을 극대화하는 최선의 전략은 가장 빠른 말을 소유하는 것이다. 단순하다. 단지 최고의 실적을 내는 말을 소유하라… 예측해야 한다면, 나는 가장 빠른 말이 비트코인이라는 데 걸겠다.[7]
>
> - 폴 튜더 존스(Paul Tudor Jones)

저명한 헤지펀드 매니저이자 억만장자인 폴 튜더 존스가 말하는 경마는 인플레이션을 극복하기 위한 경주다. 비트코인이 이 경주에서 가장 빠른 말이 되는 이유는 무엇일까?

숫자 상승(Numbers-Go-Up, NGU) 기술은 비트코인이 단순한 수요와 공급의 원리에 따라 시간이 가면서 급격한 가격 상승이 이루어지도록 "설계되었다"는 주장을 설명하는 데 사용되는 익살스러운 비트코인 밈이다. 이 밈의 핵심적 아이디어는 한편에 무한한 양의 법정화폐가 있고 다른 편에는 절대적으로 희소한 자산이 있다는 것이다. 시간이 지남에 따라 후자의 실물 자산이 전자를 소모하게 된다. 다시 말해서, 무한한 수요와 유한한 공급이 만나는 상황의 수학적 결과는 가격의 상향 폭발이다. 이러한 개념을 풍자적으로 NGU 기술이라 부른다. 이와 연결된 또 다른 밈도 있다. "비트코인은 꼭대기가 없는데, 그 이유는 법정화폐에는 바닥이 없기 때문이다." 즉, 법정화폐는 이론적으로 무한정 찍어낼 수 있기 때문에 그 결과 밈이 암시하는 것처럼 비트코인의 가격은 무한대로 치솟을 수 있다는 것이다.

법정화폐 측면에서만 보더라도, 2008년 비트코인이 탄생한 이후 비교적 짧은 기간 동안 미국의 통화 공급량(M2)은 8조 달러에서 약 21조 달러로 증가했다([그림 9.1] 참조). 이는 16년 동안 총공급량이 160% 이상 증가한 것이다. 위의 인용에서 존스는 제1원리적으로 생각할 것을 제안한다. 즉, 수요 대비 공급의 급격한 왜곡은 가격의 움직임에 상응하는 영향을 미친다. 만약 비트코인이 절대적 희소성을 입증할 수 있는 유일한 자산군이라면,[8] 장기적으로 이렇게 급격한 왜곡에 가장 높은 민감도를 보일 것이다(물론 특정 소형주나 암호화폐가 단기적으로 더 높은 민감도를 보일 가능성은 있겠지만, 그것이 수년 또는 수십 년 동안 지속될 가능성은 희박하다).

중앙은행의 무분별한 통화 확대가 지속되었던 기간에 비트코인은 어떤 모습을 보였을까? 이에 대해서는 코로나-19 팬데믹이 유용한 사례를 제공한다. 팬데믹으로 인한 글로벌 셧다운 때문에 촉발된 경기 침체에 대응하여 전 세계 정부와 중앙은행은 역사상 유례가 없는 일련의 통화 및 재정 부양책을 내놓았다. 부양책의 목표는 팬데믹과 정부의 봉쇄 조치로 인한 경제적 영향을 완화하고, 성장을 촉진하며, 금융 시장을 안정시키는 것이었다.

2020년의 불과 8개월 동안에 0 또는 0에 가까운 수준의 금리 설정, 공격적인 양적 완화를 통한 통화 공급 확대, 다양한 중앙은행 대출 프로그램의 신규 도입이 부양책에 포함되었다. 주식과 비트코인 모두에 영향을 미친 2020년 3월의 시장 붕괴 이후에 이러한 개입은 1,700% 이상의 가격 상승으로 역사상 최고치를 기록한 비트코인의 놀라운 급등세의 토대를 마련했다. 주요 자산군 중에서 비트코인은 의심의 여지 없이 가장 빠른 말이었다. [그림 10.2]는 글로벌 통화 공급량 대비 비트코인의 역사적 실적을 보여준다.[9] 도표에서 볼 수 있는 상관관계는 다른 모든 주요 자산군보다 높다.

코로나-19 팬데믹 기간의 경기 부양책이 처음에는 경제 활동을 되살리는 데 효과적이었지만, 장기적으로는 수십 년 만에 가장 높은 인플레이션을 초래하는 결과로 이어졌다. 때문에 전 세계 중앙은행들은 인플레이션을 억제하기 위하여 가파른 금리 인상의 길을 걷기 시작했다. 금리 상승이 비트코인 가치평가에 미친 초기의

[그림 10.2] 비트코인 가격 대비 글로벌 통화 공급   출처: 트레이딩뷰(TradingView)

부정적 영향에도 불구하고, 비트코인은 굳건한 회복력을 보여주었다. 2024년에는 높은 금리에도 불구하고 비트코인 가격이 사상 최초로 7만 달러를 넘어섰다. 이는 비트코인이 등장한 이후의 꾸준한 상승세가 순전히 저금리 환경의 증상일 뿐이라고 주장한 여러 비트코인 비판론자들을 침묵시켰다. 경제적 격변의 와중에서 비트코인의 회복력은 주요 자산군으로서 비트코인의 진화하는 역할을 보여준다.

재고-유입 비율

재고-유입(stock-to-flow, S2F) 모델은 공급이 제한된 자산의 가격 평가에 널리 사용되는 정량적 기준들이다. 희소성이 높은 가격으로 이어진다는 가정에 기초한 S2F 모델은 자산의 총재고(현재 가용한 양)와 유입량(연간 생산량)을 비교하여 희소성을 측정한다. S2F 비율이 높을수록 더 높은 수준의 희소성을 의미하는데, 시장에 유입되는 신규 공급량이 감소하여 모델이 말하는 자산 가치 상승으로 이어질 수 있기 때문이다. 금은 오랫동안 제한된 공급량으로 부를 저장하는 수단의 역할을 했기 때문에 S2F 모델로 분석된 주요 자산이었다. 금의 높은 S2F 비율은 연간 신규 생산량에 비하여 기존 재고량이 상당히 많기 때문에 나타나는 현상이다. 이런 본질적인 희소성이 수천 년 동안 금의 가치를 지켜온 요인이 되었다.

비트코인의 절대적 희소성에 대한 분석은 2장과 3장에서 논의했다. 2,100만 개의 코인으로 공급이 제한되는 비트코인은 S2F 분석의 주요 후보가 된다. 앞에서 살펴본 것처럼, 비트코인 프로토콜은 새로운 블록 채굴에 대한 보상을 4년마다 절반으로 줄인다. 이런 과정이 기존 재고 대비 유입량을 줄여서 시간이 지남에 따라 비트코인의 S2F 비율이 상승하게 된다. 2024년 4월의 네 번째 반감기를 통해서 비트코인의 S2F 비율이 처음으로 금의 S2F 비율을 앞지르게 되었다.

S2F 모델을 지지하는 사람들은 S2F 비율이 가리키듯이 비트코인의 가격과 희소성 사이에 통계적으로 유의미한 연관성이 있다고 주

장한다. 하지만 반대하는 사람들은 S2F 모델이 중요한 가격 결정 요인으로 여겨지는 수요를 고려하지 않는다고 주장한다. 역사적으로 비트코인 가격의 주요 상승세가 4년 주기의 공급량 반감기와 일치했지만, 그런 모델에 기초하여 비트코인의 미래 가격을 예측하려는 시도는 실망스러운 결과로 이어질 수 있다. 모델은 인과관계보다는 상관관계를 보여준다. 현재까지 비트코인 공급량의 92% 이상이 채굴된 상황에서는 비트코인의 공급이 이미 완료되었다고 단순하게 가정하고, 수요의 측면에서 전 세계적으로 채택되는 과정에 집중하는 것이 더 나은 접근법일 것이다. 어쨌든 4년 주기의 공급 감축보다 훨씬 더 큰 영향을 미치는 것은 비트코인을 둘러싼 언론의 과대광고와 과거 실적에 기초한 가격 상승에 대한 기대라 할 수 있다. 그리고 이는 자기실현적 예언으로 작용할 가능성이 있다.

"비트코인은 변동성이 너무 크다"

비트코인의 변동성에 대한 비판은 종종 비트코인이 달성하고자 하는 본질적 성격, 즉 법정화폐와 기존 통화 시스템의 근본적인 파괴라는 속성을 간과한다. 파괴의 임무는 불가피하게 현상 유지에서 벗어나는 것을 수반한다. 파괴적 혁신으로 가는 길은 결코 순탄하거나 직선적이지 않다. 혼란스럽고 예측할 수 없으며 변동성이 큰 것이 사실이다. 비트코인이 어떻게든 법정화폐와 안정적인 관계를 유지함과 동시에 법정화폐를 파괴하리라는 것은 다소 터무니없는 기대일 것이다. 파괴하는 자와 파괴당하는 자는 끊임없이 서로 대립하기 마련이다. 비트코인이 천명한 목표를 달성하려는 것뿐이라면, 변동성을 비판하는 사람들은 스스로 물어야 한다. 변동성을 통하지 않고 다른 상황이 어떻게 전개될 것으로 예상했는가?

> 루트비히 비트겐슈타인(Ludwig Wittgenstein)이 친구에게 이렇게 물은 적이 있다. "말해 보게, 사람들은 왜 지구가 돌지 않고 태양이 지구 주위를 돈다는 생각이 더 자연스럽다고 말할까?" 친구는 "글쎄, 그저 태양이 지구 주위를 도는 것처럼 보이니까, 당연하겠지"라고 대답했다. 비트겐슈타인은 반문했다. "그렇다면, 지구가 도는 것처럼 보인다면 그건 도대체 어떻게 보일까?" 만약 건전하고 오픈 소스이면서 프로그램 가능한 전 세계적 디지털 화폐가 완전한 무(0)로부터 화폐가 된 것처럼 보인다면, 아마 그것은 지금 우리가 보고 있는 [비트코인과] 매우 비슷하게 보일 것이다.[10]
>
> - 앨런 패링턴(Allen Farrington)

비트코인의 변동성은 그 가치 제안 자체를 반영하는데, 이는 전통적인 통화 체계와는 전혀 다른 성격을 지닌다. 비트코인은 자신이 대체하려는 기존 체계와 무관하게, 자유롭게 스스로의 가치를 찾아가야 한다. 스테이블코인은 변동성이 작지만, 법정화폐에 도전하는 것이 아니라 '의존'한다.

피델리티 디지털 자산(Fidelity Digital Assets)에서 분석한 것처럼,[11]

변동성은 또한 비트코인의 공급이 시장 가격 변동에 영향을 받지 않고 일정하게 유지되도록 하드 코딩되어 있기 때문에 발생한다. 단기적이든 장기적이든 수요의 변화는 가격 조정을 통해서 수용되어야 한다. 다른 출구는 없다. 공급의 비탄력성은 본질적으로 가격 변동성을 심화시킨다. 비트코인의 변동성은 기본적으로 미리 정해지고 변경할 수 없는 공급량이라는 핵심적 속성의 직접적인 결과다.

전화, 증기 기관, 휴대전화, 인터넷 같은 혁신적 기술이 채택된 과정을 생각해보라.[12] 새로운 혁신은 종종 불의 세례를 받고, 일련의 엄격한 시련과 회의론을 견뎌낸 후에 사회의 인정을 받았다. 비트코인도 마찬가지지만, 한 가지 중요한 차이점이 있다. 위와 같은 역사적 혁신에는 대중의 인지도와 수용도를 측정할 실시간 지표가 없었다. 채택 과정의 변동성은 장기간에 걸쳐서 더욱 추상적인 방식으로 나타났다. 그러나 비트코인은 채택 및 대중의 인식 변화가 가격을 통해서 즉각적으로 드러나는 독특한 사례다.

전통적인 기술 및 혁신과 달리 비트코인의 가격은 글로벌 투자 커뮤니티의 자산에 대한 집단적 이해, 정서, 그리고 가치평가에 관한 실시간 피드백을 제공한다. 이러한 즉시성은 기술 채택의 역사상 전례가 없는 특성이다. 비트코인에는 가치를 평가하는 데 사용할 수 있는 현금 흐름, 배당금 또는 기타 전통적 재무 지표가 없다. 대신에 비트코인의 가격은 순전히 수요와 공급의 역학에 따라 결정되고 인지도, 투기, 그리고 투자자 심리의 영향을 받는다. 따라서 비트코인의 가치평가는 비트코인에 대한 집단적 이해의 변화에 매우 민감하다. 인간의 감정은 변덕스럽다.

　이 책에서 설명하듯이, 비트코인을 이해하는 과정은 매우 복잡하고 여러 학문 분야를 포함한다. 이러한 복잡성이 금융 투자의 감정적 특성과 결합하여 자산의 변동성을 높인다. 이해가 깊어지고 채택이 확대됨에 따라 비트코인의 가치에 대한 집단적 심리가 더 안정된 합의에 도달하여 변동성의 감소로 이어질 가능성이 있다. 이렇게 폭넓은 이해와 수용을 지향하는 여정은 본질적으로 변동성이 크고, 역사를 통해서 주요 혁신들이 겪었던 격동적인 경로를 반영한다.[13]

투자의 지평선

　기하급수적 성장을 보이는 자산의 가격 차트를 볼 때 선형 차트는 오해를 부를 수 있다. 선형의 가격 차트는 단기적 변동성을 확대하여 가격의 왜곡된 이미지를 제시한다. 비트코인의 경우에는 종종 더 정확하고 전체적인 관점을 제공하는 로그 차트가 선호된다. 예를 들어 [그림 10.3]의 선형 가격은 0에 가까운 평형한 직선으로 표시되기 때문에, 2017년 이전의 비트코인 가격 변동을 완전히 가린다. 로그 가격 차트를 통해서 비트코인의 자산 가격이 몇 센트에 지나지 않았던 2010년부터 1,000달러를 돌파한 2017년까지 기하급수적으로 성장했음을 확인할 수 있다.

　개인의 투자 전망은 비트코인의 잠재력, 특히 장기적 인플레이션 헤지(hedge) 수단으로서의 잠재력을 평가할 때 중요한 요소가 된

[그림 10.3] 로그 척도와 선형 척도의 비트코인 가격   출처: 트레이딩뷰

다. 비트코인의 일일 가격 차트에 초점을 맞추기보다 4년 이동 평균을 살펴보면, 변동성에 대한 장기 투자자들의 우려를 불식시키는 일관된 상승 추세를 확인할 수 있다. 4년 이동 평균(공급이 반감되는 4년 주기와 일치하는)의 렌즈를 통해서 보면, 변동성이 큰 시기가 있음에도 불구하고 비트코인 가격은 끊임없는 상승 궤적을 보여준다. 이러한 관점은 장기적 전망의 중요성을 강조한다. 이는 특히 젊은 투자자나 은퇴가 가깝지 않은 투자자에게 더욱 중요하다. 그들에게는 시장의 상승과 하락을 헤쳐나갈 시간이 충분하기 때문이다.

[그림 10.4]는 변동성이 큰 일일 가격 차트와 비트코인이 탄생한

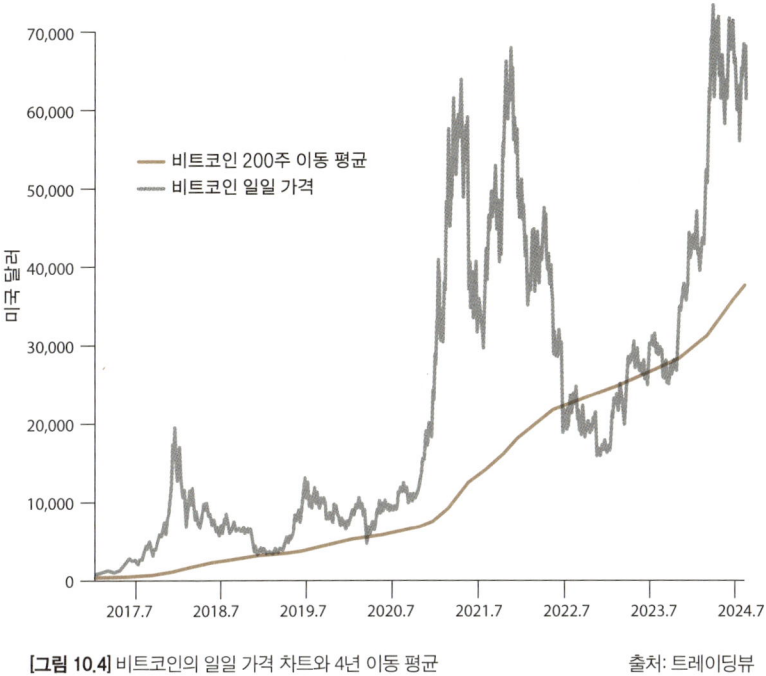

[그림 10.4] 비트코인의 일일 가격 차트와 4년 이동 평균   출처: 트레이딩뷰

이후로 가치가 하락한 시기가 한 번도 없었음을 알 수 있는 매끄러운 상승 곡선을 보여준다. 4년의 투자 기간을 가정한다면, 14년 동안 투자 수익이 0.01달러에서 3만 7,000달러(이 글을 쓰는 시점의 4년 이동 평균)까지 끊임없이 상승하는 모습을 볼 수 있었을 것이다. 역사상 이만한 기간에 이만한 성과를 보인 자산은 없었다.

금융 관련 뉴스 보도는 시장의 침체기에 단기적 실적에만 집중하고 전반적 추세를 무시함으로써 공황감을 증폭시키는 경우가 많다. 이로 인해 비트코인에 대한 대중의 인식이 왜곡될 수 있으며, 자산의 내재 가치와 장기적 전망을 연구하고 이해할 시간을 들이지 않는 잠재적 투자자들을 시장에서 멀어지게 만든다. 만약 투자자들이 시간의 관점을 조정한다면, 보다 정확한 정보를 바탕으로 한 현명한 투자 결정을 내릴 수 있을 것이다.

혁신의 역사는 초기의 회의론이나 변동성이 광범위한 수용과 통합에 굴복한 사례로 가득하다. 변화를 초래하는 혁신은 잠재력을 완전히 인정받기 전에 변동성과 비판의 시기를 겪는 경우가 많다. 새로운 기술이나 투자 기회에 대한 사회의 집단적 이해와 수용은 경제적 과정일 뿐만 아니라 심리적, 사회학적, 그리고 철학적 과정이기도 하다.[14]

어쨌든 데이터 제공업체 글래스노드(Glassnode)에 따르면 비트코인의 연간 실현 변동성(realized volatility)이 시간이 지남에 따라 완화되어 2023년 11월에는 역사상 최저치를 기록했다는 사실은 주목할 만하다.[15] 비트코인의 전 세계적 채택과 함께 시가총액이 늘어나면서, 규제가 더욱 명확해지고 투자자들이 진정한 투자 논리를 더 잘 이해하게 되어 이러한 추세가 계속될 가능성이 크다.

마지막으로 짚고 넘어가야 할 것은, 비트코인의 가격 변동성에 대한 인식 속에 내재한 인지적 오류다. 비트코인을 비트코인 자체로 계량 단위를 삼는다면 비트코인은 변동성이 없다.[16] 1달러는 언제나 1달러이듯 1BTC는 언제나 1BTC이기 때문이다. 그러나 비트코인의 가치를 달러와 같은 다른 계량 단위로 측정하는 한, 그 단위를 사용하는 사람들에게 비트코인은 필연적으로 변동성이 있는 것으로 보일 수밖에 없다. 11장에서는 화폐 자산이 수집품에서 가치를 저장하는 수단으로, 이어서 교환의 매체로, 마지막으로 회계 단위로 진행하는 과정을 논의할 것이다. 앞으로 살펴보겠지만, 비트코인은 두 번째 단계의 아주 초기에 있고, 이제 막 장기적 가치 저장 수단으로 수용되기 시작했다. 비트코인이 회계 단위의 단계에 도달하기까지는 수년, 어쩌면 수십 년이 걸릴 수도 있다. 따라서 그 시점에 이르기 전까지는 다른 계량 단위의 관점에서 비트코인은 여전히 변동성이 큰 자산으로 인식될 것이다. 그러나 그 마지막 단계가 도래하면, 오히려 달러가 비트코인의 계량 단위 안에서 변동성이 큰 자산으로 보이게 될지도 모른다.

금융 서비스에서 소외된 사람들의 희망

힘들게 번 돈과 저축을 은행 계좌에 안전하게 보관하는 것은 일상생활과 재정적 안정의 기반이다. 세계은행에 따르면, 전 세계 성인 인구의 1/4 이상이 기본적 금융 서비스에 대한 접근성이 부족하다.[17] 다시 말해서, 우리의 일상적 실존의 근간이 되는 금융 산업이 성인 4명 중 1명과 교류하지 않는다. 이렇게 놀라운 통계는 다시 한번 강조할 만하다. 성인 4명 중 1명이다. 금융 서비스가 없거나 부족한 사람들의 곤경은 고난, 회복력, 그리고 희망의 이야기다.

사하라 사막 이남의 아프리카는 금융 소외의 영향을 가장 심각하게 받는 지역 중 하나다. 최근 몇 년 동안 상당한 진전이 이루어졌지만, 이 지역 성인의 절반 이상이 금융 서비스를 받지 못하고, 주머니에 넣거나 매트리스 아래에 숨겨둔 지폐에 의존하고 있다. 남수단에서는 놀랍게도 인구의 91%가 금융 서비스에 접근하지 못한다. 아프리카에서 가장 인구가 많은 국가인 나이지리아에서는 열악한 인프라와 경제 불안정으로 인하여 6,000만 명이 넘는 성인에게 은행 계좌가 없다. 나이지리아 사람들 대부분에게는 비공식 금융이 필수품이 되었다. 현지에서는 에수수(esusu) 또는 아조(ajo)로 알려진 비공식 저축 그룹이 널리 퍼져 있다.[18] 그러나 여기에 참여하는 사람들은 사기에 취약하다. 또한 사람들이 저축하는 현금은 쉽게 분실, 도난, 또는 인플레이션(나이지리아에서는 2024년 연 40% 이상)으로 인한 가치의 하락을 겪을 수 있다.

금융 서비스를 받지 못하는 또 다른 지역인 남아시아도 독특한 어려움에 직면해 있다. 세계에서 인구가 가장 많은 국가인 인도에서는 2억 명이 넘는 성인이 금융 서비스에 접근하지 못한다. 세계적으로 은행 계좌가 없는 성인의 무려 8%가 세계 인구의 2.8%를 차지하는 이웃 나라 파키스탄에 있다.[19] 농촌 지역에서는 금융 인프라에 대한 접근성이 사실상 존재하지 않는다. 인근에 은행 지점이 없는 마을이 많고, 지점이 있더라도 계좌를 유지하는 비용이 저소득층에게는 엄청나게 부담스러울 수 있다. 또한 사회적 규범이 종종 금융 서비스에 대한 여성의 접근을 제한하여 금융 포용성의 성별 격차를 악화시킨다. 결과적으로 여성은 재정적으로 독립하지 못하고 착취에 취약해질 가능성이 크다.

멕시코에는 은행 계좌를 보유하지 못한 인구가 6,000만 명이 넘는다. 베네수엘라의 상황은 그보다 훨씬 심각하다. 극악의 경제 위기, 초인플레이션, 정치적 불안정, 그리고 금융 시스템의 붕괴로 수백만 명이 저축이나 거래를 위한 믿을 만한 수단을 잃었다. 공식 통화인 볼리바르(bolivar)는 사실상 무가치해졌고 사람들은 외화를 사용하거나 물물교환 시스템에 의존할 수밖에 없게 되었다. 그러나 안정적인 외화에 대한 접근성은 제한적이고, 도난이나 가치 하락을 포함하여 현금 보유와 관련된 위험이 항상 존재한다.

중동 및 북아프리카 지역에서 시리아, 예멘, 이라크와 같은 분쟁 국가들은 정기적으로 공식 은행 인프라가 붕괴되는 상황을 겪고 있으며, 이로 인해 수백만 명이 기본적인 금융 서비스조차 이용할 수 없는 상태에 놓인다. 이는 난민과 분쟁 지역 거주자들이 직면한 어려움을 한층 가중시킨다. 이 지역에서 가장 인구가 많은 나라 중 하나인 이집트의 경우, 성인 인구의 절반 이상이 은행 계좌를 보유하지 못하고 있다. 따라서 비공식 경제(등록되지 않고 규제받지 않는 사업체)가 사람들의 삶에서 중요한 역할을 하며, 공식 부문이 제공하지 못하는 일자리와 서비스를 공급한다. 그러나 이러한 비공식적 구조의 특성상, 개인들은 자신의 소득을 안정적으로 저축하거나 보호할 수 있는 신뢰할 만한 수단을 갖지 못한다.

우리는 노동의 결실을 안전하게 확보할 수단이 없는 환경에서 태어날 확률이 26%인 세계에 살고 있다. 15억 명의 사람들이 끝없이 고된 노동에 시달리고 있지만, 인플레이션의 유린이나 부패한 정권의 손아귀로부터 자신의 소득을 보호할 방법이 없다. 그들은 탈출구가 없는 빈곤의 악순환에 갇힌 절망적 곤경에 직면해 있다. 이런 위기에 대한 전통적 해결책에는 금융 인프라를 구축하기 위한 막대한 투자가 포함되며, 수십억 달러의 자금, 광범위한 물리적 네트워크, 그리고 복잡한 관료적 프로세스가 필요하다. 종종 비효율성과 부패로 얼룩진 정부는 이러한 소외 계층의 소요를 해결할 능력이 부족하다.

이제 이런 장벽을 뛰어넘는 혁신적인 기술 즉, 정부의 투자도 정교한 물리적 인프라도 번거로운 서류 작업도 필요 없는 기술을 상상해보라. 필요한 것은 인터넷 연결뿐이다(6장에서 논의한 것처럼 아마추어 무선통신이나 SMS 메시지로도 충분하다). 금융 서비스에 접근하는 일은 그저 온라인에 접속해 거래하고 저축하는 것만큼 단순하다. 어떠한 제3자 서비스 제공자나 관리자의 개입도 필요 없다. 누구든, 어디서든 디지털 지갑을 만들 수 있으며 이는 일종의 개인 은행 계좌처럼 작동한다. 이를 통해 부패, 가치 하락, 몰수에 영향을 받지 않는 자산에 독립적으로 접근하고 저장할 수 있다.

세계의 특정 지역은 실제로 금융 포용성보다 인터넷 보급률이 더 높다. 특히 라틴 아메리카와 남아시아가 그렇다. 예를 들어 멕시코에서는 국민의 50% 미만이 은행 계좌를 보유한 반면에 인터넷에 접속할 수 있는 사람은 거의 80%에 달한다. 이러한 지역에서는 비트코인이 특히 혁신적인 변화를 초래할 수 있다. 사람들이 허가가 필요 없는 비트코인을 사용할 수 있어서 즉각적인 금융 포용성이 달성되고 안전한 저축 수단이 확보된다. 이러한 지역의 인터넷 보급률을 높이고 대중에게 비트코인에 대한 교육을 제공하는 것만으로도, 금융 인프라 및 투자를 위한 수십억 달러의 비용 지출 없이 100%에 가까운 금융 포용성을 달성할 수 있다. 휴대전화의 광범위한 사용과 인터넷 접근성의 증가를 활용함으로써, 비트코인은 모든 사람에게 안전하고 저렴하게 접속할 수 있는 금융 서비스를 제공하는 더욱 포용적인 금융 시스템을 구축할 수 있다.

또한 비트코인은 특히 이들 지역에서 중요한, 저비용의 국경 간 거래를 촉진할 수 있다. 세계은행에 따르면 한 국가에서 다른 국가로 200달러를 송금하는 평균 비용은 약 12.50달러 또는 6.25%다. 비트코인 번개 네트워크를 통해서 (수신자가 비트코인이 아닌 미국 달러를 받는 방식. 3장 참조) 200달러를 송금하는 비용은 0.01달러 또는 0.005% 미만이다. 이러한 기능은 높은 수수료로 인하여 가계가 받는 금액이 크게 줄어들 수 있는, 송금 의존도가 높은 국가에서 매우 중요하다. 비트코인은 안전하고 효율적인 자금 이체 수단을 제공함으로써 은행 계좌가 없는 사람들의 글로벌 경제 참여에 도움을 줄 수 있다.

비트코인은 차별하지 않는다. 인류 역사상 처음으로, 지구상 가장 외딴 지역에 사는 일부를 포함해 전 세계에서 가장 소외된 10억 명 이상의 사람들이 글로벌 차원에서 독립적으로 거래하고, 미래를 위해 저축하며, 자국 경제의 불안정으로부터 자신의 소득을 보호할 수 있는 수단을 갖게 되었다.

CHAPTER ⑪
세계적 채택

핀란드 출신의 소프트웨어 개발자 마르티 말미(Martti Malmi)는 최초의 비트코인 채택자 중 한 사람이었다. 대학생 시절인 2009년 5월 비트코인과 관계를 맺게 된 그는, 사토시와 활발하게 이메일을 주고받으면서 비트코인 코드 개발에 참여했다. 말미는 사토시에게 보낸 편지에서 "비트코인은 훌륭한 프로젝트이고, 이렇게 참여하게 된 것은 정말 멋진 일입니다!"라고 말했다.

그는 2009년과 2010년 자신의 노트북에서 5만 5,000개의 비트코인을 채굴했는데, 이는 현재 가치로 33억 달러(2024년의 비트코인당 6만 달러 기준)에 해당한다. 2009년 10월에는 페이팔을 사용하여 5,050개의 비트코인을 개당 5.02달러에 구매함으로써 뉴 리버티 스탠다드 거래소 최초의 미국 달러 대 비트코인 거래를 성립시켰다.

그리고 이 비트코인은 세계 최초의 암호화폐 거래소의 종잣돈(seed money)으로 사용되었다.

말미는 2010년에 자신의 비트코인 거래소를 설립하고 수익 창출보다는 비트코인을 확산시키려는 의도로 운영했고, 그런 대의를 위하여 비트코인 3만 개(현재 가치로 18억 달러)를 기부했다. 2011년에는 헬싱키에 있는 원룸 아파트를 20만 달러에 매입하기 위하여 비트코인 1만 개(현재 가치로 6억 달러)를 팔았고, 비트코인을 받아들이도록 대기업을 설득할 수 있는 사람에 대한 보상금으로 자신의 비트코인 1,000개(현재 가치로 6,000만 달러)를 내놓기도 했다. 하지만 이 보상금을 받은 사람은 아무도 없었다. 그는 사토시와 함께 비트코인의 초창기 교육 자료와 자주 하는 질문(FAQ)을 만드는 일에 적극적으로 참여했다. 2012년에는 구직난을 겪으면서 남아있는 비트코인 대부분을 개당 5달러 정도의 가격으로 매각했다. 오랜 세월이 흐른 뒤에 말미는 그저 이렇게 말한다. "아마도 핀란드의 문화, 이상주의적 사고방식과 인생 경험의 부족 때문이겠지만, 나는 돈을 버는 일에 대하여 심각하게 생각해 본 적이 없었다. 다른 사람들이 연결할 수 있도록 노드 운영을 계속해달라는 사토시의 요청에 따른 부산물로 우연히 그런 일이 일어났을 뿐이다… 사람이 영원히 사는 것은 아니다. 자기 자신보다 위대한 무언가를 추구하면 삶의 의미가 생긴다… 사토시를 비롯하여 오늘날의 비트코인을 만들어낸 사람들에게 감사한다. 그리고 비트코인이 세상에 평화와 번영을 가져오기를 바란다. 비트코인이여, 영원하라!"[1]

돈은 일반적으로 비트코인 채택의 가장 강력한 원동력이다. 그러나 20장에서 논의할 것처럼, 철학적 담론 또한 그만큼 강력한 원동력이 될 수 있다. 말미는 최초의 비트코인 채택자 중 한 사람일 뿐만 아니라, 그의 노력이 수천 명의 다른 초기 채택자를 비트코인 네트워크에 합류시켰을 가능성이 크다. 비트코인의 금전적 가치가 0달러였던 시기에도, 말미와 같은 개인들을 사로잡은 강력한 철학적 매력이 있었다는 사실은 쉽게 상상하기 어렵다. 비슷한 동기를 가진 사람 중에는 2009년 1월 사토시와 최초의 비트코인 거래를 한 컴퓨터 과학자 할 피니도 있었다.

말미의 뉴 리버티 스탠다드 거래는 비트코인의 가격을 처음으로 0.0008달러로 설정했다. 비트코인은 1센트도 안 되는 가격에서 현재의 6만 달러로 성장했고, 그 과정에서 수천만 명의 사용자를 확보했다. 하지만 가장 낙관적으로 평가하더라도, 이는 여전히 세계 인구의 3~4%에 지나지 않는다. 공급량이 고정된 비트코인의 사용자 수가 10%, 20%, 또는 50% 늘어날 때 가격에 미칠 영향을 생각해 보라. 3~4%를 구성하는 사람들 대부분은 100달러 이하의 비트코인을 보유하고 있다. 따라서 이 집단 안에서만도 비트코인의 추가 확보에 대한 수요가 상당히 증가할 수 있다.

시가총액이 1조 달러를 상회함에도 불구하고(많은 사람이 여전히 부당한 거품에 지나지 않는다고 생각하지만), 비트코인은 아직 전 세계적 채택의 초기 단계에 있을 가능성이 크다. 지금부터 비트코인의 성공은 주로 수요 측면의 성장 이야기다. 이러한 채택의 원동력은 말미의 경우처럼 철학적일 수도 있고, 역사상 그 어떤 자산군보다도 우월한 비트코인의 장기적 가격 상승을 인식하기 시작한 투자자들처럼 경제적일 수도 있다.

메트칼프의 법칙과 S-커브 채택

메트칼프의 법칙(Metcalfe's law)에 따르면 네트워크의 가치는 사용자 수의 제곱에 비례한다. 채택의 초기 단계에서 비트코인의 미래 가치는 순전히 이론적인 것이었지만, 점점 더 많은 열성적 지지자들이 참여하면서 미래 가치의 기반이 마련되기 시작했다. 그때부터 사용자, 채굴자, 노드 운영자, 개발자가 추가될 때마다 네트워크의 가치가 상승했다. 인터넷의 채택 과정은 메트칼프의 법칙이 어떻게 작용하는지를 보여주는 좋은 예다. 인터넷 초창기에는 모든 새로운 웹사이트, 서비스, 그리고 사용자가 인터넷의 유용성과 가치를 기하급수적으로 늘렸다. [그림 11.1]에서 볼 수 있듯이, 비트코인도 새로운 지갑, 금융 상품, 또는 비트코인 기반의 계층형 솔루션이 구축되면서 생태계가 성장하고 가치, 유용성, 그리고 사회적 인식이 향상되는 채택 과정이 인터넷과 비슷하다.

채택의 S-커브는 새로운 제품, 기술, 혹은 혁신이 시간이 지남에 따라 시장이나 사회 속에서 어떻게 받아들여지는지를 보여주는 도식적 표현이다. 이 곡선은 채택의 생애 주기를 나타내는데, 초기 사용자들의 더딘 시작에서 출발해 다수가 혁신을 채택하기 시작하면서 가속화되고, 결국 시장이 포화되면서 채택 속도가 완만해지는 과정을 그린다. 이 곡선의 'S'자 모양은 누적된 채택의 성장을 반영하는 시그모이드(sigmoid) 함수의 형태에서 비롯된다.

S-커브 모델에는 몇 가지 역사적 사례가 있다. 19세기 후반부터 가정과 기업에 도입된 전기도 S-커브를 따랐다. 초기에는 높은 비용과 인프라 부족으로 보급이 느렸지만, 시간이 가면서 인프라가 개선되고 비용이 감소함에 따라 보급이 가속되어 결국 선진국에서는 거의 보편적인 보급이 이루어졌다. 개인용 컴퓨터 시장 역시 도

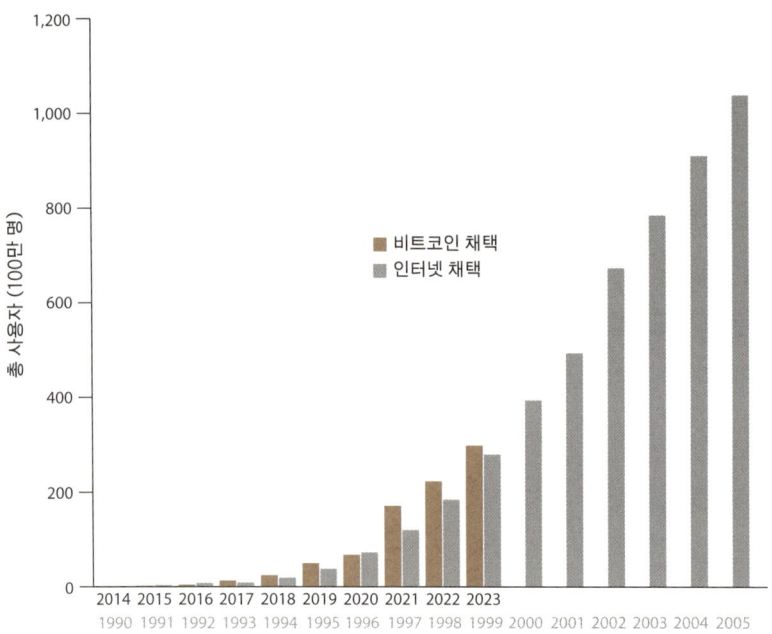

[그림 11.1] 비트코인 채택 대 인터넷 채택   출처: Crypto.com

입 초기인 1970년대와 1980년대에는 성장이 느렸지만, 1990년대에 들어서면서 컴퓨터 가격이 저렴해지고 소프트웨어 애플리케이션이 늘어나면서 보급률이 급증했다. 스마트폰도 2000년대 초반의 초기 성장은 느렸지만, 2007년에 아이폰과 이후의 안드로이드 기기가 출시되면서 사용자가 급격하게 늘어났고, 2010년대에는 전 세계 대부분 지역에서 스마트폰이 생활필수품으로 자리 잡았다. 소셜 미디어 플랫폼 역시 유사한 경로를 따랐다. 처음에는 초기 채택자만을 끌어들였던 페이스북, 트위터, 인스타그램 같은 플랫폼이 폭

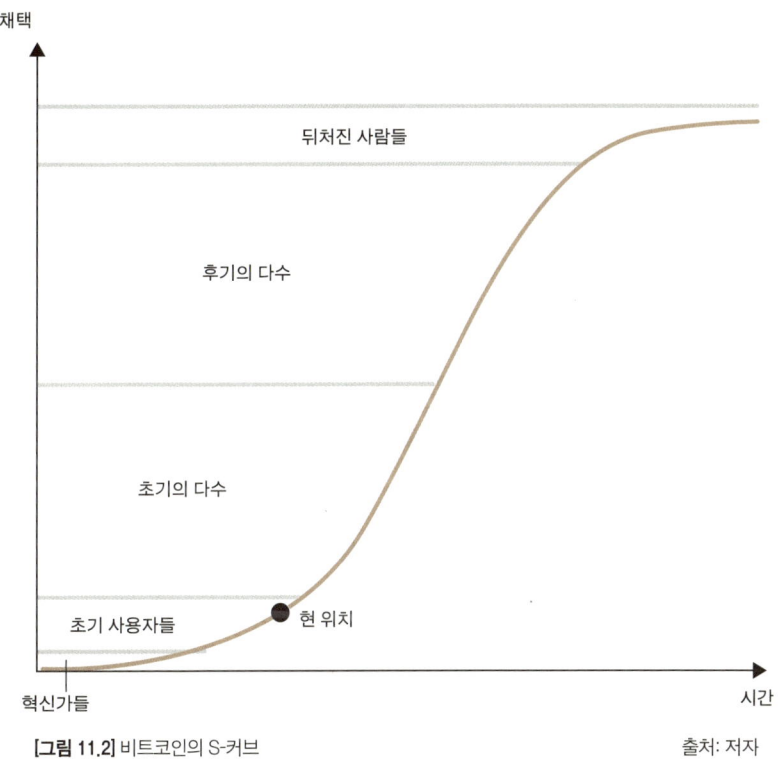

[그림 11.2] 비트코인의 S-커브   출처: 저자

발적인 인기를 얻으면서 전 세계 수십억 명의 일상생활에 필수적인 요소가 되었다. 조사에 따르면 세계적으로 2억 명이 넘는 비트코인 소유자가 있고, 이들 대부분은 소량의 비트코인을 보유하고 있는 것으로 추정된다.[2] 따라서 비트코인은 [그림 11.2]에서 볼 수 있듯이, S-커브의 초기 채택 단계에 있다고 할 수 있다.

비트코인의 채택은 인터넷과 마찬가지로 글로벌한 특성의 영향을 받을 것이다([표 11.1] 참조). 도입의 속도 역시 경제 상황, 규제 환경, 기술 인프라, 그리고 디지털 통화 및 금융 혁신에 대한 문화적 태도에 따라 지역마다 다를 것이다. 통화나 금융 시스템이 불안정

[표. 11.1] 2023년에 암호화폐를 보유했거나 사용한 응답자

순위	국가	채택률 (%)
1	나이지리아	47
2	터키	47
3	아랍 에미레이트 연합	31
4	인도네시아	29
5	브라질	28
6	인도	27
7	아르헨티나	26
8	말레이시아	23
9	사우디아라비아	23
10...	남아프리카	22
21...	미국	16
27...	러시아	14
34...	영국	12
38...	중국	10

출처: Statista, https://www.statista.com/statistics/1202468/global-cryptocurrency-ownership/, accessed June 30, 2024.

한 국가에서는 가치를 저장하는 수단으로 비트코인이 더 빠르게 도입될 수 있다. 우호적인 규제 체계를 갖춘 국가에서도 더 빠른 도입이 이루어질 수 있고, 그 반대의 경우도 마찬가지다. 인터넷 연결과 스마트폰 같이 비트코인 사용에 필요한 기술의 가용성과 접근성이 중요한 역할을 하게 될 것이다. 혁신과 기술에 대한 사회적·문화적 개방성 역시 중요한 역할을 할 수 있다. 따라서 비트코인의 전 세계적 채택은 획일적인 과정이 아니라 다양한 속도와 패턴의 채택이 뒤섞인 패치워크(patchwork) 형태로 나타날 것이다. 비트코인이 계속 발전함에 따라 채택 곡선이 지역별로 복수의 S-커브를 보일 가능성도 있다.

세대 간 부의 이전

> 21세기에 등장한 비트코인, 암호화 기술, 그리고 인터넷은 단순히 밀레니얼 세대가 받아들인 유행이 아니다. 그것들은 16~17세기 유럽에서 일어난 혁명과 유사한 역학을 보여주는 변화의 물결을 예고한다.[3]
>
> - 투르 데메스터(Tuur Demeester)

2019년 10월 콜드웰 뱅커(Coldwell Banker)는 경제력의 전례 없는 변화를 보여주는 보고서를 발표했다. 밀레니얼 세대가 상속받게 될 68조 달러가 역사상 최대 규모의 부의 이전이라는 것이었다.[4] 거의 62만 명에 달하는 백만장자가 1981년에서 1996년 사이에 태어난 이 세대에 속하며, 이는 미국 백만장자 인구의 약 2.6%를 차지한다.[5] 이들의 디지털 세계에 대한 우호적 성향과 새롭게 등장하는 투자 기회에 대한 개방성은 향후 막대한 자본이 디지털 영역으로 방향을 전환할 것임을 예고한다.[6]

이 세대적 태도 변화는 부분적으로는 밀레니얼 세대가 전통적인 금융 시스템에 대해 타고난 회의적 태도를 갖고 있기 때문일 수 있다. 이러한 정서는 2008년 금융 위기와 그 여파를 직접 경험한 데에서 비롯된 것으로 보인다. 이러한 불신을 강조한 세계경제포럼(WEF)의 2017년도 설문조사에 따르면, 밀레니얼 세대의 45%가 은행의 공정성과 정직성에 의문을 제기했다.[7] 이 같은 회의주의는 에델만(Edelman) 설문조사에서도 드러났는데, 부유한 밀레니얼 세대의 대다수가 금융 시스템이 엘리트 계층을 위하여 조작되었다고 인식하는 것으로 나타났다.[8] 밀레니얼 세대보다 재정적 기반이 약한 Z세대 역시 디지털 투자를 선호하는 성향을 보인다. Z세대 투자자의 절반 이상이 디지털 자산을 선택했고, 그중 20%는 디지털 자산과 NFT에만 투자하고 있다.[9]

이렇게 디지털 자산으로 향하는 세대적 전환은 다가오는 부의 대물림에 힘입은 금융 및 투자 환경의 큰 변화를 예고한다. 밀레니얼 세대와 Z세대가 비트코인에 매료된 것은 그들의 선호도와 가치관에 부합하는 몇 가지 주요 특성 때문일 수 있으며, 이는 비트코인으로의 전환을 보여주는 설문조사 결과에서 잘 드러난다.

1. 인터넷과 함께 성장한 밀레니얼 세대와 Z세대는 비트코인 같은 디지털 혁신을 더 잘 수용할 수 있다.
2. 전통적 금융 시스템에 대하여 회의적인 시각을 가진 세대에게 비트코인은 기존의 금융 시스템 밖에서 운영되는 대안을 제시한다.
3. 투명한 거래 원장을 제공하는 비트코인은 금융 거래의 투명성과 개인적 통제력을 추구하는 사람들에게 매력적이다.
4. 전 세계에서 접근하고 사용할 수 있는 비트코인은 글로벌한 관점과 이동성을 갖추고 국경이 없는 거래를 추구하는 젊은 세대에게 매력적이다.
5. 비트코인은 전통적 금융 시스템에서 항상 제공되지는 않는 수준의 개인정보 보호와 보안을 제공한다.
6. 가치를 저장하는 수단으로서 비트코인에 대한 인식과 과거의 가격 실적은 상당한 수익 창출 가능성을 보여주었다. 경제적 불확실성에 직면하여 대안적 투자 기회를 모색하는 밀레니얼 세대와 Z세대는 비트코인의 성장 잠재력에 매력을 느낀다.

이것이 바로 70대, 80대, 심지어 90대까지 비트코인을 비판하는 사람들의 견해가 파괴적 기술 혁신에 대한 투자라는 맥락에서 적절하게 평가되어야 하는 이유다.[10] 미래의 세계적 부를 지배하게 될 젊은 세대들은 다른 사고방식을 가지고 있다. 그들의 세계관, 기술 친화적 성향, 그리고 열망을 더 잘 반영하는 자산에 주목하는 것이 현명할 것이다.

그레샴의 법칙 대 티에리의 법칙

그레샴의 법칙

엘리자베스 1세 여왕에게 조언했던 토머스 그레샴(Thomas Gresham) 경의 이름을 딴 경제학 원리인 그레샴의 법칙은 "악화가 양화를 구축한다"라고 말한다. 간단히 말해, 동일한 명목가치를 가진 두 종류의 화폐가 동시에 유통될 경우 더 가치 있는 '양화'는 사람들에 의해 저축되고, 덜 가치 있는 '악화'가 주로 거래에 쓰이게 된다는 의미다. 이런 현상은 정부가 재정을 늘리기 위하여 귀금속 동전의 순도를 줄여 가치를 떨어뜨렸을 때 관찰되었다(8장에서 논의). 시민들이 더 오래되고 순도가 높은 동전을 비축하고 가치가 낮은 새로운 동전을 사용함에 따라 양화가 시장에서 자취를 감췄다.[11]

비트코인의 채택 과정에 그레샴의 법칙을 적용해 보면, 인플레이션과 정부 통제의 대상이 되는 법정화폐와는 대조적인 비트코인의 제한된 공급량, 탈중앙화, 그리고 검열에 대한 저항성 때문에 사람들이 비트코인을 좋은 화폐로 여길 수 있고, 그레샴의 법칙에 따라 비트코인이 소비되기보다는 비축될 것으로 예상할 수 있다. 법정화폐라는 악화와 비교할 때 비트코인이 양화이기 때문이다.

이러한 비유는 상당 부분 사실이다. 실제로 비트코인의 초기 투자자 중 상당수가 비트코인을 일상적 거래에 사용되는 화폐라기보다는 디지털 금과 유사한 가치 저장 수단으로 여겨서 비축하고 있다. 그들은 비트코인이 더 널리 사용되고 공급량이 제한됨에 따라

가치가 계속해서 상승할 것을 기대한다. 결과적으로, 일상적 거래를 위한 비트코인의 유통은 통화로서 예상되는 것보다 낮은 수준이다. 대신에 장기적 투자나 인플레이션과 통화 가치 하락에 대한 헤지 수단으로 보유되는 경우가 많다. 이 점을 설명하자면, 2022년과 2023년의 대부분 기간에 중앙화된 암호화폐 산업에서 자행된 몇몇 대규모 사기 사건의 여파로 암호화폐 가격이 하락했을 때, 6개월 동안 변동이 없었던 비트코인 총공급량의 비율이 70%를 넘어섰다.[12] 이는 비트코인의 본질과 무관한 단기적 혼란에도 불구하고 비트코인의 근본적인 잠재력을 분명하게 인식하고 있는 장기 보유자들의 변함없는 확신과 회복력을 보여주었다.[13]

티에르의 법칙

티에르의 법칙은 그레샴의 법칙과 대조되는 개념으로, 특정한 조건에서는 "양화가 악화를 구축한다"고 말한다. 프랑스의 경제학자이자 정치가였던 아돌프 티에르(Adolphe Thiers)의 이름을 딴 이 원리는, 사람들이 특정 화폐의 가치를 신뢰하고 다른 화폐보다 그 사용을 선호할 때, 더 가치 있는 '양화'가 실제로 유통에서 '악화'를 대체하며 지배적인 지위를 차지할 수 있다는 점을 시사한다. 이러한 현상은 일반적으로 화폐 선택의 자유가 보장되고, 양화의 내재적 혹은 인식된 가치가 광범위하게 받아들여지는 환경에서 나타난다.

비트코인은 가치의 저장 수단으로 사용하는 것이 무엇보다 중요하지만, 더 빠르고 저렴한 결제를 가능하게 하여 비트코인의 확장성 문제를 해결하는 수많은 2계층 솔루션도 개발되었다.[14] 그런 예의 하나인 번개 네트워크(3장에서 논의한)는, 특히 개발도상국에서 비교적 광범위하게 채택되고 있다. 오프체인 거래가 가능한 번개 네트워크를 이용하면 블록체인에 즉시 기록되지 않는 거래가 이루어질 수 있다. 따라서 거래 시간과 수수료가 줄어들고 일상생활에서 더욱 실용적으로 사용할 수 있게 된다. 기본적으로 이들 솔루션은 가치를 저장하는 수단의 역할 외에도 교환의 매체로서 비트코인의 신뢰성을 높인다. 티에르의 법칙에 따르면, 비트코인이 거래에 더욱 널리 사용되어 전통적인 법정화폐를 사실상 몰아내는 시나리오로 이어질 수 있다. 예를 들어 번개 네트워크의 수수료는 비자, 마스터카드 또는 웨스턴 유니온(Western Union)의 수수료보다 엄청나게 저렴하다. 비트코인 거래가 더 저렴하고 빨라짐에 따라, 더 많은 사람과 기업이 더 느리고 비싸거나 덜 안전한 다른 결제 수단 대신에 비트코인을 선호할 수 있다.

더욱이 비트코인과 그 2계층 솔루션의 글로벌하고 오픈 소스적인 특성은 법정화폐와 관련된 국가적·지역적 제한 및 통제와 결제 서비스 회사의 폐쇄적 소스 특성과 대조된다. 전 세계적으로 이러한 측면에 대한 인식이 높아지고 있다. 따라서 우리는 디지털 시대에 적용되는 티에르의 법칙을 반영하여, 비트코인의 사용이 늘어나는 자연스러운 전환을 목격할 수 있을 것이다.

두 법칙의 조화

분명히 그레샴의 법칙과 티에르의 법칙은 상충하는 것처럼 보인다. 전자는 악화가 양화를 구축한다는 것을, 후자는 양화가 악화를 구축한다는 것을 시사한다. 그레샴의 법칙은 비트코인이 비축될 것을 예측하는데, 이는 티에르의 법칙에 힘입은 교환 매체의 역할과 본질적으로 모순된다. 어떻게 이 둘을 조화시킬 수 있을까?

그 답은 이것이 타이밍의 문제라는 것이다. 비제이 보야파티(Vijay Boyapati)는 2018년에 발표한 영향력 있는 논문 "비트코인의 강세 사례(The Bullish Case for Bitcoin)"에서 자산의 글로벌 채택 과정을 설명한다.[15] 그는 일반적으로 채택이 수집품으로서의 관심에서 시작해 점차 가치 저장 수단으로 받아들여지며, 그 과정이 완료된 뒤에야 비로소 교환 매체로 인정받는다고 지적한다. 채택의 마지막 단계는 비트코인이 회계 단위(unit of account)로 여겨지는 것이다.

이 기준틀을 비트코인에 적용하면 우리가 아직 두 번째 단계의 초기 과정에 있음을 알 수 있다. 세계 무대에 등장한 지 15년이 지난 비트코인은 이제 수집품으로 여겨지는 단계를 지나서 가치를 저장하는 수단으로 빠르게 인정받고 있다. [그림 11.3]은 우리가 채택 과정에서 어느 지점에 있는지를 보여준다.[16]

[그림 11.3] 비트코인의 채택 과정   출처: 아닐 파텔(Anil Patel)

비트코인의 진화는 금이 걸어온 역사적 여정을 반영한다. 금은 수집품에서 출발해 가치 저장 수단으로, 다시 교환의 매체로, 마지막으로 회계 단위로 발전했으며, 이 과정에서 그레샴의 법칙과 티에르의 법칙이 단계별로 중요한 역할을 했다. 비트코인 역시 금과 마찬가지로 글로벌 금융 시스템 속에서 이러한 채택의 진화 단계를 거치고 있다. 비트코인이 처음에는 소수의 애호가만 가치를 인정하는 기술적 혁신이었던 것처럼, 초창기의 금은 아마도 소수의 수집가만이 가치를 매기는 희귀하고 반짝이는 물질에 지나지 않았을 것이다. 이 단계에서는 그레샴의 법칙이나 티에르의 법칙이 적용되지 않았다. 비트코인이 아직 화폐로 널리 사용되지 않고, 수집되면서 미래의 가능성에 대한 논의가 이루어지는 단계였기 때문이다.

비트코인에 대한 인식과 이해가 계속해서 높아짐에 따라, 금이 신뢰할 수 있는 가치 저장 수단이 되는 본질적 속성, 즉 희소성에 부합하는 비트코인의 고유한 특성이 인정받게 되었다. 디플레이션적 특성과 가치 상승 가능성 때문에 사람들이 비트코인을 좋은 화폐로 여기기 시작하면 그레샴의 법칙을 적용할 수 있다. 사람들이 비트코인을 비축하기 시작하고 일상적 거래에는 법정화폐를 사용하게 된다.

시간이 흘러 번개 네트워크 같은 기술적 확장 솔루션이 도입되어 비트코인 거래가 더 빠르고 저렴해지면서, 우리는 비트코인이 교환의 매체로 전환되는 과정을 목격하고 있는지도 모른다. 더 많은 기업과 서비스가 비트코인을 받아들이기 시작하고 일상적 구매에 비트코인을 사용하기가 쉬워짐에 따라, 경제에서 비트코인이 담당하는 역할이 변화할 수 있다. 이제 양화는 단순히 비축되는 데 그치지 않고, 실용성과 증가하는 수용성에 힘입어 적극적으로 사용될 것이다. 비트코인이 더 널리 유통되기 시작하면 티에르의 법칙이 입증될 수 있다. 사람들이 장점을 갖춘 비트코인의 사용을 선호하기 때문에 비트코인이 악화 즉, 효율성이 떨어지고 인플레이션에 취약한 법정화폐를 몰아내기 시작할지도 모른다.

이 채택 과정의 정점은 비트코인이 회계 단위로 인정받는 순간일 것이다. 산업과 공동체가 비트코인을 완전히 받아들이고, 국제 무역과 송금에서 비트코인의 사용이 확대되어 기존 은행 시스템의 비효율성과 비용을 넘어서는 때가 올 수 있다. 이렇게 비트코인의 여정은, 채택 곡선의 각 시점에서 가치와 효용에 대한 인식이 어떻게 그 기능과 매력을 결정짓는지를 잘 보여준다.

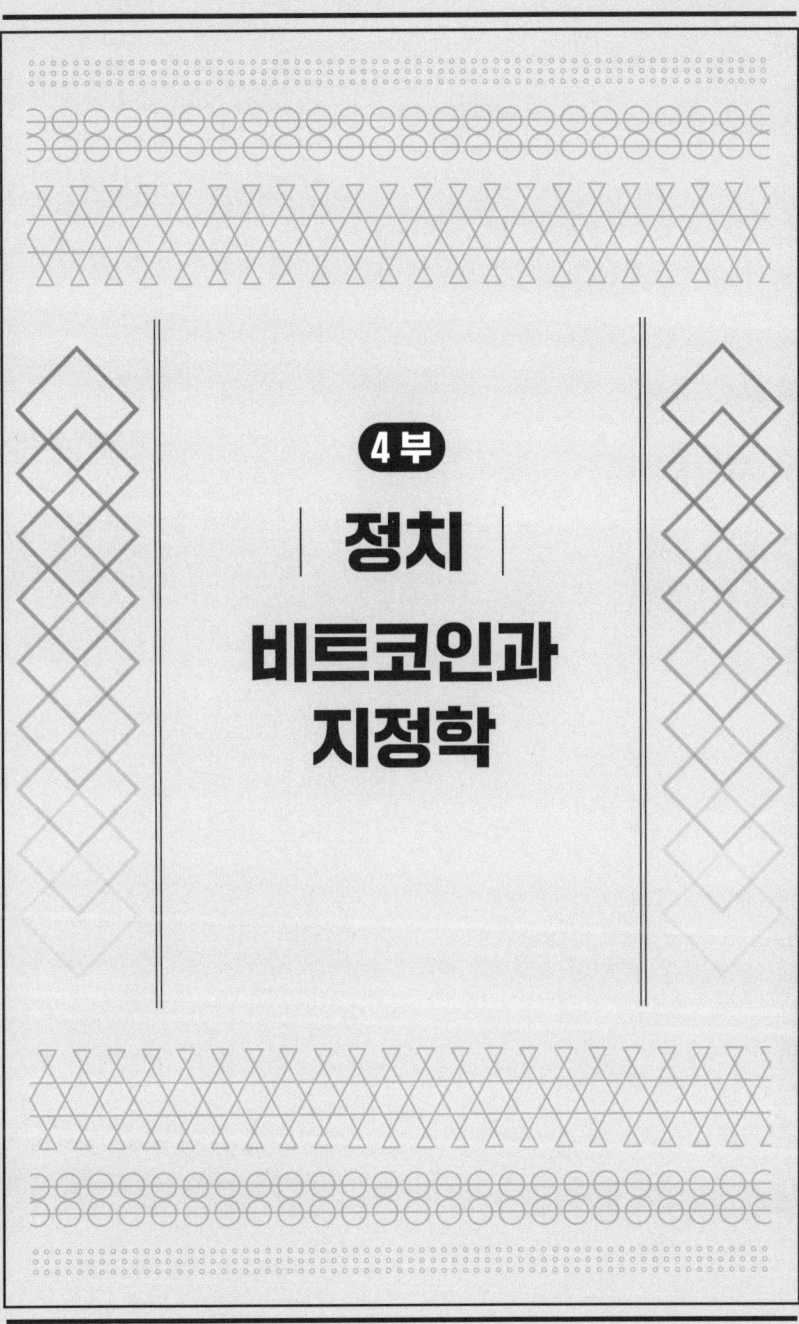

4부
정치
비트코인과 지정학

PRINCIPLES OF BITCOIN

CHAPTER ⑫

감시 국가

빅 브라더(Big Brother)가 당신을 지켜보고 있다.

조지 오웰(George Orwell)

대부분의 사람들은 돈을 단순히 가치 저장 수단이나 교환 매개체로만 생각한다. 하지만 실제로 돈은 그 이상이다. 돈은 인류에게 힘과 자유를 부여하는 그릇이다. 오늘날 전 세계 시민들은 법정화폐 시스템을 당연한 것으로 받아들이고 있지만, 그 체제가 얼마나 쉽게 그들에 맞서 무기화될 수 있는지는 잘 인식하지 못한다. 법정화폐 시스템은 소수의 손에 권력을 집중시켜서 거래를 검열하고, 계좌를 동결하고, 사람과 사람 사이 부의 이동을 규제할 수 있도록 한다. 이렇게 점점 더 제한받지 않는 통제력의 표면적 정당성은 범죄와 싸우고 국민을 보호하는 것이다. 그러나 인간이 이렇게 막대한 권력을 쥐고 있는 한, 역사가 증명해왔듯 그 권력은 필연적으로 남용될 수밖에 없다.

물론 이러한 남용의 위험은 금융의 감시와 통제가 억압의 무기로 사용되는 권위주의 정부 체제에서 살아가는 사람들에게 가장 심각하다. 정부는 반체제 인사의 자산을 쉽게 동결하고, 소수 민족에게 금융 서비스를 거부하며, 국경 간 거래나 사람들 사이의 부의 이동을 전면적으로 제한할 수 있다. 이러한 사례들은 전 세계와 역사를 통틀어 수없이 발견된다.

그래서 비트코인과 그 정치적 의미를 살펴보고자 한다. 4부에서 논의할 여러 가지 이유로, 비트코인은 이 문제와 관련하여 지금까지 가용했던 유일한 해결책일지도 모른다. 비트코인은 화폐와 국가의 관계를 근본적으로 바꿀 수 있으며, 사람들이 자신의 경제적 운명을 통제하고 정부의 과도한 개입에 저항할 수 있도록 재정적 권한을 부여하는 도구다. 이러한 발상은 국가와 화폐가 교묘하게 얽히지 않고 독립적으로 존재했던 과거 시대로 거슬러 올라간다. 비트코인의 정치적 중요성이 얼마나 큰지를 이해하기 위해서는 먼저 중앙화된 금융 권력의 폐단과 남용 사례에 대한 역사적 관점의 파악이 유용할 것이다.

역사적 관점

중세 영국

감시 국가에 대한 현대적 개념이 등장하기 오래전에, 중세 영국의 재무상(Exchequer)은 정부의 권력과 통제력을 행사하는 수단으로 금융 감독을 활용한 선구자였다. 왕실 재정을 담당한 재무상은 왕국의 회계 및 수입 관리 기능을 수행하고 세금 징수 및 기타 재정 운영을 감독했다. '엑스체커'라는 특이한 명칭은 그가 부유한 영국 귀족들의 재정을 꼼꼼하게 감사하는 데 사용한 체크무늬 천에서 유래했다.[1] 사실상 왕국의 금융 신경망이었던 재무상이 엄청난 권력을 행사한 것은 당연한 일이었다.

재무상이 중산층 이상의 거의 모든 시민들을 대상으로 작성한 상세한 기록은 국왕이 재정적 억압을 행사하는 도구였다. 이러한 기록을 통해서 군주는 성직자, 귀족, 그리고 새롭게 형성된 상인 계층의 금융 활동을 감시하여 세금이 확실하게 납부되고 왕실에 대한 재정적 책임이 적시에 이행되도록 관리했다.[2] 이 기록에는 재산 소유, 거래 소득, 그리고 부유한 귀족의 활동에 관한 기타 '유용한' 정보가 포함되어 왕실이 봉신과 신민에게 막대한 영향력을 행사할 수 있도록 해주었다.

정복왕 윌리엄의 통치기인 1086년에는 재정 관리에 사용된 주요 도구 중 하나가 '둠스데이 북(Doomsday Book)'이었다.[3] 겉보기에는 세금을 부과하기 위하여 왕국과 주민의 부를 평가하고 기록한 단순한 조사에 불과했지만, 그 이면에는 보다 어두운 목적이 있었다. 대중의 금융 및 경제 활동을 파악하고, 그것을 통제하기 위한 수단으로 활용된 것이다.[4]

그 기록들은 벌금과 형벌을 통해 왕실의 의지를 관철하는 데 사용되었다. 이는 경범죄나 왕실의 평화를 위반한 이들에게 부과되는 처벌이었다. 재무상은 벌금을 기록하는 장부를 관리하고 필요한 모든 수단을 동원하여 사람들의 돈을 빼낼 수 있도록 했다. 이 기록은 귀족 사회의 영향력 있는 구성원들이 왕실의 명령을 따르도록 압력을 가하기 위하여 정기적으로 사용되었다. 군주는 이러한 벌칙의 수익금을 사용하여 충성과 봉사를 기리는 호의, 토지, 그리고 작위를 수여했다. 재무상은 선물 수여식도 담당했다(선물이 체계적으로 기록되고 추적된 것은 말할 필요도 없다). 모든 거래가 등록되고 추적되었다. 국민에 대한 군주제의 막강한 권위와 영향력은 이렇게 재정적 혜택을 제공하거나 거부할 수 있는 능력에서 비롯되었으며 충성과 순종을 보장하는 도구의 역할을 했다.

감시 국가의 재정을 마련하는 데 중요한 전환점이 된 스쿠티지(scutage)의 도입 또한 이러한 맥락에서 중요하다. 스쿠티지는 봉신들이 군역의 의무 대신에 부담하는 요금이었다. 시민은 군 복무의 의무가 있었지만, 스쿠티지를 통해서 군 복무 대신에 돈을 낼 수 있었다. 이는 군주가 전문 군인을 고용하는 데 사용할 수 있는 상당한 수입원을 제공하여 귀족의 군사력이 약화하고 왕실에 군사력이 집중되는 결과로 이어졌다.

재무상의 금융 감시는 종종 군주제와 신민 사이의 긴장을 초래했다. 이러한 긴장은 정치적 위기로 이어졌고, 1215년의 대헌장(Magna Carta)으로 정점에 달했다.[5] 이는 '왕국의 공동 협의(common counsel of the realm)' 없이 세금을 부과할 수 있는 왕실 권한의 제한을 목표로 하고 있었다. 이 혁명은 영국 왕실이 자행한 과도한 금융 감시와 억압에 대한 민중의 뚜렷한 좌절감의 표출이었다. 다양한 기술적 감시 권한을 갖춘 현대적 감시 국가가 등장하기 수 세기 전, 중세 영국의 재무상과 그의 수작업 기록 관리는 금융 통제가 행정의 수단으로 얼마나 막강한 잠재력을 지니고 있는지를 잘 보여주었다.

소련

소련이 자국의 경제와 금융을 통제한 방식은 이러한 권력이 얼마나 극단적으로 남용될 수 있는지를 보여주는 대표적인 사례다. 이는 금융 감시와 중앙집권적 경제 계획이 어떻게 더 큰 틀 속에서 특정한 이념적 목적을 향해 국민의 행동을 유도하는 도구로 사용될 수 있는지를 잘 보여준다. 국가가 경제의 모든 영역에 대한 목표를 설정하고 자금을 배분하고 가격을 책정하는 중앙집중적 계획은 소련의 탄생 이후로 경제 시스템의 핵심이었으며, 고스플란(Gosplan)이라는 국가계획위원회가 이러한 활동을 담당했다.[6] 산업 생산에서 소비재의 유통까지, 통제의 문화가 거의 모든 경제 활동에 스며들었다.

소련에서 화폐는 자유시장 기반 체제와는 다른 의미와 기능을 지니고 있었다. 여전히 교환의 매체이기는 했지만, 가치의 저장 수단이나 회계 단위로서는 별로 소용이 없는 화폐였다.[7] 임금과 가격 모두 국가의 규제를 받았고, 시장의 역학이 거의 고려되지 않았다. 자원은 진정한 시장 원리가 반영되지 않은 채 고스플란이 중앙에서 관리하는 목표에 따라 할당되고 배분되었다. 이는 필연적으로 광범위한 비효율, 물자의 부족, 그리고 혁신의 부재로 이어졌다.[8]

소비에트 사회주의 공화국 연방(USSR)의 국영은행인 고스방크(Gosbank)는 국가의 중앙은행이자 금융 부문 전반을 규제하는 기관이었다. 고스방크는 통화 정책, 신규 화폐 발행, 그리고 금리의 결정을 통제했다. 모든 은행 업무를 감독하는 역할도 맡고 있었다. 이러한 수단을 통해 국가는 시민들의 모든 금융 활동을 감시하고 통제했으며, 시민들은 금융적 사생활이나 자율성에 대한 최소한의 기대조차 가질 수 없었다.[9]

금융 감시는 비판을 억누르고 정부 정책에 대한 순응을 강요하는 데 활용되었다. 정부의 사회주의 이념에 위협이 된다고 판단된 사람들은 일자리를 잃거나, 금융 자원이 끊기거나, 자의적인 재산 압류 대상이 되었다.[10] 국가가 유일한 고용주이자 재화 및 서비스의 공급자였기 때문에 사람들이 재정적 파탄에서 벗어날 방법이 없었다. 순응과 복종만이 유일한 선택지로 보였다.

하지만 의지가 있는 곳에 길이 있기 마련이다. 국가가 부과한 전례 없는 경제적 제약은 역사상 가장 악명 높은 암시장 중 하나를 탄생시켰다.[11] 중앙화된 통제가 초래한 비효율성과 부족 현상에 대응하여 정부의 경계 바깥에 병렬 시스템이 등장한 것이다. 이 시스템은 가용하지 않거나, 배급되거나, 국가가 금지한 수많은 상품과 서비스에 접근할 수 있는 유일한 수단을 제공했다. 하지만 암시장에 참여하는 데는 심각한 위험이 따랐다. 적발되면 벌금, 체포, 투옥,

또는 훨씬 더 심한 처벌을 받아야 했기 때문에 비밀 유지와 신뢰가 암시장 운영의 핵심 원칙이었다. 암시장 시스템은 거래를 가능하게 하는 신뢰할 수 있는 네트워크에 의존했다. 적발될 수 있다는 끊임없는 두려움 속에서 신뢰는 루블 혹은 거래되는 상품만큼이나 중요한 통화였다.

중앙에서 계획되는 경제는 지속 가능하지 않은 것으로 판명되었고, 결국 소련과 그 경제 실험의 붕괴로 이어졌다.[12] 시스템의 비효율성과 혁신 및 생산에 대한 인센티브의 부재가 쇠락의 주된 원인이었다. 그렇지만 이 시대는 국가가 경제 문제에 대한 통제력을 이용하여 국민이 국가의 이념을 따르고 특정한 방식으로 행동하도록 강요할 수 있음을 일깨워준다. 더불어 국민의 자유와 창의성을 억압하는 방식이 장기적으로 지속 가능하지 않다는 것도 보여주었다.

나치 독일

역사적으로 1930년대와 1940년대에 걸쳐서 독일의 나치 정부가 국가 주도로 자국민을 박해한 악행에 필적할만한 사례는 거의 없다. 사람들은 대개 물리적 폭력과 잔혹 행위에 초점을 맞추는 경향이 있고, 나치가 집권하기 전 시작되어 나치의 통치와 함께 진행된 막대한 경제적 약탈은 종종 간과된다. 정부는 유대인 공동체를 고립시키고, 권리를 박탈하고, 약탈하기 위하여 치밀하게 계획된 전략을 실행했다. 이른바 아리안화(Aryanization)라는 경제적 임무는 이어진 홀로코스트의 토대를 마련하는 데 결정적인 역할을 했으며,

국가의 살인적 목표를 달성하기 위한 경제 정책의 무기화를 여실히 보여주었다.

1935년에 뉘른베르크 법(Nuremberg Laws)이 통과되면서 유대인을 비롯하여 바람직하지 않다고 여겨진 다른 공동체에 대한 경제적·재정적 공격이 본격화되었다.[13] 이 법은 유대인의 시민권을 박탈하여 재정적으로 소외시켰다. 유대인은 독일의 경제 활동과 사실상 단절되었고, 특정한 직업을 갖거나 사업체를 소유하거나 다른 형태의 상업 활동에 참여하는 것이 금지되었다. 아리안화의 명확한 정책 목표는 유대인이 소유한 사업체를 아리아인 소유로 만드는 것이었다. 1938년 4월에는 유대인이 소유한 일정 가치 이상의 모든 자산을 등록하도록 요구하는 규정이 통과되었다. 이는 명백히 유대인을 압류의 손쉬운 표적으로 삼는 규정이었다. 이러한 조치를 통하여 유대인 공동체에서 짜낸 부가 나치 정부의 금고로 흘러 들어갔고, 수많은 충성 분자들이 부자가 되었다. 1939년까지 10만이 넘는 유대인 기업이 폐쇄되거나 사실상 무상으로 비유대인 독일인에게 양도되었다.[14]

1931년의 제국 도피세(Reich Flight Tax)로 알려진 법은 당초에 자산을 해외로 이전하는 부유한 독일인에게 세금을 부과하려는 의도로 제정되었지만, 나치를 탈출하려는 유대인을 처벌하는 도구로 용도가 변경되었다.[15] 적발된 사람들은 현장에서 최대 90%의 자산을 압류당했다. 유대인의 국내외 자산을 모두 공개하도록 요구한 법률과 함께 시행된 이 법을 통해서 나치 정권은 유대인의 막대한 부와 재산을 빼앗을 수 있었다.

'수정의 밤(Kristallnacht)'으로 알려진 1938년 11월의 유대인 학살은 유대인에 대한 물리적 폭력이 극적으로 고조되는 계기가 되었다.[16] 설상가상으로 유대인은 학살 사태로 인한 피해와 파괴에 대하여 10억 라이히스마르크(Reichsmarks)의 벌금을 물어야 했다.[17] 당국은 더 나아가 유대인에게 지급된 보험금까지 압류했다. 이러한 조치를 통해서 유대인으로부터 훔친 부가 나치의 전쟁 수행에 큰 도움이 되었다.[18] 독일의 군사력 증강을 위한 자금이 대부분 압류된 자산으로 조달되어 경제적·재정적 박해와 나치 국가의 군사적 야망 사이의 직접적 연결 고리를 드러냈다.

당시에 독일 유대인의 곤경에 대한 국제 사회의 반응은 기껏해야 미지근한 정도였다. 독일의 상황을 해결하기 위하여 소집된 1938년의 에비앙 회의(Evian Conference)는 지원이나 원조의 주목할 만한 증가로 이어지지 못했다. 이러한 무관심은 부분적으로 당시에 세계의 다른 지역에서도 겪었던 경제적 스트레스와 압박 때문이었다. 이러한 국제적 대응의 부재가 나치 정권의 지속적인 공격을 간접적으로 촉진했다.

나치 독일의 유대인에 대한 경제적 박해는 억압의 도구로서 금융 메커니즘의 효율성을 보여준다. 나치 정부는 법률, 부담금, 그리고 칙령을 통해서 유대인의 경제력과 부를 박탈하여 팽창주의적·살육적 목표에 자금을 지원했다. 세계사의 이 어두운 장은 국가가 중앙화된 재정, 경제, 군사력을 얼마나 빠르고 악랄하게 자국 시민에게로 돌릴 수 있는지를 보여준다.

미국: 매카시 시대

조지프 매카시(Joseph McCarthy) 상원의원의 이름을 따서 매카시 시대로 알려진 1940년대 후반부터 1950년대 후반까지의 기간에 미국은 공산주의에 대한 극심한 불안감에 시달렸다. 이 시기에 정부는 미국 사회에서 공산주의자나 소련의 스파이로 지목된 사람들의 신원을 파악하고 공개하기 위한 여러 조치를 시행했다.

할리우드를 비롯하여 규모가 더 큰 엔터테인먼트 업계에는 공산주의 관련 단체에 가입했거나 가입한 전력이 있는 것으로 추정되는 사람들을 겨냥한 블랙리스트가 만연했다.[19] 하원 비미활동위원회(HUAC)는 영화 산업의 공산주의 연계 및 관련성을 조사하기 위하여 여러 차례의 청문회를 개최했다. 공산주의와 조금이라도 관련이 있다고 의심되는 사람들은 블랙리스트에 등재되어 취업이 불가능해졌고, 종종 공개적인 모욕과 조롱을 받았다. 작가, 감독, 배우를 포함한 엔터테인먼트 업계의 주요 인사들과 할리우드 외부의 교육자, 작가, 그리고 정부 관리들이 이러한 조치로 인하여 끔찍한 고통을 겪었다.[20]

공산주의 활동을 지지하는 증거를 찾기 위하여 용의자들의 개인 은행 계좌와 금융 거래 내역이 철저하게 감시되었다. 보복을 두려워한 많은 사람이 스스로 검열하고 진보적인 단체와 대의에 대한 지지를 철회했다. 어떤 형태로든 공산주의 동조자로 여겨질 가능성

에 대한 깊은 불안감이 감돌았다.[21]

정당한 이유가 있든 없든, 소련과 연루되었다는 의심을 받은 사람들의 삶은 파괴되었다. 일단 블랙리스트에 오르면 취업이 거의 불가능했다. 이로 인해 많은 사람이 경제적 어려움과 심지어 극심한 빈곤에 시달렸다. 반공 열풍이 가라앉은 뒤에도, 많은 희생자가 과거에 실제로 공산주의와 연루되었거나 그렇다고 주장된 사실 때문에 오래도록 직업적·사회적 지위를 회복하지 못했다.[22] 매카시 시대는 우리에게 미국과 같은 민주주의 국가에서도 경제적 통제와 감시의 위험이 존재한다는 것을 경고한다.

만약에?

검열에 저항하고, 허가가 필요 없고, 몰수할 수 없고, 인플레이션에 영향받지 않는 화폐가 이들 각 정권에서 어떤 역할을 했을지를 생각해보는 것은 흥미로운 일이다. 그런 화폐는 국가의 통제를 완화하고 이전에 달성할 수 없었던 재정적 자율성과 프라이버시의 방어막을 제공하는 데 어떻게 도움이 되었을까? 1부에서 논의했던 센타우루스 돌의 정신적 이미지가 이러한 상상에 도움이 된다. 특히 수 세기 전 인터넷 같은 개념이 존재하기조차 어려운 시기에 그것을 떠올리는 데 유용하다. 이 아이디어는 빛의 속도로 보이지 않게 이동할 수 있는 희소한 물리적 자산을 떠올리게 한다.

이런 자산이 중세 영국에 존재했다면 어떠했을까? 그것은 아마도 왕실이 손댈 수 없는 숨겨진 보물처럼 여겨졌을 것이다. 금이나 토지처럼 몰수될 수 있는 자산과 달리, 이 보이지 않는 보물은 평범한 시야 속에 감춰져 있으면서도, 그 비밀의 '마법의 언어'를 아는 사람만 접근할 수 있었을 것이다. 왕실의 감시를 경계하는 상인이나, 왕의 명령으로부터 자신의 재산을 지키려는 귀족에게 그것은 진정한 부의 안식처가 되었을 것이다. 손댈 수 없고 눈에 보이지 않는 자산, 그 가치는 봉건 권력이 미치지 못하는 곳에서 보존된다. 중세 영국의 한 중산층 시민에게 그러한 자산은 과연 가치 있게 여겨졌을까?

나치 독일의 공포 시대에 그런 자산이 있었다면, 그것은 몰수될 수 없는 재산 형태, 곧 희망의 한 조각을 의미했을 것이다. 어떠한 신분의 흔적도, 다윗의 별도 새겨져 있지 않은 부의 저장 수단이었을 것이다. 가족들이 안전을 찾아 도망칠 때, 그들의 재산은 눈에 보이지 않는 침묵의 동반자가 되어 함께할 수 있었을 것이다. 그것은 가방조차 필요 없는 자산, 단지 몇 마디 비밀스러운 단어만 알면 충분한 자산이었다. 그렇다면 이 마법과도 같은 강력한 도구가 수백만 무고한 유대인의 운명을 어떻게 바꾸었을까?

소련에서는 이런 자산이 저항의 통화 역할을 했을지도 모른다. 지하(samizdat) 문학이 은밀하게 유통되어 금지된 사상과 지식을 퍼뜨린 것과 마찬가지로, 국가 통제의 표면 아래에 병행하는 경제를 가능하게 할 수 있었을 것이다. 디지털 지하 세계에서 유통되는 지하 화폐는 반체제 인사와 개혁가들에게 힘을 실어 주어, 방해받을 우려 없이 서로를 지원할 수 있도록 했을 것이다.

매카시 시대의 미국에서는 이런 자산이 경제적 생명선의 역할, 즉 공산주의자와 소련의 스파이로 의심되는 사람들을 굶겨서 굴복시키려는 블랙리스트를 우회하는 수단이 되었을지도 모른다. 보이지 않고 검열할 수도 없는 화폐 덕분에 고발된 사람들이 계속해서 돈을 벌고, 쓰고, 가족을 부양할 수 있었을 것이다. 그들의 거래를 감시로부터 보호하고, 프라이버시와 존엄성이 위협받던 시대에 그 모두를 보장하는 화폐가 되었을 것이다.

이러한 역사적 순간마다, 비트코인과 같은 강력한 도구가 억압적 권력의 과도한 침탈에 맞서 경제적 자유와 회복력을 지켜내는 보루로 작용할 가능성이 드러난다. 앞의 논의는 사고실험에 불과하지만, 오늘날에도 세계적으로 이들 역사적 사례와 동등하거나 그보다 더 심각한 권위주의 정권의 박해를 받는 수백만 명의 사람이 있다는 사실을 기억해야 한다. 자유 사회에 사는 사람들에게 이런 사례는 먼 이야기처럼 들릴지도 모르지만, 우리가 세계 경제와 공급망의 상호 연결성으로 인하여 더욱 악화하는 위태로운 지정학적 환경에서 살고 있음을 극명하게 일깨워주는 역할을 해야 한다. 이러한 혼란과 권력 남용이 미래의 자유 사회에서는 결코 일어날 수 없다고 믿는다면 그것은 위험할 정도로 순진한 생각이다.

결론적으로, 여기서 가장 중요한 것은 국가의 감시, 몰수, 그리고 조작에 취약한 실물 자산과 법정화폐의 본질적 취약성이다. 이러한 관점에서 비트코인의 강력하고 전례가 없는 특성을 숙고해 보는 것은 유용한 사고 훈련이다.

현대적 관점

니콜라스 마두로 대통령이 집권한 베네수엘라는 감시 국가가 작동하고 있는 현대적 사례로서, 경제적·정치적 혼란의 시기에 국가가 어떻게 다양한 수단을 동원하여 국민을 억압할 수 있는지를 보여준다. 베네수엘라 정부는 다양한 기술 기반 도구를 활용하여 권력을 유지하고 반대 세력을 억압하기 위한 재정적·경제적 제한 조치를 강행했다.

베네수엘라의 경제는 최근에 인플레이션 수치가 전례 없는 최고치를 기록하는 등 초인플레이션을 겪고 있다. 정부는 엄격한 통화 통제를 시행하고 외화에 대한 접근을 제한하는 대응으로 주민들이 자신의 돈을 보호하거나 해외에서 거래할 수 있는 모든 권한을 박탈했다.[23] 홈랜드 카드(Carnet de la Patria) 시스템은 국가 금융 검열의 핵심 요소로서,[24] 정부가 발급하는 신분증을 이용하여 식량 보조금, 의료 서비스, 연료 같은 기본적 소요에 대한 시민의 접근을 통제한다. 이 시스템은 정부에 협력하지 않는 사람에게 혜택을 거부할 수 있는 사실상의 사회적 신용 시스템을 구축했다는 비판을 받아왔다.[25]

해외 송금은 많은 가정에서 주요한 소득원이었지만, 이 역시 감시의 대상이 되어왔다. 정부가 송금에 대한 독점적 통제를 시도하면서 높은 수수료를 부과하고 불리한 환율을 적용함에 따라 해외에 있는 베네수엘라 국민이 본국으로 송금하는 금액이 크게 줄어들었다.[26] 국제 사회의 제재는 베네수엘라 주민에게 경제적 지원을 보내는 데 추가적 제한을 가하는 방해물이 되어 그들을 더욱 고립시킨다.

이러한 초인플레이션과 경제 붕괴의 배경에서 비트코인은 다시 한번 반전의 기회를 제공했다. 미국 달러에 대한 접근성이 엄격히 제한된 상황에서, 비트코인은 사람들이 정부의 감시 밖에서 거래할 수 있는 자율 지대를 만들어냈다.[27] 실제로 많은 경우, 비트코인은 베네수엘라 국민들이 해외에서 기부금을 받고, 또 외부 세계와 거래해 절실히 필요한 상품과 서비스를 수입할 수 있는 유일한 도구로 기능해 왔다.[28]

이란 이슬람 공화국은 권력을 유지하고 반대 세력을 억압하기 위한 국가 주도의 검열과 금융 통제에 대한 또 다른 연구 사례를 제시한다. 정부는 정보의 흐름을 제한하고 경제적 수단을 동원하여 반대 진영을 억압한다. 이러한 조치의 상당수는 개인의 자유, 특히 여성의 자유에 영향을 미친다. 이란 정부의 핵 프로그램과 테러 지원에 대한 국제 사회의 제재로 인하여 주민들의 상황은 더욱 악화되었다. 은행, 금융 서비스, 석유 수출을 포함하는 여러 중요한 산업이 미국, 유럽 연합, 유엔의 제재를 받고 있다. 국제 사회의 제재로 인하여 이란의 경제가 마비되고, 인플레이션율이 50%를 넘어 치솟고, 이란 리알(rial)화의 가치가 하락했다. 이에 대응하여 정부가 자본을 통제하고 금융 감시를 강화함에 따라 주민들은 더욱 소외되고 고립되었다.[29] 2018년에 리알화가 대폭 평가절하된 후 이란 전역에서 국가 통화의 경제적 관리 부실에 대한 이란 국민의 불만이 반영된 광범위한 시위가 벌어졌다.[30] 이에 대응하여 정부는 자본 통제와 국민의 외화 보유에 대한 제한을 더욱 강화했다.

이러한 맥락에서 비트코인은 많은 이란인에게 탈출구를 제공한다. 대부분의 이란인에게 비트코인은 자신의 방식으로 세계 경제와 소통할 수 있는 전례 없는 수단을 제시한다. 리알화의 가치가 계속해서 하락하고 제재로 인하여 기존 금융 서비스의 이용이 제한되는 상황에서, 비트코인은 돈을 저축하는 방법과 검열에 저항하는 송금 수단을 제공한다. 비트코인은 종종 기부자와 해외 거주 이란인들이 본국으로 송금할 수 있는 유일한 수단이다. 제재로 인하여 다른 모든 경로가 막히고, 터무니없는 수수료와 환율이 부과되며, 심각한 지연이 발생하는 상황에서 비트코인은 거의 무료로 신속한 송금을 가능하게 한다.[31]

개인의 재정적 안정을 넘어서, 이란 국민에게 비트코인의 가치는 아무리 강조해도 지나치지 않는다. 비트코인은 생계유지를 위한 필수품을 조달하기 위하여 제한을 우회하려는 사업주에게 지속적인 생명선이 되고 있다.[32] 경제적 장벽을 극복하는 것이 이란 국민의 삶의 방식이고, 비트코인이 그들에게 희망을 제공한다.

소련 시대의 역사를 계승한 러시아는 자국민에 대한 광범위한 금융 감시의 오랜 전통을 이어가고 있다. 러시아 정부는 국내외 금융 활동을 추적하는 정교한 네트워크를 통해서 이를 달성한다. 정부가 제정한 법률은 은행과 금융 기관이 계좌의 소유자와 거래 내역에 대한 포괄적 상세 정보를 연방 당국에 제공하도록 규정하고 있다. 이를 통해서 국가는 정부에 적대적이거나 위험하다고 판단되는 사람들과 기업의 금융 활동을 감시할 수 있다.

정부는 반대 진영에 대한 재정적 지원을 차단할 수 있는 여러 수단을 보유하고 있으며, 이를 통해 그들의 시위 조직 능력이나 정권에 대한 실질적 저항 능력을 제한한다.[33] 비정부기구(NGO)와 언론 매체가 모든 해외 자금 조달을 공개하도록 규정한 법률은 그들에게 낙인을 찍고 효율성을 떨어뜨리는 역할을 한다. 또한 정부는 종종 극단주의 혐의를 받는 이들의 은행 계좌와 자산을 동결하는데, 이때 '극단주의'라는 개념은 매우 자의적으로 해석될 수 있다.[34]

임박한 디지털 루블의 도입은 국가의 감시 권한을 국민의 금융 및 경제 문제로까지 확대하는 데만 도움이 될 것이다. 디지털 루블은 금융 데이터에 대한 타의 추종을 불허하는 접근성을 정부에 제공하여, 일일 거래 내역을 포함한 경제 활동에 대하여 실시간 감시가 가능하도록 할 것이다. 러시아는 또한 서방의 제재에 대응하여 '주권 인터넷(sovereign internet)'의 구축을 추진하고 있다.[35] 주권 인터넷은 국경 간 데이터 흐름과 금융 활동에 대한 무제한적 접근을 크렘린에 제공할 것이다. 이런 모든 조치가 중앙 정부에 권력을 집중시키는 데 도움이 된다. 이러한 맥락에서 비트코인은 러시아 국민에게 국가의 통제에서 벗어나는 일종의 재정적 자율성을 부여하고, 국제 시장에 접근할 수 있도록 하며, 생계유지를 위한 송금을 허용한다.[36]

검열과 감시에 대한 중국의 접근 방식은 놀라울 정도로 정교하다. 중국은 국가의 감독이라는 목표를 달성하기 위하여 최첨단 기술과 법률의 결합을 채택한다. 중앙은행의 디지털 통화인 디지털 위안(yuan)은 이러한 측면에서 정부의 역량을 강화한다. 중국의 중앙은행은 디지털 위안을 발행하고 통제함으로써 국민의 금융 활동에 대한 광범위한 통제력을 국가에 부여한다.

중국은 엄격한 외환 통제 제도를 두고 있으며, 모든 국경 간 거래를 면밀히 감시한다. 이를 통해 모든 투자 활동을 통제하고 자본 유출을 제한한다. 이러한 조치들은 국가 경제와 통화를 강화하기 위한 것이다. 국가의 포괄적인 금융 감시 시스템은 정부가 국민의 사회 및 경제 생활을 통제하는 데 초점을 맞추고 있음을 보여준다. 순응과 통제를 중시하는 시스템에서 비트코인은 개인적·자주적 방식으로 국제적 시장에 직접 참여하는 길을 제공한다.

세계적 추세

전 세계 정부가 디지털 플랫폼과 금융 시스템을 활용해 반대 의견을 억압하고 정보 통제를 강화하는 명확하고도 우려스러운 추세가 나타나고 있다. 지역마다 정도는 다를 수 있지만, 표현의 자유를 억압함으로써 권력을 유지하려는 근본적인 목적에는 변함이 없다. 정부는 종종 최신 기술을 동원한 경제적 통제를 통해서 목적을 달성한다. 이러한 추세는 디지털 시대의 인권에 대하여 가장 중요한 과제를 제시한다.

인터넷상의 자유를 조사한 비영리 단체 프리덤 하우스의 "네트의 자유(Freedom on the Net)" 보고서에 따르면 최근에 사람들을 억압하고 통제력을 행사하기 위한 디지털 기술의 사용이 전 세계적으로 증가하고 있다.[37] 이 연구는 점점 더 많은 정부가 온라인 금융 활동을 추적하기 위하여 첨단 기술을 사용하고 있음을 발견했다. 게다가 이러한 증가 추세는 수그러들 기미가 보이지 않는다. 일반적으로 국가 안보 또는 사기 방지라는 명분으로 정당화되는 이러한 조치는 언제나 정치적 반대자, 활동가, 그리고 언론인을 대상으로 적용된다.

언론인보호위원회(CPJ)는 이 문제를 바라보는 또 다른 시각을 제시한다. 언론인, 특히 민감한 주제를 취재하거나 억압적인 환경에서 일하는 언론인들이 재정적 보복과 응징을 당하고 있다는 것은 분명한 사실이다.[38] CPJ는 비판적인 보도 직후에 은행 계좌가 동결되고 금융 거래가 중단된 수많은 사례를 기록하고 있다. 이렇게 생계에 대한 위협에 직면하는 언론인들은 자체 검열을 하거나 추적 보도를 완전히 중단하는 것 외에는 선택의 여지가 없다.

예를 들어, 러시아와 튀르키예를 비롯하여 여러 G20 국가의 정부가 비판적 보도에 대한 보복으로 언론 매체와 기자들에게 경제적 불이익, 벌금 등의 재정적 제재를 가하는 것으로 알려졌다.[39] 이러한 조치는 기자뿐만 아니라 규모가 더 큰 미디어 산업에도 영향을 미쳐서 추적 보도를 비롯한 모든 유형의 비판적 보도를 억제한다.

2022년 초 캐나다의 트럭 운전사들은 코로나-19와 관련된 강압적 규정과 제한에 반대하는 시위를 벌였다. 캐나다 정부는 시위를 진압하기 위하여 국가적 위기 상황에서만 사용하게 되어 있는 강력한 무기인 비상사태법(Emergencies Act)을 이용하여 시위대와 다른 참가자들의 개인 은행 계좌를 동결했다. 이러한 조치는 계좌 소유자에 대한 사전 통지나 법원의 명령 없이 이루어졌고, 국민의 기본권 침해에 대한 광범위한 논쟁으로 이어졌다. 나중에 캐나다 법원은 비상사태법을 내세운 정부의 조치가 불법이라고 판결했다.[40]

이러한 배경에서 비트코인은 새로운 패러다임을 제시한다. 검열로부터 자유로운 화폐 자산으로서 비트코인은 전 세계 권위주의 정부에 맞서는 비정부기구와 반대 단체에 도움을 주었다. 예를 들어, 벨라루스에서는 비트코인 기부가 알렉산드르 루카셴코 대통령 정부에 맞서 파업 중인 노동자와 시위대를 지원했다.[41] 우크라이나인들은 2022년 초 트위터를 통해서 비트코인 기부를 요청하여 1억 달러 이상의 암호화폐를 받았다. 이처럼 비트코인은 억압적인 정권의 손이 닿지 않는 곳에서 안전한 익명의 거래를 가능하게 하는 능력을 보여준다. 비트코인은 권위주의 정권에 대한 정치적 저항과 시민 불복종을 촉진하는 데 사용할 수 있는 가장 강력한 금융 도구라 할 수 있다.

영국의 〈이코노미스트〉 계열사인 〈이코노미스트 인텔리전스 유닛(EIU)〉에 따르면, 2023년에 치러진 70건이 넘는 선거 중에 완전히 자유롭고 공정한 선거는 43건에 불과했다. 또한 전 세계 인구의 8% 미만이 완전한 민주주의 국가에 살고 있고 39.4%는 권위주의적 통제를 받고 있는데, 이는 2022년의 36.9%에서 증가한 수치다.[42] 인권재단은 더욱 암울한 그림을 그린다. 최근 발표된 보고서에 따르면, 전 세계 인구의 54%가 어떤 형태로든 권위주의 정권의 통치를 받고 있는 것으로 추산된다. 다시 말해서 두 사람 중 한 사람이 이 장에서 논의한 고난의 일부 또는 전부를 경험하고 있다는 뜻이다. 30억 명의 인구가 '자유롭고 공정한 선거, 국가 권력의 분립, 독립적인 언론, 활기찬 시민 사회, 그리고 시민의 자유가 없는' 55개국의 완전한 권위주의 정권 밑에서 사는 것으로 추정된다. 추가로 12억 명은 '야당의 존재가 허용되기는 하지만, 만연한 괴롭힘과 사법적 박해를 겪고 있는' 41개 국가에서 경쟁적인 권위주의 정권의 통치를 받고 있다.[43]

비트코인은 경제적 자기 결정권을 되찾을 수 있는 길을 제시한다. 시민을 통제하는 수단으로 화폐를 이용하는 군주, 폭군, 독재 정부의 변덕과 무관하게 모든 사람이 재정적 독립을 확보할 수 있는 미래를 꿈꾼다. 비트코인의 국경이 없는 글로벌 특성은 금융 검열이라는 개념 자체에 도전한다. 비트코인은 인터넷에서 정보가 자유롭게 흐르듯, 돈 또한 자유롭게 흐를 수 있는 세계를 새롭게 상상하게 만든다.

중앙은행 디지털 통화

등장이 임박한 새로운 기술 혁신인 중앙은행 디지털 통화(CBDC)를 언급하지 않고는 감시 국가에 대한 논의가 완전하지 않을 것이다. CBDC는 중앙은행이 직접 발행하여 대중에게 제공하는 디지털 형태의 화폐다. 오늘날의 법정화폐는 일반적으로 중앙은행이 발행하는 실물 화폐와 중앙은행에 보관되는 디지털 준비금의 두 가지 형태로 존재한다. 중앙은행이 (현금처럼) 대중에게 직접 공급하는 디지털 형태의 CBDC는 이러한 이분법에 대한 새로운 변화를 의미한다. 디지털 통화는 일반 은행이 아닌 중앙은행이 직접적인 책임을 지게 된다.

미국 연방준비제도이사회는 2022년에 발표한 "화폐와 결제: 디지털 전환 시대의 미국 달러(Money and Payments: The U.S. Dollar in the Age of Digital Transformation)"라는 제목의 논문에서 CBDC의 장단점을 논의했다.[44] 그러나 CBDC를 도입할지에 대한 결정은 아직 내려지지 않았다. CBDC는 금융 시스템의 효율성, 보안성, 포용성을 강화할 잠재력으로 자주 주목받는다. 현금의 디지털 형태를 제공함으로써 거래 비용과 결제 시간을 줄일 수 있으며, 상업은행을 중개자로 두지 않고도 은행 계좌가 없는 사람들이 디지털 화폐에 직접 접근할 수 있게 함으로써 금융 포용성을 높일 수 있다. 또한 중앙은행이 대중과 직접 연결되어 통화정책을 실행할 수 있는 능력을 강화할 수 있다. 프로그램이 가능한 화폐로서 CBDC는 추적 가능성을 통해 불법적인 금융 활동을 줄이는 데 기여할 수도 있다.

이러한 요소들이 모두 사실임에는 틀림없지만, 이러한 장점의 이면에는 CBDC가 화폐에 대한 국가의 무제한적 통제와 영향력을 더욱 강화한다는 단점이 있다. 많은 사람이 비트코인과 CBDC를 동일한 '암호화폐' 또는 '블록체인'이라는 범주로 묶는 잘못을 범하면서, 이러한 연관성이 얼마나 부적절한지를 이해하지 못한다. 비트코인과 CBDC는 근본적으로 상반되는 가치를 구현하는 정반대 입장을 대표한다. 비트코인이 탈중앙화된 합의에 기초하는 반면에, CBDC는 국가 권력의 중앙집중화를 상징하고 금융 시스템에 대한 독보적 권한을 부여한다. 비트코인의 공급이 고정적이고 변경할 수 없는 반면에, CBDC는 국가가 키보드 입력 한 번으로 더욱더 쉽게 화폐 공급을 늘릴 수 있게 한다. 비트코인이 허가가 필요 없는 접근성과 검열 저항성을 제공하는 반면, CBDC는 여러 허가 단계를 부과함으로써 개인의 돈에 접근하고 사용하는 권한을 국가의 재량에 맡기도록 한다. 비트코인이 익명성을 통해 개인정보를 보호하는 것에 반해, CBDC는 거래의 프라이버시라는 허울조차 없애고 모든 상호작용을 잠재적인 감시에 노출시킨다. 비트코인은 몰수가 불가능하지만, CBDC는 손쉽게 이루어질 수 있는 자금 압류를 국가의 손에 맡긴다.

당신의 계좌에 있는 돈에 만료일이 있고, 정해진 기간 안에 사용하지 않으면 사라져버리는 세상을 상상해보라(케인스주의자들은 이런 아이디어를 환영할지도 모른다). 벌금, 세금, 또는 과징금이 계좌의 잔액에서 즉시 그리고 사전동의도 필요 없이 공제되어, 국가 권력의 변덕 앞에서 무기력해지는 자신을 상상해보라. CBDC는 금융 시스템에 대한 국가의 절대적 통제를 장악하는 조용한 쿠데타의 마지막 단계에 해당한다. 돈은 감시와 통제, 강제의 무기로 변모하고, 이는 모두 혁신과 효율이라는 명분 아래 진행된다. 비트코인과 CBDC의 기술적 혈통은 동일한 것과는 거리가 멀고 오히려 정반대다. 전자는 개인의 자유와 재정적 자율성을 옹호하지만, 후자는 국가의 통제와 감독을 강화한다.

> 건전한 화폐의 개념이 폭군적 침해로부터 시민의 자유를 보호하기 위한 도구로 고안되었다는 사실을 깨닫지 못한다면, 건전한 화폐의 의미를 파악하기는 불가능하다. 건전한 화폐는 이념적으로 정치적 헌법 및 권리장전과 같은 범주에 속한다.[45]
>
> - 루트비히 폰 미제스

CHAPTER ⑬

"정부가 비트코인을 금지할 것이다"

정부가 비트코인을 금지할 것이라는 우려는 매우 아이러니하다. 사토시가 비트코인을 발명한 원래 의도가 중앙화된 권력의 조직적인 공격을 견뎌내고 살아남는 것이었음을 기억하라.

그는 이러한 목표를 여러 차례 분명하게 밝힌 바 있다.

> 정부는 냅스터(Napster) 같은 중앙 제어 네트워크를 차단하는 데는 능숙하지만, 그누텔라(Gnutella)나 토르(Tor) 같은 순수한 P2P 네트워크는 자체적으로 잘 유지되고 있는 것으로 보인다.[1]
>
> - 사토시 나카모토, 2008년 11월 7일

1990년대 이후로 실패한 수많은 기업 때문에 많은 사람이 자동적으로

> 전자 화폐를 실패한 대의로 치부한다. 나는 그런 시스템의 실패가 오직 중앙에서 통제되는 특성 때문이었음이 명백해지기를 바란다.
>
> - 사토시 나카모토, 2009년 2월 15일

사토시가 제시한 목표에 따르면, 정부가 비트코인을 폐쇄할 수 있다는 생각은 비트코인이 의도한 대로 작동하지 않았다는 말과 같다. 다시 말해서, 비트코인이 그러한 실존적 위협에 저항하기 위하여 특별히 만들어졌음에도 불구하고, 정부가 비트코인의 존재를 허용할지 아닐지를 판단하는 것은 아이러니한 일이다. 사토시는 특정한 정부(특히 권위주의 정부)나 어쩌면 모든 정부가 필연적으로 비트코인을 금융 시스템에 대한 자신의 통제력에 맞서는 위협으로 간주하고 금지하려 할 것이라고 가정했다. 비트코인의 불변성과 검열 저항성이라는 속성은 그러한 공격에 직면해서 효과를 발휘해야만 진정한 속성이 된다.

사토시는 중앙화된 네트워크와 탈중앙화 P2P 네트워크를 구분한다. 중앙화된 네트워크는 정부에 의해 손쉽게 표적이 되어 폐쇄될 수 있는데, 그 대표적 사례가 냅스터였다. 반면 그누텔라나 토르와 같은 탈중앙화 네트워크는 훨씬 더 강한 회복력을 보여주었다. 이러한 구분은 비트코인 구조의 핵심적 특징이며, 정부의 금지나 통제 시도에도 불구하고 비트코인이 존속할 수 있는 능력을 설명해 준다.

가상적 금지

중앙집중식 시스템에는 강제력(합법이든 불법이든)를 통해서 차단할 수 있는 단일 장애 지점이 있다. 분산형 시스템은 공격할 단일 지점이 없기 때문에 복원력이 더 강하다. 이는 사토시가 통제나 금지를 위한 정부의 조직적인 시도에 견딜 수 있을 만큼 충분히 탄력적인 시스템을 만들어내는 아이디어의 기반이 되었다.

전통적 금융 시스템에서 비트코인 같은 자산은 존재한 적이 없다. 정부 당국은 항상 최고 경영진, 이사회, 관리팀, 직원, 물리적 사무 공간 등을 표적으로 삼아서 은행이나 금융 기관을 폐쇄할 수 있는 권한을 갖고 있었다. 비트코인의 경우는 정부가 그렇게 활용할 수 있는 옵션이 없다. 암호화폐 거래소에 대한 접근을 차단하거나 법정화폐(정부의 독점적 영역)를 비트코인으로 전환하는 것을 방해할 수는 있지만, 실제 비트코인 네트워크를 공격할 수 있는 능력은 매우 제한적이다. 비트코인 거래는 익명으로 이루어지기 때문에 해당 관할권 지역에 거주하는 특정한 사용자에 대한 단속은 거의 불가능할 정도로 복잡하다. 결과적으로 비트코인이 공식적으로 금지된 국가에서도 사용자들이 P2P 거래와 가상사설망(VPN)을 통해서 네트워크 접속을 계속할 수 있었다.

비트코인의 금지가 효과적일 수 없는 이유를 이해하기 위하여 특정한 국가의 가상적 시나리오를 검토해보자. 이 시나리오는 나이지리아와 중국처럼 비트코인 사용을 규제하거나 제한하려 시도했던 국가의 실제 사례를 바탕으로 한다.

1단계. 정부의 금지 조치 발표: 정부가 사전 경고도 없이 비트코인의 거래나 소유를 금지하는 조치를 시행한다. 이는 2021년에 나이지리아 중앙은행이 암호화폐 거래소에 대한 일반 은행의 서비스 제공을 금지한 사례와 유사하다. 중국도 비트코인 채굴과 거래를 금지하는 조치의 시행과 해제를 반복했다.

2단계. 은행과 거래소의 순응: 중앙화된 기관인 은행과 암호화폐 거래소는 금지 조치를 준수할 수밖에 없다. 그들은 운영을 중단하거나 지역 주민의 플랫폼 이용을 차단한다. 중국에서는 정부의 금지 조치 이후에, 지역 거래소들이 규제 압력에 대응하여 사용자의 접근을 제한해야 했다.

3단계. P2P 및 탈중앙화 플랫폼으로의 전환: 비트코인 사용자들은 중앙화된 권위가 없는 P2P 거래 플랫폼과 탈중앙화된 거래소로 이동하는 재빠른 적응으로 회복력을 보여준다. 이러한 플랫폼에서 그들은 당국의 손이 닿지 않는 (또는 제대로 된 경우에는 당국이 알지 못하는) 곳에서 다른 사용자들과 직접 거래를 계속할 수 있다. 예를 들어 나이지리아에서는 금지 조치 이후에 P2P 거래 플랫폼을 통한 비트코인 사용량이 급증했다.

4단계. 프라이버시 보호 도구의 사용: 가상사설망(VPN) 등의 프라이버시 강화 도구는 감시를 우회하고 제한된 플랫폼에 접근하기 위하여 사용된다. VPN은 전 세계 대부분의 권위주의 정권 치하의 시민들이 광범위하게 사용하는 도구로서, 사용자의 인터넷 프로토콜(IP) 주소를 가릴 수 있게 해주어 당국이 인터넷 사용에 대한 효과적인 금지 조치를 시행하는 데 어려움을 겪게 한다.

5단계. 거래 방식 조정: 법정화폐와 비트코인의 연결성에만 제약이 존재하는 한, 사용자들은 언제나 비트코인 전용 생태계에서 살아남을 수 있다. 사람들은 상품과 서비스의 직접 거래에 비트코인을 사용하기 시작하고, 종이 지갑과 콜드 스토리지를 이용하여 오프라인으로 비트코인을 보관하여 감시에서 벗어날 수 있다. 이러한 방식은 추적하여 폐쇄하기가 어렵다.

6단계. 국제 거래 및 송금: 나이지리아처럼 해외 거주자가 많거나 송금에 의존하는 국가에서 비트코인은 국경 간 거래를 위한 귀중한 도구가 된다. 해외에 있는 친구와 친척들은 주민을 지원하기 위하여 비트코인 송금을 계속하고 있다. 이러한 송금 방식은 저렴한 수수료, 편의성, 익명성, 그리고 검열 저항성을 고려할 때 기존 시스템보다 더 바람직하다고 여겨진다.

비트코인이 정부의 금지 조치에 대한 저항력과 회복력을 유지하게 하는 구체적인 특성은 다음과 같다.

1. **탈중앙화**: 진정한 의미의 탈중앙화란 단순히 노드와 채굴자가 분산되어 있는 상태만을 뜻하지 않는다. 그것은 네트워크를 통제할 수 있는 리더나 재단 같은 중앙 권위가 전혀 존재하지 않는 상태를

의미한다. 이러한 구조는 단일한 공격 지점이나 통제 지점을 원천적으로 차단한다.

2. 가명성(pseudonymity): 완전한 익명은 아니지만, 거래자의 실제 신원을 드러내지 않는 방식으로 비트코인 거래가 이루어져서 정부가 특정한 사용자에 대하여 강제적 조치를 취하는 능력을 크게 제한한다.

3. 국경이 없음: 인터넷과 마찬가지로 비트코인은 국경이 없고 경계선을 넘기 위한 허가가 필요하지 않다. 그 어떤 물리적 또는 디지털 검문소도 검열 저항성을 무력화할 수 없다. 따라서 지역적 제한과 무관한 국제 거래가 가능하다.

4. P2P: 중앙화된 플랫폼을 거치지 않고 서로 직접 거래할 수 있는 능력은 현실 세계에서 현금을 주고받는 것과 유사하다. 이는 설령 거래소가 금지되더라도 개인들이 여전히 비트코인을 거래하고 사용할 수 있음을 의미한다.

금지 조치에도 불구하고 나이지리아는 체이널리시스(Chainalysis)의 2023년도 글로벌 암호화폐 채택 지수 기준으로 암호화폐 채택률에서 세계 2위를 차지했다.[2] 쿠코인(Kucoin)이 실시한 조사에서는 설문에 응답한 나이지리아 암호화폐 투자자의 거의 3분의 2가 P2P 거래소에서 암호화폐를 구입하기 위하여 법정화폐를 사용했다.[3] 체이널리시스에 따르면, 이들은 P2P 플랫폼을 비트코인의 진입로로 삼아서 송금을 받고 상업적 거래에 참여하는 도구로 활용한다. 비트코인은 또한 가치의 저장 수단으로도 사용된다. 참고로 나이지리아 나이라(naira)화는 2014년 이후 미국 달러 대비 약 90% 가치가 하락했으며, 나이지리아 중앙은행에 따르면 현재 연간 인플레이션율은 33% 이상에 달한다. 특히 식료품 가격 인플레이션은 40%를 초과하고 있다.[4]

우리의 가상 국가 시나리오(실제 사례에서 영감을 얻은)는 비트코인 금지 조치를 시행하는 정부가 직면하는 심각한 어려움을 보여준다. 탈중앙화, P2P, 그리고 국경이 없는 비트코인의 특성과 사용자의 적응력이 결합하여 정부의 금지 조치가 거의 효과를 발휘할 수 없게 한다. 정부가 장애물을 만들고 공식적 채택을 억제할 수는 있지만, 비트코인의 설계 자체가 적대적인 규제 환경에서도 계속 운영되고 번영할 수 있도록 보장한다.

금지의 심리학

정부의 비트코인 금지 조치는 비효율적일 뿐만 아니라 역효과를 낳을 수도 있다. 국가가 무언가를 금지하는 결정은 여러 가지 강력한 신호를 보낸다. 예를 들어, 금지 대상에 대한 당국의 인식된 위협을 강조하여 의도치 않게 그 중요성과 잠재력을 입증할 수 있다. 이러한 현상은 기술, 문학, 그리고 사회 운동을 포함하는 다양한 분야에서 관찰되었다. 몇 가지 예를 살펴보자.

1920년대 미국에서 정부가 주류의 생산, 수입, 판매를 금지한 시기를 금주법 시대(Prohibition Era)라고 한다. 헌법 개정을 통해서 도입된 이러한 조치로 주류 소비가 사라졌을까? 금주법 시대에는 밀주와 주류 밀매가 급증했다. 권위에 저항하는 행위로 여겨졌기 때문에 많은 사람에게 음주가 그 어느 때보다도 매력적이었던 시기였다. 1933년에 금지 조치 및 관련된 헌법 개정안이 폐지되었지만, 금주법 시대의 주류 밀매에서 영감을 받은 술집들은 오늘날까지도 미국 전역은 물론 전 세계의 나이트라이프(nightlife)를 주도하는 문화적 중심지가 되었다.

스트라이샌드 효과는 정보를 숨기거나 은폐하거나 검열하려는 시도가 오히려 역효과를 낳는 현상을 보여준다. 이 명칭은 2003년 가수 바브라 스트라이샌드(Barbra Streisand)의 사례에서 비롯되었다. 당시 그녀의 변호인은 캘리포니아 해안 침식을 기록하기 위해 촬영된 사진 중 스트라이샌드의 말리부 절벽 저택이 담긴 사진의 공개를 막으려 했다. 그러나 이 시도는 의도와 달리 오히려 해당 사진에 훨씬 더 큰 관심을 불러일으켰다. 원래라면 잘 알려지지 않았을 그 사진은 검열 시도 이후 오히려 더 널리 퍼져 나갔고, 수백만 명이 법적 억제 시도에도 불구하고 이를 보게 되었다.

이러한 현상은 책이나 영화의 금지 조치가 의도치 않게 인기, 독자층, 또는 관람률을 높인 여러 역사적 사례에서 찾아볼 수 있다. 조지 오웰의 디스토피아 소설 《1984》와 올더스 헉슬리의 공상과학 소설 《멋진 신세계(Brave New World)》가 문학 분야의 대표적인 사례다. 이 책들은 전 세계적으로, 특히 학교 교육 현장에서 여러 차례 금지되었지만, 그러한 시도는 오히려 더 큰 호기심을 불러일으켰다. '금단의 열매'는 금지되지 않았다면 얻지 못했을 매력을 지니게 되었고, 오늘날 고전으로 여겨지는 이 책들은 전 세계적으로 널리 읽히고 논의되고 있다.

정부는 비트코인 금지를 시도함으로써 의도치 않게 비트코인에 대한 엄청난 관심을 불러일으키게 된다. 그리고 비트코인은 그러한 관심을 바탕으로 번창한다. P. T. 바넘(Barnum)이 말했듯이, "세상에 나쁜 홍보 같은 것은 없다." 금지와 그에 따른 관심은 사람들이 비트코인이 무엇이고 왜 정부가 위협으로 인식하는지를 이해하도록 이끈다. 금지된 책과 사진, 그리고 상품이 더 많은 소비자를 끌어들이는 방법인 것처럼, 비트코인의 금지는 더 큰 관심을 촉발할 수 있다. 어떤 사람들은 호기심으로, 다른 사람들은 순전한 반항심으로 비트코인에 끌릴 수 있다.

정부의 금지가 불러올 수 있는 또 다른 의도치 않은 결과는, 오히려 그 금지를 우회하려는 혁신을 촉발한다는 점이다. 개발자와 사용자들은 더 강력한 프라이버시 도구와 탈중앙화 거래소를 만들어내려는 동기를 얻게 된다. 흔히 말하듯, "비트코인에게는 모든 것이 이롭다." 신화 속 괴물 히드라(Hydra)는 여러 개의 머리를 지닌 뱀 형태의 존재로, 머리 하나를 잘라내면 두 개가 다시 돋아난다. 이와 마찬가지로 비트코인 금지는 오히려 비트코인 생태계의 혁신을 가속화시켜 네트워크를 이전보다 더 강력하게 만들 수 있다.

정치적 게임 이론

여러 정부가 비트코인 금지를 검토하는 시나리오에서, 게임 이론의 렌즈를 통하여 상황을 분석하면 흥미로운 역학 관계가 드러난다. 전 세계 여러 정부(또는 가상적이지만 모든 정부)가 비트코인의 전면 금지를 검토하는 상황을 생각해보자. 오랜 숙고 끝에, 그들은 비트코인이 자국의 통화 정책 통제에 과도한 위험을 초래하며 그러한 위협을 제거해야 한다고 결론지었다. 이제 전 세계적 금지 조치의 실행에 대한 국제적 합의를 도출해야 할 시간이다.

하지만 여기에 문제가 있다. 이런 지정학적 게임에서 비트코인에 더 우호적인 입장을 채택함으로써 차별화의 기회를 포착하려는 소수의 국가들이 반드시 등장할 것이다. 이미 그런 국가가 많이 있는 상황에서, 그들이 비트코인에 맞서는 전 세계적 연대에 동참한다는 것은 거의 상상도 할 수 없는 일이다. 예를 들어, 비트코인을 법정통화로 채택한 엘살바도르가 비트코인을 금지할 가능성은 거의 없다. 엘살바도르의 마지막 대통령 선거는 2024년 2월 4일에 치러졌는데, 비트코인의 법정통화 채택을 주도했던 나이브 부켈레가 80% 이상의 득표율로 압승을 거두었다. 엘살바도르와 비트코인의 관계에 관한 한, 동화 속 '지니(genie)'는 램프에서 나온 지 오래되었다.

다른 유사한 국가들 역시 비트코인에 적대적인 규제 체제에서 벗어나려는 기업, 혁신가, 투자자들을 유치함으로써 얻을 수 있는 경제적 이익을 기대할 것이다. 이러한 국가들은 디지털 자산의 피난처(sanctuary)로 자신들을 자리매김함으로써 디지털 금융 분야에서 경쟁 우위를 확보할 수 있다. 이는 비트코인 금지 조치의 참여를 저해하는 주요 요인으로 작용할 것이며, 이러한 전략의 차이가 전 세계적인 정책의 혼란을 초래할 것이다.

국제무대에서 상충하는 인센티브는 고전적인 죄수의 딜레마를 보여준다. 각국 정부는 비트코인을 금지함으로써 기술적·경제적 이점을 상실할 잠재적 위험을 감수할 것인지, 아니면 비트코인을 수용하고 통화 정책에 대한 통제력 약화 가능성을 감수할 것인지에 대한 선택에 직면한다. 기술적으로 뒤떨어진 국가로 인식되어 전 세계 부유한 비트코인 사용자들의 자금 유입을 놓칠 것을 두려워하는 국가들은 비트코인에 우호적인 입장을 취할 것이다. 그들은 비트코인에 문을 열어줄 수 있는 주변국에 뒤처지기보다는 통화 정책에 대한 영향력 감소라는 잠재적 단점을 수용하기로 선택할 수 있다.

역사적으로 새로운 기술이나 금융 시스템이 등장할 때도 비슷한 역학 관계가 형성되었다. 인터넷 및 관련 기술 혁신을 조기에 채택한 국가나 지역(예컨대 미국의 실리콘밸리)은 상당한 경제적 보상을 수확했다. 반대로 기술적 변화에 저항한 국가들은 종종 따라잡기에 급급한 처지가 되었다. 싱가포르, 아랍에미리트, 우크라이나, 포르투갈, 스위스, 영국 등 여러 나라의 암호화폐 업계가 서로 다른 시점에 '세계의 암호화폐 수도'가 되겠다는 의지를 천명한 것에서 이러한 심리가 작용하고 있음을 알 수 있다. 2024년 7월에는 도널드

트럼프 전 대통령이 미국이 '세계의 암호화폐 수도'가 될 것을 촉구했다.[5]

이런 분석은 국가 간 기술 채택과 경제적 경쟁이라는 더 폭넓은 역사적 맥락과 공명한다. 대항해시대(Age of Exploration)는 역사적으로 15세기 초에 시작되어 17세기까지 계속되었다. 이 시기에 유럽의 뱃사람들은 지식과 부를 찾아서 배를 타고 세계를 탐사했으며, 이러한 노력의 개척자들은 이후 수 세기 동안 세계를 지배했다. 오늘날 비트코인에도 유사한 역학 관계가 전개되고 있다. 비트코인에 적응하고 수용하는 사람들은 이익을 얻을 가능성이 높은 반면, 저항하는 사람들은 전략적으로 불리한 상황에 직면할 위험이 있다.

트로이 목마

비트코인은 잠재적 위협 때문에 저항하거나 아예 거부했을 법한 여러 시스템에 은밀하게 침투하여 자리를 잡았다. 이는 프리드리히 하이에크가 1984년에 언급한 바로 그 '교활한 우회로'처럼 보인다.[6] 비트코인 설계의 놀라운 전략적 교활함, 특히 권위주의 정권에 미치는 영향은 여기서 논의할 가치가 있다.

베르길리우스의 《아이네이스(The Aeneid)》에서 언급된 트로이 목마는 비트코인이 글로벌 금융 생태계에 진입한 과정에 대한 적절한 비유를 제공한다. 전통적 수단으로는 트로이의 강력한 방어선을 뚫을 수 없었던 그리스인들은 계략을 꾸몄다. 그들은 겉보기에 무해하게 보이는 선물인 목마에 전사들을 숨겨두었고, 트로이군은 기꺼이 목마를 끌고 방어선을 통과하여 도시로 들어갔다. 수익성 높은 투자 기회, 즉 디지털 금을 가장한 비트코인은 개인, 기업, 심지어 정부의 금고에까지 침투했는데, 그들 대부분은 중앙화된 통제를 무너뜨릴 수 있는 비트코인의 혁명적 잠재력을 제대로 이해하지 못했을 것이다.

앞에서 논의한 바와 같이, 비트코인은 이미 여러 국가에서 돌아올 수 없는 지점을 통과했다. 미국에서도 2024년 1월에 증권거래위원회가 현물 비트코인 상장지수펀드(ETF)를 승인하면서 비트코인이 주류로 수용되는 여정의 결정적 순간을 맞게 되었다. 이러한 규제 기관의 승인은 사실상 일반 대중을 위한 투자 상품으로서 비트코인의 적합성을 알리는 신호가 되어, 비트코인이 금융 시스템에 더 깊이 자리 잡게 하고 금지하려는 모든 시도를 무산시켰다.

이처럼 비트코인이 광범위하게 유통되는 상황에서, 이제는 사람들이 평생 모은 돈을 투자하고, 은퇴 저축 계좌와 연금 펀드로 흘러들어간 자산을 금지하는 것은 정치적으로 사실상 불가능하다고 말할 수 있다. 증권거래위원회의 승인은 목마를 도시의 성벽 안으로 끌어들인 트로이인의 현대판으로, 통화 시스템의 변화 (트로이 목마와는 달리, 분명히 더 나은 방향으로의) 과정에서 돌이킬 수 없는 지점을 넘어선 것이다.

전통적으로 자신의 통제력을 약화시킬 수 있는 모든 형태의 탈중앙화에 반대해 온 권위주의 정권들이 역설적으로 비트코인을 수용하고 있다. 경제적 이득의 잠재력과 미래지향적·혁신적으로 여겨지는 매력에 끌린 이들 정권은 평소에 억압해 온 탈중앙화와 자유라는 힘을 의도치 않게 부추기고 있다.

부유한 개인, 기관, 그리고 정부가 비트코인에 지속적으로 투자하면서 그들 역시 은밀한 동조자가 된다. 경제적 인센티브는 다른 모든 동기를 압도하며, 투자자들로 하여금 자신의 이해관계를 방어하게 만든다. 볼테르의 말을 다시 인용하자면, "돈 문제 앞에서는 모두가 같은 종교를 가진다." 권위주의적 역사를 경험한 사람들은 탈중앙화의 미덕을 설파하고 중앙집권적 현상 유지에 도전하게 된다. 따라서 비트코인의 부상은 평화로운 경제적 인센티브를 통해서 작동하는 조용한 비폭력적 혁명을 의미한다.

금지의 적법성

이 논의의 목적을 위하여 세계 최대 경제국인 미국에서 잠재적인 비트코인 금지 조치의 법적 의미를 살펴보려 한다. 수년간 상당한 성장세를 보인 미국의 비트코인 채택률은 일반 대중, 기업, 그리고 기관 투자자의 비트코인 수용도가 높아지고 있음을 반영한다. 설문조사와 보고서에 따르면 미국 성인의 20~40%(대략 4,500만~9,000만 명)가 비트코인이나 다른 암호화폐를 거래한 경험이 있다.[7]

비트코인의 채택은 개인에게만 국한되지 않는다. 소기업부터 대기업까지 점점 더 많은 기업이 비트코인을 결제 수단으로 받아들이기 시작했다. 전국적으로 약 3만 대의 비트코인 자동 입출금기(ATM)가 있는 것으로 추산된다.[8] 기관의 채택도 급증했다. 주요 금융 기관과 투자 펀드가 비트코인을 포트폴리오에 포함시켰으며, 상품선물거래위원회(CFTC)는 비트코인 선물 계약 거래를 규제하고 있다. 또한 증권거래위원회는 비트코인 상장지수펀드를 승인하여 일반 대중에게 비트코인 연계 증권을 대량으로 공급할 수 있도록 허용했다. 이러한 상황에서 정부가 비트코인의 보유나 거래를 금지한다면 다음과 같은 여러 가지 이유로 법적 문제에 직면하게 될 것이 확실하다.

1. 수정헌법 제5조에 따른 적법 절차: 미국 수정헌법 제5조는 연방 정부에 대하여 "적법한 절차 없이는 그 누구도 생명, 자유 또는 재산을 박탈당하지 아니한다"고 말한다. 개인 소유의 비트코인을 갑작스럽게 금지하거나 몰수하려는 시도는 적법한 절차 없이 이러한 권리를 침해하는 것으로 간주될 수 있다. 증권거래위원회와 상품선물거래위원회가 비트코인을 합법화한 것을 고려하면, 정부의 이러한 조치를 정당화하기가 더욱 어려울 것이다. 투자자들은 자신의 투자가 계속해서 적법할 것이라는 정당한 기대가 있다고 주장할 수 있다.

2. 수정헌법 제5조의 수용 조항: 미국 수정헌법 제5조의 수용 조

항은 정부가 '정당한 보상' 없이 공적 용도로 사유 재산을 수용하는 것을 금지한다. 이는 분명히 비트코인의 금지나 몰수에 이의를 제기할 근거가 될 수 있고, 해당 조치가 정부의 '수용'의 한가지 형태이며 정당한 보상이 필요하다고 주장할 수 있다.

3. 수정헌법 제1조: 미국 수정헌법 제1조는 언론과 표현의 자유를 보호한다. 비트코인은 본질적으로 컴퓨터 프로그램에 지나지 않는다. 이는 언론 또는 표현의 한 가지 형태이며 수정헌법 제1조의 보호를 받을 자격이 있다고 주장할 수 있다. 비트코인 거래는 단지 동의한 당사자 간에 전송되는 문자 및 숫자 텍스트에 불과하다.

4. 수정헌법 제4조: 미국 수정헌법 제4조는 불합리한 수색과 압수로부터 시민을 보호한다. 정부가 사람들의 비트코인에 접근하기 위하여 개인 키를 확보하는 과정에서는 어떤 형태로든 디지털 감시나 물리적 수색이 필요할 것이며, 이런 행위가 수정헌법 제4조에 위배될 수 있다.

5. 프라이버시 보호에 대한 합리적 기대: 프라이버시 보호에 대한 합리적 기대 또한 미국 수정헌법 제4조에서 비롯된 법적 원칙으로, 사람들이 자신의 디지털 지갑과 거래에 접근하려는 정부의 시도에 저항하는 근거로 삼을 수 있고, 영장이나 상당한 근거가 없는 정부의 침해행위가 위헌이라고 주장할 수 있다.

법적 문제의 세부 사항은 정부 조치의 정확한 성격과 이유에 따라 크게 달라질 것이다.

행정명령 6102호와의 비교

1933년 4월 프랭클린 D. 루스벨트 대통령은 미국 본토에서 '금화, 금괴, 금 증서의 비축'을 금지하는, 악명 높은 행정명령 6102호를 발동했다. 행정명령을 위반하면 1만 달러의 벌금이나 10년의 징역, 또는 두 가지 모두의 처벌을 받을 수 있었다. 이 명령은 사실상 미국 시민이 보유한 금을 몰수하는 조치로 작용했다. 따라서 앞에서 분석한 재산 몰수의 법적 근거에 대한 의문으로 연결된다. 비트코인과 관련하여 행정명령 6102호와 유사한 상황이 발생할 수 있을까? 현재나 미래에 비트코인을 몰수하기 위하여 6102호 같은 행정명령(또는 유사한 효력을 가진 입법 조치)이 시행되는 것은, 주로 비트코인 대 금의 특성, 오늘날과 비교한 1930년대의 법적·경제적 맥락, 그리고 금융 시스템 및 기술의 발전과 관련된 여러 가지 이유로 가능성이 작아 보인다.

첫째, 행정명령 6102호는 심각한 경제적 어려움을 겪었던 시기인 대공황(Great Depression)의 맥락에서 발령되었다. 절박한 시기는 절박한 조치를 요구한다. 행정명령이 의도한 목적은 미국의 금융 시스템과 경제를 안정시키는 것이었다. 오늘날의 경제 상황과 비트코인이 경제에서 차지하는 역할은 매우 다르다. 금융 시스템과 투자 환경의 국제화는 비트코인이 더 폭넓고 복잡하고 상호 연결된 환경의 일부가 되었음을 의미한다. 따라서 미국 거주자들의 자산만을 몰수하려는 시도는 시행이 거의 불가능할 것이다.

둘째, 이 장의 앞부분에서 논의한 것처럼 디지털 상품은 압수하기가 어렵다. 금고 속의 무거운 금속 덩어리를 운반하고 보관해야 하는 대신에 단순히 작은 종잇조각에 적힌 (또는 기억에 저장된) 단어 모음으로 저장되기 때문에 본질적으로 금보다 압수하기가 어렵다. 강제적인 압수 시도에 직면한 사람은 최후의 수단으로, 개인 키를 분실하여 비트코인도 분실했다고 주장할 수 있다. 또는 개인 키를 분할하여 키 조각을 물리적으로 외국에 보관함으로써 접근하기가 훨씬 더 어렵게 할 수도 있다. 따라서 21세기 비트코인의 맥락에서 6102호 같은 행정명령이 어떤 의미 있는 방식으로 성공할 가능성은 극도로 희박하다고 합리적으로 확신할 수 있다.

CHAPTER ⑭
법과 규제

"비트코인은 범죄자를 위한 화폐다"

사고를 내는 것은 자동차가 아니라 운전자다. 비트코인은 불법 활동에 사용될 수 있지만 본질적으로 불법이거나 범죄적인 것은 아니다. 비평가들이 시간을 들여 깊이 들여다본다면, 비트코인 거래의 99.6% 이상이 완벽하게 합법적이며 전 세계 수백만 명이 자율권을 가지고 거래하는 혁명적 금융 상품으로 사용된다는 사실을 알고 놀랄지도 모른다. 비트코인과 범죄 활동의 연관성은 전혀 놀라운 일이 아니다. 비트코인의 초기 사용 사례 중에는, 2011년 출시되었다가 2013년 당국에 의하여 폐쇄된 온라인 불법 암시장 플랫폼인 실크로드(SilkRoad)가 있었다. 이 사이트는 비트코인을 주요 통화로 사용하여 사용자들이 불법적 상품과 서비스를 익명으로 사고팔 수 있게 했다.

일반적으로 범죄자들이 새로운 기술을 가장 먼저 채택한다는 것은 피할 수 없는 현실이다. 우리는 다크 웹(dark web, 특정 프로그램에서만 접속할 수 있고 주로 범죄나 성인물 유포 등의 목적으로 사용되는 웹—옮긴이)과 암호화된 통신 도구에서 이러한 현상을 목격했다. 새로운 기술적 취약점은 종종 보안 전문가가 개선하기 전에 사이버 범죄자들이 먼저 발견하고 이용한다. 비트코인 초창기에는 사적인 P2P 방식으로 거래할 수 있는 능력이 많은 범죄 활동을 끌어들였다. 펀드스트랫 글로벌 어드바이저스(Fundstrat Global Advisors)의 톰 리(Tom Lee)는 이렇게 지적한다. "해적들이 제일 먼저 금을 좋아했기 때문에 금이 가치 있다는 것을 우리가 알게 되었다… 범죄자들은 아무도 믿지 않지만, 비트코인은 믿는다."

비트코인이 범죄 활동의 피난처라는 주장은 종종 비트코인 초창기의 어두운 연관성을 부각하려는 특정 정치인의 손에 쥐어진 효과적인 곤봉이 된다. 그중 대표적인 인물로는 미국의 엘리자베스 워런(Elizabeth Warren) 상원의원이 있다. 그는 2023년에 암호화폐를 이용한 자금 세탁, 테러 자금 조달, 불량 국가의 활동 등과 관련된 위험을 완화한다는 명목으로 법안을 발의했다.[1] 법안의 핵심 구성 요소에는 고객 신원 확인(KYC) 요건을 지갑 제공업체, 채굴자, 검증자까지 확대하는 내용이 포함되었다.

이 법안은 광범위한 비판을 받았다. KYC 요건의 확대는 비트코인의 자율성, 개인정보 보호, 그리고 탈중앙화라는 기본 원칙에 대한 이해와 인식의 부족을 보여준다. 법안을 비판한 사람들은 이러한 조치가 비트코인과 관련된 혁신과 경제 활동을 미국 외부의 규제 환경이 더 유리한 지역으로 밀어낼 가능성이 있다고 경고했다. 13장에서 논의한 바와 같이 법안에 포함된 여러 제안도 위헌일 가능성이 크고, 가능성은 작지만 설사 법안이 통과되더라도 소송의 대상이 될 것이 틀림없다.

그러나 이 논의의 목적을 위하여 워런이 법안을 제안한 근거, 즉 비트코인을 비롯한 암호화폐가 이란, 러시아, 북한 같은 국가의 마약 밀매, 랜섬웨어(ransomware, 컴퓨터의 작동이 중단되게 만든 뒤 재가동을 조건으로 금품을 요구하는 데 이용되는 악성 프로그램의 일종—옮긴이) 공격, 제재의 회피 등 불법적 활동을 조장한다는 주장에 초점을 맞춰보자. 이러한 선정적인 주장에도 불구하고, 현실은 전혀 다르다. 비트코인은 전 세계의 범죄 활동에서 아주 작은 부분을 차지한다. 암호화폐가 주로 불법적 거래에 사용된다는 생각도 사실로 뒷받침되지 않는다. 체이널리시스에 따르면, 2023년에 불법적 주소로 유입된 240억 달러 상당의 암호화폐는 전체 거래량의 0.34%에 불과했다.[2] 이는 2022년 대비 거의 40% 감소한 수치다.[3] 참고로, UN은 해마다 8,000억~2조 달러의 자금이 전통적 금융 시스템을 통해서 세탁되는 것으로 추정한다.[4]

이 분석에서 중요한 고려 사항은 비트코인의 채택률과 시가총액이 빠르게 늘어나고 있음에도 불구하고 불법 활동과 관련된 거래의 비율이 수년 동안 증가하지 않았다는 것이다. 이러한 추세는 강화된 규제 체계, 암호화폐 거래소의 더 엄격한 고객 신원확인 및 자금세탁 방지 관행, 그리고 더욱 정교한 추적 및 분석 도구에 기인할 수 있다. 이처럼 범죄자들이 불법적인 목적으로 비트코인을 사용하기가 점점 더 어려워지고 있다(이러한 감시 조치가 합법적 사용자의 프라이버시 보호에 영향을 미치는 역효과도 있다). 어쨌든 암호화폐 범죄가 사상 최고치를 기록하더라도, 은행 및 금융 기관을 통해서 세탁되는 막대한 금액에 비하면 극히 미미한 수준에 불과하다.

일부 정치인들이나 잘못된 정보를 퍼뜨리는 많은 언론의 주장과 달리, 비트코인의 공개된 블록체인 원장은 범죄자들에게 결코 이상적인 도구가 아니다.[5] 분산된 공개 원장은 그 자체로 모든 거래가 전 세계 누구나 확인할 수 있도록 기록되기 때문이다(물론 익명 대신 가명으로 표시되기는 한다). 이러한 거래의 본질적인 추적 가능성은 여러 유명한 법 집행 사례에서 드러났다. 그중에 주목할 만한 사례는 헤더 모건(Heather Morgan)과 일리야 리히텐슈타인(Ilya Lichtenstein)이 45억 달러 상당의 비트코인을 훔쳐서 세탁하려 한 사건이다. 일련의 복잡한 거래를 통해서 훔친 돈을 숨기려 한 그들의 시도는 당국이 도난의 근원에 이르기까지 디지털 흔적을 추적할 수 있었기 때문에 무산되었다.

2017년에는 불가리아 세관에 침투한 사이버 범죄자들로부터 상당한 양의 비트코인이 압수되었다. 관계 당국은 비트코인의 추적성을 활용하여 불가리아 정부가 약 21만 3,519개의 비트코인(당시 국가 부채의 약 18%에 해당하는 금액)을 회수할 수 있도록 했다. 또 다른 사례는 미국 정부가 실크로드 시장과 연계된 33억 6,000만 달러 상당의 비트코인을 압수하는 데 성공한 사건이다. 이들 사례는 비트코인의 투명하고 변조 불가능한 원장이 자연스럽게 범죄 활동을 억제하는 역할을 한다는 것을 보여준다.

많은 기술적·사회적 발전은 상충 관계를 동반했다. 자동차로 인하여 우리의 이동 능력이 크게 향상되었지만, 부상과 사망을 초래하는 교통사고와 대기 및 소음 공해라는 대가를 치렀다. 다양한 질병을 치료하기 위하여 개발된 약물이 때로는 심각한 부작용을 유발할 수 있다. 원자력 에너지는 화석 연료보다 깨끗한 대안이지만, 방사성 폐기물과 대형 사고의 위험이 있다. 이러한 발전은 모두 상당한 이점을 가져왔지만, 동시에 주목할 만한 단점도 있었다. 각각의 경우에 더 광범위한 이점이 특정한 단점의 수용을 정당화했다. 비트코인도 마찬가지로 전체적이고 균형 잡힌 평가를 받을 자격이 있다.

규제의 프레임워크

전 세계 여러 관할 지역에서 비트코인을 비롯한 암호화폐를 규제하는 각기 다른 접근 방식이 지속적으로 개발되고 있다. 각각의 접근 방식은 해당 주제에 대한 이해도의 차이와 아울러 각국의 고유한 법적, 경제적, 그리고 보안상의 우려를 반영한다.

법적 분류

특정한 관할권 내에서 비트코인의 법적 분류는 종종 비트코인이 자신에게 무엇을 의미하는지에 대한 규제 기관과 입법자들의 다양한 인식을 보여주는 창문이 된다. 법적 분류는 특히 비트코인의 판매와 관련된 소비자 보호 규정과 거래 및 보유에 대한 과세에 영향을 미친다. 전 세계 대부분의 규제 기관은 비트코인이 증권이 아니라는 데 동의한다. 다른 암호화폐는 계속해서 논쟁의 대상이 되지만, 비트코인에 대해서는 거의 의문이 제기되지 않았다. 따라서 비트코인이 일반적으로 속하게 되는 두 가지 범주는 상품과 통화다.

상품: 대부분 국가에서 비트코인은 상품이나 상품과 유사한 것으로 분류된다. 미국에서는 상품선물거래위원회(CFTC)가 비트코인을 상품으로 분류하여 금, 석유 등과 유사한 규제 체계를 적용한다. 영국, 캐나다, 호주, 브라질, 인도 등 여러 국가도 비트코인을 상품으로 분류하여 자본 이득세(capital gains tax)를 부과하고 있으며, 재화나 서비스의 대가로 받는 비트코인에는 소득세가 부과될 수 있다. 상품으로 분류된다는 것은 또한 일반 대중에 대한 비트코인 판매에 소비자 보호법이 적용됨을 의미한다. 판매자는 면허를 받아야 하고, 투자자에게 자산에 대한 위험 정보를 제공해야 한다.

통화: 일부 관할권에서는 비트코인을 통화로 인정하여 일상적 거

래를 위한 사용을 장려한다. 여기에는 비트코인을 법정통화와 유사한 통화로 인정하고 유사한 규제를 적용하는 것이 포함된다. 엘살바도르는 2021년 9월에 비트코인을 법정통화로 채택한 최초의 국가가 됨으로써 화제의 중심이 되었다. 법정통화가 된다는 것은 채무 상환, 세금 납부, 그리고 일상적 구매 및 거래에 비트코인을 사용할 수 있음을 의미한다. 통화로 분류하는 것의 주된 이점은 과세다. 비트코인 거래에 자본 이득세를 적용하지 않으면 비트코인의 일상적 사용이 훨씬 더 쉬워진다. 미국을 포함한 여러 국가에서 최소한도 면제(de minimis exemptions), 즉 특정 금액 미만의 비트코인 거래에 대한 자본 이득세 면제를 검토하고 있다. 전 세계적으로 비트코인의 채택이 늘어남에 따라, 사용자와 일반 대중의 요구에 따라 규제가 이런 방향으로 변화하는 것을 보게 될지도 모른다.

인허가와 규정 준수

여러 규제 기관은 암호화폐 공급업체, 거래소, 기타 관련 서비스 제공업체가 운영을 위한 면허를 취득하도록 요구한다. 면허를 의무화하는 목적은 사기와 과실로부터 일반 대중을 보호하는 것이다. 공급업체는 특정한 최소 기준의 보안, 투명성, 그리고 재정적 무결성을 유지해야 한다. 미국에서는 암호화폐 거래소가 금융범죄수사망(FinCEN)에 등록해야 하고 자금 서비스 사업자로서 현지 자금 전송법을 준수해야 한다. 면허 제도는 사기적이고 신뢰할 수 없는 사업자를 솎아내어 합법적인 시장을 만드는 것을 목표로 한다. 하지만 안타깝게도 이러한 제도가 상당한 규제 준수 비용을 부과하여, 규모가 크고 자금력이 풍부한 참여자의 시장 진입을 제한할 가능성이 있다.

자금 세탁 또한 이러한 규제의 주된 초점으로 워런 상원의원 같은 정치인들의 견해를 반영한다. 암호화폐 사업자는 의심스러운 범죄 활동을 탐지, 예방 및 보고하기 위한 자금세탁방지(AML) 조치를 이행해야 한다. 금융 활동 태스크 포스(Financial Action Task Force)는 고객이 거래소와 판매자로부터 비트코인을 인출한 내역의 상세 정보를 보고하는 조치를 포함하여, 자금 세탁과 관련된 글로벌 지침을 발표했다. AML 규제를 준수하려면 고객 실사와 거래 모니터링을 시행하고 의심스러운 활동을 관계 당국에 보고해야 한다. AML 규제와 밀접하게 연계된 테러자금 조달방지 규정은 비트코인이 테러 활동 자금으로 사용되는 것을 막는 데 중점을 둔다. 이들 규제는 테러 자금 조달과의 관련성이 의심되는 거래의 감시와 보고를 요구한다.

비트코인 규제의 접근 방식은 국가에 따라 매우 다양하다. 일부 국가는 주로 비트코인의 미묘한 특성을 파악하고 성장과 채택을 장려하는 맞춤형 규제 체계를 갖추고 있다. 다른 국가들은 기존의 금융 규제를 암호화폐 산업에 맞게 조정했다. 비트코인의 세계화 및 탈중앙화 특성은, 특히 집행 측면에서 규제에 상당한 어려움을 제기한다. 규제를 활용하는 차익거래 또한 정치적 게임 이론(13장 참조)의 맥락에서 규제 기관이 유념해야 할 문제다.

비트코인 투자 상품

상장지수펀드(ETF)는 오랫동안 전통적 금융 시스템에 보관된 수조 달러가 점차 비트코인으로 유입되는 일종의 '관문 약물(gateway drug)'로 여겨져 왔다. ETF는 특정 자산의 가격을 추종하는 금융 상품, 즉 증권(securities)으로, 비트코인의 가격을 추적하며 전통적인 증권 거래소에서 거래된다. 투자자들은 암호화폐 거래소에서 비트코인을 구입하여 거래소나 디지털 지갑에 보관하는 대신에 증권 계좌(예컨대 애플과 아마존 주식도 보유할 수 있는)를 통해 비트코인에 투자할 수 있다. 그 결과 투자자들은 암호화폐 거래소에 가입하거나 지갑 운영 방법을 배우는 과정 없이도 일부 자본을 어렵지 않게 비트코인으로 재분배할 수 있다.

일반 대중에게 제공되는 금융 상품으로서, 모든 ETF는 증권 거래소에 상장되기 전에 증권거래위원회(SEC)의 승인을 받아야 한다. 승인 절차는 개인 투자자에 대한 상품의 적합성을 평가하고 투자자 보호, 시장의 건전성, 그리고 재무적 투명성을 보장하기 위한 것이며, ETF가 위험의 공시, 비트코인 가격의 정확한 추적, 조작과 사기에 대한 투자자 보호 등 증권법을 준수하는지 확인하기 위한 엄격한 심사가 포함된다. 2013년에는 윙클보스(Winkleboss) 형제인 캐머런과 타일러가 최초의 비트코인 ETF를 출시하기 위하여 승인을 신청했지만, 2017년 3월에 SEC가 신청을 기각했다. SEC는 기각의 주된 이유로 규정의 미비, 비트코인 시장의 사기와 조작 가능성, 그리고 ETF가 규제를 받지 않는 암호화폐 거래소에 의존하는 것에 대한 우려를 제시했다.

　이후 몇 년 동안, 특히 2021년부터 2023년까지 미국의 금융 규제 환경의 다소 어두운 면, 특히 과도한 자의성이 드러났다. 더욱 우려스러운 것은 금융 규제의 정치화 조짐이었다. 2021년에는 비트코인의 현물 가격을 반영하는 비트코인 ETF와 비트코인 파생상품(선물 계약)의 가격을 반영하는 비트코인 ETF 사이에 왜곡되고 불투명하며 극도로 법률주의적인 구분을 만들어 내기 시작했다. SEC는 전자가 투자자에게 용납할 수 없는 수준의 위험을 제기하는 반면에 후자는 그렇지 않다고 판단했다. 그러나 역사적 데이터는 두 가격이 사실상 동일하게 움직여 왔음을 명확하고도 예측 가능한 방식으로 보여주고 있었다.

　이러한 차별적 취급의 표면적 이유는 비트코인 선물 계약이 CFTC의 규제를 받는 반면에, 현물 비트코인 시장은 상응하는 규제 기관이 없다는 것이었다. 2021년에 SEC는 비트코인 선물 가격에 연동되는 비트코인 ETF를 승인했지만, 비트코인 현물 가격에 연동되는 ETF는 여전히 거부했다. 다행히도 2023년에 사법 시스템이 개입했다. 워싱턴 D.C. 순회 항소법원은 두 가지 상품에 대한 SEC의 구별이 "자의적이고 변덕스럽다"고 판결했다. 이 널리 알려진 판결은 수많은 ETF 신청자들의 정당성을 입증하고 저명한 증권 규제 기관에 불명예스러운 패배를 안긴 중요한 결정이었다.

　이 판결 이후에 SEC는 마침내 2024년 1월 여러 현물 비트코인 ETF를 승인함으로써, 비트코인이 글로벌 금융 시스템에 본격적으로 진입하는 고도로 정치적이고 긴 여정의 마침표를 찍었다. 이제 블랙록과 피델리티를 비롯해 총 15조 달러의 자산을 운용하는 세계 최대의 자산운용사들이 미국과 전 세계에서 비트코인 ETF 상품을 판매하고 있다.

이와 같이 윙클보스 형제의 최초 신청은 거부, 법적 분쟁, 정치적 개입, 그리고 결국 SEC의 불가피한 수용으로 이어지는 10년의 여정을 촉발했다. 2013년 〈매드 매거진(Mad Magazine)〉은 비트코인 ETF의 아이디어를 "2013년의 가장 멍청한 일 20가지" 중 5위에 올려놓기도 했다.[6] 하지만 2024년에 출시된 블랙록의 비트코인 ETF는 역사상 가장 빠르게 운용자산 100억 달러를 달성한 ETF가 되었다. 이전에는 이 금액에 도달한 가장 짧은 기간이 약 2년이었다. 기록을 깨는 데 7주가 걸린 비트코인 ETF는 역사상 가장 성공적인 ETF 출시로 기록되었다.

CHAPTER ⑮
비트코인과 지정학

> 조폐국에서 100달러 지폐를 제작하는 비용은 몇 센트에 불과하지만, 다른 나라들이 100달러 지폐를 얻으려면 100달러 상당의 실물 상품을 팔아야 한다.
>
> - 배리 아이켄그린(Barry Eichengreen)

1960년대에 전 프랑스 재무장관 발레리 지스카르 데스탱은 미국과 관련하여 '과도한 특권(privilège exorbitant)'이라는 표현을 만들어냈다. 이는 미국의 군사력(실제로 과도한)을 언급한 것이 아니라 미국 달러가 세계의 기축 통화로서 수행하는 역할을 지적한 것이었다. 외환 거래의 거의 90%가 미국 달러와 관련된다. 외환 보유고의 60%가 미국 달러로 유지되고, 전 세계 부채의 거의 40%가 미국 달러로 발행되며, 경제적으로 가장 중요한 상품 중 하나인 석유를 포함한 대부분의 상품 가격이 달러로 책정된다. 이는 오늘날 미국이 전 세계 국내총생산(GDP)에서 차지하는 비중이 불과 20% 안팎에 그친다는 사실에도 불구하고 나타나는 현상이다.[1] 이러한 미국 달러의 지배력 때문에 미국의 통화 정책은 미국뿐만 아니라 전 세계에 영향을 미친다. 연방준비제도의 금리 인상이나 인하는 미국 달러화 표시 대출에 영향을 미쳐서 상환 비용을 증가 또는 감소시킨다. 이것이 수십 년 동안 미국이 누려온 과도한 특권임에는 의심의 여지가 없다.

미국 달러의 이러한 특권과 밀접하게 연계된 것이 미국 달러 거래의 결제에 사용되는 국제은행간통신협회(SWIFT) 시스템이다. SWIFT는 달러 결제와 관련하여 금융 기관 사이의 효율적인 통신을 제공하는 조직으로, 거래를 처리하거나 통화를 보유하는 것이 아니라 전 세계 금융 기관이 표준화된 코드 시스템을 통해서 정보와 지시를 안전하게 전송할 수 있게 하는 메시지 서비스다. 200개국 이상 국가의 1만 개가 넘는 금융 기관이 SWIFT에 연결된다.

달러의 특권과 미국이 SWIFT 시스템에 미치는 영향력의 결합을 통해서 미국은 국가, 단체, 개인에게 경제적 제재를 가할 수 있다. 제재로 인하여 SWIFT가 차단되면 국제 금융 시스템에 대한 접속이 제한되어 글로벌 시장에 접근하고 외화를 확보하기가 매우 어려워진다. 그 결과 대부분의 국가는 감히 미국의 제재를 위반하지 못한다. 달러와 SWIFT 시스템에 대한 접근을 상실할 가능성은 미국의 제재를 위반하려는 국가나 기관에게 상시적이고도 직접적인 위협으로 작용한다.

하지만 필요는 발명의 어머니다. 윌슨 센터의 키스 로크웰(Keith Rockwell)이 지적했듯이, "달러의 무기화가 여러 신흥국의 경각심을 불러일으켜서, 최근 몇 년 동안 '탈달러화'를 요구하는 목소리가 커졌다."² 제재 위협에 대응하여 여러 나라가 SWIFT와 미국 달러에 대한 의존도를 줄일 방법을 모색해왔다. 2022년의 브라질, 러시아, 인도, 중국, 남아프리카공화국(BRICS) 정상회의에서 각국 정상은 새로운 국제 기축 통화의 개발을 제안했다. 동남아시아 국가연합(ASEAN)의 여러 나라는 역내 무역에 현지 통화를 사용하는 방안을 논의했다. 2023년 브라질의 루이스 이나시우 룰라 다 시우바(Luiz Inacio Lula da Silva) 대통령은 다음과 같이 말했다. "매일 밤 나는 왜 모든 국가가 달러를 무역의 기반으로 삼아야 하는지를 자문한다. 우리는 왜 자국 통화를 기반으로 무역을 할 수 없을까? 금본위제가 사라진 후에 달러를 기축 통화로 정한 것은 누구였을까?"³

2023년 중국을 방문한 안와르 이브라힘 말레이시아 총리는 미국 달러 의존도를 줄이기 위한 아시아 통화기금의 설립을 제안했다.⁴ 인도 외무부도 탈달러화의 시도로 인도와 말레이시아 간 무역 거래가 인도 루피화로 결제될 수 있다고 발표했다. 러시아와 중국은 수년 동안 양국 간 무역 관계에서 탈달러화를 적극적으로 추진했고,⁵ 러시아 루블과 중국 위안화의 사용을 늘리기 위한 여러 협정에 서명했다. 두 나라는 SWIFT에 대한 대안도 제시했다. 러시아의 금융 메시지 전송 시스템(System for Transfer of Financial System for Transfer of Financial Messages)과 중국의 국경 간 은행 간 결제 시스템(Cross-Border Interbank Payment System)의 목표는 SWIFT 의존도를 줄이는 것이다.⁶ 튀르키예와 베네수엘라는 미국 달러 이외의 통화를 활용하는 무역 협정을 체결했다(두 나라 모두 경제적 어려움과 제재에 직면해 있다). 브릭스(BRICS) 국가 중에 경제 규모가 가장 큰 브라질과 중국은 무역 결제에 자국 통화를 사용하기로 여러 차례 합의했다. 러시아, 벨라루스, 카자흐스탄, 아르메니아, 키르기스스탄으로 구성된 유라시아경제연합(EAEU)은 미국 달러와 유로에 대한 의존도를 줄이기 위하여 연합 내 무역에서 현지 통화를 사용하는 방안을 모색했다.

2022년 우크라이나 침공의 여파로 러시아에 부과된 경제 제재는 이러한 측면에서 중요한 전환점이었다. 러시아를 제재하기 위한 미국 정부의 여러 조치 중에 가장 주목할 만한 것은 미국 달러화와 미국 재무부 채권 위주로 구성되어 미국에 보관된 러시아 중앙은행의 자산을 동결하는 조치였다.[7] 그 결과 러시아 정부는 자국 외환 보유고의 상당 부분에 접근할 수 없게 되었다. 이러한 조치는 러시아의 우크라이나 공격이라는 맥락에서 불가피한 것으로 여겨졌지만, 그 의미가 지정학적 환경에 지속적으로 영향을 미치고 있다. 향후 다른 국가에도 적용될 수 있는 선례를 남긴 것으로 인식된 이 조치는 이미 전 세계 중앙은행의 외환 보유고 관리 방식에 영향을 미치고 있을 가능성이 크다. 여러 국가가 제재의 영향력으로부터 스스로를 보호하는 방안을 계속해서 모색하고 있다.

일찍이 1960년대 초 프랑스의 장관이 달러의 과도한 특권이라는 용어를 만들어낸 것을 생각하면 이러한 불만의 목소리가 새로운 것이 아님은 분명하다. 하지만 최근 수십 년 동안에 이러한 불만이 광범위하게 확산한 것도 사실이다. 예를 들어, 중국은 15년이 훨씬 넘는 기간에 걸쳐 미국 달러에서 벗어나려는 의도를 분명하게 표명해왔다. 일찍이 2009년 3월 중국 인민은행 웹사이트에 게시된 글에서 저우샤오촨 중앙은행 총재는 중국의 목표가 "개별 국가와 분리되고 장기적 안정성을 유지할 수 있는 기축 통화를 만들어, 신용기반 국가 통화의 사용으로 인한 본질적 결함을 제거하는 것"이라고 밝혔다.[8] 저우의 발언은 그 어떤 법정통화도 달러를 대체할 수 없다는 사실의 인식을 반영한 것이었다. 그는 모든 개별 국가와 분리된 비신용기반 자산에 대한 자신의 설명이 비트코인을 상기시킨다는 것을 인지하지는 못했을 것이고, 비트코인의 아날로그 버전인 금을 염두에 두었을 가능성이 크다.

오늘날 '비트코인은 금 2.0'이라는 인식이 빠르게 확산하고 있다. 좋든 싫든, 비트코인이 여러 국가에서 미국 달러와 SWIFT 체제 밖에서 거래를 추진할 수 있는 잠재적 수단으로 여겨진다는 사실은 부인할 수 없다. 이는 미국의 제재를 회피하는 국가나 미국 달러의 기축 통화 지위 박탈에 대한 지지라기보다는, 냉혹한 현실에 대한 객관적 인식이다. 예를 들어, 최근 몇 년 동안 이란이 비트코인에 관심을 보인 것은 미국의 제재를 우회해야 할 필요성 때문이었다. 비트코인 채굴을 적극적으로 장려해온 이란은 비트코인을 국제 무역, 특히 제재로 인하여 접근이 어려워진 상품과 서비스를 수입하는 데 사용할 수 있는 전략적 자산으로 여긴다.[9] 러시아도 비슷한 이유로 비트코인을 비롯한 암호화폐 사용에 관심을 보였다.[10] 중국은 비트코인에 대하여 다소 양면적인 접근 방식을 취했지만,

SWIFT 시스템에서 벗어나려는 의도는 매우 분명하다. 이러한 상황 변화는 비트코인이 더욱 중요한 역할을 할 수 있는 글로벌 금융 환경의 변화 가능성을 의미한다. 이로 인하여 다극화된 금융 시스템이 구축되고 새로운 지정학적 역학 관계가 도입될 수 있다.

14장에서 논의한 것처럼, 어떤 도구가 일부 사람들에게 비난받을 만한 방식으로 사용된다고 해서 그 도구 자체가 비난받아야 하는 것은 아니다. 비트코인이 이란과 러시아 등에 대한 미국의 제재를 약화하는 데 사용될 수 있지만, 이것은 여행 가방 속의 현금도 마찬가지다. 물리적 영역에서 현금이 계속 존재해야 한다는 정당성은 디지털 영역의 비트코인에도 적용되어야 한다. 현금은 옳지 못한 목적으로 사용할 수 있음에도 불구하고 비난받지 않는다. 17세기 카리브해의 해적들은 그 어느 것보다도 금을 사랑했다. 그들은 바다를 건너며 수천 명을 살해하고 금을 약탈했으며, 무역과 거래에 금을 사용했다. 그러나 이러한 역사적 사실 때문에 금 자체의 정당성을 문제 삼은 적은 없었다.

미국은 결국 현실을 받아들여야 할지도 모른다. 제재가 미국 정부 권력의 수단으로서 지니는 효용성은, 점점 더 많은 국가들이 달러 의존을 줄이기 위한 다양한 전략을 채택함에 따라 약화될 가능성이 크다. 22024년 7월 의회에서 재닛 옐런 재무장관은 제재의 효력은 달러가 국제 거래에서 지배적 지위를 유지하는 것에 달려 있다고 인정했다.[11] 그녀는 미국이 제재를 많이 사용할수록, 더 많은 국가들이 달러를 배제한 금융 거래 방식을 찾으려 한다고 지적했

다. 이를 달리 표현하자면, 제재가 제재 자체의 효과를 약화시키는 경향이 있다.[12]

비트코인의 중립성

비트코인은 비정치적인 화폐이며 금과 마찬가지로 중립성의 보루 역할을 한다. 초창기의 비트코인 선구자 안드레아스 안토노풀로스(Andreas Antonopoulos)는 2013년의 연설에서 이러한 특성을 다음과 같이 설명했다.

> 비트코인의 중립성은 모든 문화, 언어, 종교, 지역뿐만 아니라 모든 정치적·경제적 시스템이 비트코인을 채택할 수 있음을 의미한다. 즉, 비트코인의 중립성은 비트코인이 당신의 욕구나 기대와 무관한 독립적 표준이 되게 하는 특성이다. 비트코인은 공산주의적 통화가 아닌 만큼이나 자유지상주의적 통화도 아니다. 그냥 통화다. 그리고 당신이 좋아하든 싫어하든 모든 정치 체제에 적용될 수 있다. 비트코인은 중립적 통화다.[13]

금이 그 어떤 깃발에도 충성하지 않는 것처럼, 비트코인은 비정치적 통화를 대표한다. 금과 마찬가지로 비트코인은 정치적 풍향에 따라 움직이지 않고, 국가적 문제에 편을 들지 않는다. 인터넷과 마찬가지로 비트코인은 국경이 없고, SWIFT 시스템처럼 특정한 국가가 다른 국가에 통제력을 행사하는 도구로 전용될 수 없다. 탈중앙화된 특성 덕분에 그 어떤 단일 주체의 영향력으로부터도 격리된다. 비트코인은 누구든지, 어디서나, 편견 없이 접근할 수 있는 공평한 금융 도구다. 양극화가 심화하는 세계에서 비트코인은 중립성을 상징한다. 정치적으로 중립적인 통화의 심오한 지정학·경제적 의미는 아무리 강조해도 지나치지 않는다. 사이페딘 아모스는 다음과 같이 말한다.

> 비트코인이 막대한 에너지를 소비하는 이유는 진실을 확인하기 위해 완전히 기계적이고 디지털화된 과정을 사용하기 때문이다. 비트코인은 그 누구의 권위에도 의존하지 않는다. 비트코인은 더 에너지 집약적인 소비자 결제 방식이 아니라, 전쟁보다 덜 에너지 집약적으로 합의를 이루는 방식이다.
>
> 비트코인은 낯선 사람들이 국제 거래를 위하여 동일한 정부와 중앙은행의 통제를 받아야 하는 필요성을 대체한다. 동일한 정부와 중앙은행이 국제 거래를 통제하려면 특정한 국가가 나머지 세계에 자신의 의지를 강요해야 하는데, 이는 전쟁을 통해서만 가능하다. 금본위제 체제에서는 영국은행이 글로벌 결제 및 청산 플랫폼을 제공했다. 법정화폐 체제에서는 연방준비제도가 이러한 역할을 담당한다.
>
> 실물 화폐, 정부 화폐, 디지털 화폐 등 다른 모든 형태의 화폐는… 궁극적으로 누군가의 권위에 의존하여 움직인다. 그 누군가가 되기를 모두가 원하고 이해관계가 너무 크기 때문에 그것을 위하여 싸울 것이다. 비트코

인의 유일한 대안은 전쟁이다. 우리는 폭력의 권위에 의존하는 야만적인 방식을 계속 사용함으로써 끊임없는 정치적 갈등을 초래할 수 있다. 아니면 전기로 작동하고 정치나 폭력이 훼손할 수 없는 평화로운 소프트웨어 솔루션으로 업그레이드할 수도 있다. 그것이 바로 비트코인이 가치 있는 이유다.[14]

비트코인과 미국

계몽주의 시대(The Age of Enlightenment)는 17세기와 18세기 유럽에서 일어난 지적 운동이었으며, 절대 군주제에 맞서는 개인의 자유가 이 철학적 혁명의 핵심 원칙이었다. 미국 건국의 아버지들이 크게 영향받은 계몽주의 사상은 개인의 권리를 보호하고 시민에게 책임지는 정부를 수립하고자 한 독립 선언서와 헌법 같은 주요 문서에 반영되었다. 이러한 사상의 상당 부분은 비트코인의 핵심적 정치 이념과도 일맥상통한다. 외부의 개입 없이 P2P 거래를 할 수 있는 자유의 원칙은 계몽주의 시대와 미국 독립 혁명의 역사적 이념과 깊이 얽혀있다. 미국의 선조들은 다양한 맥락에서 정부 권력의 침해를 경계하고 이에 저항하는 개인의 책임을 강조했다.

> 자유의 자연스러운 진행 과정은 양보를 통해서 정부가 지배력을 얻는 것이다.
>
> \- 토머스 제퍼슨

> 권위에 의문을 제기하는 것은 모든 시민의 첫 번째 책무다.
>
> - 벤저민 프랭클린

비트코인은 여러 면에서 미국의 가치와 본질적으로 일치한다. 미국 건국의 아버지들은 개인이 스스로 결정을 내리고, 억압적인 외부 세력으로부터 벗어나 자신의 재정적 운명을 통제할 수 있는 힘을 신뢰했다. 비트코인은 이러한 믿음에 새로운 활력을 불어넣는다.

중개자나 중앙화된 권위에 의존하지 않고 자신의 비트코인을 스스로 관리하는 것은 영국 왕실의 모든 경제 및 금융 통제와 대표성 없는 과세에 맞서 싸웠던 미국의 혁명 정신을 반영한다. 독립 선언서는 자유, 자기 결정권, 그리고 행복 추구의 원칙을 명시했다. 사람들이 독립적으로 부를 확보할 수 있게 해주는 비트코인은 이러한 원칙을 잘 보여준다.

또 다른 예로는 외부의 간섭 없이 P2P 방식으로 비트코인 거래를 가능하게 하는 점이다. 1773년의 보스턴 차 사건(Boston Tea Party)은 미국인의 자유로운 무역의 자유를 제한하는 차법(Tea Act)에 반대하는 정치적 저항이었다. 아메리카 원주민으로 위장하고 시위에 나선 자유의 아들(Sons of Liberty)들은 동인도회사가 보스턴으로 보낸 차 화물을 전부 바다에 내던지며 저항했다. 이러한 이념을 계승한 비트코인은 사용자가 은행이나 정부의 간섭 없이 독립적인 P2P 방식으로 거래할 수 있는 탈중앙화 플랫폼을 제공한다.

비트코인의 핵심인 자기 주권의 개념은 권리 장전(Bill of Rights)

의 원칙에도 반영되었다. 헌법의 결함을 연구한 제임스 매디슨은 개인의 시민권과 자유를 보장하기 위한 일련의 수정안을 만들었다. 시민권은 모든 인간이 신으로부터 특정한 권리를 부여받았고 정부가 그러한 권리를 박탈할 수 없다는 자연권 철학에 기반을 둔다. 예를 들어, 수정헌법 제1조는 언론의 자유를 보장하고, 제4조는 부당한 수색과 압수로부터 시민을 보호한다. 설계부터 개인이 자신의 금융 거래에 대한 주권을 가져야 한다는 개념을 기반으로 구축된 비트코인은 부당한 감시와 정부의 과도한 개입으로부터 개인을 보호한다.

미국 헌법의 비준을 지지하도록 대중을 설득하기 위하여 알렉산더 해밀턴, 제임스 매디슨, 존 제이가 작성한 85편의 연작 논문 《연방주의론(Federalist Papers)》은 권력 분립으로 중앙 정부의 권력 남용을 막는다는 그들의 철학에 대한 통찰을 제공한다. 특히 제임스 매디슨은 국가의 폭정을 막기 위한 견제와 균형 시스템의 중요성을 강조했다. (미국의 견제와 균형 시스템은 단일 정부 부처의 과도한 권력 장악을 막기 위하여 만들어졌다.) 연방주의론 51호 논문에서 매디슨은 어떤 단일 부처도 지배할 수 없는 정부 구조를 주장하고, 여러 부처 간의 균형을 이루기 위한 권력 분립의 필요성을 강조했다. 매디슨이 "야망은 야망으로 맞서도록 해야 한다"라고 말했을 때, 그가 본질적으로 주장한 것은 인센티브 구조를 통해서 권력을 정점에서 분산시키는 체제였다. 매디슨은 이런 시스템이 자유롭고 해방된 사회를 보장하는 데 매우 중요하다고 말했다.[15]

또 한 가지 비트코인과의 놀라운 유사점은 연방주의론이 푸블리우스(Pblius)라는 가명으로 발표되었다는 것이다. 사토시의 목표와 마찬가지로 해밀턴, 매디슨, 제이는 독자들이 저자가 아닌 내용에 집중할 수 있도록 가명으로 논문을 발표하기로 했다.

미국 정치사의 근본 원칙과 비트코인의 조직 구조 사이에는 부인할 수 없는 상관관계가 있다. 노드와 채굴자가 전 세계에 분산되어 있는 비트코인의 탈중앙화 네트워크만큼 이러한 이념을 명확히 구현한 기술적 실체를 상상하기는 어렵다. 이는 미국 정치 체제를 구상한 건국의 아버지들이 제안한 견제와 균형의 원리를 반영한다. 비트코인 프로토콜은 그 어떤 단일 주체도 네트워크를 통제하거나 조작할 수 없도록 보장한다. 권력을 분산시키고 외부의 개입을 제한하는 비트코인은 미국 정신의 디지털 구현을 상징한다.

글로벌 준비 자산

이러한 이념의 융합은 단순한 우연의 일치를 넘어서 국가적으로 중대한 문제가 될 수 있다. 글로벌 지정학 환경이 다극화 세계로 진화함에 따라, 세계의 기축 통화로서 미국 달러의 지배력에 대한 위협이 점점 커지고 있다. 달러의 패권이 약화하면서 전 세계적으로 대체 통화가 모색되고, 경쟁하는 여러 통화가 개별적으로 또는 통화 바스켓(basket of currencies)의 일부로 고려되고 있다. 이런 시나리오에서 미국에 적대적인 국가의 통화가 부상하는 것은 심각한 경제적·정치적 위험을 야기한다.

이러한 현실에 직면한 미국이 비트코인을 미래의 기축 통화로 받아들이는 전략을 추구한다면 어떻게 될까? 이런 전망이 일부 독자에게는 터무니없고 불안하게 보일 수 있지만, 잠시 시간을 내어 열린 마음으로 이 전략의 이점을 평가해보자. 진보적·적응적인 사고방식은 항상 가정에 도전하고 세계가 직면한 급변하는 상황에 대응하는 데 도움이 된다.

첫째, 비트코인을 준비 자산(reserve asset)으로 채택함으로써, 미국은 적대국이 자국 통화를 글로벌 기축 통화로 확립하고 부당한 영향력을 행사하는 것을 미연에 방지할 수 있다. 새로운 '디지털 금본위제'로서 비트코인의 정치적 중립성은 미국 달러의 완벽한 비정치적 후계자가 될 수 있다. 이는 날이 갈수록 지정학적 긴장이 고조되는 세계에서 가능한 최선의 결과일 수 있다.

둘째, 비트코인의 국경이 없고 저렴한 거래가 국제 무역과 금융을 간소화하여 국경 간 결제 장벽을 낮출 수 있다. 거래 상대방 위험(counterparty risk)이 없고 10분마다 최종 결제가 이루어지는 글로벌 금융 시스템을 상상해보라. 거래 상대방 위험을 관리하기 위해 구축된 기존의 글로벌 결제 시스템이 무너지고 제거될 경우 수조 달러 규모의 효율성이 새롭게 발생할 것이다. 즉각적인 최종 결제를 가능하게 하는 디지털 무기명 자산은 기존의 시스템을 완전히 파괴한다.

셋째, 허가가 필요 없는 비트코인의 특성은 금융 지원을 받지 못하는 전 세계 수억 명의 사람들에게 금융 포용성을 제공할 수 있다.

세계에서 가장 외딴 지역에 사는 사람들도 휴대전화와 인터넷 연결만 있으면 금융 시스템에 접속하여 독립적으로 거래할 수 있다. 미국은 자유와 평등을 옹호하는 혁명의 초기 선구자로 인식되어, 희망의 등불로서의 국제적 위상을 강화할 수 있다.

넷째, 희소성이 높은 상품인 비트코인은 인플레이션과 법정화폐 가치 하락에 대하여 강력하고 장기적인 헤지 수단을 제공한다. 다른 대부분 국가보다 앞서서 비트코인을 준비 자산으로 채택하면 잠재적으로 막대한 재정적 보상을 얻고 국가의 전략적·국제적 영향력을 강화할 수 있다. 더 많은 국가가 비트코인의 가치를 인식함에 따라 미국의 조기 채택이 강력한 선례가 될 것이다. 미국의 채택은 다른 국가들도 뒤를 따르는 도미노 효과를 창출하고, 미국이 오랫동안 개척해 온 민주주의 원칙을 반영하는 탈중앙화 및 공정성에 기초한 새로운 글로벌 금융 질서를 구축할 것이다.

2024년 7월 27일 신시아 러미스(Cynthia Lummis) 상원의원은 미국 정부가 미국의 금 보유량 규모와 범위를 반영하는, '전략적 비트코인 비축량'으로 100만 비트코인을 매입하도록 하는 법안을 발표했다. 2024년 대통령 선거 후보자 도널드 트럼프와 로버트 F. 케네디 역시 '전략적으로 국가가 비트코인을 비축하는' 계획을 지지하는 것으로 보였다.[16] 이러한 계획이 구체적으로 어떻게 전개될지는 시간이 지나봐야 알겠지만, 더 중요한 것은 오버턴 창(Overton window, 미국의 정책분석가 조셉 오버턴의 이름을 따라 명명된 용어로, 특정한 시점에 주류 대중에게 정치적으로 수용될 수 있는 주제와 주장의 범위를 의미함—옮긴이)이 확대되어 이전에는 생각할 수 없었던 아이디어가 공론화될 수 있다는 것이다.

CHAPTER ⑯

비트코인과 환경

> 비트코인 채굴로 2020년까지 전 세계 에너지가 모두 소비될 것으로 예상된다.
> - 〈뉴스위크〉, 2017년

케임브리지 비트코인 에너지 소비 지수(Cambridge Bitcoin Energy Consumption Index)에 따르면, 2024년 기준으로 비트코인이 전 세계 연간 에너지 소비량의 약 0.6%(연간 127테라와트시)를 차지한다. 이는 의류 건조기를 돌리는 데 필요한 에너지와 비슷하다.[1] 에어컨은 연간 약 2,000테라와트시(비트코인의 약 17배)를 소비하고, 전통적인 금융 및 결제 산업은 비트코인보다 28배 이상 많은 에너지를 소비하는 것으로 추정된다(비트코인의 번개 네트워크를 금융 시스템의 즉시 결제 서비스와 비교하면, 비트코인이 기존 시스템보다 거래당 에너지 효율이 수백만 배 더 높다고 한다).[2] 최근에 공개된 마르티 말미와의 2010년 이메일 대화 내용에서 이 점에 관한 사토시 나카모토의 놀라운 통찰을 볼 수 있다.[3]

아이러니하게도 경제적 자유와 보존 중 하나를 선택해야 한다면… 만약에 [비트코인이] 실제로 상당한 에너지를 소비하도록 성장하더라도, 여전히 비트코인이 대체하려는 기존의 노동 및 자원 집약적 금융 활동보다 덜 낭비적일 것이라고 생각한다. 그 비용은 수많은 벽돌 건물, 고층 빌딩, 그리고 신용카드 혜택을 제공한다는 정크 메일(junk mail)에 들어가는 것보다 훨씬 적을 것이다.[4]

비트코인이 연간 전 세계 에너지 소비량의 약 0.6%를 차지하기는 하지만, 이 논의에서 실제로 중요한 수치는 환경에 피해를 주는 배출량에서 비트코인이 차지하는 비중이다. 이는 훨씬 낮은 수치인 약 0.13%다.[5] 이렇게 실제 에너지 소비에 비하여 배출량의 비중이 현저하게 낮은 이유는 비트코인 채굴에 사용되는 재생 가능 에너지

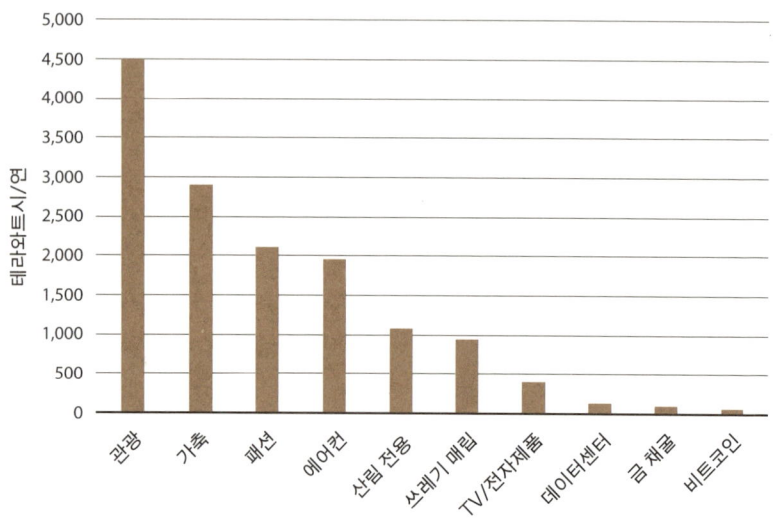

[그림 16.1] 비트코인의 방출량과 다른 방출원의 비교   출처: KPMG

의 비율이 매우 높기 때문이다.

재생 가능 에너지

전 세계 비트코인 채굴의 약 60%가 주로 수력, 태양광, 풍력 등 지속 가능한 에너지원에 의존하는 것으로 추정된다.[6] 일부 채굴자는 100% 재생 가능 에너지로 운영한다는 인증을 받기도 했다.[7] 저명한 환경 전문가이자 벤처 캐피털리스트인 다니엘 배튼(Daniel Batten)은 비트코인 채굴 산업에 공급되는 재생 가능 전력의 비중이 2030년 말까지 80%에 달할 것으로 예상한다.[8] 참고로, 국제에너지기구(IEA)의 2022년도 세계 에너지 전망에 따르면 전 세계 전력의 28%만이 재생 가능 에너지에서 생산되는 것으로 추정된다. 비트코인의 재생 가능 에너지 사용량은 전 세계 모든 산업 중에서 압도적인 수준일 뿐만 아니라 빠른 속도로 늘어나고 있다. [그림 16.1]의 도표는 이에 대한 상세한 분석을 제공한다.[9] 이러한 통계도 인상적이지만, 논쟁에서 종종 간과되는 것은 비트코인 채굴이 전 세계적으로 재생 가능 에너지의 생산을 보조하고 촉진하는 역할이다. 이는 더욱 심층적인 평가와 이해가 필요한 측면이다.

태양광과 풍력 같은 재생 가능 에너지원은 전 세계적으로 저렴해지고 있지만, 이를 에너지 시장에 통합하는 데에는 적지 않은 어려움이 있다. 특히 인프라가 덜 발달된 외딴 지역에서 더욱 그렇다.

이러한 재생 가능 에너지 프로젝트는 즉각적인 구매자가 없는 과잉 에너지를 생산하는 것이 보통이다. 바로 여기서 비트코인 채굴이 독특하고 혁신적인 기회를 제공한다. 비트코인 채굴 작업은 유연성과 이동성이라는 독특한 이점 때문에 다른 어떤 에너지 소비자보다도 용도가 모호한 에너지를 소비하는 데 능숙하다. 채굴 장비는 트럭 뒤 칸에 실어 수천 마일 떨어진 곳까지 저렴한 비용으로 운반할 수 있고, 언제든지 원하는 대로 전원을 켜거나 끌 수도 있다. 전기요금이 저렴한 지역이라면 어디에서든 채굴장을 설립할 수 있다. 이러한 특성은 전통적 화석 연료보다 낮은 전기 요금을 제공하는 것이 보통인 재생 가능 에너지 프로젝트에 완벽하게 들어맞는다.

이와 같은 가격 우위는 특히 재생 가능 에너지 용량이 남아도는 지역에서 두드러진다. 예컨대 우기에는 수력 발전소가 전력망이 흡수할 수 있는 양을 초과하여 전력을 생산하는 경우가 발생하는데, 이는 재생 에너지 자원이 낭비될 위험을 낳는다. 비트코인 채굴자는 이러한 재생 가능 에너지원 근처에서 사업을 운영함으로써 잉여 전력을 활용할 수 있다. 비트코인 채굴은 잉여 전력의 구매를 통해 재생 가능 에너지 프로젝트에 안정적인 수익원을 제공함으로써 재정적 지속 가능성을 높이고 재생 가능 에너지 관련 인프라의 확대를 촉진한다.[10]

이것은 공생의 관계다. 재생 가능 에너지 프로젝트는 비트코인 채굴자라는 신뢰할 수 있는 고객을 확보하고, 비트코인 채굴자는 더 저렴하고 친환경적인 전력 공급에 접근한다. 이는 재생 가능 에너지 프로젝트의 경제적 타당성을 높이고 재생 가능 에너지 기술에 대한 추가적 투자와 개발을 촉진한다. 이러한 메커니즘을 통해서 비트코인 채굴은 지속 가능성이 더 큰 에너지 솔루션으로의 전 세계적 전환을 지원하는 중요한 역할을 할 수 있다.

> 비트코인 채굴은 인류 역사상 유일하게 인간의 거주지 근처에 위치하지 않고도 운영될 수 있는 수익성 있는 에너지 활용 방식이다. 이것의 장기적 의미는 변화하는 세계에 숨겨져서 보이지 않는다…
>
> 역사적으로 우리의 에너지 문제는 전력을 사람들에게 이동시키는 것이었다. 비트코인을 통해서 우리는 사람들을 전력으로 이동시킬 수 있다.[11]
>
> - 로스 스티븐스(Ross Stevens)

스톤릿지(Stone Ridge) 자산운용의 설립자이자 CEO인 로스 스티븐스는 위치와 무관하게 에너지를 활용하는 비트코인의 독특한 능력이 에너지 경제에 혁명을 일으킬 수 있다고 지적한다. 그는 외딴 지역에서 이루어지는 비트코인 채굴이 도로, 주택, 학교 같은 사회기반시설의 개발로 이어져서 채굴 시설을 중심으로 새로운 거주지가 조성될 수 있는 미래를 상상한다. 이는 사람들이 사는 곳으로 에너지를 공급하던 역사적 추세의 역전 가능성을 의미한다. 비트코인은 에너지가 가장 풍부하고 저렴한 지역으로 사람들을 끌어들일 수 있다. 뉴욕이나 도쿄 같은 도시들이 화석 연료 시대 이전의 자연적 교역로를 중심으로 형성되었던 것처럼, 비트코인은 새로운 에너지

허브를 중심으로 한 지역사회의 성장을 촉발할 수 있다.[12] 저비용 청정 에너지의 대규모 생산을 촉진하는 비트코인의 잠재력에 따라, 우리는 전 세계 인구의 점점 더 많은 부분이 풍부하고 비용 효율이 좋은 에너지원 근처에 거주하는 미래를 볼 수 있을 것이다.

작가이자 인권재단의 최고 전략책임자인 알렉스 글래드스타인은 아프리카 여러 지역에서 비트코인이 보여준 변혁적 잠재력을 설명했다.[13] 예를 들어, 극적인 아름다움을 지닌 풍경과 노예무역 및 자원 착취의 역사적 상처가 공존하는 말라위의 물란에 산(Mount Mulanje)은 비트코인이 주도하는 변혁의 기로에 서 있다. 말라위 국민 중 극소수만이 전기를 사용할 수 있지만, 트위터의 설립자 잭 도시(Jack Dorsey)가 지원하는 그리드리스(Gridless) 같은 케냐 기업들이 비트코인 채굴을 시작하면서 한때는 낭비되었던 에너지를 귀중한 상품으로 바꾸고 있다. 지역의 재생 가능 에너지원에서 생산되는 잉여 전기가 이제는 비트코인 채굴 작업에 전력을 공급하여, 원조나 보조금에 의존하지 않고도 지역사회의 전기 보급을 지원하는 새로운 수익원을 제공하고 있다. 글래드스타인은 이러한 모델이 말라위뿐만 아니라 아프리카 전역의 변화를 위한 청사진이라고 지적한다. 말라위의 사례는 외딴 지역의 잉여 에너지가 경제 발전을 촉진하고, 휴면 상태의 천연자원을 발전의 동력으로 전환할 수 있음을 보여준다. 이에 더해 비트코인 채굴에서 발생하는 잉여 열을 활용함으로써 지역의 산업 또한 혜택을 누릴 수 있다. 예를 들어, 차 농장에서는 차 생산에 필수적 과정인 찻잎 건조를 위하여 ASIC 채

굴기를 이용할 수 있다.[14]

비트코인 채굴이 과잉 생산된 재생 가능 에너지를 활용하도록 재정적 유인을 제공하는 이 모델은 에너지 경제의 변화를 상징한다. 이는 농촌의 지역사회가 천연자원을 수익화함으로써 지역 개발을 촉진하고 삶의 질을 향상시키며 번영할 수 있는 새로운 길을 제시한다. 나아가 고립된 지역이 경제 활동의 중심지로 변모하게 함으로써, 천연자원의 내재적 가치를 현실적으로 구현할 수 있는 미래의 한 전형을 보여준다.

> 비평가들은 종종 비트코인에 에너지 낭비라는 프레임을 씌운다. 그러나 말라위를 비롯한 세계 여러 지역에서 분명히 드러나는 사실은, 비트코인 채굴을 하지 않는 것이야말로 에너지를 낭비하는 행위라는 점이다. 한때 함정이었던 것이 이제는 기회가 되었다. 비트코인 채굴업자는 아무도 원하지 않는 잉여 에너지를 긁어모아 그것을 가치 있는 것으로 바꾸는 쇠똥구리와 같은 존재로 이해될 수 있다.[15]
>
> - 알렉스 글래드스타인

아프리카의 다른 지역과 전 세계 곳곳에서도 이와 유사한 사례들이 빠르게 늘어나고 있다.

케냐: 그리드리스는 비트코인 채굴을 위한 태양광발전 컨테이너형 데이터센터를 사용한다.[16] 이 모델은 독립형 재생 가능 에너지

솔루션을 장려하고 인근 지역사회에 안정적인 전력을 공급한다.

에티오피아: 풍부한 수력 및 지열 자원을 보유한 에티오피아는 비트코인 채굴의 핫스팟(hotspot)으로 부상했다. 클린스파크(CleanSpark)는 지열발전소에서 생산된 재생 가능 에너지를 사용하여 채굴 작업에 전력을 공급하고 국가 전력망에 기여한다.[17] 이를 통해서 에티오피아는 에너지 구성을 다각화하고 재생 가능 에너지 프로젝트를 위한 추가 수익을 창출할 수 있다.

짐바브웨: 짐바브웨는 최근에 비트코인을 합법화했으며, 비트마리(BitMari) 같은 초기 벤처기업들이 지역에서 생산된 태양 에너지를 이용한 채굴을 시도하고 있다.[18] 이는 지속적인 에너지 부족에 시달리는 짐바브웨에서 태양광발전을 더욱 촉진할 수 있다.

이란: 경제 제재와 에너지 부족에 직면한 이란은 국내 사용과 에너지 집약적인 채굴 작업 모두에 부존 천연가스를 활용하기 위하여 비트코인 채굴을 장려한다. 이러한 접근 방식은 재생 가능 에너지의 탐사를 촉진한다.

아르헨티나: 아르헨티나는 풍부한 풍력 및 태양광의 잠재력을 자랑하지만, 전력망의 한계로 인하여 충분히 활용하지 못하고 있다. 룩소르 테크놀로지스(Luxor Technologies) 같은 비트코인 채굴 기업들은 수요를 창출하고 인프라 개발을 촉진하기 위하여 지역의 재생 가능 에너지 프로젝트와 협력한다.[19]

엘살바도르: 비트코인을 법정통화로 채택한 후에 엘살바도르는 화산에서 발생하는 지열 에너지를 활용하여 비트코인 채굴에 전력

을 공급하고 있다. 이는 2030년까지 탄소 중립을 달성하려는 목표와도 일치한다.

미국, 텍사스: 텍사스는 풍력 및 태양광 에너지 자원이 풍부하지만, 전력망의 제약과 낮은 수요로 인하여 충분한 활용이 어려운 경우가 많다. 텍사스에 사업체를 설립한 비트코인 채굴 기업들은 과잉 생산되는 재생 가능 에너지를 구매하여 전력망의 안정성에 기여한다. 대표적인 사례로는 풍력 발전 개발업체와 협력하여 채굴 작업에 전력을 공급받는 라이엇 블록체인(Riot Blockchain)을 들 수 있다.[20]

카자흐스탄: 재생 가능 에너지 자원이 풍부하지만 석탄에 크게 의존하고 있는 카자흐스탄에는 저렴한 전기 요금에 매료된 비트코인 채굴 기업들이 사업장을 설립하기 시작했다. 이는 재생 가능 에너지의 수요를 창출하고 지방 당국이 인프라 개발에 투자하도록 하는 인센티브를 제공한다.

캐나다, 퀘벡: 퀘벡은 비피크(off-peak) 시간대에 용량이 남아도는 수력발전망을 갖추고 있다. 비트코인 채굴자들은 이 시간대에 가동하여 청정 에너지를 활용하면서 지역에 추가 수입원을 제공한다.

아이슬란드: 풍부한 지열 및 수력 에너지 자원을 활용하는 아이슬란드는 재생 가능 에너지의 활용에 관심이 많은 비트코인 채굴 사업체들을 유치했다. 채굴자들의 수요는 아이슬란드의 재생 가능 에너지에 대한 투자를 뒷받침하고 정당화하는 데 도움이 되고, 지속 가능한 에너지 사용 분야의 선두 주자로서 아이슬란드의 위상을

확립하는 데 기여한다.

메탄 소각

비트코인 채굴의 이동성, 휴대성, 그리고 유연성은 환경비평가들이 종종 간과하거나 의도적으로 무시하는 또 다른 중요한 이점을 제공한다. 이는 배출되는 메탄가스의 소각(flaring)과 관련된다. 세계은행에 따르면, 지구 온난화 지수가 이산화탄소보다 최대 80배 높은[21] 메탄(CH_4)이 지구 온난화 요인의 약 30%를 차지한다고 한다.[22] 메탄은 석유와 가스 생산, 축산업, 매립지의 폐기물 분해 등 다양한 인간 활동에서 발생하며, 포집하거나 활용할 수 없을 때는 종종 소각되어 이산화탄소(CO_2)로 전환된다. 기후 전문가들에 따르면 메탄보다 온난화 지수가 낮은 이산화탄소도 여전히 상당한 온난화의 잠재력이 있다.

비트코인 채굴은 이렇게 낭비되는 에너지를 활용하기 위한 혁신적 해결책을 제시한다. 소각 지점 근처에 작업장을 설치한 채굴자는 메탄을 직접 전기로 변환하여 채굴 작업에 필요한 전력을 공급할 수 있으며, 이를 통해서 메탄 배출량을 효과적으로 줄이는 동시에 추가적인 수익을 창출할 수 있다. 이러한 해결책은 장기적으로 상당한 의미가 있다. 소각되는 메탄의 수익성 있는 활용 방안을 제시함으로써, 대기 중으로 방출되거나 비효율적으로 소각될 메탄의 포집 및 활용을 촉진할 수 있다.

소각되는 메탄이 비트코인 채굴에 활용될 수 있다는 것은 비트코인이 탄소 발자국을 줄일 뿐만 아니라 장기적으로 탄소 네거티브(carbon negative)를 달성할 가능성을 높인다. CMT 리서치의 제이미 쿠츠(Jamie Coutts)는 현재 비트코인 채굴자들이 소각되는 메탄의 활용을 통해서 3메가톤의 이산화탄소 배출량을 포집하는 것으로 추정하는데,[23] 이는 비트코인 채굴로 발생하는 전체 배출량의 7% 이상에 해당한다. 앞으로 이 수치가 지속적으로 증가할 경우 비트코인이 순네거티브 탄소 발자국을 달성하는 것은 충분히 예상할 수 있는 미래이며, 다니엘 배튼은 그 시점을 2028년으로 전망하고 있다.[24]

세계 최고의 ESG 자산

여섯 가지 핵심 지표를 기준으로 볼 때, 비트코인은 세계 최고의 환경친화적 산업이라고 할 수 있다.[25]

사회적 관점(ESG의 S)에서 우리는 이 책 전반에 걸쳐 비트코인이 전 세계적으로 인권을 중진하고, 권위주의 정권과 불안정한 경제 속에 살아가는 수백만 명의 사람들에게 금융 포용성을 제공함으로써 삶을 변화시키는 영향을 미치고 있음을 살펴보았다. 또한 거버

ESG 지표	비트코인 순위
기존 기술을 활용한 수익성 있는 방식의 메탄 저감	1
현재의 메탄 저감 수준	1
지속 가능한 연료 사용 (%)	1
산업의 성장과 배출량의 분리	1
저수준, 감소하는 배출 강도	1
주요 에너지원이 재생 가능 에너지	1

넌스의 관점(ESG의 G)에서는 4부 전반에 걸쳐 비트코인이 정치로부터 독립적이고 부패할 수 없는 화폐의 형태로서, 나아가 지정학적 질서를 영원히 바꿀 잠재력을 지니고 있음을 논의했다.[26]

주관적 가치와 도덕적 감시

활동의 가치는 대단히 주관적이다. 어떤 사람들에게는 연말연시의 기쁨과 전통을 상징하는 미적·문화적 중요성 때문에 크리스마스 조명의 막대한 에너지 소비가 정당화될 수 있다. 하지만 다른 많은 이들에게는 기후 변화에 기여하는 에너지 낭비에 불과하다. 어떤 사람들은 의류 건조기에 사용되는 에너지가 정당하다고 생각하지만, 다른 이들은 거실에 빨랫줄만 걸어도 충분한데 엄청난 낭비라고 생각한다. 마찬가지로, 어떤 이들은 비트코인의 에너지 소비를 탈중앙화되고 안전한 금융 시스템을 유지하기 위한 필수적 비용으로 본다. 이 시스템은 기존 은행 체계나 권위주의 정부의 통제 너머에서 금융 지원을 받지 못하는 전 세계 10억 명이 넘는 인구에게 금융적 자율성과 포용을 제공한다. 그러나 또 다른 이들은 이를 다르게 볼 수 있다. 핵심 원칙은 가치가 주관적이라는 점이며, 가치를 규제하려는 시도는 위험하다는 것이다.

프랑스의 철학자이자 역사가인 폴 미셸 푸코(Paul-Michel Foucault)는 에너지 소비에 관한 논쟁과 가치 감시의 위험성을 조망하는 렌즈를 제시했다. 그의 권력·지식 개념은 무엇이 '가치 있게' 또는 '낭비적으로' 여겨지는 것이 종종 권력 구조에 따라 결정된다는 것을 시사한다.[27] 푸코는 권력이 단순히 직접적 강압이나 물리적 힘의 문제가 아니고 지식의 생산과 통제를 통해서 행사된다고 말한다. 에너지 소비의 맥락에서, 무엇이 에너지의 '가치 있는' 사용인지 '낭비적인' 사용인지는 종종 권력자(예컨대 정부, 환경 단체, 또는 다국적 기업의 사람들)와 언론에 대한 통제력이 있는 사람들이 형성한 담론의 결과다. 이들은 에너지의 책임 있는 사용과 무책임한 사용을 정의하는 담론의 구성에 기여하면서, 종종 자신의 이익과 가치를 포함시킨다.

가치의 감시는 허용할 수 있는 에너지 사용에 대한 동질적인 관점을 강요함으로써 개인의 자유를 제한하고 다양성을 억압한다. 여기서 이러한 논쟁에 작용하는 힘의 역학을 살펴보고, 특정한 에너지 소비 규범과 가치가 누구의 이익에 부합하는지를 묻는 것이 도움이 될 수 있다. 이러한 이해 과정을 통해 논쟁 속 입장들 뒤에 놓인 복잡한 동기들의 그물망을 풀어낼 수 있을 것이다.

1. 탄소 배출에 초점을 맞추는 환경 단체들은 종종 비트코인의 에너지 소비에 대한 선정적인 발언을 통해서 관심을 끌려 한다. 그들이 즉각적인 조치를 더욱 설득력 있게 주장하기 위하여 이야기를 단순화하는 경향은 때로 희생양을 만드는 결과로 이어진다. 비트코인은 탄소 발자국과 지속 가능성에 관한 논의에서 폭넓은 청중의

관심을 끄는 가치가 높은 표적으로 여겨진다. 환경론자들은 우리가 이 장에서 논의했던 비트코인의 에너지 소비라는 미묘한 주제를 이해하는 데 필요한 복잡한 분석을 수행할 시간이나 인센티브가 부족한 경우가 많다.[28] 환경론자들에게 비트코인은 대중의 관심을 사로잡는 이상적인 모델이다. '국가보다 많은 에너지를 소비하여 바다를 끓게 하는 투기적이고 무가치한 온라인 카지노 칩'보다 더 관심을 끌 수 있는 것이 있을까?

2. 은행과 전통적 금융 서비스 제공업체들은 오랫동안 금융 거래와 자산 관리에 대한 독점권을 유지해왔다. 비트코인은 탈중앙화된 대안을 제시함으로써 이러한 독점에 직접적인 도전을 제기한다. 따라서 이러한 기관들은 비트코인이 제기하는 위협으로부터 자신들의 산업을 보호하기 위해, 에너지 소비 문제를 빌미로 비트코인을 폄하하고 반대할 수 있다.

3. 정부와 규제 당국은 자국 통화와 금융 시스템에 대한 통제권을 유지하는 데 기득권을 가지고 있다. 비트코인은 기존의 금융 규제 체계 밖에서 작동하기 때문에 이러한 통제에 도전하는 존재로 여겨진다. 비트코인의 에너지 소비 문제를 부각하는 것은 일부 국가에서 실제로 나타난 것처럼 비트코인 채굴에 대한 규제나 전면적 금지를 정당화하는 근거로 활용될 수 있다.

4. 에너지 기업들은 기후 변화 지속 가능성에 대한 대중의 환경적 우려가 커지고 있음을 예리하게 인식하고 있다. 에너지 소비에 관한 토론에 참여하거나 지원하는 것은, 비트코인 같은 기술의 에너지 사용을 비판하든 에너지의 효율적인 사용을 옹호하든 기업의 대외 이미지를 개선하는 전략의 일환일 수 있으며, 기업의 책임에서 관심을 돌리는 것이 주된 동기가 될 수 있다.

5. 암호화폐 커뮤니티에는 많은 경쟁 플랫폼과 통화가 존재한다. 그중 일부는 다른 합의 메커니즘(4장에서 논의한 것처럼, 작업증명 대신에 지분증명)을 사용하기 때문에 비트코인보다 훨씬 적은 에너지를 소비한다. 이러한 대안 암호화폐를 지지하는 사람들은 비트코인의 에너지 사용량을 강조함으로써 자신들의 '에너지 효율이 높은 플랫폼'을 더 좋은 대안으로 홍보할 수 있다.[29]

이 목록이 보여주는 것은 의미 있는 진전을 이룰 수 있는 유일한 방법이 윤리적 참여와 이 주제에 내재하는 복잡성 및 모순의 인식이라는 것이다. 에너지 사용의 '적절성'은 종종 더 폭넓은 사회정치적 맥락과 다양한 인구 집단의 경쟁적인 소요 및 가치에 달려 있다.

가치의 감시는 위험하다. 인간적 가치의 다양한 속성을 지나치게 단순화하고, 미묘한 기준이 타당한 상황에서 선과 악이라는 이분법적 기준을 강요하는 위험이 있기 때문이다. 우리에게 필요한 것은 판단과 분열보다는 더 많은 대화와 교육이다.

5부 철학

비트코인과 자기 주권의 시대

PRINCIPLES OF BITCOIN

CHAPTER ⑰
주권적 특권

> "지금 몇 시인가?" 루이 14세가 물었다. "몇 시든 폐하가 원하시는 시간입니다." 대답이 돌아왔다.

'주권적 특권'은 주권 국가나 군주국이 배타적으로 보유하는 권리, 권한, 그리고 특권을 말한다.[1] 이는 전통적으로 '신이 부여한' 것으로 여겨지던, 영토 내에서 주권자가 궁극적인 권력과 권위의 원천임을 의미한다. 주권적 특권은 일반 시민에게 적용되는 법의 범위를 넘어서는 폭넓은 권한을 주권자에게 부여한다. 이러한 권한은 시대와 영역에 따라 달랐지만 일반적으로 입법, 통치, 대외 정책, 국방, 안보, 사법 집행, 그리고 이 논의의 목적에서 중요한 통화 통제를 포함했다.

통화 정책에 대한 이러한 특권의 철학적 정당성은 수천 년 동안 정치 이론, 윤리학, 경제학을 비롯한 여러 분야에서 논쟁의 대상이 되었다. 이러한 논쟁은 일반적으로 중앙화된 정치 권력과 개인의 자유 사이의 본질적인 갈등을 중심으로 전개된다. 여기서 이 주제에 대한 몇몇 주요 사상가들의 관점을 살펴보는 것이 도움이 될 것이다.

17세기 영국의 저명한 철학자 토머스 홉스는 주권자의 통화에 대한 권위의 기반으로 여겨지는 몇 가지 개념을 제시했다. 1651년에 발간한 《리바이어던(Leviathan)》에서 그는 사회 계약이라는 개념을 도입했다.[2] 이 사상의 기저에는 사람들이 보호와 질서를 얻기 위해 기꺼이 자신의 자유 일부를 주권자에게 양도한다는 전제가 깔려 있었다. 이를 통해 인간은 문명 사회 바깥에서 경험할 수밖에 없는 '고독하고, 빈곤하며, 불결하고, 야만적이고, 짧은' 삶을 벗어날 수 있다는 것이었다. 이는 신민의 이익을 위하여 적절하고 유용하게 기능하는 정치 시스템을 위한 강력하고 중앙화된 권위라는 홉스의 개념을 형성한 기초가 되었다. 이러한 관점에서 통화에 대한 주권적 통제는 질서를 유지하고, 경쟁적이거나 상충하는 통화로 인한 혼란을 피하려는 국가의 책무가 자연스럽게 확장된 결과였다.

동시대 영국의 또 다른 저명한 철학자 존 로크 역시 1689년 저서 《통치론(Two Treatises of Government)》에서 영향력 있는 관점을 제시하여 이 주제에 대한 후속 논쟁의 토대를 마련했다.[3] 그의 관점에서 통화에 대한 주권적 통제는 대중에게 안정적인 교환 수단을 제공함으로써 재산권을 보호하고, 경제 활동과 부의 보존을 가능하게 한다는 점에서 정당화될 수 있었다.[4] 정부가 이자율을 설정하고 변경하는 권한에 대한 초기의 정책 논쟁 중 일부는 로크에게서 비롯된다.[5] 그의 주장, 특히 사회적·경제적 안정성이 안정적인 통화를 유지하는 정부의 역할에 달려 있다는 그의 믿음은 통화 정책의 발전에 큰 영향을 미쳤다.[6]

16세기 이탈리아의 외교관이며 철학자인 니콜로 마키아벨리 역시 이 논쟁에 일정 부분 기여했을 가능성이 있다. "군주는 사랑받는 것보다 두려움의 대상이 되는 편이 낫다"는 견해로 유명한 그의 사고방식은 정부가 통화 정책에 대한 주권적 특권을 획득하고 유지하는 방식에 영향을 주었을 수 있다. 그는 중앙화되고 전능한 정치적 계층 형성의 중요성을 강조했다. 국가의 군사적 목표를 위하여 통화적 자원을 동원하는 것은 국가가 영토 내의 경제 문제를 통제하는 핵심적 근거였다. 그렇지 않았다면, 국가가 전쟁에 나서기 전에 민간 시민의 자발적 기여에 의존해야 했을 것이다.[7]

논쟁의 반대편에서 오스트리아의 경제학자이며 정치철학자인 프리드리히 폰 하이에크는 통화에 대한 정부의 독점을 맹렬하게 공격했다. 자신의 저서 《화폐의 탈국유화(Denationalization of Money)》에서 하이에크는 화폐 발행의 경쟁과 민간 주체의 자체 통화 발행 허용을 지지했다.[8] 그는 주권적 권력이 부실한 관리와 남용에 취약하여 호황과 불황의 경기 순환으로 이어질 것이라고 비판했다. 그의 견해에 따르면 통화 영역에서의 경쟁은 인플레이션을 피하고, 통화의 안정성을 제고하며, 경제적 자유를 촉진하기 위해 필수적이었다.[9]

미국의 경제학자 밀턴 프리드먼은 통화 정책의 중앙집권적 통제에 반대했다. 그는 규칙 기반 접근 방식을 제안하면서, 중앙은행의 책임이 일관되고 예측 가능한 통화 공급을 보장하는 데 국한되어야 한다고 말했다.[10] 프리드먼은 경제 불안을 초래하는 재량적 통화 정책을 비판하고, 잘못된 정치적 인센티브가 일반적으로 빈약한 경제적 결과로 이어진다고 주장했다.

미국의 자유주의자이자 무정부 자본주의자인 머리 로스바드(Murray Rothbard)는 통화에 대한 국가의 권한뿐만 아니라 국가 자체의 타당성에 의문을 제기하면서 이러한 비판을 확장했다. 그는 다른 모든 서비스와 마찬가지로 화폐가 시장의 지배를 받아야 하며, 화폐의 생산과 통제가 민간 부문에 맡겨져야 한다고 주장했다.[11] 그는 통화에 대한 주권적 통제가 본질적으로 강압적이고 개인의 자유를 침해하여, 비효율성과 불공정한 자원 배분을 초래한다고 보았다.[12]

> 요약하자면, 자유는 경제의 다른 부분과 마찬가지로 통화 시스템도 훌륭하게 운영할 수 있다. 여러 저술가의 주장과는 달리, 돈에는 정부의 광범위한 지시를 필요로 하는 특별한 점이 없다. 자유인은 자신의 모든 경제적 소요를 가장 원활하게 충족시킬 수 있다. 다른 모든 인간 활동과 마찬가지로, 돈에 대하여 자유는 질서의 딸이 아니라 어머니다.[13]
>
> - 머리 로스바드

주권적 통화 통제의 정당화와 비판 사이의 철학적 논쟁은 안정,

질서, 효율성의 추구라는 측면과 자유, 경쟁, 개인의 권리라는 다른 측면 사이의 광범위한 긴장을 반영하며 권위의 본질, 국가의 목적, 그리고 개인의 권리에 대한 심오한 질문을 제기한다.

교회와 국가의 분리

현상 유지를 선호하는 것은 인간의 본성이다. 대부분의 사람은 돈과 국가의 분리라는 개념이 반역적인 개념이라며 급진적이고 불안하다고 생각할 것이다. 중세 유럽에서 교회와 국가의 분리에 대해서도 많은 사람이 같은 생각을 했을 것이다. 지금은 생소한 개념으로 보일지도 모르지만, 당시에는 사람들이 교회와 정치 권력의 얽힘에 매우 익숙했다. 종교적 소수집단에 대한 불관용과 박해가 만연하고 통치자들이 종교를 이용하여 권력을 정당화함으로써, 십자군을 비롯한 유럽의 여러 종교 전쟁을 포함하는 폭력적인 갈등을 초래했다. 영적 권위와 정치적 강압이 동행한 시기였다.

종교와 국가의 얽힘의 기원은 수천 년 전으로 거슬러 올라간다. 고대 메소포타미아에서 함무라비는 자신의 통치권이 신들로부터 부여되었다고 주장했다. 고대 이집트에서 파라오는 신적인 존재로 여겨졌으며, 지상에서 신을 직접 대표하는 존재로 간주되었다. 이러한 정치 권력과 종교적 정당성의 결합은 통치자들이 자신을 신의 권위를 위임받은 존재로 제시함으로써 권력을 유지할 수 있게 했다. 고대 그리스에서 소크라테스가 사형을 선고받은 이유 역시 불경죄, 즉 국가가 지정한 신들을 인정하지 않았다는 이유 때문이었다.

1534년에 헨리 8세가 후계자가 될 아들을 얻기 위하여 아라곤의 캐서린과 이혼하고 재혼하려 했을 때, 로마 가톨릭교회의 교황은 이를 허락하지 않았다. 당시 로마 가톨릭교회와 영국 왕정 사이에 존재했던 갈등은 헨리 8세에게 불편한 제약이었다. 결국 그는 교회와 결별하기로 하고 영국 국교회를 설립하여 자신이 직접 수장이 됨으로써 교회와 국가를 사실상 통합했다. 이에 항의하여 사임한 토머스 모어(Thomas More) 대법관은, 오직 교황에게만 교회의 수장이 될 권한이 있다는 믿음에 따라, 헨리 8세를 교회의 최고 수장으로 인정하기를 거부했다. 반역죄로 체포되어 처형된 그는 사망하기 전에 "나는 국왕의 충성스러운 신하로 죽지만, 그보다 먼저 하나님의 종으로 죽는다"라는 말을 남겼다. 그의 저항은 정치 권력과 종교적 권위를 얽어매는 것의 위험성을 드러냈고, 그의 순교는 종교에 대한 국가의 통제에 저항한 대가의 상징이 되었다.

17세기에는 로크와 볼테르를 비롯한 계몽주의 사상가들이 교회와 국가의 분리를 지지하기 시작했는데, 18세기 프랑스와 미국의 혁명이 중요한 전환점이었다. 1789년의 프랑스 혁명은 교회 재산의 몰수와 국가의 세속화를 이끌었으며, 같은 해 비준된 미국 헌법은 종교의 자유를 보장하고 국교의 설립을 금지했다. '교회와 국가의 분리'라는 표현은 토머스 제퍼슨이 '교회와 국가 사이의 분리 벽

(wall of separation between Church & State)'을 언급한 데서 유래했다. 그가 언급한 '벽'은 미국 수정헌법 제1조로서, 국가는 "종교의 설립에 관한 법률이나 그 자유로운 행사를 금지하는 법률을 제정할 수 없다"고 선언했다.

교회와 국가의 분리는 인류 역사의 변혁적 순간이었고, 위대한 비전을 갖춘 강력한 인물들에 의하여 달성되었다. 교회와 국가의 분리를 통해 종교적 권위를 정치에서 제거함으로써 통치 방식이 영원히 새롭게 재편되었다. 통화 정책의 맥락에서 본다면, 화폐와 국가의 분리는 역사상 훨씬 더 중요한 사건이 될 수도 있다. 지금까지 인류는 화폐와 국가를 분리할 도구가 부족했다. 그러나 비트코인은 법정화폐를 능가하는 공간적 판매성과 금을 능가하는 시간적 판매성(10장 참조), 그리고 여기에 더해 전례 없는 검열 저항성과 압류 불가능성을 결합함으로써 과거에 존재한 적 없는 혁신적 기회를 제공한다. 이는 인류가 이러한 문명적 이정표를 달성할 수 있는 최선의 기회라 할 수 있다.

자기 주권

'자기 주권(self-sovereignty)'이란 개인이 자신의 삶을 통제하고 강제 없이 스스로 결정을 내릴 권리를 의미한다. 이러한 목표를 달성하기 위한 필수적 수단으로 자유주의 철학은 개인의 삶에서 정부의

역할을 최소화할 것을 주장한다.[14]

P2P 네트워크부터 합의 메커니즘, 그리고 사용자가 자신의 돈을 직접 관리하는 것을 강조하는 방식에 이르기까지 비트코인 설계의 모든 측면에서 자기 주권의 철학이 분명하게 드러난다. 작가 에릭 케이슨(Eric Cason)은 비트코인이 인류에게 자기 주권을 위한 싸움에서 전례가 없는 도구를 제공한다고 지적한다. "출생지, 부의 계층, 신앙의 신조와 무관하게 모든 인간이 자신의 경제적·사회적·정치적 권리를 그 어떤 정부의 권력도 침해할 수 없는 새로운 디지털 공동체에 맡기기로 선택할 수 있다."[15]

비트코인에서는 코드가 법이다. 자산의 보안, 무결성, 그리고 거래 가능성이 입법부, 행정부, 사법부가 아닌 코드와 탈중앙화된 합의를 통해서 구현된다. 권위와 폭력의 필요성을 포기하는 새로운 법 전략을 채택함으로써, 비트코인은 역사상 전례가 없는 새로운 형태의 사회 계약을 창출한다. 케이슨이 주장하듯이,[16] 비트코인은 홉스의 《리바이어던》에서 제시된 주권적 권력의 격언을 "진실이 아닌 권위가 정당성을 만든다"에서 "권위가 아닌 진실이 정당성을 만든다"로 뒤집는다.[17]

국가가 점점 더 전지전능한 존재가 되는 세상에서 정부의 과도한 영향력에 저항하는 가장 강력한 도구는 우리의 경제력이다. 우리의 부를 디지털 영역에 배분함으로써 통제받지 않고 위압적인 국가 권력의 팽창을 억제하는 능력은 매우 심오한 개념이다. 비트코인은 이러한 측면에서 상상할 수 있는 가장 강력하고 비폭력적이며 독창적인 도구를 제공한다.

비트코인은 사회가 자유의 가치를 존중하는 동시에 그에 수반되는 책임을 수용할 수 있는 길을 제시한다. 예컨대 자신의 개인 키를 분실하면 자금을 잃게 되며, 이를 해결하기 위해 전화할 고객센터도, 법정에 제소할 은행도 존재하지 않는다. 자유는 개인이 자신의 자산을 직접 관리하고, 국가나 금융기관의 가부장적 감독으로부터 벗어나 스스로 결정을 내리는 책임을 동반한다.

> 자유는 책임을 의미한다. 그렇기 때문에 대부분의 사람이 자유를 두려워한다.[18]
>
> - 조지 버나드 쇼

허가받은 존재

> 문제는 누가 나에게 허가하느냐가 아니라 누가 나를 막느냐이다.[19]
>
> - 아인 랜드(Ayn Rand)

1787년 제헌의회의 마지막 토론 날, 독립기념관을 나서는 벤저민 프랭클린에게 한 여성이 물었다. "박사님, 우리가 가진 것은 무엇인가요? 공화국인가요, 아니면 군주제인가요?" 프랭클린은 "공화국입니다. 당신이 지킬 수만 있다면."이라고 대답했다.[20] 프랭클린의 발언은 미국의 정치 철학에 매우 중요한 의미가 있다. 그는 이

유명한 말을 통해서 정부의 과도한 권력에 대한 경계를 늦추지 않는 국민의 중대한 책임을 강조했다. 정부의 과도한 권력에 따르는 위험이 그의 마음속에 1순위로 자리 잡고 있었음은 분명하다. 그는 시민이 자신의 기본권을 보호하기 위하여 국가를 견제하는 것이 매우 중요하다고 생각했다.

생존이 경제 활동과 직접적으로 연결된 세계에서 돈 관리란 인간 삶의 본질적 구성 요소라 할 수 있다. 그렇지만 사회는 일상적 금융 거래의 거의 모든 측면에 미묘하지만 보편적인 허가의 개념이 스며들도록 허용해왔다.[21] 은행을 비롯한 금융 중개기관의 보이지 않는 허가가 겹겹이 싸여서 우리의 삶을 지배하고 있지만, 우리는 그것을 온전히 인식하지 못한 채 살아간다. 그 허가가 쉽게 부여되는 한 우리는 허가의 존재를 편안하게 무시할 수 있다. 그러나 허가가 거부되거나 철회되는 순간, 허가의 불가피성을 절실히 깨닫게 된다. 이러한 현실은 200여 년 전 프랭클린이 경고한 바로 그 위험 즉, 국가와 기타 제도적 권위에 권력을 양도하는 우려스러운 현상을 보여준다.

암호화폐 기업가 에릭 부르히스(Erik Voorhees)가 말했듯이, 재정적 자유는 더 이상 권리가 아니라 규정 준수와 '바람직한 행위'에 의존하는 특권이 되어버렸다. 그는 거래를 위해 허가를 받아야 하는 상황은 존재 자체를 위해 허가를 받아야 하는 상황과 불과 한 걸음 차이라고 지적한다.[22] 금융 규제가 덜 얽매였던 과거로부터 현재의 상황에 이르기까지의 역사적 여정은 경제적 자유가 점진적이면서도 사실상 막을 수 없을 정도로 침식되어 온 과정을 보여준다.

> 100년 전의 평균적인 사람과 오늘날의 평균적인 사람을 생각해보라. 누가 경제적으로 더 자유로웠을까? 120년 전에는 소득세조차 없었다. 벌어들인 돈을 지키는 것이 허용될 정도로 상황이 급진적이었다.[23]
>
> - 에릭 부르히스

우리 조상들이 누렸던 자유의 수준과 오늘날 우리의 허락받은 삶 사이에는 극명한 차이가 있다. 이러한 자유의 쇠퇴는 흔히 자연스러운 진보, 즉 국가가 사회에 질서와 안보라는 혜택을 제공하는 대가로 감수해야 하는 불가피한 악으로 제시되곤 한다. 하지만 정말로 그래야 할까? 혹시 공익과 공동선을 가장한 채 본래 양도 불가능한 권리에 대한 고의적 침해가 보다 받아들이기 쉽게 포장된 것은 아닐까?

우리의 일상은 '제조된 동의'라는 장막 아래에서 작동한다.[24] 우리는 매일 사전 승인된 선택지의 미로를 거치며, 그 안에 내재된 허가를 따라 살아간다. 금융 세계에서는 이미 다양한 허가 기반 시스템들 속에서 선택권, 즉 참여하거나 벗어날 수 있는 능력을 완전히 상실해 버렸다. 이른바 '허가된 국가(permissioned state)'는 우리의 삶속에 깊이 스며들었다.

현실 세계에서 국가 권력은 다양한 방식으로 나타나며, 그중 상당수는 우리가 인식조차 하지 못할 수 있다. 프랑스 철학자 미셸 푸코는 권력이 단지 가시성을 통해서 행사될 수 있다는 원리인 '파놉티시즘(panopticism)'의 개념을 제시했다.[25] 다시 말해서, 감시당할 가능성 자체가 물리적 제약이나 법적 제약이 없어도 스스로 감시하도록 보장한다는 것이다. 자기검열은 이러한 현상의 전형적 발현이다. 이는 일종의 자기 규율을 낳아, 실제 감시자가 존재하지 않더라도 개인이 규범과 기대에 맞춰 스스로의 행동을 조정하도록 만든다.

퀜틴 스키너(Quentin Skinner)가 "주권 국가(The Sovereign State)"라는 논문에서 주장하듯이, 국가 행위의 정당성을 평가하는 적절한 방법은 그 행위가 공정한지 아닌지를 묻는 것이다.[26] 우리가 이 질문을 던질 때, 대답에서 피할 수 없는 부분은 개인의 권리가 그 어떤 공동선의 개념보다 우선해야 한다는 것이다. 그 이유는 공동선의 결정권자가 자연이나 신이 아니라, 때로는 선출되지만 대부분 그렇지 않은 인간 집단이기 때문이다. 그리고 인간이 있는 곳에서 의사 결정은 언제나 온갖 종류의 편견, 기득권, 강압, 부패의 영향을 받는다. 따라서 진정으로 자유롭고 정의로운 사회라면, 중앙 권력이 공익을 증진한다는 명목으로 개인의 권리를 침해하려는 어떠한 시도보다도 개인의 권리가 우위에 서야 한다고 주장할 수 있을 것이다.

> 각 개인에게는 사회 전체의 복지조차도 우선할 수 없는, 정의에 기초한 불가침성이 있다.[27]
>
> - 존 롤스(John Rawls)

토머스 제퍼슨은 "자유의 대가는 영원한 경계다"라는 유명한 말을 남겼다. 그는 정부의 권위와 과도한 권한에 대한 경계심을 늦추지 않는 개별 시민의 책임을 강조했다. 제퍼슨의 발언은 국민을 보호한다는 명목으로 도입된 국가라는 장치가 통제의 장치로 전락하지 않도록 하고, 개인의 자유를 수호하기 위한 끊임없는 투쟁을 인정한 것이었다. 그는 투명성과 책임을 국가에 요구하는 경계심 강한 시민의식을 촉구하고, 복종적인 묵인과 순응보다는 권위에 대한 끊임없는 질문과 비판을 옹호했다.

비트코인은 오늘날 허가받은 존재가 지배하는 우리 세계에 대한 혁명적인 반대 운동이며 비폭력적인 저항을 상징한다. 탈중앙화, 투명성, 자율성이라는 근본 원칙과 함께 비트코인은 개인의 자유를 행사할 수 있는 수단을 제공한다. 또한 수십억 명의 사람들에게 거래의 자유, 더 나아가 존재의 자유를 되찾을 가능성을 제시한다. 비트코인은 만연한 파놉티시즘의 위협에 대한 기술적 대응이며, 법령에 따른 명령이 아닌 객관적 규칙에 따라 운영되는 사회를 옹호하는 심오한 철학적 선언이다. 더 나아가 인간으로서 우리가 돈과 권위, 그리고 서로와 맺는 관계의 재평가를 요구한다. 제퍼슨이라면 비트코인의 이러한 역할에 동의했을지도 모른다.

탈중앙화된 권력

자연계의 권력이 일반적으로 지향하는 방향은 중앙화일까 탈중앙화일까? 예를 들어 개미의 군체와 벌집은 분산된 권력과 의사 결정의 작동 방식을 보여준다. 개미 군체의 모든 개미는 특정한 기본 규칙을 따르고 지역적인 신호에 반응한다. 그러나 인센티브 시스템이 군체의 집단 지능을 형성하여 중앙의 권위 없이도 개별 개미가 먹이를 찾고, 둥지를 짓고, 위협을 방어하는 등의 놀라운 위업을 달성할 수 있도록 한다. 여왕개미를 일종의 중심적 인물이나 통치자로 오해할 수도 있지만, 사실은 그렇지 않다. 여왕이라는 직함에도 불구하고, 여왕개미의 역할은 전능한 인간 군주의 역할과 전혀 다르다. 여왕개미는 번식에 필수적이며, 때로는 페로몬을 통해서 군체의 조직에 영향을 미친다. 군체 활동의 대부분은 실제로 탈중앙화된 규칙을 따르는 일개미들이 수행한다. 이러한 작업을 직접 관리하는 것은 여왕의 역할이 아니다.

꿀벌 집도 집단 지능을 통해서 탈중앙화되는 의사 결정 방식을 보여준다. 일벌은 먹이 수집, 새끼 돌보기, 벌집 수리 같은 기능을 관리하기 위하여 서로 소통하고 협력한다. 미리 정해진 설계가 아니고 개별적 벌의 행동의 결과인 벌집의 육각형 구조는 탈중앙화된 프로세스의 효율성을 보여준다. 벌떼의 조율된 기능은 탈중앙화 네트워크가 분산된 활동을 통해서 정교하고 조직적인 행동을 달성할 수 있다는 증거다. 다시 말하지만, 여왕벌은 우리가 상상할 수 있는 것처럼 무자비한 지배자 곤충이 아니다. 그는 공포와 감시로 군락을 통제하는 대신, 알을 낳고 페로몬 신호를 통해 집단의 응집력을 유지하는 역할에 충실할 뿐이다.

정어리 떼도 탈중앙화된 권력과 합의의 유사한 과정을 따른다. 정어리들은 단일한 지도자 없이 수천 마리의 개체가 일정한 패턴으로 함께 움직인다. 이는 각 물고기가 단 두 가지 간단한 규칙을 따름으로써 가능하다. 즉, 이웃과 일정 거리를 유지하고 주변 물고기의 움직임에 맞추는 것이다. 그 결과, 개별적으로는 취약하고 작은 수천 마리의 정어리가 집단적으로 포식자를 피하고 효율적으로 먹이를 찾을 수 있다. 찌르레기 떼도 탈중앙화된 합의에 기반한 의사결정을 보여준다. 각각의 새가 지역적 규칙을 따라 대형을 유지하면서 원하는 목적지까지 집단으로 이동함으로써 포식자를 피하고 여행의 효율성을 높인다.

작가 브랜든 퀴템(Brandon Quittem)은 이러한 맥락에서 곰팡이 네트워크의 탈중앙화된 운영에 대해 서술한 바 있다.[28] 중앙에 집중된 두뇌가 없는 곰팡이 네트워크는 정보를 양방향으로 멀리까지 보낼 수 있는 분산지능 네트워크로 기능한다. 곰팡이 네트워크는 각자 먹이를 찾고 자신의 영역을 방어하는 수백만 개의 종단점으로 구성되어 자원의 사용, 번식, 그리고 방어에 대한 탈중앙화된 합의를 형성한다. 이렇게 분산된 구조 덕분에 곰팡이 네트워크는 지구상에서 가장 적응력이 뛰어나고 튼튼한 유기체의 하나가 되었고, 여러 차례의 대량 멸종 사건을 겪으면서도 수백만 년 동안 살아남았다.

그렇다면 인류 문명은 왜 권력과 통치 방식에 대하여 그토록 다른 접근 방식을 선택했을까? 정치 이론과 사회학 분야에서 이 질문에 대한 방대한 연구와 분석이 이루어진 것은 분명하다. 그러나 이 장의 논의에서는 돈 자체가 어떤 영향을 미쳤는지, 특히 특권적 소수에 의한 장악, 부패, 그리고 조작이 어떤 영향을 미쳤는지를 살펴보려 한다. 만약에 조작할 수 없고, 몰수할 수 없고, 부풀릴 수 없고, 검열할 수도 없는 화폐라는 선물이 있었다면 역사를 통해서 사회가 어떤 모습이었을지가 궁금하다. 그런 화폐가 있었다면 우리가 다른 생명체의 자연 질서에서 영감을 받아 더욱 평등한 거버넌스 구조가 중심이 되는 통치 체제를 조직할 수 있었을까? 이 장 뒷부분의 비트코인과 폭력에 대한 논의가 이와 관련하여 생각해볼 거리를 제공한다.

인류 역사를 통해서 권력은 중앙화된 시스템과 자연스러운 연대를 형성했다. 이 장의 앞부분에서 논의한 것처럼, 통치자와 왕들은 신으로부터 직접 부여받은 권력인 신권(divine right)을 주장했다. 그들은 신권에 대한 중앙집중식 관리 체계를 고수했고, 권력을 사회에 분산시킬 필요성은 전혀 고려하지 않았다. 고대 그리스에서 혁명적인 시스템으로 등장한 민주주의는 권력의 분산을 달성하기 위한 인류 최선의 노력이었다. 그렇지만 민주주의는 여전히 사회 전반에 걸친 완전한 분산보다는 상층부에 권력이 집중되어 있다. 윈스턴 처칠이 말한 것처럼, "민주주의는 다른 모든 정부 형태를 제외하고 최악의 정부 형태다."

인간 사회에서 진정한 권력 분산은 어떤 모습일까? 우리는 가입이나 탈퇴에 허가가 필요하지 않은 사람이나 조직의 개방적 네트워크를 상상해 볼 수 있다. 그곳에는 위계적 구조나 강력한 권위가 존재하지 않는다. 모든 형태의 집중된 의사결정 권한이 어떤 신비로운 방식으로 희석된다. 그것은 참여적 거버넌스의 형태로, 개인의 권리를 우선시하고 보존한다. 비트코인의 거버넌스 시스템을 생각해보면 이러한 이상이 익숙하게 들릴 수 있지만, 철학 분야에서는 이런 개념이 결코 새로운 것이 아니다.

> 권력은 모든 곳에 있다. 모든 것을 포괄하기 때문이 아니라, 모든 곳에서 나오기 때문이다. 권력은 제도나 구조가 아니다. 우리가 부여받은 특정한 힘도 아니다. 그것은 특정한 사회의 복잡한 전략적 상황에 우리가 부여하는 이름이다.[29]
>
> - 미셸 푸코

푸코는 권력이 본질적으로 중앙집중적이라는 개념에 이의를 제기하고, 대신에 권력이 모든 수준의 사회적 상호작용에 스며든다고 주장했다.[30] 그의 견해에 따르면, 권력은 단순히 통치자가 피통치자에게 하향식으로 행사하는 것이 아니다. 푸코는 자연스러운 형태의 권력이 사회 전반에 걸쳐 있는 관계망 안에서 행사된다고 주장했다. 권력은 지식과 담론에서 비롯되고, 사회 전체를 통치할 권한을 부여받은 특정한 개인이나 기관의 독점적 영역이 아니라 각 개인의

사회적 관계 속에 존재한다.[31]

　네트워크 사회의 개념에 대하여 광범위한 연구를 수행한 스페인의 사회학자 마누엘 카스텔스(Manuel Castells)가 이 점에 대하여 몇 가지 견해를 제시한다. 카스텔스의 네트워크 사회는 정보통신 기술을 기반으로 구축된 네트워크가 사회 조직의 지배적인 형태로 등장한 결과다.[32] 이들 네트워크는 유연하고 적응력이 뛰어나며, 무엇보다도 산업 시대의 계층적 조직과 극명한 대조를 이룬다. 이는 평등주의적 사회 구조를 갖춘 새로운 디지털 시대의 탄생과 전통적인 중앙집중식 권력 구조의 변화를 의미한다. 카스텔스의 핵심 개념 중 하나인 '흐름의 공간(space of flows)'은 지리적 경계를 초월하는 역동적이고 연속적인 디지털 시대의 인간 상호작용을 의미한다.[33]

　비트코인이 사회적 거버넌스의 도구라고 말할 수는 없다. 그러나 비트코인의 통화적 속성은 위에서 언급한 개념 대부분과 공명한다. 비트코인은 '흐름의 공간' 안에서 작동하여 기존 통화의 물리적 제약에 얽매이지 않는 즉각적인 글로벌 거래를 가능하게 한다. 그리고 개방적인 글로벌 P2P 네트워크의 운영은 네트워크 사회의 개념과도 일치한다. 전통적 계층 구조를 우회하는 데 도움이 되는 비트코인은 기존의 중앙집중식 금융 질서에 도전하기 위하여 다양한 집단에서 수용되어왔다. 전 세계 수백만 명의 사람들이 전통적 금융 시스템의 억압에 맞서는 대응책으로 검열에 저항하고 변조할 수 없는 비트코인의 속성을 채택하고 있다. 사회에서 화폐가 수행하는 근본적인 역할을 고려할 때, 비트코인은 중앙에 집중된 권력이 분산되는 사회적 변화에도 영향을 미칠 수 있다.

비트코인은 무정부 상태다

비트코인 전문가 시노비(Shinobi)가 말한 것처럼, 비트코인은 본질적으로 무정부 상태다.[34] 무정부 상태라는 개념은 혼돈, 무질서, 그리고 기능 장애의 이미지를 떠올리게 하지만, 실제로는 통치자에게서 벗어난 자발적 협력에 기초한 시스템을 의미한다. 이러한 아이디어는 탈중앙화 네트워크로서 비트코인의 기능과 불가분의 관계에 있다. 중앙의 책임자 없이 사용자들의 자발적인 참여를 기반으로 운영되는 비트코인은 본질적으로 무정부 시스템이다.

무정부 상태의 개념과 마찬가지로, 비트코인은 통제와 거버넌스의 전통적 개념에 도전한다. 비트코인의 통제와 거버넌스 구조는 무엇이 진실이고 거짓인지, 또는 무엇이 옳고 그른지에 대한 명령보다는 특정한 가치 체계 안에서 공유되는 믿음에 의존한다. 이는 주관적 원칙과 권위의 강제력에 기초한 전통적 거버넌스 구조 및 금융 시스템과 확연하게 대조된다.

무정부 시스템에는 규칙을 강제하는 통치 주체가 없다. 단순히 동의하는 규칙을 따르면 되고, 강요되지 않는다. 이것이 바로 비트코인의 작동 방식이다. 예를 들어, 하드 포크나 소프트 포크를 통해서 비트코인 프로토콜을 변경하는 것도 이러한 자발적 원칙을 따른다. 합의 규칙의 발전을 지시하는 포괄적인 거버넌스 구조 같은 것은 없다. 제안된 코드 업그레이드에 동의하지 않는다면 당신의 노드를 업데이트하지 말라. 비트코인의 작동 방식에 대하여 다른 견해가 있다면, 노드 소프트웨어를 자유롭게 변경하고 다른 사람들도 참여하도록 설득하라.

비트코인은 통치자가 없다는 규칙을 지닌다. 합의 시스템의 참여자로서 당신이 할 수 있는 최선은 신호를 보내는 것, 즉 특정한 방향으로 나아갈 의향이 있으며 다른 사람들도 원한다면 따를 수 있으나 아무에게도 강요하지 않는다는 것을 알리는 일종의 깃발이나 신호탄을 올리는 것이다.[35] 비트코인의 합의 메커니즘에는 다양한 형태의 '투표'가 포함되지만, 실제로 그 모두가 신호 전달의 형태일 뿐이다. 시스템 참여자의 일부 또는 전부가 당신의 신호를 무시할 수 있다는 것이 궁극적으로 이러한 거버넌스 메커니즘에 힘을 싣는다. 제임슨 롭(Jameson Lopp)은 이런 거버넌스 모델에서 거부권의 힘이 다수의 의지를 강요하는 힘만큼이나 강력하거나 심지어 그보다 더 강력하다고 지적한다.[36]

중앙집중식 통제의 부재, 참여의 자발적 속성, 그리고 규칙에 대한 탈중앙화된 합의가 비트코인의 무정부주의적 정신을 집약적으로 보여준다. 비트코인은 이기심으로 주도되는 자유로운 연합에 의존하는 시스템이며, 강압을 통해서 유지되는 질서의 필요성을 완전히 제거한다. 무정부주의적 거버넌스 형태를 수용함으로써, 비트코인은 사람들이 금융 시스템의 맥락에서 질서와 거버넌스에 대한 선입견을 재고하도록 촉구한다.

> 작은 자유를 작은 질서와 바꾸는 사회는 둘 다 잃을 것이며, 자유나 질서를 누릴 자격도 없다.
>
> - 토머스 제퍼슨

비트코인과 폭력

비트코인과 폭력의 관계는 대단히 과소평가되는 주제지만, 매우 중요한 의미를 지니고 있다. 폭력의 역사적 뿌리는 개인 재산의 취득이나 방어까지 거슬러 올라간다. 역사 속에서 대다수의 폭력 행위는 개인적 수준이든 국가 간 수준이든 재산을 획득하거나 지키려는 필요에서 비롯되었고, 이는 거의 언제나 토지, 자원, 기타 소유물과 같은 물리적 재산과 관련되어 있었다. 그러한 재산을 취득하거나 방어하려는 욕구는 사람들이 토지, 자원, 기타 소유물 등 물리적 재산에 부여하는 내재적 가치에서 비롯된다. 이러한 폭력 행위는 수천 년 동안 국가의 지도와 문명의 길을 형성했고, 헤아릴 수 없이 많은 사람의 삶에 오랫동안 영향을 미쳤다. 부와 그로부터 파생되는 권력의 추구는 사실상 모든 인간적 갈등의 주된 원인이었다.

여러 연구가 풍부한 자원과 전쟁 사이의 관계를 탐구했다. 자원의 저주 이론(resource curse theory)은 천연자원이 풍부한 국가가 내전, 쿠데타, 기타 형태의 내부 갈등을 겪을 가능성이 더 크다는 것을 시사한다.[37] 이는 자원이 풍부한 지역을 영토에 합병하려는 욕망으로 주도된 식민주의의 사례에서 극명하게 드러난다. 금, 다이아몬드, 고무에 대한 탐욕은 19세기 후반 유럽인들을 아프리카로 이끌었고, 자기들끼리 대륙을 서로 나누게 만들었다.[38] 비슷한 동기는 한 세기 전 인도의 합병을 추진한 원동력이기도 했다.

여기서 이해가 필요한 요점은 정복, 침략, 약탈의 대상이었던 모든 재산이 물리적 재산이었다는 사실이다. 비물질적이고 손댈 수 없는 천상의 영역에 존재하면서 가치가 있는 대상은 존재한 적이 없었다. 여기서 비트코인이 등장한다. 비트코인과 관련된 패러다임의 전환을 이해하면, 그것이 인류에게 지니는 경이로운 의미를 이해하는 것은 그리 어렵지 않다.

디지털 자산의 등장은 재산의 취득과 방어를 둘러싼 역사적 역학에 근본적인 변화를 초래했다. 항상 개인적·국제적 분쟁의 초점이었던 물리적 자산과 달리, 디지털 자산은 기존의 공격과 강압 방식이 훨씬 덜 효과적인 영역에 존재한다. 디지털 형태로 바꾸는 자산의 탈물질화는 모든 것을 변화시킨다.

디지털 자산은 특정한 물리적 장소에 국한되지 않으므로 기존의 물리적 공격 및 탈취 기법에 취약하지 않다. 타인의 비트코인을 합병하려고 군대를 동원하는 것은 소용없는 일이다. 비트코인의 안전성은 암호기술에서 나온다. 비트코인의 관리에는 개인 키(단어의 문자열)의 안전한 보관이 포함된다. 그저 개인 키만 암기하면 옷만 걸친 채로 전 세계를 돌아다닐 수 있다. 아마도 물리적인 강압을 통해서 누군가의 개인 키를 공개하도록 강요하는 것만이 비트코인을 갈취하는 유일한 방법일 것이다. 하지만 이러한 위험을 방지하는 방법은 물리적 재산을 지키려고 군대, 무기, 기타 방어 수단을 구축하는 것보다 훨씬 간단하다. 골드바, 부동산, 주식 포트폴리오 또는 은행 잔고를 비밀로 유지하기보다 비트코인의 소유권을 비밀로 유지하기가 훨씬 더 쉽다.

비트코인의 개인 키를 구성하는 단어들은 분리된 상태로 전 세계 여러 곳에 비밀리에 저장될 수 있다. 여러 국가에 위치한 개인이나 기관일 수도 있는 복수의 공동 서명자가 개입하지 않으면 타인의 비트코인을 갈취하기가 불가능하도록 하는 다중 서명 솔루션도 존재한다. 디지털 재산의 보호는 암호화 보안, 운영 비밀 유지, 그리고 개인 키의 책임감 있는 관리에 의존한다. 이러한 기반 위에서 우리는 역사적으로 부를 지켜온 물리적 장벽들이 점점 덜 중요해지는 새로운 시대에 진입하고 있는지도 모른다.

> 이제 보호 비용이 급격히 하락함에 따라, 갈취를 시도하여 투자 수익을 올리기가 불가능하게 되었다. 정보화 시대의 자산이 암호기술을 통해서 보호받을 수 있는 영역으로 점점 더 많이 빠져나가고 있다. 이는 매우 중요한 변화다. 이제 자본의 소유자(초부유층이든 개발도상국 국민이든)가 오픈 소스 소프트웨어를 사용하여 자신의 돈을 무료로 보호할 수 있기 때문이다… 이는 결국 폭력이 더 이상 수익성이 없도록 폭력의 경제 구조를 변화시킨다.[39]
>
> - 트레이스 메이어(Trace Mayer)

이러한 패러다임의 전환은 여러 가지 세계적·사회적 파급 효과를 낳고, 국내 및 국제적으로 인간 상호작용의 본질 자체를 바꿀 수 있다. 개인 재산과 국가 영토에 대한 물리적 공격을 방어할 필요성이 줄어든다면, 국가의 규모와 중요성 또한 자연스럽게 축소될 것이다. 국가는 이전에 군사와 국방에 할당되었던 자원을 교육, 의료, 사회기반시설 같은 다른 분야로 재분배할 수 있다. 이를 통해서 국가와 사회가 서로에 대한 불신과 두려움을 줄이고, 공중 보건, 빈곤, 환경 파괴 같은 문제를 해결하기 위하여 자발적 협력을 강화하는 시대로 이어질 수 있다.

가치가 탈물질화하고 물리적 폭력과 압류에 거의 영향받지 않은 세계에서 사람들이 재산을 취득하는 주된 방법은, 서로에게 가치 있는 상품과 서비스를 제공하는 거래에 참여하여 비트코인을 대가로 받는 방법일 것이다. 불안과 보호주의가 아닌 긍정과 낙관주의로 주도되는 방향으로 인센티브 구조가 극적으로 바뀜에 따라 우리는 국내 및 국제적 차원에서 능력주의, 창의성, 그리고 협력을 중시하는 방향으로 향하는 더 큰 전환을 마주하게 될 것이다.

물리적 재산이 완전히 화폐적 가치를 잃는 시점은 아직 임박하지 않았지만 양도의 용이성, 프라이버시 보호, 물리적 압수에 대한 면역성 같은 디지털 상품의 장점을 무시하기는 불가능하다. 이러한 인식은 물리적 영역에서 디지털 영역으로의 점진적이지만 멈출 수 없는 가치의 이동을 초래할 수 있다. 그와 함께 우리는 부와 보안을 개념화하는 방식의 점진적인 변화를 목격하게 될 것이다. 이는 또한 국경과 문화를 넘어서 우리가 서로를 대하는 방식을 변화시킬 수 있고, 정복과 지배보다 협력과 존중이 더 가치 있는 미래의 토대를 마련할 수 있을 것이다.

CHAPTER ⑱

사이퍼펑크

> 우리는 정부나 기업, 혹은 다른 거대하고 얼굴 없는 조직들이 자발적 선의로 우리에게 프라이버시를 보장해주리라고 기대할 수는 없다.
>
> - 에릭 휴즈(Eric Hughes)

사이퍼펑크는 인터넷과 정부의 감시가 강화되는 시대에 강력한 프라이버시 보호 기술을 옹호하는 디지털 활동가 집단이다. 이들은 1980년대 후반부터 이 분야에서 활발한 사회적·정치적 운동을 벌였다. '사이퍼펑크'라는 이름은 데이터의 암호화 및 복호화 방식인 '사이퍼(cipher)'와 컴퓨터 기술이 지배하는 무법의 디스토피아 세계를 배경 삼아 1980년대 말에 등장한 SF 장르인 '사이버펑크'의 익살스러운 합성어이다.[1] '펑크(punk)'라는 용어는 반문화적 주제에 초점을 맞춘 반항적·반체제적 태도를 의미한다.

1993년 에릭 휴즈가 작성한 "사이퍼펑크 선언(A Cypherpunk Manifesto)"은 사이퍼펑크 운동의 토대를 마련한 텍스트로 여겨지는 중요한 문서다. 선언문은 다음과 같은 진술로 시작한다. "전자 시대의 열린 사회를 위해서는 프라이버시가 필요하다. 프라이버시는 비밀이 아니다. 사적인 문제는 세상 전체가 알기를 원하지 않는 것이지만, 비밀스러운 문제는 누구에게도 알리기를 원하지 않는 것이다. 프라이버시는 자신을 선택적으로 세상에 드러낼 수 있는 권한이다."[2]

선언의 핵심 철학은 프라이버시가 기본적 권리라는 것이다. 선언문은 정부와 기업의 감시 및 통제로부터 개인의 자유를 보호하는 방법으로 암호기술을 제시한다. 사이퍼펑크와 그들의 선언은 비트코인 창조에 큰 영감을 주었다. 선언문에 담긴 원칙들은 특히 프라이버시와 관련하여 비트코인과 직접적인 연관성을 지닌다.

사이퍼펑크는 인터넷(그리고 인터넷을 통제하는 정부와 대기업)이 프라이버시 권리를 자동적으로 보장하지 않을 것이라는 생각을 처음으로 제시하였다. 따라서 그들은 개인 스스로가 적극적으로 프라이버시를 보호하는 것이 필수적이라고 믿었다. 그들의 해결책은 이러한 대의에 도움이 되는 혁신적인 프라이버시 강화 도구를 개발하는 것이었다. "사이퍼펑크는 코드를 작성한다"라는 모토는 이 정신을 잘 담고 있다. 이는 이론적 논쟁이나 정치적 논란에 시간을 허비하지 않고, 실제 소프트웨어를 개발하여 실질적 행동에 나선다는 태도를 보여준다. 말보다 행동이 앞선 것이다.

사이퍼펑크 선언 및 그와 관련된 문화는 한 세대의 활동가, 프로그래머, 기술자들에게 영감을 주어 보안 이메일, 토르(Tor) 네트워크, 그리고 물론 비트코인 같은 기술을 개발하고 보급하게 했다. 줄리언 어산지(Julian Assange), 애덤 백, 브램 코언(Bram Cohen), 할 피니, 그리고 사토시 나카모토 자신도 사이퍼펑크 운동에 적극적으로 참여했다.

오늘날 선언문에 표명된 우려의 대부분이 특히 대규모 감시, 기업의 데이터 수집, 온라인의 시민 자유 침해와 관련하여 섬뜩한 우연의 일치처럼 전개되고 있다. 이러한 추세에 맞서서 사이퍼펑크가 옹호한 저항 정신은 비트코인의 정신에도 깊이 각인되어 있다. 사토시는 이러한 사상들로부터 영향을 받았으며, 비트코인 자체가 선언문의 비전을 구현한 결과물이라 볼 수 있다.

왜 프라이버시인가?

> 숨길 것이 없기 때문에 프라이버시 권리에 관심이 없다는 주장은, 말할 것이 없기 때문에 언론의 자유에 관심이 없다는 말과 다르지 않다.
>
> - 에드워드 스노든(Edward Snowden)

프라이버시는 인간의 존엄성, 안전, 자기 결정권을 보장하는 데 매우 중요하며 사람들이 감시, 영향력, 압력에서 벗어나 독립적으로 생각하고 행동할 수 있도록 해준다. 비트코인 기술 전문가인 지아코모 주코(Giacomo Zucco)는 통화의 지속 가능한 운영을 보장하기 위한 개인 신원과 금전 거래의 분리 필요성을 강조했다.[3] 그는 이 분리를 위해 반드시 충족되어야 할 두 가지 요소로 '부인성

(deniability)'과 '대체성(fungibility)'을 제시한다.

- 부인성은 과거 금전 거래와의 모든 연관성을 확실하게 부인할 수 있는 개인의 능력을 의미한다. 우리가 알다시피, 돈을 소유한 사람들은 범죄 활동의 영구적인 표적이다. 재산 및 금융 거래와 관련된 프라이버시는 강도, 협박, 납치 등의 위험을 최소화하는 데 매우 중요하다. 따라서 자신의 신원과 금전적 거래를 분리하는 것이 개인의 안전과 자유를 위하여 대단히 중요하다. 프라이버시는 또한 보복에 대한 두려움 없이 정치 및 사회 활동에 참여할 수 있도록 보장하는 데도 중요하다.
- 대체성은 화폐 단위 사이의 구별 불가능성과 관련된다. 우리는 종종 화폐의 이러한 특성이 주로 거래 가능성을 개선하는 데 필요하다고 생각한다. 하지만 흔히 간과되는 중요한 프라이버시 요소가 있다. 대체성은 수취자가 화폐에 얽힌 과거의 연관성을 무시할 수 있게 해주며, 이는 화폐 수취자에게 요구되는 검증 비용을 낮춘다. 그들은 더 이상 상업 거래에서 받은 특정한 지폐나 동전의 관리 연속성(Chain of Custody)에 대하여 걱정할 필요가 없다. 아이러니하게도, 고객 신원확인(KYC) 규정은 상인이 고객에 대한 자세한 정보 없이도 거래할 수 있도록 하는 화폐의 역사적 사용 방식과 모순된다. 대체 불가능한 상품은 과거의 소유권 확인이 필요하므로 화폐로 사용하기에 부적합한 것으로 여겨진다.

비트코인은 사용자들이 일정 수준의 익명성(가명성)을 유지하면서 금융 거래에 참여할 수 있게 해준다. 모든 거래 내역을 공개 원장에서 볼 수 있지만, 사용자의 개인 신원과 직접 연결되지는 않는다. 비트코인 주소에는 소유자의 이름, 주소, 기타 연락처 정보가 표시되지 않는다. 그러나 추적의 가능성은 남아 있다. 예를 들어, 인터넷 프로토콜 주소가 사용자의 거래와 연결될 수 있다. 또한, 비트코인을 암호화폐 거래소로 옮기면 계좌를 개설하는 과정에서 거래소에 제공한 KYC 정보를 이용하여 즉시 사용자의 신원을 확인할 수 있다. 오늘날에는 체인 분석(chain analysis)으로 알려진, 비트코인 원장의 감시와 여러 정보의 연결 및 소유권 추정을 전문으로 하는 산업이 존재한다. 생성된 정보는 표면적으로 법 집행 기관을 위한 것이지만, 항상 그렇듯이 오용의 대상이 될 수 있다.

 개인정보 보호 관행이 개선될수록 개인이 누릴 수 있는 익명성의 수준이 높아진다. 비트코인 주소의 재사용을 자제하는 것은 프라이버시를 강화하는 방법 중 하나다. 주소를 통해서 당신을 역추적할 수 있는 가능성이 (완벽하게 제거되는 것은 아니지만) 줄어들기 때문이다. 예를 들어, 당신이 열 번의 다른 거래를 통해서 자기 보관 주소로 비트코인을 보냈다고 가정해보자. 처음 아홉 번의 거래는 관련된 개인식별정보(PII)가 전혀 없는 주소를 통한 거래였다. 그러나 열 번째 거래는 당신의 모든 PII를 보유한 암호화폐 거래소에서 이루어졌다. 이 경우 당신은 사실상 전 세계(적어도 해당 거래소)에게 당신의 수신 주소뿐만 아니라, 그동안 익명으로 여겨졌던 나머지 아홉 개의 주소 역시 당신 소유일 가능성이 높음을 스스로 드러낸 셈이 된다.

코인조인

비트코인 거래의 개인정보 보호를 강화하는 방법인 코인조인(CoinJoin)은 기본적으로 익명화 도구이며, 여러 사용자의 여러 비트코인 결제를 하나의 협업 거래로 결합하는 방식으로 작동한다. 거래는 동일한 금액을 가진 여러 개의 출력값을 포함하게 되며, 그 결과 각 출력이 원래의 입력과 연결되는 것을 사실상 불가능하게 만든다. 이를 통해 사용자는 자신의 개별 비트코인 소유 경로를 은폐할 수 있다. 그 결과, 특정 비트코인을 과거의 거래와 연계할 수 있는 입증 가능한 수단이 사라지면서, 다시금 대체 가능성이 회복된다. 이 과정에서 비트코인 원장이 변경되는 것은 아니다. 단지 자신의 비트코인을 다른 사용자들의 비트코인과 섞어 거래 내역을 흐리게 하는 것에 불과하다.

코인조인이나 유사한 프라이버시 강화 기술의 사용은 프라이버시에 대한 개인의 권리가 범죄와 싸우는 국가의 책임에 종속되어야 하는지에 관한 열띤 철학적 논쟁의 주제가 되어왔다. 정부는 자금세탁, 탈세, 테러 자금 조달 같은 불법 활동과 맞서 싸우기 위하여 금융의 투명성이 필요하다고 주장한다. 그들은 코인조인 같은 기술이 자금 흐름의 추적을 더 어렵게 하여 불법 활동이 탐지되지 않도록 보호할 수 있다고 주장한다. 이러한 입장에 근거하여, 미국에서는 코인조인 개발자에 대한 여러 건의 기소가 있었다.[4] 예를 들어, 2024년 6월 코인조인 및 유사 서비스를 제공하는 암호화폐 '믹서(mixer)'인 사무라이 지갑(Samurai Wallet)이 정부에 의하여 폐쇄되고,

설립자들이 자금 세탁 및 허가를 받지 않은 송금 사업을 운영한 혐의로 기소되었다. 2022년에는 또 다른 암호화폐 믹서 토네이도 캐시(Tornado Cash)가 해외자산통제국(OFAC)의 제재를 받았다.

정부의 이러한 행위가 불법이고 위헌이라는 여러 가지 주장이 있다. 첫째, 코인조인은 미국 수정헌법 제1조에 따라 언론의 자유로 보호받을 수 있는 오픈 소스 코드일 뿐이다. 기소되고 제재를 받은 사람들이 한 일은 코드를 작성하여 대중에게 공개한 것뿐이었다.

정책적 관점에서 볼 때, 개인이 프라이버시를 추구하는 데에는 여러 가지 정당한 이유가 존재한다. 예를 들어 잠재적 도둑으로부터 재산을 보호하기 위해 자신의 부를 숨기거나, 기업이 개인의 상업 활동을 추적하고 이를 수익화하는 것을 막는 것까지 그러하다. 코인조인은 단지 사용자가 디지털 시대에 자신의 자율성과 프라이버시를 지킬 수 있도록 하는 도구라 할 수 있다. 금융 거래에서의 프라이버시는 비트코인만의 개념이 아니다. 전통적인 금융 시스템도 다양한 익명화 수단을 제공해 왔는데, 그 대표적인 예가 현금이다. 현금 거래는 물리적 또는 디지털 흔적을 남기지 않으며, 현금 사용은 완전히 합법적이다. 코인조인과 같은 도구는 현금을 개인적이고 익명적으로 사용하는 것과 동등한 디지털 수단으로 볼 수 있다.

앞서 3부에서 논의한 바와 같이, 금융 감시는 권위주의적 정부에서 정치적 탄압의 도구로 사용될 수 있다. 감시 도구는 점점 더 자주 국가에 의해 반대 세력의 자금 흐름을 추적하거나 위협으로 간주되는 이들을 처벌하는 데 활용되고 있다. 코인조인과 유사한 기술은 이러한 억압에 노출된 사람들을 보호할 수 있다.

유감스러운 현실은 범죄 조직이 규제 체계, 제한 조치, 그리고 정부의 감시를 우회하는 방법을 찾는 경우가 많다는 것이다. 안타깝게도 약화된 개인정보 보호로 고통받는 것은 법을 준수하는 일반 시민뿐이다. 프라이버시 기술은 모든 사용자에게 부당한 감시로부터 보호받는 도구를 제공함으로써 공정한 경쟁 환경을 조성할 수 있다. 코인조인 같은 기술의 개발이 디지털 시대에 필수적인 보안 및 개인정보 보호의 혁신을 촉진한다. 만약 이러한 혁신을 막거나 범죄화하면 새로운 기술의 발전을 저해할 수 있다. 다시 말해, 비트코인 거래에서 프라이버시와 규제 감독 사이의 논쟁은 보안에 근거한 국가의 개입과 개인의 자유 사이의 광범위한 긴장을 보여주는 사례라 할 수 있다.

개인의 책임

개인의 책임은 사이퍼펑크 선언을 관통하는 주제다. "우리가 프라이버시를 기대하려면 자신의 프라이버시부터 방어해야 한다." 사이퍼펑크 운동의 핵심 원칙은 사람들이 자신의 데이터를 책임져야 하며, 국가나 대기업이 데이터를 넘겨줄 가능성이 낮기 때문에 필요하다면 싸워야 한다는 것이다.[5] 사이퍼펑크 선언문은, 암호화 및 보안 통신 기술의 사용을 포함하여, 디지털 프라이버시의 보장을 위하여 사람들이 취할 수 있는 조치를 강조한다. 개인의 책임은 사람들이 디지털 정보를 보호하는 데 필요한 도구와 관행에 대하여 스스로 교육해야 할 필요성에까지 확대된다.

이러한 원칙은 비트코인에도 그대로 적용된다. P2P 플랫폼인 비트코인은 컴퓨터나 스마트폰에 내려받아서 다른 사용자와의 직접 거래에 사용하는 코드에 지나지 않는다. 개인 키를 안전하게 보관하고 개인정보 보호를 위하여 필요한 조치를 취하는 것은 개인의 책임이다. 개인 키를 분실 또는 부적절한 개인정보 보호 관행을 통해서 공개하거나, 비트코인을 거래하면서 주의 부족으로 잘못된 목적지 주소를 입력하여 돈을 잃게 되는 것은 전적으로 본인의 책임이다. 앞에서도 말했듯이 전화로 거래를 취소할 수 있는 헬프데스크는 없다.

개인의 책임은 더 넓은 공동체에 대한 의무로까지 확장된다. 여기에는 윤리적 행동을 장려하고, 보안 및 프라이버시 보호의 모범 사례에 기여하며, 다른 사람들의 교육을 돕는 것이 포함된다. 비트코인의 탈중앙화 특성은 네트워크의 무결성과 신뢰성을 유지하기 위한 사용자들의 집단적 행동과 책임에 의존한다.

오픈 소스 협업

개방적이고 협력적인 행동에 참여하는 책임은 사이퍼펑크 선언을 관통하는 또 하나의 주제다. "우리는 함께 모여 익명의 거래가 이루어질 수 있는 시스템을 만들어야 한다." 사이퍼펑크는 이러한 이상을 오픈 소스 소프트웨어 개발과, 암호화 및 프라이버시 강화 기술을 옹호하는 공동체적 협력을 통해 실현한다.[6] 투명성, 동료 평가, 그리고 협력적 개발은 사회 전반의 온라인 보안과 개인정보 보호를 달성하는 데 필요하다고 여겨지는 핵심적 가치다.

선언문 전반에 함축된 아이디어는 선언의 목표를 달성하기 위한 집단적 노력이 필요하다는 것이다. 사이퍼펑크가 단순히 개인의 프라이버시에만 초점을 맞추지 않았음은 분명하다. 그들의 목표는 암호화 도구의 인식을 확산하고 보급하는 데 도움이 되는 광범위한 공동체 운동을 시작하는 것이었다. 이러한 협력 정신은 전 세계 개발자들이 프로젝트에 기여하고, 지식을 공유하고, 집단적으로 소프트웨어를 개선하는 오픈 소스 운동의 핵심이다. 협력은 전통적으로 공통의 목표를 공유하는 사람들의 자발적 참여로 이루어진다.

오픈 소스 소프트웨어는 누구나 사용, 수정, 배포할 수 있도록 무료로 제공된다. 비트코인에 사용된 기술을 포함하여 사이퍼펑크들이 옹호했던 많은 기술들이 오픈 소스로 제공되며, 이를 통해 지속적인 동료 검토가 가능해지고, 취약점이 발견될 경우 공동체가 이를 꾸준히 보완할 수 있다.

사토시는 비트코인을 오픈 소스 소프트웨어로 공개하여 전 세계 개발자들이 코드를 검토하고 잠재적 결함을 식별하여 개발에 기여하도록 했다. 2009년 비트코인이 공개된 이래로 사토시 코드의

99% 이상이 전 세계의 낯선 사람들에 의하여 다시 작성되었으며, 이들의 신원은 대부분의 비트코인 사용자에게 알려지지 않았다. 이것이 바로 오픈 소스 소프트웨어 개발의 본질이다. 비트코인의 성공은 주로 오픈 소스 특성에 기인한다. 오픈 소스는 비트코인 프로토콜이 중앙집중식 기업 환경에서는 불가능했을 정도로 광범위하게 검증되고 시험될 수 있도록 만들었다. 수천 명의 개발자가 비트코인의 코드를 지속적으로 검토하고 유지 관리에 기여한다. 이들은 코드에 대한 집단적 소유 의식과 책임감을 지니며, 프로토콜의 변경 사항은 개발자, 채굴자, 노드 운영자, 사용자 등 다양한 이해관계자가 참여하는 공동체 합의를 통해 이루어진다.

사이퍼펑크는 비트코인에 지대한 영향을 끼쳤으며, 오늘날에도 계속해서 철학적 영향을 미치고 있다. 그중에서도 가장 뚜렷한 영향은 비트코인의 탈중앙화된 거버넌스 방식일 것이다. 이는 공동체의 의견 수렴과 합의를 통해 이념적 목표를 실현하고자 했던 사이퍼펑크의 신념을 그대로 반영한다.

CHAPTER ⑲
시간 선호

경제학에서 '시간 선호(time preference)' 또는 '시간 할인(time discount)'은 재화나 현금을 일찍 받는 것과 나중에 받는 것에 대한 상대적 가치평가를 의미한다. 시간 선호와 관련된 결정은 개인의 부, 건강, 행복에 영향을 미칠 뿐만 아니라, 애덤 스미스가 처음으로 지적했듯이 국가의 경제적 번영도 결정한다.[1] 높은 시간 선호도는 단기적 수익이나 즉각적 만족을 선호하는 성향을 나타내고, 낮은 시간 선호도는 그 반대를 가리킨다.

현대 행동경제학은 시간 선호에 대한 광범위한 연구를 수행한 분야다. 유명한 마시멜로 테스트는 만족을 지연시키는 아동의 능력을 측정하기 위하여 설계된 실험이다. 실험에 참여하는 아이에게는 좋아하는 간식을 받기 위하여 일정 시간 동안 기다리거나, 기다릴 필요 없이 덜 좋아하는 간식을 받을 수 있는 선택권이 주어진다. 만족을 지연시키는 능력, 다시 말해서 시간 선호도는 아이가 기다리는 시간(분 또는 초)으로 측정된다.

높은 시간 선호

시간 선호도가 높은 사람들은 (상대적으로) 현재 지향적 성향이 있다. 그들은 더 빠른 소비에 추가적인 가치를 부여하고 즉각적인 만족을 선호하며 저축과 투자 성향이 낮다. 사람들의 지향성은 미래에 대한 인식에 따라 달라진다. 일부 사람들은 어린아이와 마찬가지로 미래의 개념을 이해하는 데 어려움을 느낀다. 또는 중증 환자나 노인처럼 미래의 소비가 없을 수도 있다는 것을 알기 때문에 미래 소비에 대한 관심이 덜한 사람들도 있다. 반면에 시간 선호도가 낮은 사람들은 더 미래 지향적이다. 만족을 지연시키는 그들에게는 미래에 누리고 싶은 혜택에 대한 명확한 비전이 있다. 그런 사람들은 저축과 투자 성향이 높다. 즉각적 소비가 아닌 저축과 투자는 해당 개인뿐만 아니라 사회 전체의 장기적 경제 성장을 촉진한다.[2]

인플레이션은 미래에 가격이 오를 것이라는 믿음('내일은 가격이 더 오를 테니 오늘 사라')을 통해 높은 시간 선호도를 부추겨서 상품 가격을 올리고 저축의 가치를 떨어뜨린다. 낮은 이자율은 소비자들이 낮은 차입 비용을 활용한 신용으로 오늘 물건을 구매하도록 부추기기 때문에 높은 시간 선호도를 더욱 악화시킨다. 개인과 기업이 장기적이고 지속 가능한 프로젝트에 저축하거나 투자하기보다는 즉각적인 소비를 위하여 빚을 지게 된다. 이러한 역학은 상품과 서비스의 소비가 경제적으로 바람직하며 사회적 가치, 개인의 성공, 그리고 행복에 기여한다는 이론인 소비주의(consumerism)의 원동력으로 여겨진다.

비트코인은 비인플레이션적 '경화(hard money)' 철학의 귀환을 알린다. 이는 저축의 가치가 시간이 흐름에 따라 안정적으로 유지되거나 증가할 것이라는 기대를 바탕으로, 신중한 소비를 장려한다. 비트코인은 만족을 지연시키고, 현명한 투자를 하며, 구매의 장기적 가치와 효용을 고려하도록 경제적 유인을 제공한다. 이러한 점에서 비트코인은 소비주의가 조장하는 충동적이고 낭비적인 성향에 대한 해독제로 볼 수 있다. 비인플레이션적 자산으로서 비트코인은 지속 가능성과 성찰적 소비 문화를 촉진할 수 있다. 두 길 중 하나를 택하는 문제는 단순한 경제적 결정이 아니라 도덕적·철학적 선택이기도 하다.

제2차 세계대전 이후가 산업화된 세계에서 소비주의 시대의 시작으로 흔히 인식되지만, 역사학자 윌리엄 리치(William Leach)는 세기가 바뀔 무렵의 미국을 소비주의의 뿌리로 지목한다. 1890년대 미국에서는 상점들이 급속도로 확장되고, 우편 주문 쇼핑이 급증했다. 그리고 20세기에는 수백만 에이커에 달하는 매장 면적을 갖춘 거대한 다층 백화점이 등장했다.[3] 오늘날 전 세계 인구의 16%가 지구 자원의 80%를 소비한다고 하는데, 그중에서 미국이 가장 큰 비중을 차지한다.

> 이 문화의 가장 중요한 특징은 행복을 얻는 수단으로서의 획득과 소비, 새로운 것에 대한 숭배, 욕망의 민주화, 사회의 모든 가치를 측정하는 지배적 척도로서의 금전적 가치다.[4]
>
> \- 윌리엄 리치

소비주의의 철학적 토대는 복잡하다. 소비주의는 삶에서 즐거움을 우선시하는 것을 의미하는 쾌락주의(hedonism)에 뿌리를 둔다고 할 수 있다. 쾌락주의는 즐거움을 본질적 가치의 유일한 형태로 이론화한다. 쾌락주의 철학에서는 즐거움이나 행복이 최고의 이상이다.[5] 이러한 철학적 사고방식은 종종 물질적 재화의 획득으로 즐거움을 얻는 물질주의적 문화로 이어진다. 소비주의는 쾌락주의 철학의 연장선으로 볼 수 있으며, 사회적·개인적 웰빙이 소비와 부를 과시하는 능력으로 측정된다.

> 우리는 좋아하지도 않는 사람들에게 좋은 인상을 주기 위하여, 없는 돈으로 필요하지도 않은 물건을 산다.[6]
>
> \- 데이브 램지(Dave Ramsey)

그러나 연구 결과에 따르면 물질적 재화가 일시적인 즐거움을 제공할 수는 있지만, 반드시 장기적인 행복으로 이어지지는 않는다. 이는 소비주의적 쾌락주의의 핵심에 있는 역설을 드러낸다.[7] 여러 연구에 따르면 물질주의적인 사람들은 삶에서 부정적인 감정을 더 많이 경험하고 삶의 의미를 덜 느낀다고 한다. 이처럼 찾기 힘든 삶의 의미를 찾으려는 노력은 종종 특정한 정체성이나 사회적 지위를 상징하는 재화와 서비스의 추가적 소비로 이어진다.[8]

소비주의가 야기하는 내면의 정서적·심리적 문제 외에도, 더 큰 문제는 그 부정적 외부 효과와 관련되어 있다. 소비주의는 환경 파괴의 주요 원인 가운데 하나이며, 사회적 불평등을 심화시킨다. 빠르고 저렴한 소비를 선호하는 경향은 아래에서 논의하는 바와 같이 식품이나 건축 같은 분야에서 품질이 낮은 제품의 급증으로 이어질 수 있다. 소비주의를 주도하는 경제 정책은 끝없는 과도한 소비 지출을 충당하기 위하여 차입에 의존하기 때문에 공공 및 민간 부채의 증가로 이어지는 경우가 많다. 실리콘밸리 벤처 자본가들의 구호인 "빠르게 움직이며 무언가를 부숴라(Move fast and break things)"는 바로 이러한 철학적 병폐의 파생물이라 할 수 있다. 이 구호는 사업의 지속 가능한 수익성 부재에는 눈을 감은 채, 막대한 자본을 소모하며 오로지 지표 달성에만 몰두하는 '가치평가 중심의 의자 뺏기 게임'과 다름없다.

반면에 소비주의를 지지하는 사람들(아마도 케인스주의의 '공짜 돈' 학파 출신)은 소비주의가 경제 성장, 혁신, 생활 수준 향상을 촉진하며 사람들에게 선택의 자유와 소비를 통해서 '자신을 표현하는' 능력을 제공한다고 주장할 수 있다.

환경

소비주의와 환경주의는 철학적으로 상충한다. 가정의 소비와 제품의 대량 생산은 환경에 엄청난 부담을 준다. 몇 가지만 꼽더라도 오염, 폐기물 발생, 천연자원의 과소비 같은 부담이 있다.

신제품에 대한 채울 수 없는 수요는 지속 불가능한 원자재 채굴을 부추기고, 이러한 채굴과 생산은 종종 환경에 해를 끼칠 수 있는 해로운 과정을 수반한다. 예를 들어 광물과 금속의 채굴은 대기 및 수질 오염을 유발하고, 삼림의 벌채는 생물의 다양성 상실로 이어질 수 있다. 화석 연료의 사용은 온실가스 배출을 통해서 기후 변화에 기여할 수도 있다. 글로벌 공급망은 규제와 감독이 부족한 개발도상국에서 노동력과 자원을 착취하여 통제되지 않는 환경 피해를 야기하기도 한다.

과소비는 보충될 수 없거나 현재의 소비 속도로는 스스로를 유지할 수 없는 자원을 사용하는 행위를 의미한다. 벌목 산업의 예를 들어보자. 목재는 주거, 난방, 조리, 그리고 종이 제품 생산에 사용된다. UN에 따르면 1990년 이후에 목재의 과소비로 인하여 100만 에이커 이상의 삼림이 사라졌다. 천연자원이 보충되려면 시간이 필요하다. 남획은 과소비의 또 다른 예다. 대규모의 상업적 어획이 이루어진 후에는 어류의 개체 수가 회복되는 시간이 필요하다. 세계은행에 따르면 전 세계 해양 어류 자원의 거의 90%가 과도한 남획의 대상이 되고 있다. Earth.Org는 남획으로 인하여 최근 수십 년 동안에 특정한 상어의 개체 수가 70% 이상 감소한 것으로 추정한다.

폐기물과 불필요한 물품의 처리도 중요한 환경 문제다. 토양과 지하수 오염의 원인이 되는 매립지에서 납과 수은 같은 오염 물질이 토양과 지하수로 확산한다. 국제자연보전연맹(IUCN)에 따르면, 매년 약 2,000만 톤의 플라스틱 쓰레기가 환경으로 유입되고 있다. 생물다양성센터는 현재의 추세가 이어진다면 2050년까지 해양의 플라스틱 쓰레기 무게가 바닷속 모든 물고기의 무게를 넘어설 것으로 예상하고 있다.

경제학자이며 작가인 줄리엣 쇼어(Juliet Schor)가 지적했듯이, 소비재에 대한 수요는 지구의 재생 능력을 훨씬 초과하는 자원 추출 속도와 직접 연결된다.[9] 끊임없는 물질적 소유 추구와 같은 소비주의의 심리적 동인은 종종 소비와 쓰레기의 악순환을 초래한다. '소비의 쳇바퀴(Treadmill of consumption)'는 끊임없고 채워지지 않는 소비 욕구가 삶의 만족도 증가는 수반하지 않은 채 자원 고갈과 폐기물 생산을 심화시키는 현상을 의미한다.[10]

식품 산업

소비자의 식품 선택은 생물학, 경제학, 지리, 그리고 사회적 상호작용이 복잡하게 혼합된 요인의 영향을 받는다. 하지만 사람들은 대부분 자신이 감당할 수 있는 가격을 기준으로 식품을 선택한다. 현재 전 세계 식품 가격의 계층 구조는 영양가 없는 칼로리가 저렴하고, 영양가가 풍부한 식품은 비싼 구조다.[11] 따라서 점점 더 많은 사람이 불가피하게 칼로리, 당분, 지방, 소금 함량이 높고 섬유질, 비타민, 미네랄 같은 필수 영양소가 부족한 식품을 선택하게 된다.

패스트푸드 옵션은 영양가를 희생시키는 가공식품의 증가로 이어졌다. 이러한 식단을 장기간 섭취하면 비만, 당뇨병, 심장병, 기타 만성 질환을 포함하는 건강 문제가 발생한다. 세계 인구 대부분은 머지않아 농장, 들판, 어장에서 멀리 떨어진 도시에 거주하게 될 것이다. 따라서 짧고 지역적인 식품 공급망이 식품의 가공, 저장, 유통, 소매를 위한 도시 또는 국가 시스템으로 전환되어야 한다. 신선한 로컬 푸드가 더 많은 가공식품에 자리를 내주게 될 것이다.

지속 불가능한 식품 수요는 마찬가지로 지속 불가능한 속도의 살충제 및 비료의 생산과 사용을 부추긴다. UN에 따르면, 해마다 약 3억 8,500만 건의 의도치 않은 급성 살충제 중독으로 약 1만 1,000명이 사망하는 것으로 추정된다.[12] 살충제는 현재 토양, 퇴적물, 지표수 및 지하수를 포함한 환경 전반에 걸쳐서 환경 기준이나 지침을 초과하는 수준으로 존재하여 심각한 환경 및 건강 문제를 초래한다.

경제가 성장함에 따라 많은 전통 식품이 저렴한 수입 곡물과 첨가당에 자리를 내주고 있다. 저렴하고 풍부한 칼로리와 희소하고 비싼 영양소라는 이중 부담이 이제 전 세계 식품 공급의 공통적인 특징이 되었다. 세계적 도시화의 진행에 따라 역설적으로 빈곤과 비만이 연결되었고,[13] 치솟는 소비를 충족하기 위한 패스트푸드가 만연함에 따라 지역적 음식 문화와 전통이 영원히 사라지고 있다. 세계적으로 식단의 동질화가 진행되면서 음식과 관련된 문화적 풍요로움은 과거의 유물이 되었다.

더불어 건강에 해로운 식단의 영향은 보건의료 시스템에 상당한 부담을 준다. 식습관과 관련된 질병의 증가는 보건의료 서비스, 의료 개입, 공중 보건 캠페인의 확대를 필요로 하여 사회 전반에 경제적·사회적 비용을 초래한다.

건축

역사 전반에 걸쳐 건축은 한 지역, 한 나라, 그리고 그 국민들의 정신과 영혼을 담아내는 매개체였으며, 건축가들은 그 이야기를 전하는 이야기꾼의 역할을 담당했다. 타지마할은 인도 황제가 배우자에게 바친 영원한 사랑을 형상화했고, 판테온은 민주주의와 철학의 이상을 구현했다. 콜로세움의 기둥은 검투사들의 전투, 대중적 오락, 그리고 로마 제국의 위엄을 드러낸다. 마추픽추의 석조 건축은 잉카인들의 자연과의 연결성을 보여주었으며, 중국 자금성은 제국의 권력과 조화를 상징한다. 이러한 건축의 경이로움을 이끈 지배적 동인은 언제나 분명했다. 바로 세대를 넘어 영감을 불러일으키는 미학이다.

반면, 소비주의 시대의 건축 양식은 다른 방향으로 나아가고 있다. 소비자의 요구를 충족하는 가용 공간을 극대화하기 위하여, 개성이나 예술적 매력이 전혀 없는 박스형 고층 건물이 등장했다. 미적·문화적 요소보다 고밀도의 주거 및 상업 공간이 요구된다. 건물은 과거의 장식적 요소보다 미니멀리즘(minimalism)과 단순한 형태를 수용한다. 대량으로 생산된 조립식 자재의 사용이 표준화되고 동질적인 디자인으로 이어진다. 바닥 공간과 브랜딩 기회의 극대화가 무엇보다 우선한다. 그리고 비용 효율성의 추구는 시대를 초월하는 영감의 원천이 되는 독특한 건축적 경이로움보다는 일반적·반복적인 형태의 건축으로 이어진다. 이 새로운 시대를 지배하는 동력은 매우 명확하다. 바로 기능성과 비용 효율성이다.

이러한 변화의 핵심에는 시간 선호가 있다. 빠른 건설과 짧은 사용 기간이 내구성과 미관을 압도한다. 계획적 노후화(planned obsolescence)는 건물과 제품이 인위적으로 제한된 사용 수명을 갖도록 만들어지거나 의도적으로 취약하게 설계됨으로써, 일정 기간이 지난 후에는 유행에 뒤떨어지고 쓸모없다고 판단되어 교체되는 것을 의미한다.

정신 건강

소비주의가 주도하는 높은 시간 선호도는 정신 건강에도 영향을 미치는 것으로 나타났다. 높은 시간 선호도는 집단주의보다 개인주의를 강조하는 비교와 경쟁의 문화에 기여한다. 얼마나 많이 소비하는지에 따라 사람들의 우월성이 판단되고, 많은 소비가 높은 명성으로 이어진다. 타인과 의미 있는 관계를 구축하기보다는 자신의 소유물과 자신에 대한 다른 사람들의 생각에 집중하는 것이 우선시된다. 연구에 따르면 이러한 성향은, 특히 젊고 감수성이 강한 사람들의 불안, 우울증, 낮은 자존감, 그리고 고립감의 증가로 이어진다.

높은 수준의 소비에 순응하지 못하는 사람들은 성공적인 삶을 이루지 못한 실패자로 여겨지고, 그 실패가 개인의 잘못으로 치부된다.[14] 따라서 소비주의는 사회적 불평등을 심화시킨다. 애당초 사회적·경제적 불평등을 강화하도록 설계되었기 때문이다. 소비의 기대를 충족하지 못하는 사람들은 의도적으로 사회에서 소외된다. 끝없는 욕망과 불만의 순환, 그리고 광고와 소셜 미디어에 의해 촉진되는 사회적 비교는 장기적으로 사회 전체에 극도로 부정적인 심리적 영향을 끼친다.

낮은 시간 선호

스토아주의(stoicism)는 기원전 300년경의 고대 그리스-로마 철학으로, 덕성(virtue)의 실천이 삶의 궁극적인 목표가 되어야 한다는 원칙에 기초한다. 일상생활의 덕목에는 지혜, 용기, 자제력, 정의, 그리고 자연과 조화를 이루는 삶이 포함된다. 아리스토텔레스의 윤리학도 유사한 원칙을 강조한다. 낮은 시간 선호에 기초한 삶의 철학은 이러한 가르침에서 뿌리를 찾을 수 있으며 소비주의 및 물질주의와 정반대되는 개념이다.

투자 관행

세네카(Seneca the Younger)는 고대 로마의 스토아 철학자로, 그의 글과 편지는 고대 스토아주의의 가장 중요한 토대를 구성한다.[15] 그는 네로 황제가 가정교사이자 조언자로 섬겼으나, 결국 황제는 그의 평판에 걸맞게 자결을 명령했다. 세네카가 차분하고 담담하게 죽음을 맞이하는 모습은 상징적 장면으로 남아 수많은 위대한 예술 작품의 주제가 되었다. 단순성, 자제력, 그리고 스토아주의의 미덕을 옹호했음에도 불구하고 세네카의 삶은 역설적이었다. 그는 로마에서 가장 부유한 사람의 하나로, 광대한 영지와 금융 자산을 보유하고 있었기 때문이다. 이러한 모순을 잘 알고 있던 세네카는 자신의 글에서 이 문제를 다루었다. 세네카는 부 자체가 본질적으로 나쁜 것이 아니라, 부에 집착하고 그것 없이는 살아갈 수 없는 무능력이 문제라고 주장했다.

높은 시간 선호도는 일반적으로 물질적 소비에 대한 쾌락주의적 집착을 의미한다. 반면에 낮은 시간 선호도는 현재의 보상보다 미래의 보상을 중시하는 성향이다. 시간 선호 연속체에 대한 개인의 성향은 돈과 투자에 큰 영향을 미친다. 낮은 시간 선호도는 일반적으로 미래의 더 큰 수익을 위하여 즉각적인 소비나 이익을 포기하려는 의지가 더 강해지는 결과를 낳는다. 이러한 사고방식을 가진 투자자는 즉각적인 수익을 제공하지는 않더라도 시간이 가면서 가치가 상승할 것이 예상되는 자산에 투자할 가능성이 크며, 이런 접근 방식은 인내심과 선견지명을 보여준다.

현재 소비를 희생하고 미래를 우선시하는 사고방식은 저축을 강조하며 장기적 계획, 위험 회피, 부의 축적은 미덕으로 간주된다. 이는 저축이 특히 경기 침체기에 경제에 순수한 부담이 된다는 '저축의 역설(paradox of thrift)'과 같은 케인스 경제학의 개념과 뚜렷하게 대조된다. 케인스 경제학자들은 저축의 역설과 초과 저축 문제를 해결하기 위해 보통 금리를 낮추어 차입과 지출을 장려한다. 그들의 논리는 사람들이 끊임없이 소비를 이어가야만 경제의 수레바퀴가 언제나, 어떤 대가를 치르더라도 굴러간다는 전제에 기반한다.

현대 경제에서 부동산, 상품, 기타 희소한 자산이나 투자 같은 물리적 자산을 소유하지 못한 사람들은 어려움을 겪을 수 있다. 3부에서 논의했듯이, 통화의 팽창은 수그러들지 않고 계속될 것이 예상된다. 이처럼 끊임없이 증가하는 통화량이 유형 자산으로 유입됨에 따라, 그러한 자산을 소유한 사람들이 혜택을 보는 반면에 그렇지 못한 사람들은 점점 더 뒤처지게 되어 부의 격차가 심화한다.[16] 계속되는 인플레이션이 일용직 임금에 의존하고 인플레이션에 대응하는 완충 장치나 헤지 수단이 부족한 젊은 세대에게 타격을 가하고 있다. 이런 사람들은 기본적 생활 수준을 유지하는 데 점점 더 어려움을 겪는다.

이러한 도전은 종종 특히 젊은 세대가 생계를 이어가기 위한 절박한 시도로 위험한 투자에 나서게 만든다. 저금리 환경에서는 전통적인 저축 계좌가 평생 동안 결코 인플레이션율을 따라잡지 못한다. 따라서 사람들은 필연적으로 고수익을 얻을 가능성이 있는 투기적인 투자에 의존하게 된다. (역설적이게도 많은 사람이 비트코인을 그러한 투기적 투자로 여기는 것은 비트코인의 진정한 독특성과 장기적 투자 논리에 대한 이해의 부족을 보여준다.)

저금리와 생활비 상승이 겹친 환경은 사람들을 점점 더 깊은 부채의 수렁으로 끌어들이기에 완벽한 조건을 갖춘다. 즉각적인 소요를 충당하기 위하여 채무 상환의 악순환에 갇히게 된 사람들이 소득의 상당 부분을 빚을 갚는 데 쓰게 된다. 신용카드 빚, 학자금 대출, 단기소액대출이 문제를 더욱 악화시켜서 빚에서 벗어나기가 현실적으로 점점 더 어려워진다.

비트코인은 희소한 재화로서, 시간이 지나도 인플레이션에 의해 가치가 훼손되지 않는 형태로 노동의 결실을 저장할 수 있게 해준다. 통화 공급의 무분별한 확대로 구매력을 상실할 수 있는 법정화폐와 달리, 비트코인의 구매력은 희소성과 늘어나는 수요 때문에 시간이 가면서 상승할 수 있다(단기 변동성을 배제한다면 출시 이후로 줄곧 그랬던 것처럼).[17] 절대적으로 희소한 자산이 전 세계적으로 통화화(monetization)되는 과정을 우리 눈앞에서 처음으로 목격하고 있다는 사실은, 사람들로 하여금 소비 대신 저축을 택하도록 장려할 수 있다. 비트코인의 가치 상승 가능성은 사용자들이 장기적인 경제적 웰빙을 고려하는 인센티브를 제공한다. 그들은 미래의 재정적 안정을 기대하면서 즉각적인 소비를 포기하고 투자에 나설 수 있다.

물론 이번 장의 요지는 비트코인이 환경 파괴를 되돌리고, 식습관과 정신 건강을 개선하며, 미학적으로 우수한 건축의 르네상스를 가져오는 만병통치약이라는 데 있지 않다. 다만 여기서 논하는 바는 화폐가 인센티브를 형성하고 인간 행동을 자극하는 데 있어 얼마나 중대한 역할을 하는가 하는 점이다. "돈을 고치면 세상을 고친다(Fix the money, fix the world)"는 소셜 미디어에서 인기 있는 비트코인 밈이다. 이 장은 중앙은행의 통화 조작, 특히 소비 주도의 문화를 조장하는 인플레이션 정책이 사회에 미치는 영향에 대한 설명이다. 환경 파괴, 식품 품질의 저하, 건축적 가치의 하락, 급증하는 정신 건강 위기는 대체로 화폐 정책에 뿌리를 둔 더 깊은 병폐의 증상이라는 것이 이 장의 주장이다.

비트코인은 허무주의적인 여러 가지 사회적 추세에 저항하는 도구로 부상하고 있다. 금본위제는 통화를 실체적 표준에 연동하고 법정통화의 과도한 조작을 억제하려는 역사적 시도였다. 금본위제는 희소성을 핵심으로 하는 건전한 통화 원칙을 지니고 있었음에도, 실질적 한계와 비효율성에 시달리며 결국 폐기되었다는 점은 2장에서 논의한 바 있다. 그러나 비트코인은 이러한 한계를 초월한 디지털 경화(digital hard money)로 제시되며, 사회를 괴롭히는 소비주의적 병폐에 맞서는 대안을 제공한다. 동시에 인류가 통제되지 않은 소비주의의 자기 파괴적 궤적을 지속 가능성과 웰빙이 중시되는 미래로 전환할 수 있는 기회를 열어준다.

CHAPTER ⑳
내러티브와 밈

1990년대 모스크바의 교도소에서는 말보로 담배가 화폐의 역할을 했다. 담배를 피우지 않는 사람들까지도 말보로 담배를 이용한 결제를 수락했다. 이러한 제도는 오늘날에도 여전히 전 세계 교도소에서 널리 퍼져 있으며, 미국 교도소에서는 즉석 라면이 일종의 합법적 통화로서 담배와 경쟁하기도 한다. 담배를 화폐로 사용하는 관행은 제2차 세계대전 중의 독일 포로수용소로 거슬러 올라갈 수 있다. 지연되던 적십자사의 구호 물품이 대량으로 도착하면 때로는 수천 갑의 담배가 수용소의 화폐 공급에 유입되면서 물가의 인플레이션을 초래했다고 한다.[1]

사람들 사이의 그러한 합의 체계는 어떻게 생겨날까? 철학자 존 설(John Searle)은 인간의 합의에 의해서만 세상에 존재하는 사실과,

인간의 견해와 전혀 무관하게 존재하는 사실을 구분한다. 에베레스트산 정상에 눈이 쌓여 있다거나, 물이 100°C에서 끓는다거나, 심장 박동이 멈추면 죽음에 이른다는 것은 설이 '냉혹한 사실(brute facts)'이라 부르는 후자에 속한다. 냉혹한 사실은 우리의 해석이나 신념과 무관하게 존재한다. 종이에 싸인 담배가 가치를 지닌다는 교도소 수감자들의 합의(흡연자가 아닌 수감자까지도)는 설이 '관행적 사실(institutional facts)'이라 부르는 전자에 속한다. 화폐는 관행적 사실이다.

관행적 사실은 어떻게 탄생하고 지속될까? 작가 유발 하라리에 따르면, 화폐 같은 관행적 사실의 근간이 되는 가치 체계를 형성하는 데는 사회적 구성물(societal constructs)이 중요한 역할을 한다. 이러한 사회적 구성물의 핵심은 내러티브(narrative), 또는 하라리의 말처럼 이야기(story)다.

> 지금까지 발명된 가장 성공적인 이야기는 어떤 신에 대한 종교적 이야기가 아니라 화폐의 이야기다. 영국 파운드는 오직 모든 사람이 가치가 있다고 믿기 때문에 가치가 있다. 그리고 모든 사람이 정부, 영국은행, 주요 기업이 들려주는 이야기를 믿기 때문에 파운드의 가치를 믿는다. 모두가 이런 이야기를 믿는 한, 나는 슈퍼마켓에 가서 색색의 종잇조각을 낯선 사람에게 건네준 대가로 빵을 얻을 수 있다. 침팬지에게는 이런 방법이 통하지 않는다. 그들은 돈을 믿지 않고 색색의 종잇조각과 교환하여 당신에게 바나나를 주는 데 절대로 동의하지 않을 것이다. 그래서 우리는 세계를 통

제하고 침팬지는 그렇지 않다.²

- 유발 노아 하라리(Yuval Noah Harari)

다시 말해서 침팬지는 냉혹한 사실을 선호하고 관행적 사실을 받아들이는 데 어려움을 겪는다. 이야기를 이해하고 처리하는 능력이 상대적으로 부족하기 때문이다.

사회적 구성물인 내러티브와 이야기의 힘은 투자에도 적용된다. 지속적인 투자 논리의 핵심은 단지 숫자, 도표, 그리고 경제 지표만이 아니라 투자 논리를 뒷받침하는 철학적 내러티브에도 뿌리를 두고 있다.

인간의 뇌는 항상, 지출이나 투자 같은 기본적 행동까지도 정당화하기 위하여, 사실 여부와 무관하게 내러티브에 고도로 집중해왔다. 이야기는 활동에 동기를 부여하고, 깊이 느껴지는 가치와 욕구에 연결한다. 이야기는 '입소문을 타고' 전 세계로까지 퍼져나가서 경제적 영향을 미친다.³

- 로버트 실러(Robert Shiller)

2013년도 노벨상 수상자인 경제학자 로버트 실러는 '내러티브 경제학(Narrative Economics)'의 개념을 소개했다. 그는 이 주제에 대한 자신의 저서에서 투자 결정에 종종 영향을 미치고 질병과 유사한 전염 방식을 통해서 확산하는 대중적 내러티브를 논의한다.⁴ 실러는 의사 결정이 전적으로 이기적인 행동으로 주도된다는 것이 전통적 경제 모델의 가정이지만, 사회의 내러티브에도 의사 결정에 영향을 미치는 강력한 힘이 있다고 주장한다. 내러티브는 세상이 돌아가는 방식과 자신이 영향받을 수 있는 위험에 대한 사람들의 이해에 영향을 미친다.

인간의 심리에 영향을 미치고 군중 심리를 촉발하여 투자 결정에 영향을 미치는 내러티브의 힘은 사토시에게도 분명했다. 그는 2009년 사람들에게 비트코인을 구매하도록 권유할 때 어떤 맥락을 활용해야 하는지를 알고 있었다.

> 비트코인이 유행을 타게 되는 만약의 경우를 대비해서라도 조금 사두는 것이 합리적일 수 있다. 충분히 많은 사람이 같은 식으로 생각한다면, 그런 생각이 자기실현적 예언이 될 것이다.[5]
>
> - 사토시 나카모토

내러티브는 투자의 목적과 경제적·사회적 환경에서의 위치에 대한 더 넓은 맥락과 더 깊은 이해를 제공하고 투자자들이 단기적 추세보다는 장기적 가치에 맞춰서 투자하도록 돕는다. 그리고 즉각적인 시장의 역학과 변동성을 넘어서는 패러다임의 변화를 평가하는 철학적 기준틀도 제공한다. 개인의 가치 체계에 기반한 철학적 토대는 단기적 시장 변동성에도 흔들리지 않는 견고한 투자 전략을 발전시키는 데 필수적이다. 핵심 가치에 기초한 투자 전략은 악재에 직면해도 방향성을 유지할 가능성이 크다.

철학적 내러티브는 같은 생각을 가진 투자자들을 끌어들여, 단순한 재정적 수익을 넘어선 대의에 헌신하는 이해관계자 공동체를 형성한다. 내러티브는 투자 논리에 깊이, 목적, 지속성을 부여하며, 시장의 굴곡을 헤쳐 나가면서도 더 큰 비전에 연동될 수 있도록 한다.

내러티브는 문화적 혁명을 촉발한다. 실러가 지적했듯이, 입소문을 타고 문화적 트렌드에 영향을 미치는 내러티브의 힘은 정보 기술의 영향을 더 크게 받는다. 예를 들어, 실러는 인쇄기와 신문의 발명이 17세기 네덜란드의 튤립 열풍에 기여했다고 주장한다. 인터넷과 소셜 미디어의 시대에는 내러티브가 자리 잡는 데 관여하는 입소문의 요소가 그 어느 때보다도 강력하다.

비트코인에 대한 철학적·문화적 내러티브의 중요성은 특히 수익원, 기업 지배구조, 리더십 팀, 심지어 물리적 형태조차 없는 자산으로서 비트코인의 독특한 위치를 생각하면 아무리 강조해도 지나치지 않는다. 금과 마찬가지로 비트코인의 가치는 주로 가치와 효용에 대한 집단적 믿음에서 도출된다. 이러한 신념 체계는 지지자들의 상상력과 확신을 사로잡는 설득력 있는 내러티브를 통해 정착하고 확산된다.

비트코인의 내러티브를 유지하는 핵심적 요소는 밈(meme)과 이를 둘러싼 활기찬 문화다. 비트코인 밈은 단순한 오락을 넘어 경제, 주권, 프라이버시에 관한 복잡한 개념들을 누구나 쉽게 공감할 수 있는 콘텐츠로 응축하는 강력한 도구다. 비트코인 밈은 인터넷과 소셜 미디어의 힘을 최대한 활용하며, 공동체 의식과 공유된 목적 의식을 촉진한다. 이는 합의와 집단적 행동이 핵심인 탈중앙화 네트워크에서 필수적인 요소다. 밈은 비트코인의 문화를 담아내고, 반체제적 뿌리를 강조한다. 또한 비트코인의 사명에 대한 믿음을 구축하고 유지하는 데도 중요한 역할을 한다. 다음 섹션에서는 가장 대표적인 몇몇 비트코인 밈을 간략하게 설명한다.

자신의 은행이 되라

"자신의 은행이 되라(be your own bank)"는 문구는 비트코인의 핵심 철학을 요약한다. 이는 자신의 돈에 대한 완전한 통제권을 갖고 전통적 금융 서비스 산업을 우회할 수 있는 개인의 능력을 의미한다. 금융 시스템에서 은행은 사람들의 돈을 보관 및 관리하고 거래를 원활하게 하는 중개자 역할을 한다. 비트코인은 독립적인 개인이 하루 24시간, 1년 365일 동안 자율적이고 자기 주권적인 방식으로 부를 저장, 관리 및 거래할 수 있게 하는 대안을 제시한다. 비트코인의 개인 키를 보유함으로써 당신은 제3자의 제한과 영향력에서 벗어나, 자신의 돈에 대한 완전한 소유권과 책임을 갖게 된다. 중개자 역할을 하는 금융 시스템을 제거함으로써 검열에 대한 저항력과 은행의 파산에 대한 보호막을 확보할 수 있다. 이 밈은 중개자 역할을 제거하여 금융 산업을 파괴할 수 있는 비트코인의 잠재력을 강조한다.

Vires in Numeris

라틴어 문구 'vires in numeris'는 '숫자의 힘'이라는 뜻으로, 실수하기 쉬운 인간에 대한 숫자의 본질적 우월성을 상징한다. 정부와 중앙은행을 운영하는 사람들의 변덕에 시달리는 법정화폐와 달리, 비트코인은 수학과 암호학의 원리에 따라 작동한다. 인간의 관행보다 수학적 원리를 신뢰하는 비트코인은 부패하기 쉬운 중앙집중식 시스템에서 벗어나 탈중앙화되고 신뢰가 필요 없는 시스템으로 향하는 철학적 전환을 대표한다. 또한 인간과 제도적 권위에 대한 맹목적 믿음에서 벗어나 수치적 확실성에 뿌리를 둔 투명하고 평등주의적인 시스템으로 나아가는 것을 상징한다.

키가 없으면 코인도 없다

"키가 없으면 코인도 없다(not your keys, not your coins)"라는 밈은 비트코인의 소유권과 보안에 대한 경고로 시작되었다. 이는 비트코인 소유의 중요한 원칙을 담고 있다. 즉, 지갑의 개인 키를 통제하지 못한다면, 그 지갑에 담긴 코인을 진정으로 소유하고 있다고 말할 수 없다는 것이다. 이 문구는 자체 보관의 중요성과 함께 거래소나 제3자가 관리하는 지갑에 비트코인을 보관하면 거래소 파산, 사기, 해킹 등의 위험에 노출될 수 있음을 강조하는 방법으로 널리 사용되었다. 미국 증권거래위원회 위원장이며 암호화폐 회의론자로 유명한 게리 겐슬러(Gary Gensler)도 2023년 2월에 공개한 유튜브 영상에서 "키가 없으면 암호화폐도 없다"는 밈을 입에 올렸다.

비트코인 간판남(Sign Guy)

2017년 7월 12일 하원 금융서비스위원회에서 재닛 옐런 연방준비제도이사회 의장이 증언하는 동안에, 그녀의 뒤에서 중계 카메라에 잘 잡히도록 자리를 잡은 익명의 인물이 "비트코인을 사라(Buy Bitcoin)"가 적힌 메모장을 들어 보였다.

이 행동은 TV를 통해 생중계되었고, 곧 비트코인 공동체에서 상징적 순간으로 자리매김했다. 이 사건의 시점과 장소는 옐런이 대표하는 전통적 중앙집중적·인플레이션적 금융 정책과, 이에 '탈퇴(opt out)'할 수 있는 수단으로서의 비트코인 간의 대조를 극명하게 부각시켰다. 특히 이 밈은 비트코인의 핵심에 있는 반체제적 정서를 효과적으로 포착했다. 2024년 4월, 문제의 메모장은 100만 달러에 판매되었는데 이는 그 문화적 상징성을 입증하는 사건이었다.

HODL

흔히 접할 수 있는 오해는 HODL이 "hold on for dear life(소중한 생명을 버텨라)"의 약자라는 것이다. 이것이 사실이었다면 다소 실망스러운 밈이 되었겠지만, 다행히도 사실이 아니다. 실제로 HODL은 2013년 한 블로그 글에서 'hold'라는 단어의 철자가 틀린 데서 비롯되었다. 그러나 그 글은 단순한 실수가 아니라 시장을 정확히 맞추려는 시도가 얼마나 무의미한지를 유머러스하면서도 통찰력 있게 보여주었고, 곧 밈으로 자리 잡았다.

HODL은 기본적으로 투자자들이 장기적인 관점을 채택하고 단기적 이익의 유혹을 뿌리치도록 장려하는 밈이다. 호들링(HODL-ing)은 비트코인의 악명 높은 가격 변동성에 대한 실용적 대응을 반영한다. 호들러(HODLer)들은 단기적 시장 변동의 변덕에 굴복하기보다 폭풍우를 견뎌내면서 비트코인 가치의 궁극적 상승에 대한 확신을 유지하는 쪽을 선택한다. 이러한 변동성에 대한 회복력은 시기에 맞추어 시장에 진입하려는 고위험·고수익 전략과 대비되며, 후자는 종종 손실로 귀결된다.

HODL 밈은 실용적인 의미 외에도 비트코인 사용자들의 공동체 의식을 조성했다. 단기적 변동성에도 불구하고 비트코인을 보유하려는 공통적 의지를 고취함으로써, 비트코인의 집단적 정체성과 정신을 형성하는 데 도움이 되었다. 이 밈은 장기투자의 철학, 시장 변동성에 대한 회복력, 그리고 시장의 타이밍에 대한 회의적 시각을 요약한다.

벌꿀오소리

비트코인을 벌꿀오소리(honey badger)에 비유한 밈은 두려움을 모르고 강인하다는 벌꿀오소리의 평판에서 유래했다. 이 밈은 벌꿀오소리와 마찬가지로 어떤 역경에 직면해도 회복력이 강한 비트코인을 결코 막을 수 없다는 것을 시사한다. 규제로 인한 어려움, 거래소의 파산, 암호화폐 업계의 사기, 시장의 변동성, 커뮤니티 내부의 이념적 균열, 그리고 금융 전문가와 뉴스 매체의 끊임없는 비판에도 불구하고 비트코인은 시가총액과 글로벌 채택률 측면에서 계속해서 성장하면서 새로운 고지를 점령해왔다. 이 밈은 흔들림 없는 회복력으로 다양한 어려움을 견뎌낼 수 있는 비트코인의 능력을 강조한다.

레이저 눈

레이저 눈(laer-eyes) 밈은 2021년 사람들이 소셜미디어 프로필 사진을 편집해 눈에서 레이저 광선을 발사하는 이미지를 넣기 시작하면서 유행했다. 이 밈은 비트코인이 개당 10만 달러에 도달할 때까지 '레이저 같은 집중력'을 유지하겠다는 집단적 다짐을 상징했다. 이 밈을 비판하는 많은 사람은 레이저 눈을 뽐내는 사람들이 종종 독단적이고 공격적인 인상을 준다고 지적한다. 일부에서는 이 밈이 비트코인 커뮤니티의 종교적 열정에 가까운 근본주의적 특성을 상징한다고 생각한다. 이 밈은 '비트코인 맥시멀리즘(bitcoin maximalism)'이라는 또 다른 밈과 얽혀있다. 비트코인 맥시멀리즘은 비트코인이 진정으로 탈중앙화된 유일한 블록체인이기 때문에 모든 블록체인 관련 개발이 비트코인에서만 이루어져야 한다는 철학이다.

비트코인 밈을 비판하는 사람들은 모든 문화적 혁명에서 확고한 신조의 가치를 종종 무시한다. 비트코인의 문화는 유기적으로 발전했다. 실리콘밸리, 월 스트리트, 또는 다른 세계적인 기관이나 정부가 아무리 많은 투자를 하더라도 비트코인처럼 강력하고 통합된 풀뿌리 문화를 재현할 수 없다. 그것은 불변하고, 복제 불가능하며,

경로 의존적이다. 이는 비트코인 자체와 마찬가지다. 이 문화는 막대한 투자나 화려한 마케팅 캠페인에서 비롯된 것이 아니다. 반체제적 이상의 불길 속에서 만들어지고, 사이퍼펑크 원칙에 대한 끊임없는 헌신을 통해서 다듬어졌으며, 다음과 같은 소박하고 단순한 철학을 따르는 사람들의 손에서 굳건히 자리 잡았다. "비트코인 노드를 운영하라. 저축은 스스로 보관하라. 그리고 힘들게 번 임금을 사토시로 전환하라." 람보르기니와 펜트하우스 같이 암호화폐의 성공을 대표하는 진부한 상징과 정반대되는 비트코인의 문화는, 금욕적이고 시간 선호도가 낮은 단순한 삶을 요구하며 현실과 진실을 우선시하는 문화다.

금과 마찬가지로 비트코인의 가치는 가치에 대한 집단적 믿음에서 도출된다. 이러한 신념 체계는 시대를 거쳐 발전해온 철학적 교리의 진화를 닮아 있다. 그것은 근본적 이념에 대한 흔들림 없는 헌신을 요구한다. 중세의 수도사들이 수백 년 동안 지속성과 변조에 대한 저항성을 보장하기 위하여, 교조적으로 꼼꼼하게 성서를 필사했던 수도원의 원칙을 생각해보라. 비트코인의 회복력 역시 가치 하락에 대한 저항성에 달려 있다. 비트코인의 강점은 원래의 비전과 단순성을 고수하고 진정한 본질을 훼손할 수 있는 복잡성을 피하는 데 있다. 금과 마찬가지로 비트코인이 수십 년, 수백 년, 또는 수천 년 동안 가치를 유지하려면 외골수의 집중이 중요하다. 레이저 눈을 갖추고 금욕적 전투에서 단련된 비트코인 맥시멀리스트들이 이러한 철학의 수호자를 대표한다.

CHAPTER ㉑

비트코인은 거울이다

> 숲속에 두 갈래 길이 있었는데, 나는—
> 나는 사람들이 덜 다닌 길을 선택했고,
> 그래서 모든 것이 달라졌다.
>
> - 로버트 프로스트(Robert Frost)

비트코인을 공부하는 것은 매우 흥미로운 철학적 여행이다. 한편으로는 혁신 자체의 본질과 복잡성에 대한 분석을 포함하고, 다른 한편으로는 인지적 성향, 이념, 편견을 비추는 거울이 되어 개인적 신념을 드러낸다. 예를 들어, 개인의 자유와 정부의 통제 사이의 연속선상에서 자신의 위치를 정확히 파악하도록 강요한다. 특히 높은 학력과 직업적 성취가 두드러지는 사람들에게 "나는 아무것도 모른다는 것을 안다"라는 소크라테스식 인정을 수용하는 지적 겸손을 요구한다.[1] 그리고 기존의 믿음과 널리 수용되는 진실을 비판적으로 검토하고 의문을 제기하는 관행인 오류가능주의(fallibism)를 장려한다.

여기서 제한적인 지식을 갖춘 사람들이 자신의 역량을 과대평가하는 인지 편향인 더닝-크루거(Dunning-Kruger) 효과가 특히 중요하다.[2] 비트코인에 대하여 더 많이 알게 될수록 아직 이해하지 못하는 것이 많다는 사실을 깨닫고, 기원전 100년경 고대 타미르(Tamir)의 시인 아바이야르(Avaiyar)의 말을 떠올리게 된다. "당신이 배운 것은 한 줌에 불과하지만 배우지 못한 것은 온 세상에 해당한다."

역사를 통해서 중요한 혁신적 발전에 대한 개인의 반응은 매우 다양했다. 바퀴부터 인터넷에 이르기까지, 모든 획기적 혁신이 당대의 회의론자의 비판에 직면했다. 다음은 몇몇 주목할 만한 사례다.

> 미국인들은 전화가 필요하지만 우리는 그렇지 않다. 우리에게는 메신저 보이(messenger boy)가 많다.
> - 윌리엄 프리스(William Preece) 경, 영국 체신부 수석엔지니어, 1876년

> 공기보다 무거운 비행 기계는 불가능하다.
> - 켈빈(Kelvin) 경, 왕립학회 회장, 1895년

> 말은 계속해서 존재하겠지만, 자동차는 그저 신기한 유행일 뿐이다.
> - 미시간 저축은행 회장, 1903년

> 도대체 누가 배우들이 말하는 것을 듣고 싶어 할까?
> - H. M. 워너(Warner), 워너 브라더스 공동 창립자, 1927년, 유성 영화의 전망에 대하여

컴퓨터의 시장은 전 세계적으로 다섯 대 정도 될 것 같다.

- 토머스 왓슨(Thomas Watson), IBM 회장, 1943년

텔레비전은 오래가지 못할 것이다. 사람들이 매일 밤 합판 상자를 쳐다보는 데 곧 지쳐 버릴 것이기 때문이다.

- 대릴 재넉(Darryl Zanuck), 20세기 폭스 공동 창립자, 1946년

원격 쇼핑은 충분히 가능하지만 실패할 것이다.

- 온라인 쇼핑의 전망에 관한 〈타임〉지 기사, 1966년

진실은 그 어떤 온라인 데이터베이스도 당신의 일간 신문을 대체하지 않으리라는 것이다.

- 클리포드 스톨(Clifford Stoll),
"인터넷? 에이!(Internet? Bah!)"라는 제목의 〈뉴스위크〉 기사, 1995년

인터넷의 성장은 급격히 둔화될 것이다… 대부분의 사람들은 서로에게 할 말이 없기 때문이다. 2005년쯤 되면 인터넷이 경제에 미치는 영향이 팩스 송수신기보다 크지 않다는 사실이 분명해질 것이다.

- 폴 크루그먼, 노벨 경제학상 수상자, 1998년

1880년 전구가 처음 등장했을 때 비평가들은 전기 화재, 사고, 잠재적 건강 위험 등 안전성에 대한 우려를 제기했다. 전기 조명의 등

장으로 위협을 느낀 가스 회사들은 전기 조명이 기존의 가스등보다 조잡하고 신뢰성이 떨어진다고 주장했다. 문화 비평가들은 가스등의 따스한 빛과 낮과 밤의 자연스러운 리듬이 사라짐을 애석해하며, 전등이 도시의 미학과 사회적 규범을 파괴할 것이라고 우려했다.

19세기 후반의 비슷한 시기에 처음 등장한 자전거도 공포를 조장하는 다양한 주장에 직면했다. 회의론자들은 자전거 타기로 생식 기관이 손상되어 불임을 유발할 수 있다고 경고했다. 어떤 사람들은 자전거 타기가 히스테리와 정신병 같은 심리적 문제와 자세 및 반복적 동작으로 인하여 구부러진 척추나 다리 같은 신체적 기형을 초래할 수 있다고 믿었다. 자전거가 제공하는 자유와 이동성이 전통적 성 역할에 대한 위협으로 여겨져서, 여성의 성적 문란과 도덕적 타락의 증가에 대한 두려움마저 불러일으켰다. 의사들은 또한 최신 유행의 기계를 사용하는 여성들이 자전거 얼굴(bicycle face)이라는 끔찍한 질병을 유발할 수 있다고 경고했다.[3] 1895년 〈리터러리 다이제스트(Literary Digest)〉는 "과도한 운동, 안장에 똑바로 앉는 자세, 그리고 균형을 유지하려는 무의식적 노력이 지치고 탈진한 '자전거 얼굴'을 유발하는 경향이 있다"고 선언했다. 자전거 얼굴의 증상에는 '이를 악문 단단한 턱과 튀어나온 눈'이 포함되었다.[4]

다니엘 배튼은 새로운 기술에 대한 사회의 부정적 반응이 인간의 원초적 생존 본능에서 비롯된다고 주장한다. 사바나(savannah)에서 초기 인류가 지평선 위의 큰 불분명한 형체를 보고 그것이 포식자인지 먹잇감인지 확신할 수 없을 때, 위험하다고 가정했는데 틀렸다면 단지 한 끼 식사를 잃는 것에 불과했다. 그러나 무해하다고 가정했는데 틀렸다면 스스로가 먹잇감이 될 수 있었다. 이처럼 불확실성에 직면할 때 신중하게 대처하여 실수하는 쪽을 선택하는 본능은 진화 심리학에 깊은 뿌리를 내렸다. 사람들은 아직 그 영향이 충분히 이해되지 않은 새로운 기술에 직면할 때 우선 부정적으로 가정하는 경향이 있다.[5]

비트코인도 탄생한 순간부터 수많은 종말 선언과 함께 혹독하고 격렬한 비판에 직면했다. 비트코인 부고, 즉 주요 언론 매체에서 누군가가 비트코인이 죽었다고 선언한 횟수를 추적하는 웹사이트도 있다. 현재의 카운트는 415회다. 이 책이 출간될 무렵에 채굴 해시율, 노드 분포, 가격 같은 비트코인의 펀더멘탈은 그 어느 때보다도 좋게 보인다. 부고의 역사상 타의 추종을 불허하는 횟수로 죽음에서 부활한 비트코인은 더 크고 강력해졌다. 언론에서 415차례 비트코인의 종말을 선언할 때마다 100달러 상당의 비트코인을 구입했다면, 오늘날 1억 달러 이상을 보유하게 되었을 것이다.[6]

회의주의가 나쁜 것이 아님은 분명하다. 검증되지 않았거나 오류가 있는 주장으로부터 사회를 보호하고 지식을 발전시키는 데 회의주의가 중요한 역할을 한다는 것은 의심의 여지가 없다. 엄격한 탐구를 촉진하는 회의주의는 과학적 방법론의 근간을 형성한다. 일상생활에서 적절한 정도의 회의주의는 사기, 선전, 그리고 잘못된 정보로부터 개인을 보호할 수 있다. 따라서 회의주의는 때로 새로운 혁신의 수용을 늦출 수도 있지만, 궁극적으로 혁신을 이해하고 검증하고 채택하기 위한 더욱 견고한 기준틀을 구축하는 역할을 한다. 비트코인이 겪었던 회의주의의 패턴도 독특하거나 색다른 것이 아니고 보편적인 통과 의례다.[7]

인류가 새로운 기술에 본능적으로 반응하는 방식은, 미래에 대한 심오한 철학적 태도와 인간이 그 미래를 긍정적 혹은 부정적으로 형성할 수 있는 능력을 반영하는 것이기도 하다.[8] 기술적 낙관주의는 계몽주의로 거슬러 올라가며, 이는 진보에 대한 신념을 강조했다.[9] 계몽주의가 지닌 낙관주의는 지식과 합리성이 인간 조건의 지속적인 개선으로 이어질 수 있다는 확신에 기반을 두었다.

산업혁명은 기술에 대한 낙관론과 비관론의 대립을 잘 보여주는 역사적 사례다. 낙관론자들은 거대한 기술적 변화가 생활 수준을 향상시키고, 건강을 개선하며, 상품에 대한 접근성을 민주화하는 길이라고 보았다. 반면에 비관론자들은 노동자 착취, 환경 파괴, 그리고 장인 기술과 공동체 가치의 상실이라는 어두운 면에 초점을 맞췄다. 예를 들어 유명한 러다이트(Luddites) 운동은 일자리 상실과 사회 구조의 붕괴를 우려하여 직조 기술의 발전에 저항했다.

제2차 세계대전 이후의 핵 기술 발전은 기술적 낙관론과 비관론의 극명한 이분법을 보여주는 완벽한 사례였다. 한편으로는 낙관론자들이 무한한 청정 에너지의 약속이자 억지력을 통한 세계 평화의 원동력이 될 원자 시대(Atomic Age)를 예고했다. 다른 한편으로 비관론자들은 원자폭탄을 지구 멸망의 잠재적 전조로 보고 이를 통제할 수 있는 능력에 대한 두려움을 품었다.

비트코인이 인류를 위한 더 나은 화폐의 형태로 기능할 수 있다는 잠재력은 아마도 비관주의나 허무주의보다는 낙관주의를 택하는 자연스러운 성향을 가진 이들에게 매력적으로 다가갈 것이다. 동시에 비트코인은 제도, 특히 국가에 대한 불신 성향을 가진 이들에게도 호소력을 가진다.[10] 초창기부터 비트코인을 열렬하게 지지한 사람들의 다수는 고전적 자유주의에서 자유지상주의와 무정부주의에 이르는 다양한 철학을 신봉했다. 그들에게 비트코인은 기존 질서에 도전하고 개인의 자율성을 주장하는 수단이었다.

철학적 스펙트럼의 반대편에 있는 사람들은 국가를 사회 질서를 유지하고 필수적 서비스를 제공하는 합법적인 권위로 본다. 토머스 홉스와 존 로크 같은 사상가들을 따라 국가에 대한 신뢰를 옹호하는 사람들은 시민의 권리를 보호하고 공익을 증진하는 정부의 역할을 우선시한다.[11] 그들은 종종 비트코인을 이러한 비전에 대한 위협으로 인식하고, 비트코인의 탈중앙화 특성이 경제를 규제하고 안정시키는 국가의 능력을 저해한다고 생각한다. 아마도 개인의 사회경제적 배경이 비트코인에 대한 본능적 반응에 가장 큰 영향을 미칠 것이다.

> 유로, 엔, 파운드와 같은 기축 통화 체제에서 태어난 사람은, 취약한 화폐 체제에서 태어난 전 세계 인구의 89%에 비해 재정적 특권을 누린다.[12]
>
> - 알렉스 글래드스타인

잘 꾸며진 안락한 거실에서 벽난로의 은은한 온기가 느껴지는 아늑한 안락의자에 앉아 비트코인에 회의적인 시선을 던지기는 어렵지 않다. 이러한 특권의 관점에서는 비트코인의 내재 가치 부족, 단기 변동성, 그리고 자금 세탁을 촉진한다는 오명에 대한 인식이 묵살이나 심지어 조롱의 소재가 된다.

그러나 이런 사치를 누리지 못하는 수백만 명의 사람들도 있다. 예를 들어, 2024년 3월 이란에서는 히잡 착용 의무를 준수하지 않는 여성의 은행 계좌에서 자동으로 자금이 인출될 수 있는 새로운 법이 도입된다고 보도되었다.[13] 법의 집행은 인공지능과 안면 인식 기술을 통해서 온라인 콘텐츠를 면밀하게 검토하여 위반자를 색출하는 방식으로 이루어질 것이다. 전통적인 방식으로 부과되는 벌금은 무시하거나, 이의를 제기하거나, 파급 효과에 대비하는 등 다양하게 대응할 수 있는 것이 보통이다. 하지만 어느 날 아침에 눈을 뜨고, 아무런 사전 경고나 설명도 없이, 당신의 은행 계좌에서 절반의 돈이 빠져나간 것을 알게 되는 충격을 상상해보라. 이 냉엄한 현실은 당신의 은행 계좌에 있는 돈이 애당초 당신 것이 아니었다는 오싹한 진실을 드러낸다.

비트코인 회의론자들은 이러한 폭정에 직면한 이란 여성에게 어떤 해결책을 제시할 수 있을까? 권위의 손이 닿지 않는 곳에서 자신의 평생 저축을 눈에 보이지 않게 사적으로 관리할 수 있는 기술적 도구가 있다면 얼마나 좋을까?[14]

> 대부분의 사람들이 이런 사실을 깨닫지 못하지만, 사토시는 물리적 영역에서 디지털 영역으로 들어가는 문을 열었다… 에너지와 물질의 보존, 객관성, 진실, 시간, 그리고 결과를 디지털 영역으로 가져와 물리적·정치적 영역과 별개인 재산권, 자유, 그리고 주권을 인류에게 제공했다.[15]
>
> - 마이클 세일러(Michael Saylor)

12장에서 논의한 것처럼, 디지털 시대는 억압적 정권에게 금융 감시를 통해 반대 세력을 억누를 수 있는 전례 없는 수단을 제공했다. 사용되는 방식은 정권마다 다르지만, 경제적 강압을 통해서 반대의 목소리를 침묵시키고 표현의 자유를 억압하려는 목표에는 변함이 없다. 이는 디지털 기술이 지배하는 시대의 인권에 대한 긴급한 도전을 초래한다.

매슬로(Maslow)의 욕구의 위계(hierarchy of needs)는 인간의 욕구가 계층적 순서로 배열될 수 있다는 심리학 이론이다. 가장 기초적인 안전 욕구가 토대를 이루고 그 위로 사랑, 존중, 그리고 자아실현의 욕구가 차례로 쌓인다. 개인은 하위 단계의 욕구가 충족됨에 따라 상위 단계로 나아가며, 하위 욕구가 충족되지 않으면 상위 욕구는 성취될 수 없다. 이 위계는 인간이 가장 기초적인 욕구를 우선적으로 충족한 후 차츰 더 높은 단계의 욕구를 향해 나아간다는 점을 보여준다.

이 책의 독자 대부분은 아마도 매슬로 위계의 상위 단계에 위치해 있을 것이며, 당장의 안전과 생존과 같은 기초적 문제와는 거리가 멀 것이다. 그러나 특권적 위치에 있는 사람일수록 사회경제적 불평등이 철학적 판단을 어떻게 형성하는지 인식하는 것이 중요하다.[16] 이는 특히 재정적 역량 강화와 개인의 자유라는 절박한 필요가 우리의 배경과 성장 과정에서는 당장 와닿지 않거나 쉽게 공감되지 않을 때 더욱 중요하다.

사회경제적 특권이 적은 이들에게 비트코인은 단순한 투기적 투자 수단이나 지하 거래의 통로 이상의 의미를 지닌다. 그것은 개인의 재정과 생계에 대한 자율성이 체계적으로 억압될 때, 마치 생명줄과 같은 상징으로 작용한다.

10조 달러 규모의 자산운용사 블랙록의 회장 겸 CEO인 래리 핑크(Larry Fink)는 2024년 〈폭스 비즈니스(Fox Business)〉와의 인터뷰에서 "비트코인은 그 어떤 정부보다도 크다"고 선언하여 수많은 열성적 비트코인 비판론자들을 혼란에 빠뜨렸다.[17] 비트코인이 억압적인 정부와 제도적 권위로부터 금융 자주권을 되찾기 위한 전례 없이 강력한 도구라는 인식이 점점 커지고 있는 것은 분명하다. 빅토르 위고의 말처럼, "그 어떤 군대도 때를 만난 아이디어의 힘을 견딜 수 없다."

비트코인의 문제는 그러한 관점이 즉각적으로 드러나지 않는다는 것이다. 포괄적이고 심층적인 연구를 통해서만 비트코인에 대한 전체적 이해를 얻을 수 있다. 안타깝게도 오늘날까지 너무도 많은 사람이 비트코인의 가치 부족을 비판하기 위한 비유로 '튤립 열풍'이나 '비니 베이비(beanie babies)'에 의존하고 있다.[18]

스톤릿지 자산운용(Stone Ridge Asset Management)의 설립자 겸 CEO인 로스 스티븐스(Ross Stevens)는 2020년도 주주 서한에서 데이비드 포스터 월리스(David Foster Wallace)를 인용한다. "어린 물고기 두 마리가 헤엄치다가 반대 방향으로 헤엄치는 나이 든 물고기와 마주친다. 나이 든 물고기가 그들에게 고개를 끄덕이면서 말한다. '안녕, 친구들. 물은 어때?' 두 어린 물고기는 잠시 헤엄치다가 결국 하나가 다른 하나를 쳐다보면서 말한다. '물이 뭐지?'"[19]

때로는 가장 명백하고 중요한 현실이 가장 보기 어려울 수 있다. 스티븐스는 오늘날 우리의 "물이 뭐지?" 같은 질문 중 하나가 "돈이 뭐지?"라고 주장한다. 이 책의 개념적 틀에서 보면, 여기에서 제1원리적 사고와 총체적 접근이 열쇠가 될 수 있다. 이러한 분석은 화폐와 국가의 분리라는 비트코인의 주된 기술적, 경제적, 정치적, 그리고 철학적 명제에 대한 재평가를 촉발할 수 있다.

> 돈은 매우 오래된 편의 수단이지만, 그것이 의심이나 질문 없이 신뢰할 만한 산물로 받아들여져야 한다는 인식은 어디까지나 예외적인 현상에 불과하다. 그것은 주로 지난 세기에 국한된 상황이었다.[20]
>
> - 존 케네스 갤브레이스(John Kenneth Galbraith)

비트코인이 인류의 미래 화폐일까? 아무도 모른다. 하지만 확실하게 말할 수 있는 것은 비트코인을 전통적인 틀에 맞출 수 없고, 사람들이 판단을 내릴 때 가장 흔히 저지르는 인지적 오류가 둥근

구멍에 네모난 못을 맞추려는 시도라는 것이다. 이에 대해 연구하기 위한 좋은 출발점은 어쩌면, 정말 어쩌면 지난 15년간 비판자들이 틀려왔다는 사실을 감안하여, 피상적 검토 이상의 무언가가 실제로 존재할 수도 있다는 가능성에 마음을 여는 것이다.

감사의 글

이 책에 귀중한 도움을 준 알렉스 글래드스타인, 리처드 바이워스, 린 올든, 제임슨 롭, 제프 부스, 타일러 미드, 올리버 피어슨, 앤드류 베일리, 알렉산더 버나드, 그리고 셔비 고열에게 깊은 감사를 전한다. 그들의 지도와 전문 지식은 이 책의 완성된 형태를 만들어 내는 데 중요한 역할을 했다. 이 책을 출판한 컬럼비아대학교 출판부와 편집 과정에서 도움을 준 브라이언 스미스, 마리엘 포스, 벤 콜스타드, 그리고 마리안 애버트에게 감사한다. 이미지 작업을 해준 리 맥고리와 표지 작업에 도움을 준 제이슨 엔터라인에게도 감사한다. 무엇보다도, 처음부터 이 원고의 잠재력을 알아보고 격려를 아끼지 않은 마일스 톰프슨에게 진심으로 감사한다. 가족과 친구들에게도 무한한 사랑과 지원, 그리고 친절에 감사한다. 마지막으로 영감을 주고 글을 쓸 소재를 제공한 사토시에게 감사한다.

미주

서문

1. Stephen Foley and Jane Wild, "The Bitcoin Believers," Financial Times, June 14, 2013.
2. 디지털 금의 개념은 실제로 수십 년 전부터 존재했다. 닉 사보가 1998년에 "공공 네트워크에서의 관계 형성 및 보안(Formalizing and Securing Relationships on Public Networks)"이라는 논문에서 비트 골드(Bit Gold)를 소개한 것이 최초의 언급이 아닐 수도 있다. Nick Szabo, First Monday 2, no. 9 (1997), https://doi.org/10.5210/fm.v2i9.548.
3. 당시에 나다니엘 포퍼(Nathaniel Popper)의 책 《디지털 금(Digital Gold)》이 막 출간된 상태였지만 불행히도 나는 그 책을 읽지 못했다.
4. 2017년 11월 29일 Unchained 팟캐스트에서 로라 신(Laura Shin)과의 인터뷰.
5. 아리스토텔레스, 《니코마코스 윤리학》(W. D. 로스 역, 바토체, 1999), 1-109쪽. 윤리학의 기초가 되는 이 책에서 아리스토텔레스는 '번영' 또는 '복지'를 의미하는 에우다이모니아(eudaimonia)의 개념을 제시하고 인간의 최고선으로 설명한다.
6. Ernest Hemingway, A Moveable Feast (Scribner, 1964), 12.

1장. 우리는 왜 비트코인을 이야기할까?

1. 불교 경전인 티타 수타(Tittha Sutta)에는 기원전 500년경으로 추정되는 가장 오래된 버전의 이야기가 있다.
2. 사토시 나카모토가 2010년 7월 5일 BitcoinTalk 포럼에 게시한 글. https://satoshi.nakamotoinstitute.org/quotes. 사토시에 관한 모든 인용의 출처는 이 페이지이다.
3. Gigi, "Bitcoin Is Time," January 14, 2021, dergigi.com.
4. 이 인용문은 조지 버나드 쇼의 말로 널리 알려졌지만, 정확한 유래는 알려지지 않았다.
5. 비밀유지계약 같은 법적 보장이 있을 수 있지만, 법적 보장은 P2P 거래가 아닌 외부 요소에 의존하여 집행된다.
6. 사토시 나카모토가 2010년 8월 27일 BitcoinTalk 포럼에 게시한 글.
7. John Oliver, Last Week Tonight with John Oliver, HBO, March 11, 2018.

8. Aristotle, Metaphysics, in The Complete Works of Aristotle: The Revised Oxford Translation, vol. 2, ed. J. Barnes (Princeton University Press, 1984).

9. Aristotle, Physics, in J. Barnes (Ed.), The Complete Works of Aristotle: The Revised Oxford Translation, vol. 1, ed. J. Barnes (Princeton University Press, 1984).

10. 아리스토텔레스는 자신의 책 《사후 분석(Posterior Analytics)》에서 모든 과학이 필연적으로 참이고 직접적으로 알 수 있는 제1원리의 집합과, 제1원리에서 논리적으로 도출되고 인과적으로 설명될 수 있는 사실의 집합으로 구성된다고 말했다. A. P. Martinich and Avrum Stroll, "Epistemology," Encyclopedia Britannica (Encyclopedia Britannica, 2024).

11. John Kenneth Galbraith, Money: Whence It Came, Where It Went (Houghton Mifflin Harcourt, 1975).

12. Attributed to Henry Ford by Charles Binderup (March 19, 1937), Congressional Record—House, vol. 81, 2528.

13. 1637년 네덜란드에서 튤립 구근의 가격이 급등한 후에 다시 폭락하면서 발생한 네덜란드 튤립 열풍은 최초의 투기 거품 중 하나로 기록되었다.

14. George Selgin, "Synthetic Commodity Money," Journal of Financial Stability 17 (2015): 92-99.

15. Plato, Plato: Complete Works—Charmides, ed. J. M. Cooper, trans. R. K. Sprague (Hackett, 1997). Cited in Chiara Thumiger and Hynek Bartoš, Holism in Ancient Medicine and Its Reception, chap. 4, Hippocratic Holisms (Brill, 2020).

16. Shameem Anwar, Success Needs Your Holistic Approach!, Medium, October 19, 2020, https://medium.com/@shameemanwar.sa/success-needs-your-holistic-approach-e1a0954ea5b6.

2장. 비트코인과 화폐

1. 이 예의 출처는 지지의 논문이다. "비트코인은 시간이다(Bitcoin is Time)", January 14, 2021, dergigi.com.

2. Gigi, "Bitcoin Is Time."

3. Felix Martin, Money: The Unauthorized Biography (Knopf, 2014). Statistics from the Federal Reserve Bank of St. Louis and the Bank of England, respectively, for November 2011.

4. Gigi, "Bitcoin Is Time."

5. 지지의 논문 "비트코인은 시간이다"에서 이 아이디어가 처음으로 소개되었다. 이 논문은 비트코인에 관한 가장 중요한 문헌 중 하나다.

6. Nick Szabo, "Shelling Out: The Origins of Money," 2002, https://nakamotoinstitute.org/shelling-out/.

7. Gigi, "Memes vs. the World," 2021, dergigi.com.

8. Carl Menger, "On the Origin of Money," Economic Journal 2, no. 6 (1892): 239-55.

9. 이론적으로는 지구보다 훨씬 높은 농도의 금이 포함된 것으로 믿어지는 소행성에서도 금을 채굴할 수 있다. NASA와 민간 기업의 기술 발전과 우주 탐사를 통해서 실현 가능성이 모색되고 있다.

10. Horatio Sam-Aggrey, "Assessment of the Impacts of New Mining Technologies: Recommendations and the Way Forward," WIT Transactions on Ecology and the Environment 245 (2020), https://www.witpress.com/elibrary/.

11. Ross L. Stevens, "Stone Ridge Shareholder Letter," December 15, 2020, https://www.casebitcoin.com/stone-ridge-2020-shareholder-letter.

12. 물고기 작전은 제2차 세계대전 중에 영국의 화폐와 금괴를 안전하게 보관하기 위하여 영국에서 캐나다로 이전한 작전이며, 역사상 최대 규모의 물질적 부의 이동으로 기록되었다. 로버트 로우(Robert Row), "물고기 작전(Operation Fish)", 캐나다은행 박물관, 2018년 5월 8일, https://www.bankofcanadamuseum.ca/2018/05/operation-fish/ 참조.

13. 2계층 프로토콜은 비트코인(1계층 프로토콜) 위에 구축된 프로토콜을 의미하며, 비트코인의 10분 결제 주기를 기다릴 필요 없이 즉각적인 거래가 가능하도록 한다. 번개 네트워크와 리퀴드 네트워크(Liquid Network)를 예로 들 수 있다. 이러한 프로토콜은 즉각적이고 수수료가 낮은 일상적 거래의 편의성을 제공하는 반면에, 비트코인 프로토콜의 1계층 최종 결제와 같은 완결성과 보안성이 부족하다. 이 책의 3장 참조.

14. 비트코인 거래의 핵심적 특성은, 비트코인의 전송에 수반하는 '비용'이 전송되는 비트코인의 양과 무관하다는 것이다. 이는 거래되는 가치에 비례하여 비용이 증가하는 실물 상품이나 법정화폐와는 대조적이다.

15. United States Treasury Department, "The Use and Counterfeiting of United States Currency Abroad" (September 2006), https://www.federalreserve.gov/boarddocs/rptcongress/counterfeit/counterfeit2006.pdf.

16. 화염 분석(fire assay)은 광석이나 농축물에 함유된 금, 은, 백금족 금속(오스뮴과 루테늄 제외)의 함량을 정확하게 측정하는 가장 믿을만한 방법으로 여겨진다. "화염 분석"(제네바: SGS), https://www.sgs.com/en/services/fire-assay-analysis 참조.

17. X선 형광분석기는 X선을 사용하여 귀금속을 파괴하지 않고 순도를 측정하는 장치다. Drawell, "How Does an XRF Gold Analyzer Work," 2023, https://www.rawellanalytical.com/how-does-an-xrf-gold-analyzer-work/.

18. GIA, "Use the Touchstone Method for Testing Purity in Karat Gold," 2024, https://www.gia.edu/gia-news-research-bench-tips.

19. Clint Siegner, "How to Test Gold & Silver at Home: 5 Proven Bullion Testing Methods, Money Metals Exchange," 2022, https://www.moneymetals.com/guides/how-to-test-gold-and-silver-at-home.; "How Can I Tell if My Gold Is Real or Gold-Plated?," AMPEX Knowledge Center, 2023, https://learn.apmex.com/learning-guide/bullion/how-can-i-tell-if-my-gold-is-real-or-gold-plated/.

20. Britannica Money, Origins of Coins, https://www.britannica.com/money/coin/Origins-of-coins.

21. GoldBroker, "Counterfeit Gold: How to Spot Fake Gold," 2024, goldbroker.com, https://goldbroker.com/investing-guide/counterfeit-gold-how-to-spot-fake-gold; Global Bullion Suppliers, "Are There Gold Bars Filled with Tungsten at Major Banks?," January 30, 2019, https://globalbullionsuppliers.com/en-us/blogs/blog/are-there-gold-bars-filled-with-tungsten-at-major-banks?.

22. Britannica Money, Parting, Casting, Separation & Refining, https://www.britannica.com/science/metallurgy/Ferrous-metals.

23. David Bowers, "Gold Coins: Their History, Professional Coin Grading Services," 2002, pcgs.com/news/gold-coins-their-history.

24. Britannica Money, Gold—Element, Precious Metal, Jewelry, https://www.britannica.com/science/gold-chemical-element/Properties-occurrences-and-uses.

25. 실제로 금의 물리적 특성에 따라 순도와 형태에 약간의 차이가 생길 수 있으며, 특히 대규모 거래에서 화염 분석이나 검증이 필요할 수 있다.

26. 예를 들어, 2016년 11월 8일에 인도 정부는 500루피와 1,000루피 지폐의 통용 금지를 발표하여 하룻밤 사이에 전국에 유통 중인 현금의 86%를 무효화했다. 이는 검은 돈과 위조지폐에 대응하기 위함이었지만, 갑작스러운 조치에 따른 심각한 현금 부족, 은행의 긴 대기줄로 이어졌고, 특히 현금 거래에 의존하는 사람들의 일상생활과 경제 활동에 심각한 차질을 초래했다.

27. 국가의 수출보다 수입이 많으면 무역 적자가 발생한다. 금은 귀중한 상품이기 때문에 대량의 금을 수입하면 무역 적자가 상당히 증가할 수 있다. 무역 적자를 관리하거나 줄이려는 정부는 해외에서 금을 매입하는 데 사용되는 자금 유출을 줄이기 위하여 금의 수입을 제한할 수 있다.

28. A. M. Riggsby, Ownership and Possession Roman Law and the Legal World of the Romans(Cambridge University Press, 2010); Jeremy Waldron, "Property and Ownership," The Stanford Encyclopedia of Philosophy (2023).

29. "소유는 법의 9/10다"라는 표현은 "법적으로 소유는 11점인데, 총점은 12점이라고 한다"

라는 옛 스코틀랜드 속담에서 유래했다. 이 표현의 가장 오래된 기록은 토머스 드랙스(Thomas Draxe)가 자신의 책 《학자의 도서관(Bibliotheca Scholastica)》(런던, 1633)에서 "소유는 법의 9점이다"라고 언급한 1616년으로 거슬러 올라간다.

30. Anne O'Donnell, Power and Possession in the Russian Revolution (Princeton University Press, 2024); G. Mkodzongi, Land and Agrarian Transformation in Zimbabwe: Rethinking Rural Livelihoods in the Aftermath of the Land Reforms (Anthem Press, 2020).

31. Ryan C. Perkins, "The 1947 Partition of India & Pakistan," Spotlight at Stanford (2024), https://exhibits.stanford.edu/1947-partition/about/1947-partition-of-india-pakistan.

32. "The Bitcoin Network Has Been Working For . . . ," https://bitcoinuptime.org/.

33. 비제이 보야파티가 2018년 3월 2일 발표한 논문 "비트코인의 강세 사례"에서 이 점수표에 영감을 준 비슷한 점수표가 처음으로 제시되었다.

34. 말콤 글래드웰(Malcolm Gladwell)은 2000년도 저서 《티핑 포인트(The Tipping Point: How Little Things Can Make a Big Difference)》에서 아이디어나 트렌드가 한계점을 넘어서 들불처럼 퍼져 나가는 순간을 묘사하기 위하여 이 용어를 사용한다. 글래드웰은 이 책에서 사소해 보이는 변화가 어떻게 전환점을 촉발하여 패러다임의 전환으로 이어지는지를 탐구한다. 말콤 글래드웰, 《티핑 포인트》(리틀, 브라운, 2000).

35. Saifedean Ammous, "Economics of Bitcoin as a Settlement Network," Satoshi Nakamoto Institute (May 19, 2017), https://nakamotoinstitute.org/mempool/economics-of-bitcoin-as-a-settlement-network/.

36. See Saifdean Ammous, The Bitcoin Standard: The Decentralized Alternative to Central Banking (Wiley, 2018).

37. 사토시 나카모토가 2009년 2월 11일에 BitcoinTalk 포럼에 게시한 글.

38. 할 피니가 2010년 12월 30일의 BitcoinTalk 포럼에 게시한 글. https://bitcointalk.org/index.php?topic=2500.0.

39. See Jonathan Bier, The Blocksize War (Author, 2021).

3장. 비트코인의 조직 구조

1. Leslie Lamport, Robert Shostak, and Marshall Pease, "The Byzantine Generals Problem," ACM Transactions on Programming Languages and Systems 4, no. 5 (1982): 382-401.

2. Lamport, Shostak, and Pease, "The Byzantine Generals Problem."

3. Satoshi Nakamoto, "Bitcoin: A Peer-to-Peer Electronic Cash System," https://bitcoin.org/bitcoin.pdf, 2008.

4. Andrew Poelstra, "On Stake and Consensus," Nakamoto Institute, 2015, https://cdn.nakamotoinstitute.org/docs/on-stake-and-consensus.pdf.

5. David Chaum, "Security Without Identification: Transaction Systems to Make Big Brother Obsolete," Communications of the ACM 28, no. 10 (October 1985): 1030-1044; Nick Szabo, "Bit Gold," Unenumerated (blog), December 27, 2008, https://unenumerated.blogspot.com/2005/12/bit-gold.html.

6. Bit Nodes, https://bitnodes.io, accessed November 2, 2024; TimechainStats, https://timechainstats.com, accessed November 2, 2024.

7. Crypto.com Research and Insights Team, "Crypto Market Sizing Report 2022: Global Crypto Owners Reached 425 Million by the End of 2022," January 19, 2023, https://crypto.com/research/2022-crypto-market-sizing-report.

8. 인터넷이 가장 일반적인 방송 수단이지만, 아마추어 무선, 메시 네트워크, 심지어 SMS 문자 메시지 등 다른 수단을 사용하는 것도 가능하다.

9. See Simon Singh, The Code Book: The Science of Secrecy from Ancient Egypt to Quantum Cryptography (Anchor Books, 1999).

10. 개인 키는 무작위로 생성된 256비트 숫자다. 공개 키는 타원 곡선 곱셈이라는 수학 연산을 통해서 개인 키에서 파생된다. 이는 개인 키에 타원 곡선상의 한 점을 곱하는 단방향 함수다. 그 결과 타원 곡선상의 한 점(좌표 쌍 x, y)이 공개 키가 된다.

11. 무차별 대입 공격을 통해서 SHA-256 암호화를 해독하려면 최대 2^{256}(약 1.16×10^{77}) 가지 다른 조합을 시도해야 하는데, 이는 천문학적으로 엄청나게 큰 수다. 이렇게 철저한 탐색을 위한 계산에는 막대한 에너지가 필요하며, 이론적으로 태양의 에너지 출력인 약 3.8×10^{26}와트를 초과할 수 있다. 미국 국립표준기술원(NIST), FIPS PUB 180-4, 보안 해시 표준(SHS), 2015년 8월, https://csrc.nist.gov/pubs/fips/180-4/upd1/final 참조.

12. 2016년 3월 사우스 바이 사우스웨스트 축제에서 버락 오바마 대통령의 기조연설.

13. 이 퍼즐은 SHA-256 해시 함수로 어떤 값을 해싱했을 때, 출력이 일정 개수의 0비트로 시작하도록 하는 값을 찾는 것을 의미한다.

14. 블록체인의 포크는 두 채굴자가 동시에 암호화 퍼즐을 풀 때 발생하여 두 가지 경쟁 버전의 블록체인으로 이어진다. 노드들은 어떤 체인이 유효한지에 대한 합의가 이루어질 때까지 일시적으로 서로 다른 체인을 따를 수 있다. 10분의 간격은 (인터넷 속도와 노드의 지리적 분포를 고려하여) 네트워크 전체에 정보가 전파될 충분한 시간을 제공함으로써 이러한 충돌 가능성을 줄여 채굴자들이 경쟁 체인에서 작업할 가능성을 줄인다.

15. 블록 보조금은 2024년 4월 20일에 블록당 6.25비트코인에서 3.125비트코인으로 마지막으로 변경되었다.

16. 이 책의 7장 참조.

17. 이 비유를 처음으로 설명한 사람은 로버트 브리드러브(Robert Breedlove)일 것이다.

18. Shinobi, "Why Is Bitcoin Censorship Resistant?" Bitcoin Magazine, January 23, 2024, https://bitcoinmagazine.com/markets/why-is-bitcoin-censorship-resistant.

19. Shinobi, "Why Is Bitcoin Censorship Resistant?"

20. Adam Smith, An Inquiry into the Nature and Causes of the Wealth of Nations, ed. Edwin Cannan (Methuen, 1904).

21. Smith, An Inquiry into the Nature and Causes of the Wealth of Nations.

22. Gigi, "Bitcoin Is Time," January 14, 2021, dergigi.com.

23. Poelstra, "On Stake and Consensus."

24. Gigi, "Bitcoin Is Time."

25. Nakamoto, "Bitcoin."

26. Gigi, "Bitcoin Is Time."

27. 번개 네트워크 외에도 같은 문제를 해결하려는 보조 체인의 예로 리퀴드(Liquid) 네트워크를 참조하라.

28. See Jack Mallers, "Bitcoin as a Payment Rail to Disrupt the World" (episode number 672), The Pomp Podcast (podcast audio), September 27, 2021, https://podcasts.apple.com/us/podcast/672-bitcoin-as-a-payment-rail-to-disrupt-the-world/id1434060078?i=1000536730110.

4장. 작업증명 대 지분증명

이 장의 서두는 2009년 5월 3일에 사토시 나카모토가 마르티 말미에게 보낸 이메일에서 인용한 것이다.

1. 예를 들어, 2022년에 그린피스는 "기후가 아니라 코드를 바꾸자(Change the Code, Not the Climate)"라는 캠페인을 시작하여 비트코인의 코드를 지분증명 합의 시스템으로 변경할 것을 촉구했다. 이 캠페인은 지분증명이 작업증명 방식보다 에너지 소비를 크게 줄일 수 있다는 점을 강조했다.

2. 비트코인 캐시를 만들어낸 하드 포크에 대해서는 이 책의 2장을 참조하라.

3. Ethereum.org, "Proof-of-Stake (POS)," January 31, 2024, updated September 3, 2024, https://ethereum.org/en/developers/docs/consensus-mechanisms/pos/.

4. 여기서 '무작위로'라는 표현이 사용된 이유는 프로세스가 여전히 결정론적이기 때문이다. 즉, 모든 사람이 동일한 검증자 세트에 동의해야 한다. 이와는 대조적으로 작업증명에서는 논스를 구하는 사람이 누구라도 블록체인에 자신의 블록을 추가할 자격이 있다. 스콧 설리번(Scott Sullivan)의 "비트코인 사용자를 위한 지분증명 가이드(A Bitcoiner's Guide to Proof-of-Stake)", Substack, August 30, 2022, https://scottmsul.substack.com/p/a-bitcoiners-guide-to-proof-of-stake 참조.

5. Ethereum.org, "Proof-of-Stake (POS)."

6. 이론적으로 소수가 채굴 능력을 통합하는 유일한 방법은 어떻게든 공급망을 교란시켜서 채굴 장비를 확보하지 못하도록 하는 것이다. 설사 이론적으로는 가능하더라도 그러한 목표를 달성하는 데 드는 비용을, 동일한 검열 결과를 얻는 데 비용이 들지 않는 지분증명 검증자와 비교하여 생각해보라.

7. 사토시 나카모토가 2010년 8월 7일에 BitcoinTalk 포럼에 게시한 글.

8. Lyn Alden, Broken Money: Why Our Financial System Is Failing Us and How We Can Make It Better (Timestamp Press, 2023), 360.

9. Hugo Nguyen, "Work Is Timeless, Stake Is Not," Medium, October 12, 2018, https://hugonguyen.medium.com/work-is-timeless-stake-is-not-554c4450ce18.

10. Nick Szabo, "Shelling Out: The Origins of Money," 2002, https://nakamotoinstitute.org/shelling-out/.

11. Alden, Broken Money, 361.

12. Andrew Poelstra, "On Stake and Consensus," Nakamoto Institute, 2015, https://cdn.nakamotoinstitute.org/docs/on-stake-and-consensus.pdf.

13. Poelstra, "On Stake and Consensus."

14. Satoshi Nakamoto, "Bitcoin: A Peer-to-Peer Electronic Cash System," https://bitcoin.org/bitcoin.pdf.

15. Gigi, "PoW Is Essential: A Failure to Understand Proof-of-Work Is a Failure to Understand Bitcoin," 2021, https://dergigi.com/threads/pow-is-essential.

16. Alden, Broken Money.

17. 비트코인의 장기적 보안 예산에 관한 토픽은 5장에서 논의된다.

18. 이 책의 3장을 참조하라. 이 가상 시나리오의 논의는 3장의 논의와 유사하지만, 그 중요성 때문에 다시 살펴볼 가치가 있다.

19. 이 책의 3장 참조.

20. Sullivan, "A Bitcoiner's Guide to Proof-of-Stake."

21. Sullivan, "A Bitcoiner's Guide to Proof-of-Stake."

5장. 장기적 보안 예산

1. Jonathan Bier, The Blocksize War (Author, 2021).
2. Bier, The Blocksize War.
3. 비트코인 블록 공간은 거래를 블록체인에 기록하고 확인하는 데 사용되는 비트코인 블록 내의 4메가바이트 용량을 말한다.
4. 번개 거래의 경우에 초기 설정 거래(채널 개설)와 최종 청산 거래(채널 폐쇄)는 모두 비트코인의 기본 계층에서 온체인으로 결제되어야 한다.
5. Dillon Healy, "Even Without Mining Subsidy, These Two Factors Will Protect Bitcoin into the Future," Bitcoin Magazine, December 29, 2022, https://bitcoinmagazine.com/technical/bitcoin-security-without-mining-subsidy.
6. 알렉스 글래드스타인, "좌초: 비트코인은 어떻게 낭비되는 에너지를 절약하고 아프리카의 재정적 자유를 확대하는가(Stranded: How Bitcoin Is Saving Wasted Energy and Expanding Financial in Africa)", Bitcoin Magazine, January 24, 2024. https://bitcoinmagazine.com/check-your-financial-privilege/stranded-bitcoin-saving-wasted-energy-in-africa. 이 점에 대한 자세한 논의는 이 책의 16장을 참조하라.

6장. 비트코인을 없앨 수 있을까?

1. 이 아이디어는 제임슨 롭(Jameson Lopp)과의 토론에서 나온 것이다.
2. Bit Nodes, https://bitnodes.io, accessed November 2, 2024;
3. JP모건의 CEO 제이미 다이먼은 2023년 12월의 미국 상원 청문회에서 말했다, "나는 항상 비트코인, 암호화폐 등등에 강력하게 반대했다. 내가 정부라면 이를 폐쇄할 것이다."
4. 마이크로스트레티지(MicroStrategy)의 CEO 마이클 세일러(Michael Saylor)는 비트코인의 작업증명 시스템에서 발생하는 7단계의 보안을 설명했다. 로버트 브리드러브의 "돈이란 무엇인가?(What is Money?)" 팟캐스트(2021년 10월 13일) 참조.
5. Cambridge Bitcoin Electricity Consumption Index, "Bitcoin Network Power Demand," University of Cambridge, Cambridge Center for Alternative Finance, updated every twenty-four hours, https://ccaf.io/cbeci/.
6. 기술적으로 반박되었음에도 불구하고 금융평론가 마이크 그린(Mike Green)처럼 "중국의 51% 공격" 이론을 열렬히 지지하는 사람들이 있었다. 하지만 이 이론은 2021년 5월 사건 이후에 사실상 사라졌다.
7. 2023년 6월 밴쿠버에서 제프 부스와의 대화.
8. Jimmy Song, "Op Ed: Bitcoin Mining Attacks Are Overblown," Bitcoin Magazine January 21, 2019, https://bitcoinmagazine.com/business/op-ed-bitcoin-

mining-attacks-are-overblown.

9. See Alex De Vries, "Bitcoin's Growing Energy Problem," Joule 2, no. 5 (2018): 801-805.

10. Song, "Op Ed: Bitcoin Mining Attacks."

11. Song, "Op Ed: Bitcoin Mining Attacks."

12. Song, "Op Ed: Bitcoin Mining Attacks."

13. 사토시 나카모토가 2010년 6월 17일의 BitcoinTalk 포럼에 게시한 글.

14. Post on X.com, March 29, 2024.

15. Shinobi, "Adversarial Thinking for Attacks on Bitcoin," Bitcoin Magazine, April 26, 2022, https://bitcoinmagazine.com/technical/adversarial-thinking-for-attacks-on-bitcoin.

16. Jonathan Bier, The Blocksize War (Author, 2021).

17. Chris Bernhardt, Quantum Computing for Everyone (MIT Press, 2019).

18. 피터 쇼어(Peter Shor)가 개발한 쇼어 알고리즘은 1994년에 만들어진 양자 컴퓨팅 알고리즘이며, 큰 숫자를 효율적으로 소인수 분해할 수 있어서 인수분해의 어려움에 기초한 고전적 암호화 방식에 잠재적 위협을 제기한다.

19. Roger Huang, "Here's Why Quantum Computing Will Not Break Cryptocurrencies," Forbes, December 21, 2020, https://www.forbes.com/sites/rogerhuang/2020/12/21/heres-why-quantum-computing-will-not-break-cryptocurrencies.

20. I. Stewart et al., "Committing to Quantum Resistance: A Slow Defence for Bitcoin Against a Fast Quantum Computing Attack," Royal Society Open Science 5, no. 6 (2018).

21. Stewart et al., "Committing to Quantum Resistance."

22. QuantumExplainer.com, "Quantum Computing's Impact on Bitcoin," March 4, 2024, https://quantumexplainer.com/quantum-computings-impact-on-bitcoin/.

23. Deloitte, "Quantum Computing and the Bitcoin Blockchain," 2024, https://www2.deloitte.com/nl/nl/pages/innovatie/artikelen/quantum-computers-and-the-bitcoin-blockchain.html.

7장. 역사상 한 번뿐인 발명

1. 애덤 백은 저명한 암호학자이자 컴퓨터 과학자다. 비트코인 백서에 인용된 그의 이전 발명품들은 비트코인의 주요 구성 요소 일부를 형성했다. 이 장의 서두는 그가 2021년 5월 23일

X.com에 올린 트윗에서 인용했다.

2. Jack Dorsey, posted on X.com, May 15, 2021.

3. 이것은 로버트 브리드러브의 표현이다.

4. Robert Breedlove, "An Open Letter to Ray Dalio re: Bitcoin," Medium, November 9, 2019, https://breedlove22.medium.com/an-open-letter-to-ray-dalio-re-bitcoin-4b07c52a1a98.

5. 비트코인의 창시자(들)는 자신을 남성으로 지정했다. 따라서 그 선택을 존중하는 것이 적절해 보인다.

6. 이 책 3장의 비트코인의 '난이도 조정'과 관련된 논의를 참조하라.

7. Christine Kim, "A Breakdown of Ethereum Supply Distribution Since Genesis," Galaxy, 2022, https://www.galaxy.com/insights/research/breakdown-of-ethereum-supply-distribution-since-genesis/.

8. 비탈릭 부테린이 2023년에 자신의 ETH 일부를 매각했다는 소문이 돌았지만, 본인은 부인했다. 그러나 그는 2018년에 개인적 이익을 위하여 사전 채굴된 코인 일부를 매각한 것을 인정했다. 테렌스 심와라(Terence Simwara), "비탈릭 부테린: 나는 2018년 이후로 개인적 이익을 위하여 ETH를 팔지 않았다(Vitalik Buterin: 'I Haven't Sold ETH for Personal Gain Since 2018)", Bitcoin.com 뉴스, October 18, 2023, https://news.bitcoin.com/vitalik-buterin-i-havent-sold-eth-for-personal-gain-since-2018/ 참조.

9. 이 책이 출간되는 시점에 마이크로스트레티지, 테슬라, 마라톤디지털홀딩스를 비롯한 여러 상장 기업이 대차대조표에 상당한 양의 비트코인을 보유하고 있다.

10. 비트코인 거래의 익명성을 고려할 때, 확실한 소유권 통계를 도출하기는 불가능하다. 이 수치는 비트코인 주소를 수집하고 그룹화하는 클러스터링 알고리즘에 기초한 대략적 추정치이며 끊임없이 변한다. 글래스노드(Glassnode), "새우 공급 하락: 비트코인 공급 분포 다시 살펴보기(The Shrimp Supply Sink: Revisiting the Distribution of Bitcoin Supply)"(2023) 참조.

11. GlassnodeInsights, "The Shrimp Supply Sink: Revisiting the Distribution of Bitcoin Supply," Glassnode, March 15, 2023, https://insights.glassnode.com/bitcoin-supply-distribution-revisited/.

12. 이 책 16장의 작업증명과 관련된 환경 문제에 대한 논의를 참조하라.

13. 이 책 4장의 지분증명 대 작업증명에 대한 논의를 참조하라.

14. Michael E. Porter, "Strategy and the Internet," Harvard Business Review 79, no. 3 (2001), https://hbr.org/2001/03/strategy-and-the-internet; David S. Evans and Richard Schmalensee, "The Industrial Organization of Markets with Two-Sided Platforms," Competition Policy International 3, no. 1 (2007): 151-179.

15. 초기 채택자 중 주목할 만한 인물이며 저명한 암호학자인 할 피니는 2009년 1월에 사토

시와 최초의 비트코인 거래를 했다. 피니는 디지털 화폐 개념의 초기 지지자였으며, 코딩과 문제 해결을 통해서 디지털 화폐의 개발에 기여했다.

16. 번개가 통합된 앱은 많이 있다. 예를 들어, 스타벅스의 고객들은 Bakkt 앱을 통해서 비트코인 번개 결제를 할 수 있다. Strike는 엘살바도르를 비롯하여 전 세계적으로 널리 채택된 또 다른 서비스로, 국경 간 송금과 일상적 현장 결제 서비스를 사실상 무료로 제공한다.

17. 이 도표에는 스테이블코인이 제외되어 있다. 스테이블코인은 법정화폐에 직접 연동되어 법정화폐의 가치를 1:1로 추적하기 때문에 (상황이 좋은 날에) 이 논의와 관련이 없다.

18. Quote from Ben Mezrich, Bitcoin Billionaires: A True Story of Genius, Betrayal and Redemption (Little, Brown, 2019).

19. 할 피니가 2011년 6월 4일의 BitcoinTalk 포럼에 게시한 글. https://bitcointalk.org/index.php?topic=11765.msg169026#msg169026.

20. Nassim Nicholas Taleb, Antifragile: Things That Gain from Disorder (New York: Random House, 2012).

21. Peter Thiel and Blake Masters, Zero to One: Notes on Startups, or How to Build the Future (Crown Business, 2014).

22. Thiel and Masters, Zero to One.

23. Thomas Schelling, The Strategy of Conflict (Harvard University Press, 1960).

24. Anil Patel, The Bitcoin Handbook: Key Concepts in Economics, Technology and Psychology (Konsensus Network, 2023).

25. Patel, The Bitcoin Handbook.

8장. 화폐와 국가

1. 이는 경제학자들 사이에서 합의된 견해지만, 논란의 여지가 남아 있다. 펠릭스 마틴(Felix Martin), 《화폐: 무허가 전기-동전에서 암호화폐까지(Money: The Unauthorized Biography—from Coinage to Cryptocurrency)》(Vintage, 2014), 27-29쪽 참조.

2. Carl Menger, "On the Origins of Money," Economic Journal 2 (1892): 239-55.

3. Niall Ferguson, The Ascent of Money: A Financial History of the World (Penguin, 2009), 26.

4. Margaret Bunson, The Encyclopedia of Ancient Egypt (Gramercy, 1991). 268.

5. Nik Bhatia, Layered Money: From Gold and Dollars to Bitcoin and Central Bank Digital Currencies (Independent Publishing, 2021). 8.

6. Herodotus, Clio, translated by Rev. William Beloe (Philadelphia: M'Carty and Davis, 1844), 31, quoted in John Kenneth Galbraith, Money: Whence It Came, Where

It Went. (Houghton Mifflin, 1975).

7. Galbraith, Money.

8. Guinness World Records, "First Paper Money," https://www.guinnessworldrecords.com/world-records/first-paper-money.

9. 기네스 세계 기록, "최초의 지폐."

10. Hanhui Guan, Nuno Palma, and Meng Wu, "The Rise and Fall of Paper Money in Yuan China, 1260-1368," Economic History Review 77, no. 4 (2024): 1222-1250.

11. John Lanchester, "The Invention of Money: In Three Centuries, the Heresies of Two Bankers Became the Basis of Our Modern Economy," The New Yorker (July 29, 2019), https://www.newyorker.com/magazine/2019/08/05/the-invention-of-money.

12. Marco Polo, The Travels of Marco Polo, trans. Henry Yule (John Murray, 1871).

13. Stephen Quinn and William Roberds, "The Evolution of the Check as a Means of Payment: A Historical Survey," Federal Reserve Bank of Atlanta Economic Review 93 (2008): 1-28.

14. Gunnar Wetterberg, Money and Power: From Stockholms Banco 1656 to Sveriges Riksbank Today (Sveriges Riskbank, 2009), 38, https://www.riksbank.se/en-gb/about-the-riksbank/history/historical-timeline/1600-1699/first-banknotes-in-europe/.

15. Bhatia, Layered Money, 9.

16. John Maynard Keynes, A Treatise on Money (Macmillan, 1930).

17. Johannes Wiegand, "Destabilizing the Global Monetary System: Germany's Adoption of the Gold Standard in the Early 1870s," International Monetary Fund (IMF) Working Paper 2019/032, International Monetary Fund.

18. Vaulted, "History of the Gold Standard in America," Vaulted, https://vaulted.com/nuggets/history-of-the-gold-standard-in-america/.

19. Liaquat Ahamed, Lords of Finance: The Bankers Who Broke the World (Penguin, 2009).

20. H. Montgomery Hyde, John Law (Allen, 1969).

21. Ahamed, Lords of Finance.

22. Ahamed, Lords of Finance.

23. Roger Lowenstein, "The Nixon Shock," Bloomberg Businessweek, August 4, 2011, https://www.bloomberg.com/news/articles/2011-08-04/the-nixon-shock.

24. Lowenstein, "The Nixon Shock."

25. Avik Roy, "Bitcoin and the U.S. Fiscal Reckoning," National Affairs 61 (2021), https://nationalaffairs.com/publications/detail/bitcoin-and-the-us-fiscal-reckoning.

26. Michael J. Graetz and Olivia Briffault, "A 'Barbarous Relic': The French, Gold, and the Demise of Bretton Woods," Yale University Press, Yale Law and Economics Research Paper No. 558, 2019.

27. Alex Gladstein, "Uncovering the Hidden Costs of the Petrodollar," Bitcoin Magazine, September 21, 2021, https://bitcoinmagazine.com/culture/the-hidden-costs-of-the-petrodollar.

28. 법정화폐의 최초 사용은 11세기 중국으로 거슬러 올라가지만, 1971년은 글로벌 통화 시스템이 법정화폐로 바뀌는 계기가 되었기 때문에 화폐 역사상 중요한 의미가 있다.

29. Lyn Alden, Broken Money: Why Our Financial System Is Failing Us and How We Can Make It Better (Timestamp Press, 2023), 29.

30. Hammurabi, The Code of Hammurabi, King of Babylon, trans. Robert Francis Harper (University of Chicago Press, 1904), 37-39.

31. See Murray N. Rothbard, A History of Money and Banking in the United States—The Colonial Era to World War II (Ludwig von Mises Institute, 2002).

32. Nick Szabo, "An Unending Variety of Topics," March 23, 2018, Unenumerated (blog), https://unenumerated.blogspot.com/.

33. Wikipedia, "United States Notes," https://en.wikipedia.org/wiki/United_States_Note#cite_note-7.

34. Elbridge G. Spaulding, History of the Legal Tender Paper Money Issued During the Great Rebellion (Express Printing, 1869).

35. 미국은 남북전쟁 이후에 금본위제로 복귀했다. 금본위제는 결국 리처드 닉슨 대통령 시대인 1971년에 폐지되었다.

36. 사토시 나카모토가 2009년 2월 11일에 BitcoinTalk 포럼에 게시한 글.

37. Jonathan Ashworth, Quantitative Easing: The Great Central Bank Experiment (Agenda Publishing, 2020).

38. Charley Grant, "Stocks Post Broad Losses After Strong Economic Data," Wall Street Journal, July 6, 2023, https://www.wsj.com/articles/global-stocks-markets-dow-news-06-29-2023-254badaa.

39. See Milton Friedman, An Economist's Protest (Harcourt Brace Jovanovich, 1972).

40. Nomi Prins, Permanent Distortion: How the Financial Markets Abandoned the Real Economy Forever (Hachette, 2022).

41. See Christopher Leonard and Jacques Roy, The Lords of Easy Money (Simon & Schuster, 2022).

42. Leonard and Roy, The Lords of Easy Money.

43. 연방준비제도의 내부 역학에 대한 논의와 의사 결정 과정 및 이념적 갈등에 대한 통찰은 레너드(Leonard)와 로이(Roy)의 책 《쉬운 돈의 제왕(The Lords of Easy Money)》 참조.

44. Milton Friedman, Capitalism and Freedom (University of Chicago Press, 1962).

9장. 인플레이션: 숨겨진 세금

이 장의 서두는 프리드리히 A. 하이에크의 책 《화폐의 탈국유화(Denationalisation of Money)》(경제문제연구소, 1976)에서 인용했다.

1. Joseph T. Salerno, "The Gold Standard: An Analysis of Some Recent Proposals," Cato Institute Policy Analysis 16 (September 9, 1982).

2. Milton Friedman, "Inflation and Unemployment," Nobel Memorial Lecture, delivered December 13, 1976.

3. Howard Schneider, "Powell's Econ 101: Jobs Not Inflation. And Forget About the Money Supply," Reuters, February 24, 2021, https://www.reuters.com/article/business/powells-econ-101-jobs-not-inflation-and-forget-about-the-money-supply-idUSKBN2AN2EJ/.

4. Federal Reserve Bank of St. Louis, "Federal Reserve Economic Data," https://fred.stlouisfed.org/.

5. Federal Reserve Bank of St. Louis, "Federal Reserve Economic Data."

6. Board of Governors of the Federal Reserve System, "Credit and Liquidity Programs and the Balance Sheet—Recent Balance Sheet Trends," Federal Reserve, accessed July 2024, https://www.federalreserve.gov/monetarypolicy/bst_recenttrends.htm.

7. Steve H. Hanke and Alex K. F. Kwok, "On the Measurement of Zimbabwe's Hyperinflation," Cato Journal 29, no. 2 (2009): 353-64.

8. See Domingo Cavallo, "Lessons from the Stabilization Process in Argentina, 1990-1996," Symposium Proceedings: Achieving Price Stability (Kansas City Fed, 1996).

9. Lyn Alden, Broken Money: Why Our Financial System Is Failing Us and How

We Can Make It Better (Timestamp Press, 2023), viii

10. Steve Forbes, Nathan Lewis, and Elizabeth Ames, Inflation: What It Is, Why It's Bad, and How to Fix It (Encounter, 2022).

11. Liaquat Ahamed, Lords of Finance: The Bankers Who Broke the World (Penguin, 2009).

12. Saifedean Ammous, The Bitcoin Standard: The Decentralized Alternative to Central Banking (Wiley, 2018), 127-28.

13. Ammous, The Bitcoin Standard.

14. Ahamed, Lords of Finance.

15. Alden, Broken Money.

16. Alden, Broken Money, 114.

17. 뱅크 언더그라운드는 세계에서 가장 오래된 중앙은행 중 하나인 영국은행에서 일하는 직원들의 견해와 통찰력을 공개하기 위하여 설립된 직원 블로그다. https://bankunderground.co.uk/에서 확인할 수 있다.

18. Alden, Broken Money.

19. Alden, Broken Money.

20. Patrick McClean, "A Correction 103 Years Late: How the BoE Covered Up Failed War Bond Sale," Financial Times, August 8, 2017, cited in Alden, Broken Money.

21. Jeff Stein, "U.S. Debt Eclipses $34 Trillion for First Time," Washington Post, January 2, 2024, https://www.washingtonpost.com/business/2024/01/02/us-debt-34-trillion-congress/.

22. Committee for a Responsible Federal Budget, "Interest Costs Just Surpassed Defense and Medicare," May 10, 2024, https://www.crfb.org/blogs/interest-costs-just-surpassed-defense-and-medicare.

23. Bank of America Global Investment Strategy—Bloomberg, The Kobeissi Letter, April 9, 2024.

24. Sonali Basak, "Druckenmiller Warns US Debt Crisis Worse Than He Imagined," Bloomberg, May 3, 2023, https://www.bloomberg.com/news/articles/2023-05-02/druckenmiller-warns-us-debt-crisis-worse-than-he-imagined.

25. Alden, Broken Money.

26. See Nomi Prins, Permanent Distortion: How the Financial Markets Abandoned the Real Economy Forever (Hachette, 2022).

27. Luke Gromen, Peak Cheap Energy and Monetary System Change, Forest for

the Trees, January 2024.

28. Gromen, Peak Cheap Energy and Monetary System Change.

29. 루크 그로멘은 여러 포럼에서 이러한 견해를 표명했다. Lyn Alden, "January 2024 Newsletter: Fiscal and Monetary Divergence," January 4, 2024, https://www.lynalden.com/january-2024-newsletter/ 참조.

30. 소비자물가지수 계산 방식은 수년에 걸쳐서 인플레이션을 과소평가하는 방향으로 변화해왔다고 할 수 있다. 이러한 조정에는 제품의 품질 변화를 고려하는 품질 조정과, 가격 상승에 따라 소비자가 더 저렴한 대안으로 전환할 것이라는 가정을 기반으로 하는 대체 효과가 포함된다. 또 다른 변화는 가격이 가장 빠르게 상승하는 상품과 서비스에 낮은 가중치를 부여하는 기하급수적 가중치 사용이다.

31. John Maynard Keynes, The General Theory of Employment, Interest, and Money (Macmillan, 1936).

32. Friedrich A. Hayek, The Road to Serfdom (University of Chicago Press, 1944); Hayek, The Denationalisation of Money; Ludwig von Mises, Human Action: A Treatise on Economics (Yale University Press, 1949).

33. Friedrich A. Hayek, The Constitution of Liberty (University of Chicago Press, 2011), 157.

34. Friedrich A. Hayek, "The Pretence of Knowledge," Prize Lecture, December 11, 1974, https://www.nobelprize.org/prizes/economic-sciences/1974/hayek/lecture/.

35. Hayek, "The Pretence of Knowledge;" Friedrich A. Hayek, Individualism and Economic Order (University of Chicago Press, 1996).

36. Hayek, The Constitution of Liberty.

37. Milton Friedman, Capitalism and Freedom (University of Chicago Press, 1962).

38. Friedman, Capitalism and Freedom.

39. Friedman, Capitalism and Freedom.

40. Lyn Alden, in the context of the debate over commodity money versus fiat. See Alden, Broken Money, 45.

41. Jeff Booth, The Price of Tomorrow: Why Deflation Is the Key to an Abundant Future (Stanley Press, 2020).

42. Booth, The Price of Tomorrow.

43. Booth, The Price of Tomorrow.

44. 제프 부스, 크누트 스반홀름(Knut Svanholm)의 《비트코인: 2,100만 개로 나뉘는 모든 것(Everything Divided by 21 Million)》(콘센서스 네트워크, 2022) 서문.

10장. 가치 저장

1. Paul Jones and Lorenzo Giorgianni, "The Great Monetary Inflation," DocDroid, May 2020, https://www.docdroid.net/H1fuimX/the-great-monetary-inflation-pdf.

2. Vijay Boyapati, posted on X.com, February 5, 2024.

3. Saifedean Ammous, The Bitcoin Standard: The Decentralized Alternative to Central Banking(Wiley, 2018), 4-5; Carl Menger, "On the Origins of Money," Economic Journal 2 (1892): 239-55.

4. Ammous, The Bitcoin Standard.

5. Lyn Alden, Broken Money: Why Our Financial System Is Failing Us and How We Can Make It Better (Timestamp Press, 2023).

6. Martti Malmi and Satoshi Nakamoto, Correspondence: "Satoshi - Sirius Emails 2009-2011," 2011, https://mmalmi.github.io/satoshi/.

7. Jones and Giorgianni, "The Great Monetary Inflation."

8. 비트코인의 절대적 희소성을 달성한 기술적 혁신에 대한 설명은 3장을 참조하라.

9. BGeometrics, "Bitcoin and M2Growth Global of YoY," BGeometrics, https://charts.bgeometrics.com/m2_global.html.

10. Allen Farrington, "Bitcoin Is Venice," Medium, February 13, 2021, https://allenfarrington.medium.com/bitcoin-is-venice-8414dda42070.

11. Fidelity Digital Assets, "Bitcoin Aspirational Store of Value Revisited," 2023, Fidelity Digital Assets, https://www.fidelitydigitalassets.com/research-and-insights/bitcoin-aspirational-store-value-revisited.

12. 비트코인의 글로벌 채택 과정에 대한 논의는 이 책의 11장을 참조하라.

13. 이 책의 21장 참조.

14. 이 책의 21장 참조.

15. See https://glassnode.com/.

16. 엘살바도르의 엘 존테(El Zonte) 주민들처럼 세계의 많은 사람이 이미 비트코인을 회계단위로 채택했지만, 전 세계적 추정치를 제시하기는 어렵다.

17. World Bank, "The Global Findex Database," 2021, https://www.worldbank.org/en/publication/globalfindex.

18. KPMG, "Nigeria's Financial Inclusion: The Way Forward," 2020, https://assets.kpmg.com/content/dam/kpmg/ng/pdf/nigerias-financial-inclusion-the-way-forward.pdf.

19. Naeha Rashid, "Pakistan's Unbanked," Tabadlab, 2022, https://tabadlab.com/

pakistans-unbanked/.

11장. 세계적 채택

1. 마르티 말미에 관한 모든 세부 정보의 출처는 2020년 12월 18일 그가 트위터(지금은 X.com)에 올린 일련의 게시글이다. https://x.com/marttimalmi?lang=en.

2. Crypto.com, "Crypto Market Sizing Report 2022—Global Crypto Owners Reached 425 Million by the End of 2022," https://crypto.com/research/2022-crypto-market-sizing-report.

3. Tuur Demeester, "The Bitcoin Reformation," Adamant Research, 2019, https://adamantresearch.com/files/archive/BitcoinReformation2019.pdf.

4. Fidelity Digital Assets, Bitcoin Aspirational Store of Value Revisited, Fidelity Digital Assets, 2024, https://www.fidelitydigitalassets.com/research-and-insights/bitcoin-aspirational-store-value-revisited.

5. Fidelity Digital Assets, Bitcoin Aspirational Store of Value Revisited.

6. Fidelity Digital Assets, Bitcoin Aspirational Store of Value Revisited.

7. Fidelity Digital Assets, Bitcoin Aspirational Store of Value Revisited.

8. Fidelity Digital Assets, Bitcoin Aspirational Store of Value Revisited.

9. CFA Institute, FINRA Investor Education Foundation, and Zeldis Research, "Gen Z and Investing: Social Media, Crypto, FOMO, and Family," CFA Institute, May 23, 2023, https://rpc.cfainstitute.org/en/research/reports/2023/gen-z-investing.

10. 워런 버핏과 작고한 찰리 멍거(Charlie Munger)는 비트코인을 '쥐약의 제곱(rat-poison squared)'이라 부르며 비판한 것으로 유명하다. https://www.cnbc.com/2018/05/05/warren-buffett-says-bitcoin-is-probably-rat-poison-squared.html

11. John Kenneth Galbraith, Money: Whence It Came, Where It Went. (Houghton Mifflin, 1975).

12. Glassnode Studio, https://glassnode.com/.

13. Glassnode Studio, https://glassnode.com/.

14. 이 책의 3장 참조.

15. Vijay Boyapati, "The Bullish Case for Bitcoin," 2018, https://vijayboyapati.medium.com/the-bullish-case-for-bitcoin-6ecc8bdecc1.

16. 이러한 채택 경로는 비제이 보야파티와 아닐 파텔이 논의했다.

12장. 감시 국가

1. S. D. Church, The Exchequer Cloth, c. 1176-1832: The Calculator, the Game of Chess, and the Process of Photozincography, In: The English and Their Legacy, 900-1200 (Boydell & Brewer, 2012).

2. D. Carpenter, The Struggle for Mastery: Britain 1066-1284 (Oxford University Press, 2004).

3. Sylvia Tomasch, "Surveillance/History," SPELL, 2019, https://www.e-periodica.ch.

4. See Michael Wood, The Domesday Quest, In Search of the Roots of England (Random House, 2005).

5. David Carpenter, Magna Carta (Penguin, 2015).

6. Central Intelligence Agency (CIA) Archives, USSR: Role of the State Planning Committee (Gosplan), Information Requested by Alan Greenspan, 1975, https://www.cia.gov/readingroom/docs/CIA-RDP86T00608R000600020031-1.pdf.

7. See International Monetary Fund, "A Study of the Soviet Economy," in Chapter III.2 The Changing Roles of Monetary and Exchange Rate Policies (International Monetary Fund, 1991).

8. See Michael Rieger, "A World Without Prices: Economic Calculation in the Soviet Union," 2017, https://www.libertarianism.org/columns/world-without-prices-economic-calculation-soviet-union.

9. International Monetary Fund, "A Study of the Soviet Economy."

10. 소련의 굴라그(gulag)에 대한 자세한 논의는 폴 R. 그레고리와 V. V. 라자레프 편집, 《강제 노동의 경제학: 소련의 굴라그(The Economics of Forced Labor: The Soviet Gulag) (Hoover Institution Press, 2003) 참조. https://openlibrary.org/books/OL9650930M/The_Economics_of_Forced_Labor

11. 소련의 제2경제에 대한 분석은 블라디미르 G. 트레플과 미하엘 V. 알렉세예프의 "소련의 제2경제와 그 성장이 소련 경제에 미친 불안정화 효과: 1965-1989(The Second Economy and the Destabilizing Effect of Its Growth on the State Economy in the Soviet Union: 1965-1989)", 듀크 경제학 연구 보고서, 1993, https://papers.ssrn.com/sol3/papers.cfm?abstract_id=15546 참조.

12. Rieger, "A World Without Prices."

13. See Martin Dean, Robbing the Jews: The Confiscation of Jewish Property in the Holocaust, 1933-1945 (Cambridge University Press, 2008).

14. Frank Bajohr, 'Aryanisation in Hamburg': The Economic Exclusions of Jews

and the Confiscation of Their Property in Nazi Germany (Berghahn, 2002).

15. See Albrecht Ritschl, "Financial Destruction: Confiscatory Taxation of Jewish Property and Income in Nazi Germany," Economic History Working Papers, London School of Economics and Political Science (April 2019).

16. The National Holocaust Centre and Museum, "The November Pogrom (Kristallnacht)." https://www.holocaust.org.uk/the-november-pogrom-kristallnacht.

17. The National Holocaust Centre and Museum, "The November Pogrom (Kristallnacht)."

18. World Jewish Congress, "A Third of Nazis' War Effort Funded with Money Stolen from Jews, Study Finds," 2010, https://www.worldjewishcongress.org/en/news/a-third-of-nazis-war-effort-funded-with-money-stolen-from-jews-study-finds.

19. See Bernard Gordon, Hollywood Exile, or How I Learned to Love the Blacklist (University of Texas Press, 2001).

20. For notable examples see Wikipedia, "Hollywood Blacklist," https://en.wikipedia.org/wiki/Hollywood_blacklist#cite_note-1.

21. See Sara Savat, "Free Speech? Nearly Half of Americans Self-Censor, Study Finds," The Source, August 6, 2020, https://source.washu.edu/2020/08/free-speech-nearly-half-of-americans-self-censor-study-finds/.

22. Wikipedia, "McCarthyism," https://en.wikipedia.org/wiki/McCarthyism.

23. International Monetary Fund, "Exchange Measures in Venezuela," IMF Staff Papers no. 003, January 1, 1964.

24. Angus Berwick, "How ZTE Helps Venezuela Create China-Style Social Control," Reuters, November 14, 2018, https://www.reuters.com/investigates/special-report/venezuela-zte/.

25. Berwick, "How ZTE Helps Venezuela Create China-Style Social Control."

26. Shannon K. O'Neil, "Venezuelan Remittances Don't Just Save Lives," Council on Foreign Relations, 2019, https://www.cfr.org/blog/venezuelan-remittances-dont-just-save-lives.

27. Elias Ferrer, "Venezuela's Crypto Rebirth: Interview with Enrique De Los Reyes," Forbes, March 6, 2024, https://www.forbes.com/sites/eliasferrerbreda/2024/03/06/venezuelas-crypto-rebirth-interview-with-enrique-de-los-reyes/?sh=6359c5495d78.

28. Moises Rendon, "Can Cryptocurrency Help Venezuela?," Center for Stategic & International Studies, September 7, 2018, https://www.csis.org/analysis/can-cryptocurrency-help-venezuela.

29. World Bank Group, "Iran Economic Monitor, The Economy at a Crossroads," https://documents1.worldbank.org/curated/en/178111623662609713/pdf/Iran-Economic-Monitor-The-Economy-at-a-Crossroads.pdf.

30. Iran International, "Iran to Deduct Fines from Bank Accounts of Women Defying Hijab," Iran International, March 11, 2024, https://www.iranintl.com/en/202403111235

31. Mohammed Rasool, "Iran Is Pivoting to Bitcoin," Vice News, November 30, 2020, https://www.vice.com/en/article/qjppx3/iran-bitcoin-us-sanctions.

32. Rasool, "Iran Is Pivoting to Bitcoin."

33. Yuras Karmanau and Dasha Litvinova, "A Timeline of Restrictive Laws That Authorities Have Used to Crack Down on Dissent in Putin's Russia," AP News, March 6, 2024, https://apnews.com/article/russia-election-repressive-laws-dissent-5927d8932736636a9339fdcbaebd2331.

34. Karmanau and Litvinova, "A Timeline of Restrictive Laws."

35. Karmanau and Litvinova, "A Timeline of Restrictive Laws."

36. Anna Baydakova, "Crypto Becomes Lifeline for Russian Emigrés Opposing Putin's War in Ukraine," CoinDesk, April 25, 2022, https://www.coindesk.com/layer2/2022/04/25/crypto-becomes-lifeline-for-russian-emigres-opposing-putins-war-in-ukraine/.

37. Freedom House, "Expanding Freedom and Democracy," 2024, https://freedomhouse.org/.

38. For more information, see Committee to Protect Journalists (CPJ), https://cpj.org/.

39. Freedom House, "Freedom in the World 2024: Russia," 2024, https://freedomhouse.org/country/russia/freedom-world/2024.

40. Catharine Tunney, "Ottawa's Use of Emergencies Act Against Convoy Protests Was Unreasonable, Violated Charter, Court Rules," CBC/Radio-Canada, January 23, 2024, https://www.cbc.ca/news/politics/emergencies-act-federal-court-1.7091891.

41. Alex Tapscott, "Bitcoin Offers Freedom from Political Repression—and That's a Key to Its Future," Fortune (2021), https://fortune.com/2021/02/18/bitcoin-

censorship-political-repression-deplatforming-china-belarus-russia-nigeria-crypto/.

42. Economist Intelligence Unit, "Where Democracy is Most at Risk," The Economist, February 14, 2024, https://www.economist.com/graphic-detail/2024/02/14/four-lessons-from-the-2023-democracy-index.

43. Andrew M. Bailey, Bradley Rettler, and Craig Warmke, Resistance Money: A Philosophical Case for Bitcoin (Routledge Taylor & Francis Group, 2024).

44. U.S. Federal Reserve, "Money and Payments: The U.S. Dollar in the Age of Digital Transformation," June 10, 2022, https://www.federalreserve.gov/publications/money-and-payments-discussion-paper.htm

45. Ludwig von Mises, The Theory of Money and Credit, trans. H.E. Batson (Liberty Fund, 1981).

13장. "정부가 비트코인을 금지할 것이다"

1. 사토시 나카모토가 2008년 11월 7일에 사이퍼펑크 메일링 리스트에 보낸 이메일.

2. Chainalysis Team, "The 2023 Global Crypto Adoption Index: Central & Southern Asia Are Leading the Way in Grassroots Crypto Adoption," Chain Analysis, September 12, 2023, https://www.chainalysis.com/blog/2023-global-crypto-adoption-index/.

3. KuCoin, "KuCoin's into the Cryptoverse Report Reveals 35 Percent of Nigerian Adults Are Crypto Investors," April 12, 2022, https://www.kucoin.com/blog/kucoin-is-into-the-cryptoverse-report-reveals-35-percent-of-nigerian-adults-are-crypto-investors.

4. Central Bank of Nigeria, "Inflation Rates (Percent)," accessed July 14, 2024, https://www.cbn.gov.ng/rates/inflrates.asp.

5. 2024년 7월 27일 테네시주 내슈빌에서 열린 비트코인 컨퍼런스에서 도널드 트럼프의 연설.

6. 이 책의 8장 참조.

7. Tom Blackstone, "Cryptocurrency Adoption and Sentiment Report—Security.org," 2024, https://www.security.org/digital-security/cryptocurrency-annual-consumer-report/; Morning Consult, "Cryptocurrency Perception Study," 2023, https://pro.morningconsult.com/trackers/cryptocurrency-adoption-and-perspectives.

8. Statista, "Number of Bitcoin ATMs in Circulation in Selected Countries as of January 29, 2024," accessed May 22, 2024, https://statistics/343147/number-of-bitcoin-atms-countries/-.

14장. 법과 규제

1. Digital Asset Anti-Money Laundering Act of 2023, https://www.congress.gov/bill/118th-congress/senate-bill/2669/text.

2. Chainalysis Team, "2024 Crypto Crime Trends: Illicit Activity Down as Scamming and Stolen Funds Fall, but Ransomware and Darknet Markets See Growth," Chainanalysis, January 18, 2024, https://www.chainalysis.com/blog/2024-crypto-crime-report-introduction/.

3. 하지만 이는 잠정적인 수치일 뿐이다. 시간이 지남에 따라 더 많은 불법 주소가 확인되면서 242억 달러라는 총액이 더 늘어날 가능성이 크다.

4. United Nations Office on Drugs and Crime, "Money Laundering," accessed 13 July 2024, https://www.unodc.org/unodc/en/money-laundering/overview.html.

5. Susie Violet Ward, Bitcoin Welcomes All but It's No Haven for the Naïve Criminal, Forbes, August 17, 2023, https://www.forbes.com/sites/digital-assets/2023/08/17/bitcoin-welcomes-all-but-its-no-haven-for-the-naive-criminal/.

6. 2013년 12월 21일 에릭 발추나스(Eric Balchunas)가 트위터(지금은 X.com)에 게시한 글.

15장. 비트코인과 지정학

이 장의 서두는 배리 아이켄그린의 《과도한 특권: 달러의 부상과 몰락, 그리고 국제 통화 시스템의 미래(Exorbitant Privilege: The Rise and Fall of the Dollar and the Future of the International Monetary System)》(옥스퍼드대학교 출판부, 2010)에서 인용했다.

1. Atlantic Council, "Dollar Dominance Monitor," 2024, https://www.atlanticcouncil.org/programs/geoeconomics-center/dollar-dominance-monitor/; Bank of Governors of the Federal Reserve System, "The International Role of the U.S. Dollar—Post-COVID Edition," FED Notes, 2023, https://www.federalreserve.gov/econres/notes/feds-notes/the-international-role-of-the-us-dollar-post-covid-edition-20230623.html.

2. Keith Rockwell, "An Exorbitant Privilege Now at Risk? The Once (and Future?) Almighty Dollar," Wilson Center, May 1, 2023, https://www.wilsoncenter.org/

article/exorbitant-privilege-now-risk-once-and-future-almighty-dollar.

3. Joe Leahy and Hudson Lockett, "Brazil's Lula Calls for End to Dollar Trade Dominance," Financial Times, April 13, 2023, https://www.ft.com/content/669260a5-82a5-4e7a-9bbf-4f41c54a6143.

4. China Daily, "Asian Monetary Fund Suggested, as Dollar Has Been Weaponized," China Daily, April 7, 2023, http://www.chinadaily.com.cn/a/202304/07/WS642f6140a31057c47ebb8c23.html.

5. Barry Eichengreen, "Sanctions, SWIFT, and China's Cross-Border Interbank Payments System," Center for Strategic & International Studies, May 30, 2022, https://www.csis.org/analysis/sanctions-swift-and-chinas-cross-border-interbank-payments-system.

6. Eichengreen, "Sanctions, SWIFT, and China's Cross-Border Interbank Payments System."

7. Eichengreen, "Sanctions, SWIFT, and China's Cross-Border Interbank Payments System."

8. Jamil Anderlini, "China Calls for New Reserve Currency," Financial Times, March 23, 2009, https://www.ft.com/content/7851925a-17a2-11de-8c9d-0000779fd2ac.

9. Tom Robinson, "How Iran Uses Bitcoin Mining to Evade Sanctions and 'Export' Millions of Barrels of Oil," Elliptic, May 21, 2021, https://www.elliptic.co/blog/how-iran-uses-bitcoin-mining-to-evade-sanctions.

10. Chelsey Cox, "Treasury Warns Against Russia's Efforts to Evade Sanctions with Cryptocurrencies," CNBC, September 20, 2022, https://www.cnbc.com/2022/09/20/treasury-department-russia-avoid-sanctions-using-crypto.html.

11. Treasury Secretary Janet Yellen Testimony Before the House Financial Services Committee, Financial Services Committee, U.S. House of Representatives, July 9, 2024, https://financialservices.house.gov/calendar/eventsingle.aspx?EventID=409309.

12. 타일러 미드(Tyler Meade)와의 대화, 2024년 7월.

13. Satoshi Nakamoto, "Andreas Antonopoulos: Bitcoin Neutrality, Bitcoin 2013 Conference," YouTube, June 10, 2013, https://www.youtube.com/watch?v=BT8FXQN-9-A.

14. 사이페딘 아모스가 2021년 5월 15일에 트위터(지금은 X.com)에 게시한 글.

15. Library of Congress, "Federalist Papers: Primary Documents in American History, Full Text of The Federalist Papers," https://guides.loc.gov/federalist-

papers/full-text.

16. 테네시주 내슈빌에서 열린 2024 비트코인 컨퍼런스에서 도널드 트럼프, 로버트 F. 케네디, 신시아 러미스(Cynthia Lummis)의 연설.

16장. 비트코인과 환경

1. KPMG, "Bitcoin's Role in the ESG Imperative," KPMG, 2023, https://kpmg.com/kpmg-us/content/dam/kpmg/pdf/2023/bitcoins-role-esg-imperative.pdf.

2. Michel Khazzaka, "Bitcoin: Cryptopayments Energy Efficiency," SSRN, April 20, 2022, https://ssrn.com/abstract=4125499.

3. 마르티 말미와 사토시 나카모토의 서신 교환: "사토시-시리우스 이메일 2009-2011," 2011, https://mmalmi.github.io/satoshi/

4. 사토시 나카모토가 2009년 5월 3일에 마르티 말미에게 보낸 이메일.

5. Andrew M. Bailey, Bradley Rettler, and Craig Warmke, Resistance Money: A Philosophical Case for Bitcoin (Routledge, 2024).

6. Bitcoin Mining Council, "Bitcoin Mining Council Confirms Year on Year Improvements in Sustainable Power and Technological Efficiency," August 9, 2023, https://bitcoinminingcouncil.com/bitcoin-mining-council-survey-confirms-year-on-year-improvements-in-sustainable-power-and-technological-efficiency-in-h1-2023//.

7. Marvie Basilan, "ESG Expert Talks Evolving Bitcoin Mining Narrative, 'Impunity' in Other Industries' Energy Use," International Business Times, July 19, 2024, https://www.ibtimes.com/exclusive-esg-expert-talks-evolving-bitcoin-mining-narrative-impunity-other-industries-energy-3737422.

8. Basilan, "ESG Expert Talks Evolving Bitcoin Mining Narrative."

9. Daniel Batten, "The Bitcoin ESG Forecast: All Time Highs," December 12, 2023, Bitcoin ESG Forecast, https://www.batcoinz.com/p/issue-002-all-time-highs.

10. Lyn Alden, "Bitcoin's Energy Usage Isn't a Problem. Here's Why," Lyn Alden Investment Strategy, August 2021, updated January 2023, https://www.lynalden.com/bitcoin-energy/.

11. Ross Stevens, "Stone Ridge 2020 Shareholder Letter," CaseBitcoin, December 15, 2020, https://www.casebitcoin.com/stone-ridge-2020-shareholder-letter.

12. Stevens, "Stone Ridge 2020 Shareholder Letter."

13. Alex Gladstein, "Stranded: How Bitcoin Is Saving Wasted Energy and

Expanding Financial Freedom in Africa," Bitcoin Magazine, January 24, 2024, https://bitcoinmagazine.com/check-your-financial-privilege/stranded-bitcoin-saving-wasted-energy-in-africa.

14. Gladstein, "Stranded."
15. Gladstein, "Stranded."
16. https://gridlesscompute.com/.
17. https://www.cleanspark.com/.
18. https://www.bitmari.com/.
19. https://luxor.tech/mining/.
20. https://www.riotplatforms.com/.
21. https://www.worldbank.org/en/programs/gasflaringreduction/about.
22. KPMG, "Bitcoin's Role in the ESG Imperative."
23. Daniel Batten, "10 Images That Forever Changed Our Perceptions About Bitcoin and Energy,"2024, https://batcoinz.com/10-images-that-forever-changed-our-perceptions-about-bitcoin-and-energy/.
24. 다니엘 배튼은 비트코인 네트워크 전체의 배출량을 줄이기 위하여 메탄을 채굴 동력원으로 사용하는 중형의 배기 매립지를 35개소만 더 설치하면 되는 것으로 추정한다. 데이비드 배튼, "비트 인텔리전스—21개의 목소리, 비트코인이 2028년까지 탄소 네거티브를 달성하는 방법(Bit Intelligence—21 Voices, How Bitcoin Goes Carbon Negative by 2028)", 유튜브, 2024년 6월, https://youtu.be/sr-RGdbyRDQ?feature=shared.
25. Daniel Batten, "The Bitcoin Facts That Every Investment Committee Must Know," November 16, 2023, https://batcoinz.com/the-bitcoin-facts-that-every-esg-investment-committee-should-know/.
26. Alex Gladstein, "Bitcoin Global Utility: Commerce and Freedom," Bitcoin Conference, Nashville, Tennessee, 2024.
27. 미셸 푸코에 따르면, 지식과 권력은 별개의 실체가 아니라 서로 얽혀서 서로를 강화한다. 지식은 권력의 산물이자 권력을 행사하는 도구다. 다시 말해서, 우리가 무엇을 알고 어떻게 알게 되는지가 권력 관계의 큰 영향을 받고, 지식이 다시 권력 구조를 강화한다. 미셸 푸코,《감시와 처벌(Discipline & Punish: The Birth of the Prison)》(Vintage, 1995) 참조.
28. 예를 들어, 그린피스 UAS의 주장(https://www.greenpeace.org/usa/cleanup-bitcoin/#:~:text=Bitcoin%20is%20fueling%20the%20climate,to%20its%20energy%2Dhungry%20code)과 그에 대한 반박(Teuta Frankovic, "그린피스 리플 기부 혐의로 환경 자선기금 조사 중(Greenpeace Ripple Donation Allegations Put Environmental Charity Funding Under Scrutiny)," ccn.com, 2024년 3월 22일, https://www.ccn.com/news/crypto/

greenpeace-ripple-donation-allegations-puts-charity-under-scrutiny/)을 참조하라.

29. 이 책의 4장에서 작업증명과 지분증명을 비교한 분석을 참조.

17장. 주권적 특권

이 장의 서두는 필립 코건(Philip Coggan)의 《화폐의 전망(Paper Promises: Money, Debt and the New World Order)》 (Hachette, 2011)에서 인용했다.

1. See Martin Loughlin, The Prerogatives of Government, Foundations of Public Law (Oxford: Oxford Academic, 2010).

2. See Thomas Hobbes, Leviathan, ed. Christopher Brooke (Penguin Classics, 2017).

3. John Locke, Two Treatises of Government, ed. Peter Laslett (Cambridge University Press, 1988).

4. Locke, Two Treatises of Government.

5. See John Locke, Some Considerations of the Consequences of the Lowering of Interest and the Raising of the Value of Money, ed. Patrick Hyde Kelly (Clarendon Press, 1991).

6. Locke, Some Considerations of the Consequences.

7. See Niccolo Machiavelli, The Prince, trans. W. K. Marriott (Dover, 1992).

8. Friedrich A. Hayek, The Denationalisation of Money (Institute of Economic Affairs, 1976).

9. Friedrich A. Hayek, Individualism and Economic Order (University of Chicago Press, 1996).

10. Mario I. Blejer and Paul Wachtel, "A Fresh Look at Central Bank Independence," Cato Journal 40, no. 1 (Winter 2020): 105-320.

11. See Murray N. Rothbard, Anatomy of the State (Ludwig von Mises Institute, 1974).

12. Rothbard, Anatomy of the State, 112.

13. Murray N. Rothbard, What Has Government Done to Our Money? (Ludwig von Mises Institute, 1963).

14. See Eric Mack, Libertarianism (Polity Press, 2018).

15. Erik Cason, "Cryptosovereignty: The Encrypted Political Philosophy of Bitcoin, Bitcoin Magazine, August 23, 2023, 29.

16. Cason, "Cryptosovereignty."

17. Hobbes, Leviathan.

18. Bernard Shaw, Man and Superman: A Comedy and a Philosophy (Archibald Constable, 1903).

19. 이 인용문은 아인 랜드의 소설 《수원(The Fountainhead)》에 나오는 인물의 말이다.

20. Catherine Drinker Bowen, Miracle at Philadelphia: The Story of the Constitutional Convention, May to September 1787 (Little, Brown, 1966).

21. Erik Voorhees, Keynote Speech, Permissionless II, Austin, September 11, 2023.

22. Voorhees, Keynote Speech.

23. Voorhees, Keynote Speech.

24. Voorhees, Keynote Speech.

25. Michel Foucault, Discipline and Punish: The Birth of the Prison (Pantheon, 1977), 195.

26. Hent Kalmo and Quentin Skinner, Sovereignty in Fragments (Cambridge University Press, 2010), 45.

27. John Rawls, A Theory of Justice (Belknap Press of Harvard University Press, 1971).

28. Brandon Quittem, "Bitcoin Is a Decentralized Organism (Mycelium)—Part 1/4," Medium, December 11, 2018, https://medium.com/@BrandonQuittem/bitcoin-is-a-decentralized-organism-mycelium-part-1-3-6ec58cdcfaa6.

29. Michel Foucault, The History of Sexuality (Pantheon, 1978), https://search.library.wisc.edu/catalog/999500522802121.

30. Jonathan Gaventa, "Power After Lukes: A Review of the Literature, Brighton," Powercube, August 2003, https://www.powercube.net/wp-content/uploads/2009/11/power_after_lukes.pdf.

31. Gaventa, "Power After Lukes."

32. See Manuel Castells, Networks of Outrage and Hope: Social Movements in the Internet Age (Wiley, 2015).

33. Castells, Networks of Outrage and Hope.

34. Shinobi, "Bitcoin Is Pure Anarchy," Bitcoin Magazine, January 30, 2024, https://bitcoinmagazine.com.

35. Jameson Lopp, Presentation: Decentralized 2018 (2018), https://www.youtube.com/watch?v=_IMzSCSeM68.

36. Lopp, Presentation: Decentralized 2018.

37. See Terry O'Brien, The Bottom Billion: Why the Poorest Countries Are Failing and What Can Be Done About It (Oxford University Press, 2007).

38. Saul David, "Slavery and the 'Scramble for Africa,'" BBC History, February 17, 2011, https://www.bbc.co.uk/history/british/abolition/scramble_for_africa_article_01.shtml.

39. Trace Mayer, "How Bitcoin Destroys The Economics Of Violence," Hidden Secrets of Money Series, Episode 8, with Mike Maloney, May 1, 2018, https://www.youtube.com/watch?v=aNPuGIX1xmY

18장. 사이퍼펑크

1. Michael Naftaliev, "The Cypherpunks: The Group That Sparked a Crypto Revolution," Scytale Digital, November 23, 2023, https://www.scytale.digital/blog-posts/the-cypherpunks.

2. Eric Hughes, "A Cypherpunk's Manifesto," March 9, 1993, https://www.activism.net/cypherpunk/manifesto.html.

3. Giacomo Zucco, "A Treatise on Bitcoin and Privacy," Bitcoin Magazine, March 18, 2020, https://bitcoinmagazine.com/articles/a-treatise-on-bitcoin-and-privacy-part-1-a-match-made-in-the-whitepaper.

4. Mengqi Sun, "Crypto Mixer Samourai Wallet's Co-founders Arrested for Money Laundering," Wall Street Journal, April 24, 2024, https://www.wsj.com/articles/crypto-mixer-samourai-wallets-co-founders-arrested-for-money-laundering-df237a4e.

5. John Perry Barlow, "A Declaration of the Independence of Cyberspace," February 8, 1996, https://luongo.pro/cypherpunks/.

6. See Eric S. Raymond, The Cathedral and the Bazaar: Musings on Linux and Open Source by an Accidental Revolutionary (O'Reilly Media, 1999).

19장. 시간 선호

1. Shane Frederick, George Lowenstein, and Ted O'Donoghue, "Time Discounting and Time Preference: A Critical Review," Journal of Economic Literature 40, no. 2 (2002): 351-401.

2. Andreas Granath, "Time Preference and Success: Is There Any Link?," Mises

Institute, April 24, 2023, https://mises.org/mises-wire/time-preference-and-success-there-any-link.

3. Kerryn Higgs, "A Brief History of Consumer Culture," MIT Press Reader, 2021, https://thereader.mitpress.mit.edu/a-brief-history-of-consumer-culture/.

4. William Leach, Land of Desire: Merchants, Power, and the Rise of a New American Culture(Penguin Random House, 1993).

5. Alexander Dietz, "Explaining the Paradox of Hedonism," Australasian Journal of Philosophy 97, no. 3 (2017): 497-510.

6. Dave Ramsey, The Total Money Makeover: A Proven Plan for Financial Fitness (Thomas Nelson, 2003).

7. Dietz, "Explaining the Paradox of Hedonism;" Bertrand Russell, The Conquest of Happiness (Routledge, 1993).

8. Jean Baudrillard, The Consumer Society: Myths and Structures (Sage, 1998), https://doi.org/10.4135/9781526401502.

9. Juliet B. Schor, The Overspent American: Why We Want What We Don't Need (Harper Perennial, 1999).

10. Peter Dauvergne, The Shadows of Consumption: Consequences for the Global Environment (MIT Press, 2008).

11. Adam Drewnowski, "The Limits to Consumerism," Center for Public Health Nutrition, University of Washington, https://karger.com/books/book/chapter-pdf/3673471/000452376.pdf.

12. United Nations Environment Programme, "Synthesis Report on the Environmental and Health Impacts of Pesticides and Fertilizers and Ways to Minimize Them," United Nations, January 24, 2021, https://www.unep.org/resources/report/environmental-and-health-impacts-pesticides-and-fertilizers-and-ways-minimizing.

13. Drewnowski, "The Limits to Consumerism."

14. See John de Graaf, David Wann, and Thomas H Naylor, Affluenza (Berrett-Koehler, 2002); Tim Kasser, The High Price of Materialism (MIT Press, 2017).

15. "Letters from a Stoic by Seneca: Book Summary, Key Lessons and Best Quotes," Daily Stoic, https://dailystoic.com/letters-from-a-stoic/.

16. Russell, The Conquest of Happiness.

17. 이 책의 10장 참조.

20장. 내러티브와 밈

1. Daniel Dematos, "Barter and Money in Post-War Germany," The Tontine Coffee-House, January 2, 2022, https://tontinecoffeehouse.com/?s=Barter+and+Money+in+Post-War+Germany.

2. Steven Mackenzie, "Yuval Noah Harari: 'We Are Living Inside the Dreams of Dead People,'" Big Issue, December 8, 2022, https://www.bigissue.com/culture/books/yuval-noah-harari-we-are-living-inside-the-dreams-of-dead-people/.

3. Robert J. Shiller, "Narrative Economics," American Economic Review 107, no. 4 (2017): 967-1004.

4. Fred Schulenburg, "Robert Shiller and the Power of Narratives: How Narratives Can Go Viral and Influence Business and Economies," Roland Berger, August 16, 2021, https://www.rolandberger.com/en/Insights/Publications/Robert-Shiller-and-the-power-of-narratives.html.

5. 사토시 나카모토가 2009년 1월 16일에 사이퍼펑크 메일링 리스트로 보낸 이메일.

21장. 비트코인은 거울이다

이 장의 서두는 로버트 프로스트의 "가지 않은 길(The Road Not Taken)"에서 인용했다.

1. 칼 포퍼(Karl Popper)는 과학 이론의 반증 가능성이 필요하다고 주장하며, 가설의 확증을 추구하기보다는 가설에 대한 끊임없는 의문 제기와 검증을 옹호했다. 이러한 접근 방식은 자신의 이론이 반박될 가능성에 대하여 열린 자세를 유지해야 하므로 과학자들의 지적 겸손과 호기심을 요구한다.

2. Brian Duignan, "Dunning-Kruger effect," in Encyclopedia Britannica (2024).

3. Joseph Stromberg, "'Bicycle Face': A 19th-Century Health Problem Made Up to Scare Women away from Biking," Vox, March 24, 2015, https://www.vox.com/2014/7/8/5880931/the-19th-century-health-scare-that-told-women-to-worry-about-bicycle.

4. Stromberg, "Bicycle Face."

5. 21 Voices, "How Bitcoin Goes Carbon Negative by 2028," Bit Intelligence, June 18, 2024, https://www.youtube.com/watch?v=sr-RGdbyRDQ.

6. Jerry Feng, "Bitcoin is Dead," https://bitcoindeaths.com/, accessed December 12, 2024.

7. 21 Voices, "How Bitcoin Goes Carbon Negative by 2028."

8. 레이 커즈와일(Ray Kurzweil)은 자신의 책 《특이점이 온다(The Singularity Is Near:

When Humans Transcend Biology)》에서 기술적 낙관주의의 한계를 탐구한다. 이는 기술의 기하급수적 성장과 그에 따른 중대한 문제 해결 능력, 인간 삶의 향상 가능성, 그리고 인간과 기계 지능이 융합해 더 우월한 형태의 존재로 나아가는 미래에 대한 그의 신념에 뿌리를 두고 있다. 레이 커즈와일, 《특이점이 온다》 (바이킹, 2005).

    9. See Kurzweil, The Singularity Is Near; Steven Pinker, Enlightenment Now (Penguin, 2019).

    10. Jesse Myers, "Why the Yuppie Elite Dismiss Bitcoin," October 30, 2023, Once-in-a-Species, https://www.onceinaspecies.com/.

    11. See John Dunn, Locke: A Very Short Introduction (Oxford University Press, 2003).

    12. Alex Gladstein, Check Your Financial Privilege (BTC Media LLC, 2022).

    13. Iran International, "Iran to Deduct Fines from Bank Accounts of Women Defying Hijab," Iran International News, March 11, 2024, https://www.iranintl.news/en/202403111235.

    14. See chap. 13 of this book.

    15. Michael Saylor, "GALA 2022 Keynote Speech", cited in Lyn Alden, Broken Money: Why Our Financial System Is Failing Us and How We Can Make It Better (Timestamp Press, 2023), 379.

    16. See Gladstein, Check Your Financial Privilege.

    17. Jason Nelson, "Bitcoin Is 'Bigger Than Any Government': BlackRock CEO Larry Fink," Decrypt, January 12, 2024, https://decrypt.co/212727/bitcoin-bigger-than-any-government-blackrock-ceo-larry-fink.

    18. 2024년 한 해에만 몇몇 사례가 있었다. 3월에 미니애폴리스 연방준비은행 총재 닐 카시카리(Neel Kashkari)는 비트코인이 비니 베이비와 비슷하다고 설명했다. 1월에는 인도 중앙은행 총재 샤크티칸타 다스(Shaktikanta Das)가 비트코인이 튤립 열풍과 같은 결과를 초래할 수 있다고 경고했다. 이러한 사례는 결코 드문 일이 아니다.

    19. Ross Stevens, "Stone Ridge 2020 Shareholder Letter," CaseBitcoin, December 15, 2020, https://www.casebitcoin.com/stone-ridge-2020-shareholder-letter.

    20. John Kenneth Galbraith, Money: Whence It Came, Where It Went (Houghton Mifflin, 1975).

PRINCIPLES
OF BITCOIN

옮긴이 장영재

서울대학교에서 원자핵공학, 충남대학교에서 물리학을 공부하고 국방과학연구소 연구원으로 일했다. 글밥아카데미 수료 후에 〈바른번역〉 소속 번역가로 활동하고 있으며, 옮긴 책으로는 《한국, 한국인》, 《남자다움의 사회학》, 《신도 주사위 놀이를 한다》, 《기하학 세상을 설명하다》, 《이현서, 나의 일곱 번째 이름》, 《창발의 시대》, 《부의 세계사》 등이 있다.

비트코인
퍼펙트 바이블

1판 1쇄 인쇄 2025년 10월 20일
1판 1쇄 발행 2025년 10월 30일

지은이 비제이 셀밤 서문 알렉스 글래드스타인 번역 장영재
펴낸이 김기옥

경제경영사업본부장 모민원
경제경영팀 박지선, 양영선
마케팅 박진모
경영지원 고광현
제작 김형식

표지 디자인 블루노머스
본문 디자인 글자사이 글줄사이
인쇄·제본 민언프린텍

펴낸곳 한스미디어(한즈미디어(주))
주소 04037 서울시 마포구 양화로 11길 13(서교동, 강원빌딩 5층)
전화 02-707-0337 팩스 02-707-0198 홈페이지 www.hansmedia.com
출판신고번호 제 313-2003-227호 신고일자 2003년 6월 25일

ISBN 979-11-94777-58-8 (13320)

책값은 뒤표지에 있습니다.
잘못 만들어진 책은 구입하신 서점에서 교환해드립니다.